ECONOMIA PORTUGUESA

MELHOR É POSSÍVEL

A. MENDONÇA PINTO

ECONOMIA PORTUGUESA

MELHOR É POSSÍVEL

ALMEDINA

ECONOMIA PORTUGUESA
MELHOR É POSSÍVEL

AUTOR
A. MENDONÇA PINTO

EDITOR
EDIÇÕES ALMEDINA, SA
Avenida Fernão de Magalhães, n.º 584, 5.º Andar
3000-174 Coimbra
Tel.: 239 851 904
Fax: 239 851 901
www.almedina.net
editora@almedina.net

PRÉ-IMPRESSÃO • IMPRESSÃO • ACABAMENTO
G.C. – GRÁFICA DE COIMBRA, LDA.
Palheira – Assafarge
3001-453 Coimbra
producao@graficadecoimbra.pt

Março, 2007

DEPÓSITO LEGAL
256771/07

Os dados e as opiniões inseridos na presente publicação
são da exclusiva responsabilidade do(s) seu(s) autor(es).

Toda a reprodução desta obra, por fotocópia ou outro qualquer processo,
sem prévia autorização escrita do Editor,
é ilícita e passível de procedimento judicial contra o infractor.

*Para a minha mulher, Elvina,
e os professores que, como ela, trabalham
para formar e qualificar os portugueses.*

*Para os meus filhos, Sandra e Hugo,
e os jovens que, como eles, trabalham
para que Portugal tenha mais sucesso.*

*À memória dos meus pais, Maria e António,
e a todos os pais que, como eles, trabalharam
ou trabalham para dar uma vida melhor aos filhos.*

ÍNDICE

PREFÁCIO 11

APRESENTAÇÃO 19

 Caixa 0.1 – Há ou não alternativas de política económica em Portugal? 32

Capítulo 1 – SAIR DA CRISE ECONÓMICA E ENTRAR NUM DESEN-
VOLVIMENTO NOVO 35

UMA CRISE ECONÓMICA *SUI GENERIS* 38

 A influência do euro 40

 A originalidade da actual crise 43

NECESSIDADE DE UMA BOA ESTRATÉGIA ECONÓMICA 49

 Investimento produtivo 52

 Comércio externo 55

 O apoio do Estado 57

TRANSIÇÃO PARA UM NOVO MODELO DE DESENVOLVIMENTO 58

 Esgotamento do modelo tradicional 58

 Necessidade de um novo modelo de desenvolvimento 59

 Contributos para um novo modelo de desenvolvimento 63

DIFICULDADES POLÍTICAS 66

 Caixa 1.1 – Por que não tem havido estratégia de desenvolvimento em Portugal 73

8   *Economia Portuguesa – Melhor é Possível*

CAPÍTULO 2 – VENCER O DESAFIO DA GLOBALIZAÇÃO DA ECONO-
MIA E DA INTEGRAÇÃO EUROPEIA... 77
A NOVA GLOBALIZAÇÃO DA ECONOMIA 79
    Caracterização da actual globalização económica 80
    Necessidade de regulação da globalização económica 84
O DESEMPENHO E O GOVERNO ECONÓMICO DA UNIÃO EUROPEIA 88
    A Estratégia de Lisboa.. 89
    A coordenação das políticas económicas na Zona Euro 93
QUALIFICAR AS PESSOAS PARA COMPETIR MELHOR............................. 101
ATRAIR INVESTIMENTO ESTRANGEIRO E ENFRENTAR A NOVA CONCORRÊN-
CIA EXTERNA.. 103
APROVEITAR BEM O NOVO CICLO DE FUNDOS COMUNITÁRIOS.................. 108

CAIXA 2.1 – Explicações para o fraco desempenho da economia europeia 114
Caixa 2.2 – A coordenação das políticas monetária e orçamentais na Zona Euro..... 116
CAIXA 2.3 – Prioridades e verbas do Quadro de Referência Estratégico Nacional
    2007-2013... 119

CAPÍTULO 3 – PROMOVER A PRODUTIVIDADE E O CRESCIMENTO
ECONÓMICO 121
PRODUTIVIDADE: UMA RESPONSABILIDADE DE TODOS NUM COMBATE EM
MUITAS FRENTES 126
    A qualidade dos recursos humanos 127
    A atitude das pessoas... 129
    A eficiência das organizações 131
    O ambiente da actividade económica..................................... 133
CAPITAL: MAIS E MELHOR INVESTIMENTO PRODUTIVO 136
    O ciclo vicioso do investimento produtivo 137
    Necessidade de uma política de investimento mais selectiva e activa..... 138
    A utilidade de parcerias entre os sectores público e privado.................. 141
TRABALHO: PROMOVER A NATALIDADE E O ENVELHECIMENTO ACTIVO E
REGULAR MELHOR A IMIGRAÇÃO... 143
    Incentivar a natalidade e o envelhecimento activo........................ 144
    Regular melhor a imigração 146
MAIS CONCORRÊNCIA PARA MAIS INOVAÇÃO E PRODUTIVIDADE.............. 151

Índice 9

MAIS CRESCIMENTO ECONÓMICO PARA MAIS JUSTIÇA SOCIAL 155

Caixa 3.1 – Produtividade e competitividade 163
Caixa 3.2 – Portugal 2010: Acelerar o crescimento da produtividade 168
Caixa 3.3 – Nota sobre o impacto económico da imigração 174

Capítulo 4 – AUMENTAR O EMPREGO E COMBATER O DESEM-
PREGO 179

O DESEMPREGO É GRAVE E PREOCUPANTE 182

EMPREGO, PRODUTIVIDADE E DESINSUSTRIALIZAÇÃO 190

FLEXIBILIDADE PARA AS EMPRESAS E SEGURANÇA PARA OS TRABALHA-
DORES 195

Tipos de flexibilidade laboral 196

Combinar melhor flexibilidade no trabalho e segurança no emprego 203

UMA ESTRATÉGIA PARA O EMPREGO 209

Repensar a legislação de protecção do emprego 212

Cuidar a sério da educação escolar e da formação profissional 214

A defesa do emprego como prioridade da política salarial 219

Caixa 4.1 – Flexibilidade, emprego e produtividade 225
Caixa 4.2 – A norma de evolução dos salários na Zona Euro 226

Capítulo 5 – REDUZIR O DÉFICE EXTERNO E LIMITAR A DEPEN-
DÊNCIA DO EXTERIOR 229

CORRIGIR O DESEQUILÍBRIO EXTERNO PARA GANHAR AUTONOMIA 233

EXPORTAR MAIS PARA TER MENOS DÉFICE EXTERNO 239

Aumentar e diversificar as exportações 239

Ganhar competitividade pela produtividade 242

Aproveitar bem as oportunidades dos mercados espanhol e angolano.... 245

COMPETIR PARA ATRAIR E RETER BOM INVESTIMENTO ESTRANGEIRO 247

Pontos fracos e fortes na atracção de investimento estrangeiro 248

Atrair mais investimento estrangeiro 250

O investimento estrangeiro e as deslocalizações de empresas 253

MANTER O CONTROLO NACIONAL DE EMPRESAS ESTRATÉGICAS 257

Economia Portuguesa – Melhor é Possível

CAPÍTULO 6 – REDUZIR O DÉFICE ORÇAMENTAL E SANEAR AS FINANÇAS PÚBLICAS 265

REDUZIR O DÉFICE PELAS RECEITAS E PELAS DESPESAS 268

O combate à fraude e evasão fiscais como principal contributo para as receitas 268

A indispensabilidade de uma criteriosa e efectiva contenção das despesas. 271

REFORMAR O PROCESSO ORÇAMENTAL PARA MELHOR CONTER A DESPESA PÚBLICA 277

REORGANIZAR A ADMINISTRAÇÃO PÚBLICA E CONTER AS DESPESAS COM PESSOAL 282

A contenção das despesas com pessoal 282

A reforma da administração pública 284

AUMENTAR A EFICIÊNCIA DAS DESPESAS COM A SAÚDE E REPENSAR O SEU FINANCIAMENTO 291

Aumentar a eficiência das despesas de saúde 294

Repensar o financiamento das despesas de saúde 298

REFORMAR A SEGURANÇA SOCIAL E ASSEGURAR A SUA SUSTENTA-BILIDADE FINANCEIRA 304

A necessidade de reforma do sistema de pensões 304

Financiamento das pensões: repartição ou repartição e capitalização? 307

A reforma paramétrica do sistema actual 315

CAIXA 6.1 – Contribuições patronais para a segurança social com base no valor acrescentado das empresas 324

CONCLUSÃO 327

PRIORIDADE À ECONOMIA PARA SAIR DE UMA CRISE COMPLEXA E DEMORADA 330

PARTICIPAR ACTIVAMENTE NA GLOBALIZAÇÃO E NA INTEGRAÇÃO EUROPEIA 334

AUMENTAR A COMPETITIVIDADE PELA PRODUTIVIDADE 337

PROMOVER AS EXPORTAÇÕES E INCENTIVAR O INVESTIMENTO PRODUTIVO . 341

DISCUTIR AS POTENCIALIDADES DAS FLEXI-SEGURANÇA PARA PORTUGAL . 345

REDUZIR AS DESIGUALDADES PESSOAIS E AS ASSIMETRIAS REGIONAIS.... 350

REFORMAR CRITERIOSAMENTE A ADMINISTRAÇÃO E AS FINANÇAS PÚBLICAS 354

PREFÁCIO

A. Mendonça Pinto, autor deste livro, é muito preciso na sua Apresentação, com que abre estas importantes páginas. Lido o livro antes da sua entrega na tipografia posso dizer que os propósitos e objectivos delineados foram inteiramente conseguidos.

Trata-se de um ensaio *sobre* economia, mas não é um livro *de* economia em sentido estrito, destinado exclusivamente a especialistas e que só estes podem discutir. De algum modo estamos *dentro* do livro, fazemos parte, todos, daqueles a que o mesmo se destina. Mais: senti-mo-nos tocados pela "mobilização" geral que o texto comporta, isto é, o seu conteúdo como que nos força a decidir sobre se queremos estar disponíveis para ajudar a transformar o "melhor é possível" do título em realidade tangível.

Esta obra – di-lo o Autor – tem como propósito "ajudar o leitor a compreender melhor os nossos principais problemas" e é destinada a todos os portugueses porque, e cito uma vez mais, "a economia interessa a todos". Este objectivo central foi estimulantemente alcançado e com isto convoca-nos para sermos autores/agentes de acção e não nos resignarmos ao papel de testemunhas.

A. Mendonça Pinto afirma-nos que o ensaio que temos entre mãos é "simultaneamente ambicioso e modesto". Ambicioso, diz-nos o Autor, porque a abordagem global que é realizada "requer alguma ousadia e audácia intelectual". Modesto porque "mesmo os nossos melhores economistas não conhecem suficientemente bem as doenças da economia portuguesa e sabem ainda menos sobre quais são e como aplicar os melhores remédios". A expectativa que esta afirmação gera está resolvida na frase seguinte, uma vez que, com a sua habitual sinceridade, o Autor considera que este livro é "um ensaio de certezas e de dúvidas", tomando posição sobre a necessidade de, no que respeita à economia portuguesa, "o diagnóstico, para poder servir de base à terapêutica, [ter] que ser mais completo e profundo". Mas não é nem no diagnóstico dos nossos principais problemas nem na escolha dos objectivos finais da política económica que, para o Autor, se encontram as maiores diferenças de pontos de vista. Diz ele: "As principais dificuldades da análise e da política económica em Portugal estão na fraca capacidade de antecipar os problemas e de agir antes que apareçam para os poder evitar ou atenuar; na ilusão de que muitos males se vão resolvendo por si próprios sem grande necessidade de intervenção dos poderes públicos; e, ainda, na dificuldade em escolher e aplicar os instrumentos e as formas de intervenção apropriadas para resolver as questões mais difíceis, particularmente aquelas cujas soluções recomendariam algum consenso ou acordo entre as principais forças políticas e sociais".

A. Mendonça Pinto é também um inconformista (assim se confessa, e ainda bem), pois não pretende "julgar ou condenar quem quer que seja", não se resignando, todavia, perante a decadência da economia portuguesa. Por isso se propõe, como acontece em todo o livro, "sugerir soluções para alguns dos seus problemas".

Com este "Economia Portuguesa – melhor é possível" é a cidadania participativa que fica a ganhar, pois estamos perante uma análise global da nossa sociedade, dos seus impasses, das suas complexidades e das vias de solução. Por tudo isto, o livro acaba por ser, também, um ensaio propositivo sobre o quotidiano, ao mesmo tempo que nos insere nos vários contextos incontornáveis onde nos encontramos com as incertezas sabidas que aí se atravessam no caminho. Refiro-me às escalas mundial, regional, nacional e local que são cada vez mais interactivas, nomeadamente na escala descendente de grandeza. E, por via disso, a reflexão que A. Mendonça Pinto nos dá conta é a de uma visão integrada, onde todos os problemas e todos os factores de mudança se interrelacionam, catapultados por uma economia e um comércio cada vez mais transnacionais e pelas tecnologias da informação e comunicação para as quais deixou de

Prefácio   13

haver, na verdade, qualquer tipo de distância ou de separação pelo tempo.

O Autor deseja – e fá-lo com sucesso – colocar-se numa atitude de abordagem de todas as variáveis ao mesmo tempo e em conjunto. E isto porque, como afirma – e não posso estar mais de acordo – "independentemente da natureza de objectivo ou de restrição da política económica, e da importância relativa do crescimento económico, do emprego, do desequilíbrio externo e do défice orçamental" tem de ser esse o caminho a seguir. Foi o que o Autor fez.

*
*   *

Não pretendo comentar o índice da obra, nem o conteúdo de cada capítulo. Como atrás mencionei, o livro convida-nos ao debate e fornece-nos análises, comentários críticos, sugestões e alternativas de acção. Impele-nos a continuar o caminho aqui traçado, com as responsabilidades e as competências que são próprias a cada um. E não serei eu a substituir-me aos leitores e aos comentadores, que de uns e outros se faz uma parte da vida dos que escrevem. Considero, porém, que devo sublinhar – de forma muito sucinta – alguns aspectos e afirmações constantes desta obra e que entendo merecerem ser realçados.

Para o Autor a principal determinante do bom desempenho das economias "é a qualidade das políticas públicas e os países são ricos ou pobres consoante foram e são bem ou mal governados". Mas para além dos governos, o Autor não deixa de mencionar as responsabilidades de todos nós (em grau e quantidade diversos) no estado da economia, sublinhando (e é um dos *leitmotivs* de todo o livro) que a produtividade e a competitividade da economia, essenciais para a sua recuperação, "dependem mais das empresas e dos trabalhadores do que da acção dos governantes".

A. Mendonça Pinto convida-nos a não aceitar para Portugal nem o empobrecimento relativo nem o desenvolvimento de uma sociedade dualista, que noutra parte do livro o Autor caracteriza de forma contundente, com o insuspeito auxílio do Eurostat. A verdade é esta: para além de ser o país da União Europeia com a distribuição do rendimento mais desigual (o rendimento dos 20% mais ricos é 7,2 vezes superior ao rendimento dos 20% mais pobres), Portugal é também o país de UE que apresenta a maior pobreza relativa (quer da UE a 15, quer da UE a 25). Logo, para retomar uma trajectória de crescimento em bases sólidas, a economia portuguesa precisa, na feliz expressão do Autor, de "reparar os seus motores de desenvolvimento", tomando uma posição de reformismo gradualista, comum a todo o seu posicionamento político e económico. Por isso toma posição clara: a alternativa realista quanto a um bom modelo de desenvolvimento para Portugal consistirá em melhorar permanentemente a realidade existente e em fazê-la evoluir para formas de desenvolvimento mais avançadas. Isto é, utilizando uma vez mais o texto do Autor, as reformas necessárias são mais facilmente exequíveis se "optarmos por um processo continuado e persistente de aperfeiçoamento das estruturas e dos mecanismos de funcionamento da sociedade e da economia".

Precisamos de vencer o desafio da globalização da economia e da integração europeia, sem prejuízo da necessidade de regulação da globalização económica e sem esquecer, também, a urgência na coordenação efectiva das políticas económicas na Zona Euro. Da evolução nesse sentido dependerá, segundo o Autor, e está bem acompanhado, o desempenho económico na União Europeia em geral e na Zona Euro em particular, nomeadamente quanto à eficácia na realização da *Agenda de Lisboa*.

O Autor desenvolve abundantemente sobre o enquadramento externo e interno da economia portuguesa. Aponta caminhos *para o*, e necessidades *do*, crescimento económico europeu e, simultaneamente, não esquece todo um conjunto de factores nacionais – *típicos de uma agenda política nacional* – que condicionam e afectam o nosso crescimento e desenvolvimento.

Para o Autor, que não esquece tudo o mais que tem de ser lembrado e o livro abundantemente refere, "*o aumento da produtividade é o grande desafio que todos temos que vencer*" (itálico meu), ensaiando sugestões e propostas que se dirigem a cumprir esse difícil objectivo. Difícil porque, como é dito, a produtividade "não é uma variável instrumental das políticas públicas", mas sim "uma resultante da organização e do funcionamento de praticamente todos os sistemas e processos económicos e sociais". Por isso o Autor passa em revista, entre outras matérias, as relativas às atitudes das pessoas e à eficiência das organizações, ao papel da legislação laboral, procurando ensaiar um equilíbrio entre segurança e flexibilidade, à situação e futuro das parcerias entre os sectores público e privado, à educação e à formação profissional e à necessidade de uma concorrência aberta, fiscalizada e convenientemente regulada. A verdade é que, quer quanto às parcerias público/privado, quer quanto às concessões de serviço e interesse públicos e actividades similares, há que encontrar fórmulas eficazes de defender o interesse público de forma forte e intransigente, sem o que o Estado se desprestigiará de forma dificilmente recuperável.

O Autor aborda a gravidade da situação do desemprego afirmando que "enquanto não voltarmos a um crescimento económico superior ao aumento normal da produtividade não haverá *criação líquida* de emprego notória e redução significativa do desemprego" (itálico meu), sem embargo do que pode acontecer na frente da *e*migração, uma vez que esta não cessou e se processa, no País, em paralelo com a *i*migração. E também, numa síntese que considero mobilizadora para o futuro, entende que "a indispensável competitividade deve vir, fundamentalmente, da produtividade", embora reconheça a dificuldade de alteração significativa do quadro português, nesses domínios, em relativamente pouco tempo. Mas é fundamental perceber que para se alterarem estas dificuldades precisamos "urgentemente ... de investir a sério na formação dos portugueses, tanto na maior escolarização da população como na formação profissional contínua; na ciência, na tecnologia e na inovação; e, na cooperação entre as empresas e o sistema científico e tecnológico, nacional e estrangeiro", sem prejuízo, claro está, de uma acrescida cooperação e interacção, nos dois sentidos, entre os estabelecimentos de ensino superior e as empresas.

É mobilizador o capítulo dedicado à incontornável questão da imperiosa necessidade de reduzir o défice externo e limitar a dependência do exterior, uma vez que a situação tem subjacente a fraqueza estrutural da economia portuguesa. São analisadas as grandes causas do défice externo dos últimos anos, a complexa questão da sua sustentabilidade, o padrão de investimento estrangeiro necessário e possível, a necessidade de melhorar a competitividade pela produtividade.

O Autor caracteriza com particular eficácia a situação de transição que a economia portuguesa e o respectivo modelo de desenvolvimento atravessam, e daí, por aquilo que isso implica, quanto a exigências, caminhos e opções, esperanças e tempo possível para resultados, ser melhor saber exactamente onde estamos e, a partir daí, concluirmos qual o incontornável caminho a seguir. Não há melhor para situar a grande exigência e a especificidade do percurso do que citar uma vez mais o Autor, numa síntese feliz que representa, sem dúvida, a grande causa nacional: necessitamos de "uma estratégia de transição de uma economia baseada na competitividade *pelo custo* para uma nova economia cada vez mais assente na competitividade *pelo valor*". (itálico meu).

O último capítulo antes da Conclusão dedica-o o Autor à questão da imperiosa necessidade de reduzir o défice orçamental e de sanear as finanças públicas. E aí afirma que o "principal contributo das receitas para a consolidação orçamental só pode vir do aumento da eficiência no combate à fraude e evasão fiscais", para acrescentar, mais adiante, que a diminuição do dito défice tem de passar, também, "por uma criteriosa contenção da despesa pública", cuja eficiência precisa ser melhorada. O Autor, com profundidade assinalável, examina a necessidade de reformar o processo orçamental, que se poderia desde já iniciar com a aplicação efectiva das leis mais recentemente aprovadas, nomeadamente a Lei do Enquadramento Orçamental de 2001 e as suas alterações de 2002, 2003 e 2004, com o objectivo de melhor programar e conter a despesa pública. E não se afasta de nenhum tema: examina, por exemplo, a questão das despesas com o pessoal, a da necessidade de despolitização quanto à administração pública, a das despesas com a saúde e a problemática do seu financiamento, a da segurança social com todas as suas incidências e também a incontornabilidade da reforma da administração pública. E a propósito de todas as mencionadas indica-nos o "estado da arte", por assim dizer, apresenta soluções muitas vezes em alternativa, sem esconder as da sua preferência, e dá-nos, também, uma motivadora pedagogia de que não há respostas fáceis nem milagrosas, mas elas *têm de ser* encontradas, assumidas e prosseguidas. Trata-se de uma parte do livro (sem falar de outras ...) que certamente suscitará discussão e crítica, mas essa é também uma componente da sua valia.

*

*   *

Na Conclusão, o entusiasmo do Autor aparece enquadrado "numa mensagem realista e de esperança", envolvendo-nos a todos na solução dos problemas que nos dizem respeito, como integrantes da mesma comunidade nacional. Mas afirma, para que não restem dúvidas, que o Governo, e cito outra vez, "*não* deve dar *menos* atenção e prioridade às reformas que contribuem para aumentar a produtividade e o crescimento da economia do que à redução do défice orçamental" (itálico meu). E porque acha que "melhor é possível", o crescimento da economia tem de ser a prioridade de topo da política económica. Isto porque o desafio que nos está colocado resulta, em parte, "do facto de a economia portuguesa se encontrar num estádio de desenvolvimento intermédio em que já não concorre com as economias de baixos salários e ainda não compete com as de tecnologia mais elevada …", exactamente, como o Autor assinala, quando "está a emergir um novo paradigma de globalização em que a desagregação de actividades [se] faz a um nível mais fino e atinge tarefas/empregos da economia de serviços e do conhecimento que antes se considerariam (internacionalmente) não-transaccionáveis". Sublinha, com particular vigor, a necessidade imperiosa de promover as exportações (como prioridade permanente) e de incentivar o investimento produtivo, cujo declínio, tão acentuado nestes últimos anos, "prejudica o crescimento da produtividade, enfraquece o potencial de crescimento da economia e compromete o futuro do País".

Mas é ainda uma vez mais o economista preocupado com a dualidade da sociedade portuguesa, as assimetrias de desenvolvimento do território, a pobreza, a necessidade de uma política de inclusão social para se caminhar com vista a uma igualdade de oportunidades que, quase no fim da sua obra, se pronuncia, uma vez mais, a favor do investimento na qualificação escolar e profissional dos portugueses, nomeadamente, e cito, "para dar as mesmas oportunidades a quem nasce pobre". Também, digo eu, para se poder ter esperança num País melhor, mais democrático e mais justo.

Economista de sólida formação e experiência, docente universitário e consultor da Casa Civil do Presidente da República para a totalidade do meu segundo mandato, as minhas estima e admiração pelo saber e disponibilidade de A. Mendonça Pinto foram-se consolidando num tempo difícil e exigente. Da sua cultura económica beneficiei extensivamente e por isso lhe estou muito grato. O seu livro, em que tanto da sua experiência mais recente se vê espelhada, constitui um sólido contributo para uma permanente discussão cívica e cidadã quanto às exigências do nosso crescimento económico e do nosso desenvolvimento. Na verdade, sem escamotear o olhar crítico e também propositivo, dá-nos esperança e confiança. É do que mais precisamos.

Lisboa, 19 de Fevereiro de 2007

JORGE SAMPAIO

APRESENTAÇÃO

Nem rei nem lei, nem paz nem guerra,
Define com perfil e ser
Este fulgor baço da terra
Que é Portugal a entristecer –
Brilho sem luz e sem arder,
Como que o fogo-fátuo encerra.

Ninguém sabe que coisa quer.
Ninguém conhece que alma tem,
Nem o que é mal nem o que é bem.
(Que ânsia distante perto chora?)
Tudo é incerto e derradeiro.
Tudo é disperso, nada é inteiro.
Ó Portugal, hoje és nevoeiro...

É a hora !

FERNANDO PESSOA[1]

Jean Monnet, um dos pais fundadores da União Europeia, escreveu que "os homens só agem em estado de necessidade e só reconhecem a necessidade em momentos de crise". Vivemos actualmente um

---

[1] Fernando Pessoa, *Mensagem*, Ed. Ática, 1988, Poema Nevoeiro, pág. 104.

desses momentos. A força da exclamação "É a hora!", com que Fernando Pessoa termina a Mensagem, dá bem a ideia de que é preciso agir quanto antes, enquanto é tempo, para reanimar a economia portuguesa e evitar o empobrecimento relativo para que vai caminhando. Há já alguns anos que a nossa economia cresce menos do que a europeia e agora tem dificuldade em acompanhar a recuperação económica da Europa, como veremos no capítulo 1. É tempo de agir, decididamente e com a confiança que nos é dada pelo facto de, ao longo da nossa história, passada e recente, termos superado dificuldades tão ou mais graves do que as actuais. Portugal enfrenta uma crise económica profunda e duradoura, mas também tem potencialidades e, por isso, se todos estudarmos e trabalharmos mais e melhor, recusarmos o pessimismo e a resignação, tivermos confiança e coragem e uma elite dirigente capaz de fazer as reformas indispensáveis e aplicar a estratégia adequada de desenvolvimento poderemos vencer as dificuldades e os desafios que temos pela frente e assegurar futuro para Portugal. Aliás, vale a pena lembrar que a palavra crise em chinês significa, simultaneamente, ameaça de ruptura e promessa de futuro. É nesta perspectiva que este livro pretende ser um contributo para a compreensão dos problemas fundamentais da economia portuguesa e para a batalha a travar por todos nós para melhorarmos o desempenho da nossa economia. De facto, quanto melhor compreendermos as razões e o sentido das mudanças em curso na economia e na sociedade, melhor poderemos contribuir para o desempenho da economia e também mais fácil se torna a sua gestão. Aliás, os responsáveis pela política económica deveriam cuidar mais da pedagogia económica e da difusão de informação sobre o estado e a evolução da economia para aumentar a cultura e o conhecimento económico dos cidadãos, designadamente para mais facilmente evitarmos erros económicos e avançarmos com mais unidade para os objectivos. O meu propósito ao escrever este livro, em linguagem corrente facilmente acessível à maioria das pessoas, é ajudar o leitor a compreender melhor os nossos principais problemas económicos e a vencer mais facilmente esses mesmos desafios. Consequentemente, espero e desejo que o leitor dê por bem empregue o dinheiro que pagou pela sua aquisição e, sobretudo, o tempo que gastar na sua leitura.

Economia Portuguesa — Melhor é Possível é um livro de economia ao natural destinado a todos os portugueses, precisamente porque a economia interessa a todos e também porque o seu desenvolvimento depende de todos e cada um de nós. Interessa a todos, porque as condições de vida dos portugueses são determinadas pelo crescimento mais ou menos equilibrado e sustentado da economia, o qual, por sua vez, depende da atitude e do comportamento de todos nós, de múltiplas e variadas maneiras, umas mais óbvias, como o nosso empenho, esforço e eficiência no processo produtivo, outras menos evidentes, como por exemplo a nossa participação político-eleitoral mais ou menos activa na escolha (indirecta) dos governantes, mas todas com influência no melhor ou pior desempenho da economia.

O ensaio que o leitor tem entre mãos é, simultaneamente, ambicioso e modesto. Ambicioso, porque o assunto é realmente importante, vasto e difícil e a sua abordagem global requer alguma ousadia e audácia intelectual. É óbvio que a economia não é tudo, mas cabe-lhe uma parte muito importante na compreensão e na solução dos nossos problemas, sendo que a economia portuguesa padece de vários males complexos, alguns ainda insuficientemente consciencializados pelos portugueses, e precisa de ser bem tratada para podermos viver melhor, agora e no futuro. As curas desses males são difíceis e demoradas e muitas extravasam mesmo a esfera económica, como por exemplo o combate ao insucesso e ao abandono escolar, ou a transição para uma justiça de qualidade em tempo útil, mas são possíveis e tanto melhor sucedidas quanto maior for também a vontade, a confiança e a ambição dos portugueses por um futuro melhor. Modesto, porque mesmo os nossos melhores economistas não conhecem suficientemente bem as doenças da economia portuguesa e sabem ainda menos sobre quais são e como aplicar os melhores remédios, embora nem todos tenham a humildade de o reconhecer. Por estas razões, o livro também é um ensaio de certezas e de dúvidas. Certezas, não absolutas porque essas só existem na fé, mas no sentido de convicções fortes nas matérias onde a teoria económica, a evidência empírica e o conhecimento pessoal apontam no mesmo sentido, o que não quer necessariamente dizer que sejam verdades inquestionáveis, mas tão somente que as tomo como certezas até prova em contrário. Dúvidas, nos muitos domínios onde não foi ainda possível encontrar explicações bem fundamentadas e soluções razoavelmente acertadas para os problemas e onde, portanto, é preciso estudar mais e melhor os assuntos. De facto, não há economista sem dúvidas. E não pode existir porque a capacidade de explicação da realidade pela teoria e análise económicas ainda é bastante exígua e a capacidade de transformação da realidade pela política económica é ainda mais limitada.

A necessidade e a urgência de acção para melhorar a economia portuguesa leva a crer que os diagnósticos dos problemas estão feitos, são conhecidos, e, portanto, o que é preciso é passar à prática e produzir resultados. E, em parte, é verdade. Porém, ainda há estudos e diagnósticos por fazer, outros são incorrectos e outros ainda estão incompletos. O diagnóstico, para poder servir de base à terapêutica, tem que ser mais completo e profundo do que a descrição superficial dos problemas. Esta pode servir para explicar males e atribuir culpas, mas é, quase sempre, insuficiente para identificar bem a origem e a natureza dos problemas, fazer as escolhas correctas e passar à acção eficaz. Mesmo assim, não é tanto ao nível do diagnóstico da situação que encontramos as principais dificuldades, como também não é na escolha dos objectivos finais da política económica que há as maiores diferenças de pontos de vista. As principais dificuldades da análise e da política económica em Portugal estão na fraca capacidade de antecipar os problemas e de agir antes que apareçam para os poder evitar ou atenuar; na ilusão de que muitos males se vão resolvendo por si próprios sem grande necessidade de intervenção dos poderes públicos; e, ainda, na dificuldade em escolher e aplicar os instrumentos e as formas de intervenção apropriadas para resolver as questões mais difíceis, particularmente aquelas cujas soluções recomendariam algum consenso ou acordo entre as principais forças políticas e sociais. Em Portugal ainda há muito o costume de esperar que as coisas aconteçam para só depois se reagir, como também ainda há pouco o hábito de formar consensos e estabelecer entendimentos sobre as melhores formas de superar diferenças de pontos de vistas e de conciliar interesses divergentes. Na política económica, para alcançar um dado objectivo, não há "trinta e três maneiras de cozinhar bacalhau", como na culinária, mas ainda há

Apresentação   23

uma razoável diversidade de instrumentos de política económica e a sua escolha, o modo como são utilizados e a medida em que são aplicados não são neutros: afectam os interesses dos diferentes agentes económicos e sociais e envolvem benefícios e custos diferenciados para as pessoas. Basta pensarmos, por exemplo, nas múltiplas maneiras de reduzir despesas públicas, ou de aumentar receitas fiscais ou outras, para percebermos que a diversidade de instrumentos leva a que, praticamente e ao contrário do que frequentemente se faz crer, haja sempre alternativas de política económica[2] e que a dificuldade esteja nas opções de política e na escolha dos instrumentos, o que não é apenas uma questão técnica, mas também e sobretudo política. A política económica é, por definição e natureza, simultaneamente, económica e política. Os economistas e outros técnicos ajudam a identificar e a analisar os problemas e a preparar as soluções, mas são os responsáveis políticos (mesmo quando também são economistas) que, entre as várias alternativas apresentadas, escolhem as que consideram melhores para a sociedade e as suas escolhas e decisões são, por definição, políticas.

Pelo que fica dito e também facilmente se perceberia pela leitura do livro, *Economia Portuguesa — Melhor é Possível* é, assumidamente, um texto de economia política e de política económica e, portanto, naturalmente influenciado pelo modo como encaro a política e como vejo e desejo o funcionamento da economia e da sociedade. Assim sendo, é meu dever informar o leitor, por um lado, que a minha

---

[2] Ver Caixa 0.1 – Há ou não alternativas de política económica em Portugal? Como o leitor acaba de verificar, à margem do texto principal, há as habituais notas de pé de página e também algumas caixas no fim dos capítulos. As notas de rodapé dão breves informações relevantes ou interessantes, embora a sua leitura não seja indispensável para a compreensão do texto principal. O mesmo se aplica às caixas que, no fundo, são equivalentes a notas de pé de página de maior dimensão e resultam de partes de texto que, por não se enquadrarem bem no equilíbrio do livro, foram autonomizadas e colocadas fora do texto principal. A sua inclusão no livro pretende dar ao leitor informação adicional sobre tópicos que podem ser úteis para uma melhor compreensão de algumas partes do texto, ou que têm uma relação interessante com alguns assuntos discutidos no corpo principal do livro.

visão, tendência ou simpatia política está próxima do socialismo democrático ou da social-democracia, que considero sinónimos[3]; e, por outro lado, que prezo bastante a independência partidária e, portanto, nunca tive e não tenciono ter filiação partidária, apesar de nada ter contra os partidos e reconhecer a sua necessidade e importância para a democracia. Penso, no entanto, que a vida política devia ser menos partidária e que os partidos políticos, especialmente o PS e o PSD que são partidos de governo e se reclamam da social democracia[4], se deviam reformar e requalificar, particularmente quanto à clarificação das suas características ideológicas, às respostas que têm, ou deviam ter, para as necessidades e os desejos dos cidadãos, à adesão firme a princípios e a valores e à selecção dos seus dirigentes, para que tivessem mais credibilidade política e influência cívica na sociedade portuguesa. Talvez então se tornassem mais atractivos e aumentasse a participação dos cidadãos na vida partidária e política do País.

O título *Economia Portuguesa – Melhor é Possível, Necessário e Urgente, mas é Difícil e Demorado* seria mais ajustado à actual situação e perspectivas da nossa economia e ao conteúdo e posicionamento realista do livro. No entanto, preferi apenas *Economia Portuguesa –*

---

[3] A social-democracia ou o socialismo democrático reconhecem a capacidade e a potencialidade do mercado para gerar prosperidade económica, mas não esquecem ou menorizam todo um conjunto de meios económicos, sociais e políticos necessários para regular os mercados, garantir a igualdade de oportunidades e assegurar a justiça social indispensável a uma sociedade decente e aceitável. Nestes aspectos, distinguem-se da ideologia neoliberal menos preocupada com a igualdade de oportunidades dos cidadãos, a regulação da economia, a preservação do estado social e a qualidade da democracia. Reconheço, no entanto, que a social-democracia ou o socialismo democrático têm alguma dificuldade em assegurar, efectiva e simultaneamente, a eficiência económica, a justiça social e a autonomia política no tempo de capitalismo global em que vivemos, razão por que é preciso procurar soluções inovadoras, mais eficientes e justas, para os novos tempos e os novos desafios, nomeadamente para desenvolver a economia sem esquecer a justiça e a solidariedade sociais e evitar cair no "socialismo de serviços mínimos" para que podemos estar a caminhar em Portugal, por causa do mau desempenho da economia e por força da restrição orçamental.

[4] A prova de que ambos, particularmente o PSD, não são apenas social-democracia está no facto de em conjunto representarem cerca de 80% do eleitorado.

Melhor é Possível por ser um título mais curto e também transmite com mais força uma mensagem de optimismo. Os problemas da economia portuguesa e as dificuldades que (ainda) nos esperam são sérios e preocupantes, mas, para mobilizar a vontade e a acção, é preferível ver o copo meio cheio do que lamentar que está meio vazio. Parafraseando o filósofo italiano António Gramsci, procurei equilibrar o pessimismo da razão com o optimismo da vontade e, porque conheço e tenho confiança na capacidade de realização dos portugueses, acredito que *Melhor é Possível*. Este título comporta, contudo, um risco que importa salvaguardar, pois também pode ser lido como uma crítica implícita ao Governo. Não é o caso, nem essa leitura seria justa. Antes de mais, porque o Governo em exercício tem menos responsabilidades do que os anteriores pelo actual estado da Nação[5]; e, depois, porque decidiu realizar reformas estruturais e enfrentar interesses privilegiadamente estabelecidos que há muito tempo era preciso fazer e de que os anteriores governos falaram, falaram, mas não ousaram concretizar, contribuindo pela inacção para a deterioração da situação económica e financeira do País. No entanto, reconhecer a atitude e a determinação reformista do actual Governo não significa concordância total com a sua acção governativa e também não o dispensa de ter de fazer mais e melhor para cumprir o seu programa, nomeadamente quanto a promessas de crescimento económico, de criação de emprego e de reforma da administração pública, como veremos ao longo dos capítulos seguintes. O meu objectivo com este livro não é julgar ou condenar quem quer que seja, mas tão-somente explicar como chegámos à situação actual, manifestar o meu inconformismo perante a decadência da economia portuguesa e sugerir possíveis soluções para alguns dos seus problemas.

Como facilmente se percebe, não há explicações inquestionáveis, nem soluções fáceis e rápidas para os problemas da economia portuguesa. Se houvesse já teriam sido aplicadas e os problemas estariam

---

[5] Como os problemas actuais não apareceram por acaso, nem há pouco tempo, é óbvio que os governos passados têm mais responsabilidades pela presente situação económica e financeira do País do que o actual, em funções há menos de dois anos, nomeadamente porque deixaram acumular desequilíbrios perigosos e adiaram o combate aos problemas estruturais.

solucionados. Consequentemente, é natural que, entre as explicações apresentadas e as soluções sugeridas, o leitor possa concordar com umas e discordar de outras. Não admira que assim seja porque a economia não é uma ciência exacta, e também porque a política económica se situa entre os planos positivo (o que é) e normativo (o que deve ser) e, portanto, a sua avaliação também depende de juízos de valor de quem a aprecia. Parafraseando um ditado popular aplicado aos médicos, também podemos dizer que "de economista e louco, todos temos um pouco" e, portanto, "cada cabeça sua sentença". Há até os que dizem que, se alguém precisa de três opiniões, basta consultar dois economistas. Assim sendo, também facilmente se percebe que nem toda a gente tem a mesma leitura da situação e das perspectivas da economia portuguesa. Para os mais pessimistas, tudo está e vai mal e, para os mais optimistas, as dificuldades são passageiras e em breve a economia voltará a funcionar normalmente. Nem uns nem outros têm razão. A verdade está algures entre uma e outra posição. Na realidade, não existem economias perfeitas, nem economias paradas. Todas funcionam sempre a diferentes níveis e com melhor ou pior qualidade. A questão é que a economia portuguesa está há já alguns anos a funcionar a nível muito baixo e com qualidade bastante deficiente. Há cinco anos que cresce menos que a da União Europeia (a 15 ou a 25)[6], sem que se anteveja quando inverterá esta tendência, e a desigualdade na distribuição do rendimento é das mais elevadas na UE-15. Para sermos justos, porém, temos de reconhecer que, para além dos governos, também todos nós, embora uns mais do que outros, temos responsabilidades pelo actual estado da economia e, para ver que assim é, basta lembrar que a produtividade e a competitividade da economia dependem mais das empresas e dos trabalhadores do que da acção dos governantes. Analogamente, e sem querer diminuir o papel e as obrigações do actual e dos futuros governos na recuperação e desenvolvimento da economia, também é verdade que o maior contributo para o efeito tem

---

[6] Com a entrada da Bulgária e da Roménia, em 1 de Janeiro de 2007, a União Europeia comporta actualmente 27 Estados-membros. No entanto, aqui não se considera a UE-27 porque o livro foi escrito com base na informação disponível até ao final de Dezembro de 2006 e, nesta data, ainda não estava divulgada informação estatística para a UE-27.

que vir da iniciativa privada, nomeadamente dos empresários, dos gestores e dos trabalhadores, uma vez que é nas empresas que se produz riqueza e criam empregos.

O livro está organizado em seis capítulos autónomos, no sentido em que a leitura de um não depende da prévia leitura de outro, razão por que podem ser lidos por outra ordem, embora tivesse havido um critério e uma lógica para a sua escolha e ordenação. O capítulo 1, talvez por ter nascido do que era para ser apenas um artigo, tem carácter introdutório e dá uma visão global da crise da economia portuguesa e da necessidade de um novo modelo de desenvolvimento. O capítulo 2 trata do enquadramento e dos desafios originados pela globalização competitiva e pela integração europeia. Os capítulos 3 e 4 abordam os dois principais objectivos da política económica: o crescimento da economia e o aumento do emprego. Por sua vez, os capítulos 5 e 6 discutem de forma alargada, respectivamente, os desequilíbrios das contas externas e das finanças públicas. Há ainda uma Conclusão onde sublinho alguns aspectos antes discutidos e, sobretudo, acrescento outros que, por falta de enquadramento apropriado, não foram antes referidos.

As correcções dos défices externo e público são necessárias e importantes, nomeadamente porque os estes défices são fortes restrições à política económica e ao desenvolvimento do País, mas foram remetidas para os últimos capítulos para sinalizar que o decisivo e fundamental é promover o crescimento económico e combater o desemprego, no contexto da globalização competitiva e da integração europeia. E entre os dois referidos desequilíbrios – que devem ser corrigidos ao mesmo tempo, até porque a redução do défice público é instrumental para a diminuição do défice externo – o mais preocupante e de mais difícil correcção é o desequilíbrio das contas com o exterior, que, por isso, figura antes do saneamento das finanças públicas. Porém, independentemente da natureza de objectivo ou de restrição da política económica, e da importância relativa do crescimento económico, do emprego, do desequilíbrio externo e do défice orçamental, uma política económica coerente e eficaz tem que tratar todas estas variáveis ao mesmo tempo e em conjunto. Não é fácil, mas é a melhor alternativa.

28 *Economia Portuguesa – Melhor é Possível*

Privilegiar e centrar a estratégia económica numa delas, como fez o Governo Durão Barroso com o combate ao défice público, esquecendo que "há mais vida para além do orçamento", como disse o Presidente Jorge Sampaio[7], não resolve o problema seleccionado e agrava os restantes, dada a interdependência dos fenómenos económicos. Também por esta razão, aconselho os leitores mais resistentes a lerem todo o livro, de preferência pela ordem indicada, e, aos restantes, recomendo que espreitem as partes que mais lhes interessem e, quem sabe, se não encontrarão aí curiosidade para ler o resto.

Economia Portuguesa – Melhor é Possível resultou da conjugação de três impulsos. O estímulo de alguns amigos que me desafiaram e incentivaram a voltar a escrever para publicar; a oportunidade para identificar, arrumar e autoavaliar o meu saber e a minha ignorância sobre os problemas da economia portuguesa; e, ao mesmo tempo, combater o fantasma da inutilidade fazendo algo que também pudesse interessar a outras pessoas, neste caso os leitores, com quem sentia vontade de voltar a partilhar alguma informação e reflexão sobre o estado e as perspectivas da economia portuguesa. Pretendi expressar os meus pontos de vista e ajudar os leitores a perceberem melhor como se criaram e se podem resolver os nossos principais problemas económicos. Senti que devia contribuir para a difusão e a discussão de alguns problemas económicos e ajudar a compreender melhor a economia e a política económica portuguesas, mesmo reconhecendo as minhas limitações de saber, evidentes no levantamento de algumas dúvidas e na forma cautelosa de muitas afirmações, e as minhas limitações de tempo, não por qualquer imposição de calendário, mas por vontade própria.

Escrever um livro é uma tarefa demorada e, para mim, o tempo pessoal é o recurso mais escasso porque está limitado à vida da pessoa, não se pode adquirir, nem reutilizar: o que se gasta numa actividade não pode ser utilizado para outra ... e há tanta coisa interessante para fazer. Assim sendo, há sempre que sacrificar alguma coisa para escre-

---

[7] Discurso na Assembleia da República, em 25 de Abril de 2003.

Apresentação 29

ver um livro. O custo de oportunidade é relativamente elevado e, portanto, procurei reduzi-lo, por duas vias, o que teve outras tantas implicações. Por um lado, o livro foi sendo escrito aos poucos, o que originou uma ou outra sobreposição de conteúdos, que não suprimi completamente na revisão final para não prejudicar a autonomia de leitura de cada capítulo, ou para marcar bem a importância do assunto, como por exemplo a necessidade de incentivar o investimento produtivo, nacional e estrangeiro, e de melhorar a educação escolar e a formação profissional dos portugueses. Por outro lado, para gastar menos tempo, utilizei apenas informação estatística facilmente disponível, ou que tinha de memória, de forma aproximada, poupando assim na recolha, verificação e tratamento de dados quantitativos para documentar factos, ilustrar ideias e fortalecer argumentos. Fiquei, pois, pela "prosa corrida", que permite uma leitura mais rápida, e espero que o leitor acredite e confie nos factos, ideias e argumentos apresentados, mesmo sem a força e o interesse que, em alguns casos, os números exactos e os gráficos convincentes lhes poderiam conferir[8]. Se assim não for, também não faz mal. O objectivo do livro não é impor os meus pontos de vista, ou procurar convencer alguém, mas ajudar o leitor a formar as suas opiniões e a tirar as suas conclusões e, nesta perspectiva, gostaria que o livro valesse, não apenas pelo que escrevi, mas também pelo que se possa depreender da sua leitura e pela reflexão que a mesma possa suscitar. Assim sendo, a minha maior satisfação por ter

---

[8] Não se infira daqui qualquer menor interesse ou importância pelas estatísticas. Estas são fundamentais para ajudar a conhecer a realidade e os problemas, definir as políticas públicas e avaliar os seus resultados. A utilização de estatísticas fiáveis é mesmo uma condição indispensável para uma boa gestão da economia e, entre nós, ainda há bastante a fazer para melhorar a cobertura e a qualidade das estatísticas. Embora não se possa dizer que a sua falta ou deficiência sejam as principais responsáveis pela fraca qualidade das políticas públicas, podemos apontar erros e omissões de política económica que poderiam ter sido evitados ou atenuados se tivesse havido maior disponibilidade e melhor utilização de estatísticas. Foi o caso, por exemplo, das reformas antecipadas com a sustentabilidade financeira da segurança social a baixar e a esperança de vida a subir; ou da formação profissional mais preocupada com a diminuição artificial do desemprego do que com as necessárias qualificações dos trabalhadores, ou ainda da avaliação dos resultados da educação pelo dinheiro público gasto no sector, etc.

escrito este livro foi ter procurado ajudar o leitor a compreender e a pensar melhor sobre as questões económicas e os principais desafios da economia portuguesa. Todos devemos perceber a gravidade da actual situação económica e financeira de Portugal, e a necessidade de a enfrentarmos de forma séria e determinada e com a consciência de que teremos de ser nós, portugueses, a resolver os nossos problemas. A União Europeia ajuda em muitos aspectos, e também dificulta noutros, mas não pode evitar as nossas dificuldades, nem solucionar os nossos pro-blemas. Somos nós que temos de fazer esse trabalho.

Economia Portuguesa — Melhor é Possível não foi escrito para nenhuma categoria de destinatários e pode ser lido por qualquer pessoa que se interesse pelas questões da economia e da política económica em Portugal, pois a sua leitura não requer conhecimento especializado. Há, no entanto, três possíveis categorias de leitores para quem o livro pode ser mais útil. A classe política, nomeadamente governantes, deputados e autarcas, que têm especiais responsabilidades no desenho e na implementação das políticas públicas em geral e da política económica em particular. A classe empresarial, empreendedores e gestores, porque a envolvente e a política económica têm grande influência na vida das empresas e é nestas que se cria riqueza e desenvolve a economia. A classe académica dos professores e estudantes de economia e gestão, porque o livro lhes pode proporcionar uma leitura fácil sobre a situação e os problemas difíceis da economia portuguesa, porventura interessante ou estimulante para os seus estudos e trabalhos académicos.

Por último, três notas finais. A primeira, para deixar claro que, embora tenha evitado, ou reduzido ao mínimo indispensável, qualquer referência a matérias da competência da instituição em que exerço a minha actividade profissional e a quem muito devo, as ideias e opiniões aqui expressas não reflectem necessariamente os pontos de vista do Banco de Portugal e são da minha inteira e exclusiva responsabilidade. É óbvio, mas convém que fique dito.

A segunda nota destina-se a agradecer ao Prof. José Madureira Pinto, ao Eng.º José Manuel dos Santos e ao Dr. Francisco Soares, meus colegas na Casa Civil do Presidente Jorge Sampaio, o favor de terem lido o texto e feito comentários e sugestões úteis para a sua melhoria. Este facto não invalida, porém, que seja eu o único responsável pelas eventuais falhas do livro. Um agradecimento muito especial é devido ao Presidente Jorge Sampaio, com quem tive o prazer de trabalhar durante cinco anos, por ter feito o favor de escrever o Prefácio para este livro e ainda mais pelo seu exemplar comportamento humano, cívico e político no desempenho das suas funções presidenciais. O Presidente Sampaio prestou um valioso serviço aos portugueses e, depois de ter cessado funções, ainda tem muito para dar ao País. Portugal só teria a ganhar em aproveitar o melhor possível o seu vasto conhecimento e grande experiência nos assuntos nacionais e internacionais.

A última nota vai, como não podia deixar de ser, para a minha família mais directa, pois é nela que encontro o ânimo para ultrapassar dificuldades e obstáculos, o bálsamo para amaciar as asperezas da vida e a tranquilidade para ler, pensar e escrever. Por isso, renovo aqui as palavras com que, na dedicatória deste livro, evoquei a memória dos meus país e saudei, com gratidão, a minha mulher e os meus filhos.

Lisboa, Fevereiro de 2007

A. MENDONÇA PINTO

CAIXA 0.1

HÁ OU NÃO ALTERNATIVAS DE POLÍTICA ECONÓMICA EM PORTUGAL?

A generalização da ideia de que não há alternativa às políticas económicas seguidas, sejam elas realizadas por governos do PS ou do PSD, resulta, fundamentalmente, do efeito da globalização, da despolitização e consequente insuficiência de debate político e também do interesse dos próprios governos na manutenção da referida ideia. No entanto, não é inteiramente correcta e é naturalmente perigosa. É certo que os efeitos da globalização competitiva (v.g. no encerramento e deslocalização de empresas) e da conjuntura internacional (v.g. com a subida do preço do petróleo e da taxa de juro) reduziram a margem de manobra dos governos e geraram nos portugueses algum sentimento de resignação perante a nossa dependência externa e a ideia de que pouco ou nada podemos fazer, mas não é completamente verdade que assim seja ou tenha que ser. Basta observar que há países, com razoável proximidade de circunstâncias internas à partida e a mesma conjuntura internacional, como por exemplo a Espanha, que tiveram na última década um desempenho económico bastante melhor do que Portugal para ver que há alternativas de política económica. Por sua vez, a perigosidade da ideia da inexistência de alternativas de política vem, essencialmente, do desinteresse dos cidadãos pela política, para o qual também contribui o fechamento dos partidos e o atrofiamento da comunicação social. Exagerando um pouco para se perceber melhor, de facto, os partidos políticos mais relevantes fecharam-se bastante sobre si próprios e subalternizaram os valores e as ideologias em favor da conquista pragmática do poder, nomeadamente para benefício de alguns membros e simpatizantes, sendo cada vez menos centros de discussão e preparação de políticas públicas para apresentação ao Governo ou à Assembleia da República.

Em consonância com esta evolução partidária, a (maior parte da) comunicação social também se ocupa cada vez mais com o acessório e cada vez menos com o essencial, gasta-se em banalidades, não tem tempo nem espaço para o importante e trata (quase) de igual modo o político sério e competente ou o charlatão e o oportunista. Nestas circunstâncias, não admira que vá minguando o debate político, crescendo a despolitização, diminuindo a confiança nos agentes políticos e alastrando a ideia de que não há alternativas de política, o que é perigoso porque reduz a discussão pública dos problemas e das soluções, gera conformismo e resignação nas pessoas, leva a pensar que tanto faz votar no PS ou no PSD como principais partidos de governo e ajuda a desculpar os responsáveis políticos pelos fracos resultados obtidos. Em suma, a ideia de inexistência de políticas alternativas reduz a cidadania e enfraquece a democracia.

A quase ausência de debate político sério, potenciada pela fraqueza da oposição e pela inexistência de eleições até 2009, aliada à duração e profundidade da crise económica e financeira, geraram nos economistas, nos analistas políticos e na opinião pública alguma proximidade de pontos de vista quanto à natureza da crise e ao tipo de políticas necessárias para a tratar. Aparentemente, esta situação é positiva e interessa ao Governo em exercício porque cria um clima favorável à decisão e à concretização das referidas políticas. No entanto, mesmo que o Governo disponha de maioria parlamentar, as medidas mais importantes deviam ser sempre precedidas de debate político que envolvesse e motivasse a população, sob pena de correrem o risco de terem uma base social de apoio reduzida, ou de servirem interesses específicos em vez do interesse geral. A principal determinante do bom desempenho das economias é a qualidade das políticas públicas e os países são ricos ou pobres consoante foram e são bem ou mal governados. Nesta perspectiva, o bom governo não pode dispensar a oposição partidária e a discussão pública e aprofundada das questões de interesse nacional. A recuperação da economia será assim tanto mais rápida e sólida quanto melhores forem o Governo, a oposição e a participação dos cidadãos, e daí também a necessidade de reabilitar o sistema político e a comunicação social para a causa do desenvolvimento económico e social do País.

CAPÍTULO 1

SAIR DA CRISE ECONÓMICA E ENTRAR NUM DESENVOLVIMENTO NOVO

Quando nasci, as frases que hão-de salvar a humanidade já estavam todas escritas. Só faltava uma coisa – salvar a humanidade.

ALMADA NEGREIROS

Desde a Revolução de Abril de 1974 até hoje, a economia portuguesa passou por grandes transformações, viveu períodos mais ou menos difíceis e o seu desempenho foi globalmente positivo. Porém, nos últimos seis anos, a economia cresceu menos do que devia e podia, o rendimento *per capita* em paridade de poder de compra baixou relativamente à média da União Europeia, a distribuição do rendimento tornou-se mais desigual, o desemprego subiu, a confiança na economia baixou e as preocupações quanto ao futuro aumentaram. Não admira pois que os portugueses estejam descontentes, inseguros e desanimados com o estado da economia. Sentem que as perspectivas de melhoria do nível de vida baixaram, que a segurança do emprego diminuiu e que os problemas económicos não têm sido resolvidos como deviam. A crise económica é real e os portugueses estão preocupados e relativamente pessimistas quanto ao seu futuro. Não é preciso ser economista para saber ou sentir que, ou mudamos de vida e transformamos substancialmente a economia portuguesa, ou esta irá enfraquecendo, perdendo vitalidade e baixando no *ranking* europeu e mundial.

Contrariamente às pessoas, os países não morrem facilmente, mas as suas economias podem ir definhando e ficando para trás, como tem vindo a acontecer com a portuguesa. Temos, pois, de melhorar a confiança e a auto-estima dos portugueses, especialmente dos empresários, e a qualidade da governação, particularmente na definição e na execução das políticas públicas, para travar a crise e o declínio da nossa economia. Se não o fizermos, não passaremos imediatamente a país pobre, mas iremos empobrecendo devagar como quem vai envelhecendo normalmente, ao mesmo tempo que continuará a aumentar a diferença entre os pobres e os ricos. Perante esta ameaça, não podemos aceitar nem o empobrecimento relativo, nem o desenvolvimento de uma sociedade dualista. Precisamos de mudar de atitude e de reagir depressa e bem. Caso contrário poderemos ter o mesmo destino do sapo que aceita ser cozido em lume brando e não salta[1]. Temos que passar de uma atitude demasiado conservadora e defensiva para uma atitude mais progressista e ofensiva, de mais abertura ao mundo e de mais inovação e risco. Esta mudança de atitude é uma necessidade urgente e uma responsabilidade colectiva que tem de ser assumida por empresários e trabalhadores, dirigentes e funcionários, agentes políticos e cidadãos – e será tanto melhor sucedida quanto mais informados e esclarecidos todos estivermos. Daí a necessidade de conhecer bem a realidade para a mudarmos melhor e para melhor. É a importância do que está em causa – o nível e a qualidade de vida dos portugueses, actuais e futuros – que o exige.

UMA CRISE ECONÓMICA *SUI GENERIS*

Para a actual crise económica contribuíram a habitual fragilidade e vulnerabilidade da economia portuguesa, uma conjuntura internacional desfavorável e, sobretudo, erros e omissões de política económica que desaguaram em dois grandes desequilíbrios macroeconómicos – os acentuados défices nas contas externas e nas finanças públicas – que têm dificultado e atrasado a recuperação da economia portuguesa. A presente crise é assim uma mistura de ressaca conjuntural dos excessos cometidos no período de crescimento forte e desequilibrado da segunda metade dos anos 90 e de fraqueza estrutural do nosso sistema produtivo. E o seu resultado principal tem sido a estagnação e o crescimento mole da economia, a divergência real e o empobrecimento relativo de Portugal face à União Europeia.

A conjuntura internacional desfavorável tem alguma culpa no défice de crescimento da economia portuguesa, embora, contrariamente ao que por vezes é insinuado para disfarçar ou atenuar outras

---

[1] Se colocarmos um sapo num recipiente com água fria e a aquecermos lentamente, o sapo permanece na água sem saltar, confortado como se tivesse sido anestesiado, até morrer cozido.

Sair da Crise Económica e entrar num Desenvolvimento Novo 39

causas mais importantes, a sua responsabilidade seja relativamente pequena. Para ver que assim é, basta observar que outros países, como por exemplo a vizinha Espanha, sujeitos à mesma conjuntura económica externa, vêm registando níveis de desempenho económico muito superiores aos de Portugal. As principais causas da crise estão, por um lado, na fraqueza e vulnerabilidade da estrutura produtiva da economia portuguesa que, apesar de os progressos realizados, ainda não é suficientemente robusta e flexível para aguentar e responder com eficácia e tranquilidade aos grandes desafios da competição global; e, por outro lado, nas deficiências das políticas públicas, quer das microeconómicas que têm descurado reformas essenciais (v.g. na educação, na justiça e na administração pública) para modernizar e aumentar a eficiência da economia, quer das macroeconómicas (v.g. orçamental e de rendimentos) que não tiveram na devida conta as exigências da participação na união monetária europeia e deixaram crescer desequilíbrios (v.g. no endividamento dos agentes económicos, privados e públicos, e na evolução dos custos salariais relativamente à produtividade) reflectidos nos défices das contas externas e públicas que também dificultam a recuperação da economia.

Para sermos mais rigorosos, temos que reconhecer que grande parte dos nossos actuais problemas económicos teve a sua génese há bastante tempo. Por exemplo, no início dos anos 90, quando não conseguimos antecipar e responder convenientemente às implicações do desmoronamento do império soviético e do reforço da globalização, nomeadamente no alargamento da União Europeia e na intensificação da concorrência internacional; ou, mais ou menos pela mesma altura, quando não acompanhámos a introdução do então chamado novo sistema retributivo dos funcionários públicos com uma reforma da administração pública que, a par da melhoria da eficiência e da qualidade dos serviços, procurasse também rever funções do Estado, racionalizar actividades e conter despesas, para assim compensar a subida dos encargos salariais e contribuir para a sustentabilidade das finanças públicas; ou ainda, ao longo de toda a década de 90, quando não realizámos as políticas macroeconómicas e as reformas estruturais necessárias para preparar convenientemente a economia portuguesa para as exigências e os desafios da moeda única europeia.

A partir do momento em que decidimos, e bem, procurar entrar para a Zona Euro, os nossos responsáveis políticos, económicos e financeiros deviam ter, por um lado, ajustado os seus discursos à mudança de paradigma que daí resultava, para que os portugueses em geral e as empresas em particular consciencializassem bem os requisitos e as exigências da união monetária; e, por outro lado, reorientado a política económica de modo a reduzir a absorção de recursos por parte do Estado e a aumentar a produtividade e a competitividade das empresas, para que estas pudessem resistir melhor aos choques adversos e aos desafios da competição internacional, sem a ajuda dos instrumentos monetários e cambiais que ficariam indisponíveis. Salvo uma ou outra excepção que apenas justifica a regra, os referidos responsáveis não fizeram nem uma coisa nem outra. Foram duas omissões graves, porque não corrigiram o rumo da economia portuguesa, que continuou a "navegar em rota de colisão", nem prepararam os portugueses paras as exigências da competição global sem moeda própria, que assim continuaram na ilusão de um futuro semelhante ao presente.

A influência do euro

A integração de Portugal na Zona Euro originou, ainda antes da sua concretização em 1999, uma extraordinária descida das taxas de juro que possibilitou a muitos portugueses financiarem a aquisição de bens, nomeadamente automóvel e habitação própria, que de outro modo teria sido muito mais difícil, como também aumentou substancialmente as possibilidades de os bancos obterem financiamentos no exterior. Com recursos financeiros abundantes e baratos, não admira que as famílias e as empresas tivessem aumentado as suas despesas, com reflexo directo no agravamento do desequilíbrio externo, sem que tivesse havido um aperto compensador na política macroeconómica. A política orçamental, por um lado, permitiu actualizações salariais na função pública, que, para além do seu impacto nas contas públicas, também induziu crescimentos excessivos nos custos unitários do trabalho no resto da economia com a consequente perda de competitividade; e, por outro lado, não aproveitou integralmente a diminuição dos encargos com os juros da dívida pública para reduzir mais o défice público. Por exemplo, perante a acentuada descida da taxa de juro na segunda metade dos anos 90, o Governo devia ter reduzido, até as eliminar, as bonificações de juro no crédito à habitação, o que só aconteceu em 2002, quando a taxa de juro já estava ao nível mais baixo das últimas décadas. E a política monetária, apesar de os constrangimentos impostos pela participação do escudo no sistema monetário europeu e pelo cumprimento dos critérios de convergência nominal para a união monetária europeia, também poderia ter sido menos acomodatícia enquanto tivemos moeda própria. E até mesmo depois da adesão ao euro, mediante a utilização de alguns instrumentos de supervisão bancária para efeitos de regulação monetária, embora este recurso implicasse alguma desvantagem para os bancos nacionais relativamente aos estrangeiros, uma vez que os bancos estão sujeitos à supervisão do país de origem.

Os responsáveis pela nossa política económica levaram demasiado tempo a perceber, não só a necessidade de ir modernizando a estrutura produtiva, apostando em novos factores de competitividade, mas também as implicações dos desequilíbrios económicos que se iam acumulando, travando o desenvolvimento dos seus aspectos mais negativos. Para este efeito, também contribuiu o facto de alguns economistas influentes terem então, erradamente, considerado que a entrada de Portugal para a Zona Euro diminuía a gravidade do problema do défice externo. Argumentavam que, com a moeda única europeia, a restrição cambial desaparecia e seria substituída pela restrição financeira das empresas e dos particulares, deixando portanto de ser um problema macroeconómico para passar a ser uma questão microeconómica, o que é verdade, mas não significa que os problemas económicos revelados pelo desequilíbrio externo desaparecessem, ou pudessem ser menosprezados. Esta atitude benevolente para com o défice externo também contribuiu para que os governantes tolerassem, aceitassem passivamente, que as empresas fossem perdendo competitividade face ao exterior e as famílias fossem gastando e vivendo acima dos seus rendimentos. Esta evolução, reflectida no agravamento do défice externo, só foi possível vendendo activos nacionais ao estrangeiro e aumentando o endividamento externo, o que é indesejável e tem limites[2]. A venda de activos nacionais, nomeadamente empresas, enfraquece os centros de decisão nacionais e o recurso ao crédito internacional aumenta a dependência externa do País, do mesmo modo que manter o nível de vida à custa de endividamento no exterior aumenta o risco de rupturas no sistema financeiro e sobrecarrega indevidamente as gerações vindouras.

O euro teve e tem muitas vantagens para Portugal, mas, por culpa nossa, também permitiu a acumulação e o adiamento da correcção de um desequilíbrio na balança de transacções correntes que, provavelmente, não teria crescido tanto se Portugal estivesse fora da união monetária europeia. Todavia, este reconhecimento não permite concluir que a integração de Portugal na Zona Euro tivesse sido um erro, como alguns insinuam, mas sim que não fizemos bem todo o "trabalho de casa", antes e depois da adesão, na escolha das prioridades, na definição e execução das políticas públicas mais adequadas para modernizar a estrutura produtiva e preservar a competitividade da economia; e, porventura, também na gestão do processo que levou a uma taxa de conversão do escudo para o euro que, *a posteriori*, parece ter ficado um pouco sobreavaliada (escudo demasiado forte). Em abono da verdade, porém, é preciso distinguir entre implicações da moeda única e responsabilidades nacionais, e não recorrer a álibis para desculpar faltas próprias, como também é necessário reconhecer que a via correcta para melhorar o nível de vida não é o endividamento externo, mas sim o desenvolvimento económico e social fundado no aumento da produtividade e da competitividade da economia. É este o desafio que temos de vencer no seio da união monetária europeia, pois a solução dos nossos problemas não passa pela saída, como insinuam alguns críticos da adesão ao euro, mas sim pela permanência na moeda única europeia.

---

[2] A situação seria um pouco menos preocupante se o défice da balança de transacções correntes resultasse de – e o financiamento externo estivesse a ser aplicado em – investimentos no sector dos bens transaccionáveis que gerassem exportações ou substituíssem importações, contribuindo assim para, depois, melhorar défice e a capacidade de reembolso do referido financiamento, mas não foi predominantemente o caso. A maior parte dos défices externos dos últimos anos resultou fundamentalmente do excesso de despesas de consumo, não sendo, portanto, défices virtuosos.

A originalidade da actual crise

O euro é um dos factores que faz com que a crise em que estamos seja diferente das anteriores e que a saída da mesma seja mais lenta e difícil do que nas precedentes. De facto, a actual crise económica é a primeira crise pós-euro e, portanto, a disponibilidade de instrumentos de política económica conjuntural é agora substancialmente menor. Já não dispomos de política monetária e cambial própria e, consequentemente, não podemos utilizar a taxa de juro e a taxa de câmbio para ajudar a resolver problemas económicos, nomeadamente de excesso de procura, ou de falta de competitividade, como aconteceu nas crises anteriores. A política orçamental ganhou por isso importância acrescida no contexto da união monetária europeia, mas não pode fazer o trabalho da política cessante, não só porque passou a estar condicionada pelo Pacto de Estabilidade e Crescimento e restringida pela necessidade de reduzir o défice público, mas também porque, nas actuais circunstâncias da economia portuguesa, o problema não é de insuficiência de procura, mas sim de falta de competitividade. Assim sendo, o relançamento orçamental estimularia a procura interna e o sector dos bens não transaccionáveis e o que é realmente preciso, para fazer crescer a economia *e* reduzir o défice externo, é reorientar a produção nacional para o sector dos bens e serviços transaccionáveis, particularmente para a exportação.

O enquadramento internacional também mudou bastante com o desenvolvimento da globalização, marcado pela entrada em força da China e da Índia na economia e no comércio mundiais, e com a intensificação da concorrência dos novos Estados-membros da União Europeia no comércio externo, na atracção de investimento directo estrangeiro e na partilha das ajudas comunitárias por um maior número de países. O impacto do alargamento comunitário e o reforço da globalização – para além de mostrar a vulnerabilidade da competitividade da economia portuguesa baseada no baixo custo do trabalho, uma vez que é sempre possível encontrar economias menos desenvolvidas com salários mais baixos – veio intensificar a concorrência aos bens e serviços transaccionáveis produzidos em Portugal, quer para consumo interno, quer para exportação, e assim aumentar também a probabilidade de deslocalizações de actividades e de empresas de Portugal para o exterior. A concorrência dos países do Leste Europeu e dos países emergentes da Ásia no comércio internacional e na captação de investimento directo estrangeiro diminuiu a atractividade relativa de Portugal para novos investimentos e reduziu a capacidade de penetração das exportações portuguesas nos mercados internacionais, nomeadamente no europeu. Por esta razão, o crescimento da economia europeia já não garante o mesmo crescimento induzido da economia portuguesa que antes assegurava e daí a dificuldade de a nossa economia acompanhar a recente recuperação (em 2006) da economia europeia e a maior lentidão na saída da crise em Portugal.

A entrada para a moeda única com uma estrutura industrial e exportadora com algumas semelhanças com a da China e as de alguns novos Estados-membros da União Europeia também dificulta a solução dos nossos problemas económicos. Sabendo isto, as políticas públicas e as empresas deviam ter realizado atempadamente as transformações estruturais necessárias para tornar a economia portuguesa menos vulnerável à concorrência pelos baixos custos de produção dos referidos países, particularmente nos sectores dos têxteis, do vestuário e do calçado, onde Portugal tem vindo a perder quotas de mercado nas exportações. Tendo em conta a baixa produtividade da economia portuguesa relativamente à média europeia e a perda da taxa de câmbio como instrumento de recuperação de competitividade-preço, também teria sido necessário um maior esforço para melhorar a produtividade e para evitar que os salários e os lucros crescessem mais do que a produtividade, para assim salvaguardar a competitividade e atenuar as consequências do choque provocado pela globalização competitiva e pelo alargamento da União Europeia[3]. Porém, o tempo não volta para

---

[3] Tomando como referência as dificuldades económicas de Portugal e também da Itália, há quem considere (v.g. Wolfang Munchau, *Monetary union is not for the poor*, Financial Times, 31/1/2006; A. Ahearne e J. Pisani-Ferry, *The Euro: Only for the agile*, Bruguel Policy Brief, 2006/01) que pode ter sido um erro admitir os dois países na união monetária europeia e que os actuais critérios de convergência para a admissão na Zona Euro devem ser revistos porque são insuficientes para avaliar a capacidade de convergência estrutural das economias. Relativamente a este último aspecto, já em 1995, reflectindo sobre as condições de entrada para a união monetária,

trás e agora é preciso não repetir erros e fazer o que já devia ter sido feito – aumentar a eficiência produtiva e a competitividade da economia.

O modo como o Governo Durão Barroso geriu e influenciou as expectativas dos agentes económicos, simbolizado pelo "discurso da tanga" e pela obsessão pelo défice orçamental, também foi negativo para a evolução da economia, ainda que os seus efeitos não sejam quantificáveis. A dramatização da situação orçamental, apesar de excessiva e imprudente, poderia ter servido para criar condições para as reformas da administração e das finanças públicas. Teria assim tido alguma utilidade se fosse acompanhada pela realização das referidas reformas, mas não foi o caso. Talvez por considerar que os benefícios económicos e orçamentais das reformas seriam diferidos e os custos políticos mais ou menos imediatos, o Governo de então preferiu esquecer e adiar as reformas difíceis e necessárias e recorrer à solução fácil e falaciosa das receitas extraordinárias. Para isto, teria sido melhor não dramatizar excessiva e continuadamente a situação orçamental e não injectar tanto pessimismo e incerteza na economia. Um discurso tão deprimente e sem acção consequente sobre as finanças públicas teve efeitos nefastos na confiança dos agentes económicos e depressivos na economia. Foi positivo ter reconhecido que era necessário e prioritário reduzir o défice público, mas foi muito negativo não ter percebido que as expectativas dos agentes económicos têm uma importância decisiva na economia moderna, que a questão orçamental não devia centrar e absorver quase toda a acção governativa e que a própria consolidação orçamental também dependia de outras políticas públicas, nomeadamente das que podiam contribuir para a recuperação da economia. Ainda hoje

---

tirei "três grandes conclusões: Primeiro, mesmo que não seja pré-condição essencial para uma união monetária, é necessário um mínimo de convergência para reduzir os custos resultantes da perda do instrumento cambial e da política monetária autónoma. Segundo, é discutível se os critérios de convergência nominal do TUE [Tratado da União Europeia] chegam para assegurar que os benefícios da União Monetária são maiores do que os custos. Terceiro, para melhor garantir o sucesso da União Monetária, afigura-se conveniente alargar o âmbito da convergência a alguns aspectos reais e estruturais das economias" (A. Mendonça Pinto, *União Monetária Europeia – Portugal e o Euro*, Universidade Católica Editora, 1995, Pag. 55).

estamos a sofrer consequências da tempestade de pessimismo e desconfiança gerada pelos ventos de alarmismo que então foram desencadeados e pela teimosia de uma política económica unidireccional.

A subida e a manutenção do preço do petróleo em níveis elevados numa economia com a dependência energética da portuguesa constituiu e constitui – porque o petróleo caro veio para ficar – um choque externo desfavorável para a actividade económica, cujo efeito não foi compensado por qualquer contra choque favorável e levará tempo a ser absorvido, mesmo que o preço do petróleo regresse a níveis mais normais. A subida do preço do petróleo corresponde a um imposto sobre os países não produtores, o que implica uma transferência de recursos destes países para os produtores, e tem como consequência a subida dos preços, a diminuição do poder de compra da população e o abrandamento da economia[4]. Estudos de instituições económicas internacionais estimam que um aumento permanente de 10 USD/barril implica uma diminuição média de aproximadamente 0,4 pontos percentuais no produto da economia europeia, devendo ser ligeiramente maior nos países com maior dependência energética do exterior, como é o caso de Portugal[5]. Na subida do preço do petróleo há uma componente

---

[4] Contrariamente ao que aconteceu nos anteriores choques petrolíferos, desta vez não houve impactos tão grandes na inflação e na actividade económica. Na inflação, talvez porque foi mais espalhado no tempo (3anos), porque a globalização competitiva jogou em sentido contrário e ainda porque houve factores que bloquearam ou compensaram a transmissão do choque petrolífero aos preços: na Europa, o elevado desemprego fez com que a subida do preço dos produtos petrolíferos não se transmitisse aos salários; nos Estados Unidos, que praticamente estavam em pleno emprego, foi mais o aumento da produtividade que ajudou a contrariar a subida dos preços. Na actividade económica, o impacto também não foi tão grande, porque desta vez a subida do preço do petróleo não resultou tanto de diminuições bruscas da oferta, mas muito mais do gradual aumento da procura, o que deu mais tempo e facilitou o ajustamento dos consumidores de produtos petrolíferos.

[5] Em termos médios, o barril de petróleo aumentou de 29 USD em 2003 para 54 USD em 2005 e para cerca de 65 USD em 2006. Segundo o Banco de Portugal, "se o preço do petróleo tivesse permanecido constante ao nível de 2003, estima-se que a taxa de crescimento anual do PIB em 2004 e 2005 teria sido superior em cerca de 0,5 pontos percentuais, devendo o mesmo vir a acontecer ao longo do horizonte de projecção [2006 e 2007]". Ver *Boletim Económico do Banco de Portugal*, Inverno, 2005, Pag. 34.

conjuntural e especulativa, associada à incerteza e ao risco resultante do terrorismo e da instabilidade política e militar no Médio Oriente e noutras áreas produtoras de petróleo (v.g. Nigéria e Venezuela), mas também há uma componente estrutural resultante de uma oferta limitada – pela tendência para o esgotamento das reservas existentes, pelas reduzidas descobertas de novas reservas, pela fraqueza dos investimentos na prospecção, refinação e transporte (oleodutos) de petróleo – e de uma procura crescente alimentada pelas enormes necessidades, efectivas e potenciais, das economias emergentes, nomeadamente a chinesa e a indiana. Por estas razões, o problema petrolífero continua preocupante e devia ser prestada mais atenção à política energética em geral e ao petróleo em particular, tanto ao nível da União Europeia[6] como de Portugal. De facto, temos feito pouco para economizar no consumo de energia, para diversificar as fontes de abastecimento energético, para participar em blocos produtores de petróleo para assegurar fornecimentos e/ou ganhar mais valias e só tardiamente começámos a investir em energias naturais alternativas. Por outro lado, também não mantivemos o controlo da Galp Energia e da EDP como empresas de capitais maioritariamente públicos. De facto, se há sectores que, pela sua importância estratégica, deviam permanecer sob controlo público, o sector energético é um deles e essa seria a única forma segura de manter esses centros de decisão empresarial em poder nacional. Porém, a miopia económica e financeira de vários governos e interesses privados poderosos levaram à progressiva privatização – ainda por cima nem sempre de forma transparente – das referidas empresas.

Como última especificidade da crise em curso, importa ainda referir que as saídas das crises anteriores não foram penalizadas por políticas orçamentais pró-cíclicas, como agora, e foram bastantes facilitadas pela ocorrência de choques externos favoráveis e pela existência

---

[6] Só na reunião da Primavera de 2006 é que "o Conselho Europeu apela à definição de uma política energética para a Europa, a fim de garantir que haja uma política comunitária eficaz, coerência entre os Estados Membros e congruência das acções nos diversos domínios de intervenção, e que sejam alcançados de forma equilibrada os três objectivos da segurança do abastecimento, da competitividade e da sustentabilidade ambiental." Ver *Conclusões da Presidência do Conselho Europeu de Bruxelas*, 23 e 24 de Março de 2006, Pag. 13.

de desígnios mobilizadores, o que desta vez (ainda) não se verificou. Na saída da crise de 1983-85, a descida do preço do petróleo, a baixa das taxas de juro internacionais e, sobretudo, a adesão à então Comunidade Económica Europeia em 1986, com a ajuda dos fundos estruturais e o desafio da construção do mercado único europeu, explicam a maior parte do relançamento e forte crescimento da economia portuguesa na segunda metade dos anos 80. Por sua vez, o impacto (na despesa interna) da descida das taxas de juro resultante da expectativa de participação na moeda única europeia e a mobilização proporcionada por este desafio contribuíram decisivamente para a saída da crise de 1993-95. Para a saída da crise actual ainda não ocorreu nenhum choque externo ou interno favorável que ajude a desencalhar a economia portuguesa. O crescimento da economia europeia também já não é ou parece ser suficiente para arrastar consigo, ao mesmo nível, a economia portuguesa, e o desígnio de vencer o desafio da globalização competitiva e do alargamento comunitário também não tem sido suficientemente mobilizador. Significa isto que a economia portuguesa está condenada ao crescimento mole ou a ter que sair da moeda única, como por vezes sugerem os críticos da adesão ao euro? De modo nenhum.

A escolha da economia portuguesa não é entre a permanência na Zona Euro sujeita a um fraco crescimento ou a saída da união monetária e – pela via da desvalorização cambial que então voltaria a ser possível – ser premiada com um forte crescimento. Primeiro, porque a culpa pela actual situação não é do euro, mas sim das insuficiências da nossa política económica, nomeadamente a microeconómica, que não promoveu como devia a flexibilidade dos mercados, e a macroeconómica, que não ajudou a conter a despesa interna e a moderar a subida dos salários e dos preços. Depois, porque a forte concorrência das economias emergentes da Ásia e do Leste Europeu aconteceria na mesma, estivesse ou não Portugal integrado na Zona Euro. Consequentemente, a boa resposta a esse desafio concorrencial passa mais pela transformação da estrutura produtiva da economia portuguesa do que pela desvalorização da taxa de câmbio *real*, fosse esta conseguida pela desvalorização nominal de um novo escudo no caso de saída da união monetária, ou, permanecendo no euro, através da diminuição dos salários nominais, como defendem alguns economistas[7]. Por último, porque, se a situação económica e a saída da crise são difíceis com a protecção do euro, seriam muito mais difíceis com Portugal fora da Zona Euro. Basta pensar no que seriam os efeitos da subida do prémio de risco e da taxa de juro numa economia tão endividada como a portuguesa para reconhecer quão errada e dramática seria essa opção. Estaremos então condenados a viver no euro com um crescimento mole que não serve as nossas necessidades e aspirações? Não necessariamente, se formos capazes de superar as dificuldades e resolver os problemas, como mostraremos ao longo do livro. A evolução desfavorável dos últimos anos é preocupante, mas não é uma trajectória irreversível. Não há qualquer anátema na economia portuguesa e a crise não é uma fatalidade permanente; resulta, fundamentalmente, de erros e omissões nas políticas públicas e, portanto, é possível melhorar a saúde da economia, revitalizar o sistema produtivo, recuperar a confiança e voltar a ter esperança. Não será fácil e levará tempo, mas podemos vencer a crise e criar uma economia com futuro. A resposta passa por uma liderança política eficaz e pela aplicação voluntarista e determinada de uma boa estratégia de desenvolvimento económico e social, capaz de mobilizar os portugueses e de vencer o desafio da competição global no contexto da união monetária europeia.

NECESSIDADE DE UMA BOA ESTRATÉGIA ECONÓMICA

Entre as condições necessárias para voltar a pôr a economia portuguesa numa trajectória de progresso económico e social, é preciso compreender as transformações que vão ocorrendo e formando uma nova sociedade e uma nova economia; saber para onde queremos ir para

---

[7] A desvalorização da taxa de câmbio real de uma economia para ganhar competitividade-preço pode ser conseguida pela desvalorização nominal e/ou pela diminuição dos preços dessa economia relativamente aos do exterior. A primeira alternativa está indisponível desde a adesão do nosso País à moeda única, mas a segunda é possível, por exemplo, através da diminuição dos salários nominais, e já foi recomendada por um economista de renome, o Prof. Olivier Blanchard do Massachusetts Institute of Thecnology, embora não seja uma boa solução, como veremos no capítulo 4.

melhor nos orientarmos e adaptarmos, pois, como disse Séneca, "não há bom vento para um barco que não sabe qual é o porto de destino"; e definir e concretizar uma estratégia de desenvolvimento económico e social capaz de contribuir para uma economia mais competitiva e uma sociedade mais justa. O primeiro aspecto chama a atenção para a necessidade de observarmos e termos em conta as mudanças que vão ocorrendo à nossa volta, não só no País, mas também na Europa e no mundo, e daí a importância do enquadramento dado pelo globalização e pela integração europeia, como veremos no capítulo 2; o segundo, salienta a necessidade de, colectivamente, sabermos razoavelmente e pela positiva o que queremos para Portugal, bem como a importância de termos um desígnio nacional bem definido, um grande objectivo com força suficiente para mobilizar os portugueses; e o terceiro, lembra que é preciso e urgente passar das declarações de princípios e de intenções, que não têm faltado, para a acção concreta e fazer *mesmo* as mudanças necessárias para conseguir resultados práticos e os correspondentes benefícios, onde também temos pecado por defeito.

Todos os governos têm os seus programas de acção e publicam anualmente as Grandes Opções do Plano (sem qualquer utilidade no formato actual) e o Relatório do Orçamento do Estado onde dão conta das políticas que pretendem seguir, mas, na verdade, tem faltado uma estratégia mobilizadora, uma definição clara e percebida pelos portugueses do que queremos ser e fazer como povo. Embora os referidos documentos dêem algumas indicações sobre a matéria, na realidade não tem havido suficiente clareza e continuidade nos objectivos e nas prioridades, assim como também não tem havido compromissos consistentes relativamente a investimentos públicos e outras formas de apoio à actividade económica, nem estímulos e orientações sobre o queremos ou podemos fazer na economia, por exemplo na indústria ou no turismo, no mar ou nas florestas. Tal como uma empresa bem gerida precisa de um plano de negócios a médio e longo prazo, também o País precisa de uma estratégia que sirva de referência para o bom governo e de orientação e estímulo para a iniciativa privada. A economia portuguesa sempre foi melhor sucedida quando teve um projecto e um desígnio mobilizador, como foi o desafio da integração europeia, na década de 80, e a preparação para o euro, na década de 90. Agora, o grande objectivo deve ser tornar Portugal suficientemente competitivo para ganhar o desafio da globalização e da integração europeia. Passados 20 anos de integração europeia, o objectivo de convergência para o rendimento médio da União Europeia, apesar de ainda não alcançado, está gasto e já não é suficientemente mobilizador. No início do século XXI, as referências ou *benchmarks* para a economia portuguesa devem ser as economias mais eficientes e as melhores práticas a nível mundial, sejam elas de países da União Europeia, como os nórdicos, ou de fora da Europa, como os Estados Unidos da América.

A par de um bom desígnio nacional, Portugal precisa urgentemente de uma boa estratégia de desenvolvimento[8] que, por um lado, permita realizar as políticas públicas correctas e as reformas profundas adiadas por sucessivos governos, e, por outro lado, conte com a participação empenhada e o esforço de todos os portugueses. Caso contrário, continuaremos a fazer "navegação à vista", ao sabor das circunstâncias, e a seguir a trajectória de empobrecimento relativo face aos nossos parceiros comunitários. A estratégia é necessária para orientar e apoiar a transição de uma economia ainda muito assente em produtos tradicionais, mão-de-obra indiferenciada e salários relativamente baixos, como é a que temos, para uma economia cada vez mais baseada no conhecimento e na tecnologia, no trabalho qualificado, na criação de valor acrescentado e na remuneração merecida e justificada pelo valor criado, como deve ser a que queremos. De facto, os empresários, principais agentes da mudança, mesmos os mais capazes e inovadores, podem mais facilmente adaptar as suas empresas às transformações em curso na economia mundial, europeia e nacional se tiverem a orientação e o apoio estratégicos do Estado. A recuperação da competitividade e o regresso à prosperidade da economia portuguesa também requerem intervenções do Estado no campo económico (v.g. o reforço da concorrência ou o saneamento das finanças públicas) e fora da área estritamente económica (v.g. reformas na educação, na justiça e na administração pública) que, para serem bem realizadas, devem sê-lo de forma articulada e coordenada no quadro de uma estratégia económica capaz

---

[8] Ver Caixa 1.1 – Por que não tem havido estratégia de desenvolvimento em Portugal.

de promover a transição para um novo modelo de desenvolvimento. Esta estratégia, para ser bem sucedida, tem de aliviar o peso das restrições impostas pelos desequilíbrios orçamental e externo e tratar bem do fundamental: o relançamento do bom investimento empresarial, nacional e estrangeiro, e o aumento da produtividade e da competitividade das empresas portuguesas para que voltem a ganhar quotas de mercado, no País e no estrangeiro, contribuindo assim para o crescimento da produção e do emprego, a diminuição das importações e o aumento as exportações. De facto, perante os elevados níveis do endividamento das famílias (próximo de 120% do PIB) e das empresas (à volta de 100% do PIB), do défice orçamental (na vizinhança de 4,5% do PIB) e do desequilíbrio externo (à volta de 8% do PIB)[9], a recuperação da economia portuguesa não pode agora ser desencadeada e puxada pelos consumos privado e público. Tem de ser pela expansão e melhoria do investimento produtivo – sobretudo o empresarial, sem descurar a ajuda possível e selectiva do investimento público – e pelo crescimento das exportações de bens e serviços.

Investimento produtivo

A política de investimento público devia ser sempre rigorosa, criteriosa e equilibrada e a necessidade de reduzir o défice orçamental não devia sacrificar o bom investimento público, mas nem sempre assim tem sido. De facto, por um lado, não faz sentido gastar dinheiros públicos em projectos cuja necessidade não seja bem justificada e cuja rentabilidade económica e social não esteja razoavelmente assegurada, como aconteceu, por exemplo, com o excesso de construção de rotundas e de novos estádios de futebol; por outro lado, também não é correcto sacrificar investimentos públicos relevantes para o desenvolvimento económico e social do País só por ser uma via mais fácil para baixar o défice orçamental do que atacar as origens do crescimento insustentável da despesa corrente, designadamente com pessoal, como também tem acontecido nos últimos anos e voltará a acontecer em

---

[9] Valores de 2006.

2007. O impacto negativo sobre a economia, no presente e no futuro, só talvez não seja maior porque muitas despesas orçamentadas e contabilizadas como de investimento são, na realidade, de funcionamento, o que também já devia ter sido corrigido para fazer corresponder a coisa e o nome. Em todo o caso, a diminuição do investimento público é relativamente preocupante. O investimento público não é todo bom, nem todo mau, e por isso é necessário rigor na sua selecção, para que sejam escolhidos e realizados os projectos realmente necessários, as alternativas mais eficientes, os investimentos que têm rentabilidade económica e social aceitável e, quando realizados em parceria com o sector privado, também assegurem uma equilibrada repartição de custos, proveitos e riscos. E, como é óbvio, estas orientações são válidas tanto para a administração central como para a administração regional e local, onde se decide e realiza grande parte do investimento público e que também tem o dever de contribuir para a contenção orçamental no conjunto do sector público administrativo.

Na prática, porém, nem sempre é fácil decidir correctamente. O caso dos controversos investimentos públicos no comboio de alta velocidade (TGV[10]) e no novo aeroporto da Ota são dois bons exemplos. Há quem considere que são investimentos bons e necessários, quem julgue que são investimentos desnecessários e quem pense que (ainda) são precisas mais informações e esclarecimentos para dissipar dúvidas e formar uma opinião mais fundamentada entre a sensação da sua desnecessidade a curto prazo e a convicção da sua necessidade e utilidade a médio e longo prazo. Numa simples perspectiva de oportunidade conjuntural, dadas as sérias dificuldades nas finanças públicas e o elevado défice externo, não seria adequado realizar tais investimentos. Porém, tratando-se de investimentos em infra-estruturas de transportes, que levam à volta de dez anos a realizar, deve ser na óptica da necessidade estrutural e à luz do seu contributo para o aumento da capacidade produtiva e competitiva do País a longo prazo que a sua realização deve ser analisada, apreciada e decidida. E, nesta apreciação, também

---

[10] Embora se trate da sigla francesa para comboio de grande velocidade, a mesma é aceitável porque já é familiar entre nós e também temos a palavra *t*rem para comboio.

54 Economia Portuguesa – Melhor é Possível

devem ser ponderadas e respondidas outras questões relevantes, como por exemplo, o que realmente se pretende com o novo aeroporto – substituir ou complementar o da Portela? Não há outra alternativa de localização viável para o novo aeroporto mais próxima da capital do que a Ota? As estimativas de tráfego aéreo para o novo aeroporto têm em conta a concorrência do TGV? Quais são as reais necessidades dos TGV Lisboa/Porto e Lisboa/Madrid? Serão estas linhas ferroviárias económica e financeiramente viáveis a ponto de o sector privado participar significativamente no seu financiamento? Quanto é que estes projectos vão custar ao País e como os vamos financiar? Temos efectivamente os recursos financeiros necessários para o TGV e justifica-se o seu custo de oportunidade, i.e. o valor do que temos que sacrificar para os realizar? Podemos decidir projectos desta dimensão um a um ou devemos apreciá-los no contexto de um programa de investimentos a médio e longo prazo?[11] Mesmo que a maior parte do financiamento do novo aeroporto e da rede ferroviária de alta velocidade seja privado, o montante dos fundos públicos, comunitários e nacionais, afectos a estes investimentos, que poderiam ser gastos em projectos alternativos, aconselha a que o Governo explique e justifique de vez a bondade da sua escolha, para esclarecer dúvidas e reduzir críticas porventura devidas a falta de informação e de conhecimento da matéria.

A par da realização de investimentos públicos necessários, justificados e que caibam dentro das possibilidades orçamentais (v.g. em investigação e desenvolvimento, no apoio à inovação empresarial e na modernização da administração pública), os poderes públicos, por um lado, também precisam de desbloquear e evitar que investimentos privados aceitáveis fiquem presos na burocracia administrativa sem

---

[11] A resposta a algumas destas perguntas é dificultada por se tratar de projectos cuja realização demora à volta de dez anos. Por exemplo, seria menos arriscado e mais prudente só ligar o norte ao sul do País por TGV depois de resolvido o problema das nossas finanças públicas. Porém, protelar a decisão para essa ocasião, tendo em conta o prazo de construção das obras, poderia significar um atraso prejudicial para o desenvolvimento e a modernização da economia. Assim sendo, para melhorar a qualidade da decisão, nomeadamente quanto ao *timing*, é conveniente que a mesma assente numa boa programação económica e financeira a médio e longo prazo, particularmente das previsíveis despesas e receitas do Estado.

justificação válida; e, por outro lado, criar um quadro de incentivos, fiscais e outros, capaz de estimular e atrair bons investimentos, nacionais e estrangeiros, que contribuam para elevar o nível tecnológico, melhorar a capacidade de inovação e reforçar a produtividade e a competitividade das empresas, especialmente os que aumentam a capacidade exportadora do País. O investimento empresarial continua negativamente afectado pela falta de confiança dos empresários e pelas suas fracas expectativas sobre a evolução procura, pelos custos de contexto das empresas, nomeadamente os relacionados com a burocracia, a justiça e a fiscalidade e também – por que não dizê-lo – pela maior apetência dos potenciais maiores investidores nacionais por aplicações financeiras geradoras de dividendos e mais valias, em vez de novos investimentos em capital fixo. As empresas precisam de investir mais e, sobretudo, também melhor. Não é apenas a qualidade do investimento público que precisa aumentar. De facto, em termos quantitativos, o investimento empresarial, mais de 15% do PIB, compara bem com os níveis da União Europeia, mas este nível de investimento não se tem traduzido como devia na melhoria da produtividade das empresas, o que indicia uma qualidade deficiente. A necessidade de bom investimento empresarial, nacional e estrangeiro, é tanta que seria conveniente analisar as razões pelas quais o trabalho da Agência Portuguesa para o Investimento e a estratégia de diplomacia económica seguida nos últimos anos não proporcionaram os resultados esperados; perceber bem o que possa ter impedido ou dificultado o seu trabalho de atracção de novos investimentos; e, actuar em conformidade, corrigindo a estratégia seguida para a tornar mais eficaz.

Comércio externo

Para expandir as exportações e reduzir as importações, para assim aumentar o crescimento económico e baixar o défice externo, é fundamental melhorar a produtividade das empresas e a competitividade internacional dos bens e serviços portugueses. Com a adesão ao euro, deixou de ser possível recorrer à desvalorização cambial para, ainda que temporariamente, ganhar competitividade-preço face ao exterior e, com a liberalização do comércio mundial e o reforço da concorrência dos países emergentes, passou a ser muito mais difícil competir em actividades assentes em baixos salários. Neste novo contexto, os ganhos de competitividade têm de provir, fundamentalmente, do aumento da produtividade e da inovação comercial, tecnológica e organizacional que lhe está ligada. Só estas vias garantem futuro às empresas portuguesas e lhes permitem sair de uma situação intermédia em que a maioria se encontra. Por um lado, já não podem concorrer com empresas de países com baixos custos de mão de obra, como a China, a Índia e outros países emergentes, e, por outro lado, ainda não subiram suficientemente na cadeia de valor para conseguirem suportar a concorrência de empresas de economias mais desenvolvidas puxadas pela inovação e pela tecnologia. Entretanto, como esta evolução leva tempo e a competitividade-preço dos bens e serviços portugueses continua a ser relevante, os custos salariais devem ser compatíveis com os níveis de produtividade empresarial e as condições da concorrência internacional, sob pena de as empresas portuguesas ficarem fora do mercado e o desemprego aumentar. Assim sendo, a política de rendimentos e de concertação social também deve ter em conta e gerir bem a arbitragem entre salários e desemprego para evitar ou minimizar eventuais efeitos adversos da evolução dos salários no emprego. Todavia, a defesa da competitividade à custa dos salários tem limites e, portanto, não será fácil evitar a estagnação ou o declínio de algumas exportações tradicionais baseadas em mão-de-obra barata. Os empresários devem pois modernizar as suas empresas, apostar em novos sectores de actividade, ter uma visão mais ampla dos mercados possíveis para as suas produções e uma atitude mais agressiva para a sua conquista. O comércio internacional tem registado um crescimento muito significativo e as exportações portugueses há cerca de duas décadas que não deslocam dos 30% do PIB, o que indicia que há oportunidades que podem ser melhor aproveitadas. Consequentemente, temos de ser capazes de diversificar os bens e serviços exportáveis e de conquistar novos mercados externos para exportar mais porque isso é fundamental para a nossa economia.

O apoio do Estado

Tendo em conta as circunstâncias e as restrições actuais, o relançamento saudável da economia portuguesa tem que assentar nas exportações de bens e serviços e no investimento empresarial e, portanto, é nestes domínios que devem ser concentrados os incentivos e as ajudas públicas. Pelas mesmas razões, o investimento público deve ser selectivo, orientado para o conhecimento, a inovação e a tecnologia, e capaz de induzir investimentos privados que possam, por um lado, fazer evoluir a especialização da economia portuguesa para a produção bens e serviços transaccionáveis com maior valor acrescentado; e, por outro lado, contribuir para a melhoria da produtividade e da competitividade das empresas portuguesas. Para este efeito, a contenção da despesa e a reforma da administração pública, apesar de terem um efeito restritivo sobre a actividade económica a curto prazo, são benéficas para a competitividade da economia a médio e longo prazo. Primeiro, porque a melhoria da qualidade e da eficácia dos serviços públicos diminui os custos de contexto para as empresas, particularmente os burocráticos, também fonte de muita corrupção. Depois, porque a contenção da despesa pública permite manter ou reduzir os impostos e assim preservar ou aumentar a competitividade fiscal das empresas.

Para além da ajuda proveniente do saneamento das finanças públicas e da reforma da administração pública, há outras ajudas que também não implicam despesas a mais ou receitas a menos e são importantes para melhorar o funcionamento e o desempenho das empresas. Por exemplo, acabar com proteccionismos que dificultam ou limitam a concorrência entre empresas, uma vez que é a competição aberta e leal que as incentiva ou obriga a inovarem e a fazerem as mudanças necessárias para aumentar a sua eficiência produtiva. A reforma do sistema judicial é outra ajuda fundamental. As empresas precisam de uma justiça que funcione com simplicidade e rapidez. Por exemplo, a resolução de casos de incumprimento de contratos não deve exigir mais procedimentos do que os estritamente necessários, nem demorar mais do que o tempo útil para as empresas. É preciso adaptar o processo complicado e o ritmo lento da justiça ao modo prático e rápido da vida das empresas. Caso contrário, a justiça é inútil, ou até prejudicial.

58 *Economia Portuguesa – Melhor é Possível*

Por último, bem mais simples e também muito importante, o Estado – no sentido amplo de administração central, regional e local – ajudaria muito as empresas e a economia se procedesse à regularização imediata de todas as suas dívidas e passasse a pagar pontualmente aos seus fornecedores e empreiteiros. Não há razão válida para que o não faça. O atraso substancial e sistemático dos pagamentos do Estado não lhe traz qualquer vantagem orçamental, pois as contas públicas relevantes são feitas na base dos compromissos, nem financeira, uma vez que os fornecedores e empreiteiros incorporam nos preços dos fornecimentos os juros correspondentes aos atrasos esperados nos pagamentos. A falta de cumprimento dos prazos de pagamento propaga-se e é bastante inconveniente para as empresas envolvidas e para a economia em geral. É difícil imaginar por que razão é que o Estado não cumpre os prazos de pagamento, a não ser que seja para os dirigentes que decidem os pagamentos se sentirem com mais importância e poder, sendo lamentável que assim seja porque o Estado devia dar o exemplo de ser "pessoa de bem" e pagar "a tempo e horas" todas as suas dívidas.

TRANSIÇÃO PARA UM NOVO MODELO DE DESENVOLVIMENTO

Esgotamento do modelo tradicional

Os impulsos económicos dados pela adesão à União Europeia, pelo mercado único europeu, pela ajuda dos fundos estruturais e pelo choque da baixa da taxa de juro que precedeu a entrada no euro estão hoje praticamente esgotados, e o alargamento comunitário a leste não trouxe efeitos positivos para a economia portuguesa. A experiência dos últimos anos também mostra que já passou o tempo em que bastava que a economia europeia andasse bem para que a portuguesa crescesse igualmente por arrastamento. Com a globalização da economia e o alargamento da União Europeia, os países com mão-de-obra mais barata do que Portugal preencheram parte do espaço antes ocupado pelas exportações portuguesas originadas pelo crescimento económico europeu. O tradicional modelo de desenvolvimento da economia portuguesa baseado em actividades com baixo valor acrescentado e mão-de-obra barata está, pois, há já algum tempo "fora de prazo", inviabilizado por razões internas e externas. Razões internas, porque os portugueses estão cada vez menos disponíveis para trabalhos pouco qualificados e mal remunerados, como mostra o aumento da imigração, apesar do elevado desemprego. Razões externas, porque, mercê da abertura da economia mundial, é hoje possível e fácil encontrar muitos países com salários e custos unitários do trabalho[12] mais baixos do que em Portugal, o que reduz a competitividade internacional dos bens e serviços portugueses e diminui a atractividade do território nacional, já patente na fraca atracção de investimento directo estrangeiro e na des-localização de algumas empresas estabelecidas em Portugal para esses países. Por sua vez, o grande endividamento das famílias, o acentuado desequilíbrio das finanças públicas e o elevado défice externo também inviabilizam o crescimento económico induzido pelos consumos privado e público, como aconteceu na segunda metade dos anos 90.

Necessidade de um novo modelo de desenvolvimento

Para retomar uma trajectória de crescimento aceitável em bases sólidas, a economia portuguesa precisa de reparar os seus motores de desenvolvimento. Pelo lado da oferta, o crescimento da economia tem de fazer-se, como já referimos, mais pela inovação e pela produtividade do que pelo baixo custo da mão-de-obra, pois só assim é possível subir o nível de vida dos portugueses; e, pelo lado da procura, tem de ser mais puxado pelo investimento produtivo e pelas exportações do que pelo consumo, pois só assim se consegue aumentar a capacidade pro-

---

[12] Os custos unitários do trabalho, também conhecidos por custos do trabalho por unidade produzida, têm em conta os salários e a produtividade do trabalho, sendo o efeito conjunto destas duas variáveis que é relevante para a competitividade. Como facilmente se percebe, se o aumento da produtividade, isto é, o acréscimo de produto por unidade de factor, compensar a subida do salário, esta não aumenta os custos unitários do trabalho, que se mantêm constantes.

dutiva e reduzir o desequilíbrio externo, condições indispensáveis para um desenvolvimento económico equilibrado e sustentado. Todavia, realizar estas reorientações na procura e na oferta agregadas requer mudanças de atitude por parte dos agentes económicos que são difíceis e lentas. Por exemplo, não é fácil, nem rápido, persuadir as famílias a pouparem mais no presente porque assim poderão consumir mais no futuro, ou convencer as empresas a investirem mais em investigação e desenvolvimento e em inovação empresarial porque estes investimentos também são necessários e têm bom retorno a prazo, ou ainda levar os empresários a lançarem-se na produção de novos bens e serviços e na conquista de novos mercados externos para as suas empresas. De facto, não mudamos de modelo de desenvolvimento como trocamos de fato. O que designamos por modelo de desenvolvimento é apenas e tão só uma forma de caracterizar e descrever o funcionamento da economia resultante de uma miríade de decisões de uma infinidade de agentes económicos, consumidores, produtores e, naturalmente, também os poderes públicos, com especial relevo para os responsáveis pela política económica. Neste sentido, falamos por exemplo dos modelos irlandês, finlandês, sueco ou outro como descrições da organização e do funcionamento das respectivas economias, enquanto forem bem sucedidas, pois quando deixarem de o ser, como antes aconteceu com a Alemanha, o caso deixa de ser referido como modelo. Assim sendo e sem prejuízo de que podemos e devemos aprender com as experiências estrangeiras, particularmente com os casos de sucesso, é óbvio que não é possível importar um modelo de desenvolvimento como quem importa um carro, assim como também não é garantido que a transposição de medidas bem sucedidas no estrangeiro, sem ter em conta o seu enquadramento e a sua adaptação à realidade portuguesa, assegurem igual sucesso em Portugal. Por exemplo, enquanto a oferta de trabalho em Portugal for dominada por mão--de-obra indiferenciada para sectores tradicionais e o sistema educativo estiver como está, será difícil e demorada a transição para um modelo semelhante ao irlandês ou ao finlandês, uma vez que a internacionalização da economia e as novas tecnologias requerem mão-de-obra bastante mais educada e qualificada. Cada modelo de desenvolvimento também é o resultado acumulado de condições geográficas, históricas e culturais de cada nação e, portanto, não é reproduzível em si mesmo.

Não sendo, pois, possível importar um bom modelo de desenvolvimento pronto a usar, a alternativa realista é melhorar permanentemente a realidade existente e fazê-la evoluir para formas de desenvolvimento mais avançadas e assim ir construindo o modelo português. Para este trabalho, o conhecimento dos modelos e das experiências estrangeiras ajuda a identificar boas práticas, mas as políticas públicas e as estratégias empresariais que nos convêm têm que ser desenhadas e aplicadas por nós, portugueses, em função das necessidades, condições de partida e possibilidades de evolução próprias da sociedade e da economia portuguesas em todos os domínios relevantes para o desenvolvimento económico e social. Nesta perspectiva, a regeneração da economia portuguesa e a sua adaptação às novas realidades não se resolve com a imitação de modelos estrangeiros, ou com choques, sejam eles tecnológicos ou de gestão[13], mas sim através de um processo de aperfeiçoamento constante das decisões e das acções de todos os agentes económicos, particularmente dos governantes e dos empresários, sintonizadas e consistentes com a estratégia de desenvolvimento do País. Aliás, a noção de choque sugere que as questões se resolvem pela acção de uma força exterior aos problemas, de maneira relativamente fácil, rápida e uniforme, e não é assim que as coisas se passam na economia. A moderna teoria do crescimento económico defende que este resulta principalmente de factores endógenos – como por exemplo a qualificação dos recursos humanos, a capacidade de inovar e de organizar eficientemente o processo produtivo, a melhoria da qualidade das instituições e das políticas públicas, etc. – que levam tempo a produzir

---

[13] Foram, respectivamente, propostas do PS e do PSD nas últimas eleições legislativas (2005). O choque tecnológico deu depois lugar ao Plano Tecnológico que engloba ou serve de capa a um conjunto de acções para melhorar a qualificação dos portugueses, para recuperar o atraso científico e tecnológico e para apoiar e estimular a inovação em Portugal. Pela natureza das medidas nestes domínios, não é razoável esperar grandes resultados imediatos, ou a curto prazo, mas espera-se que a sua realização contribua para aumentar significativamente a produtividade e a competitividade da economia portuguesa a médio prazo.

resultados substanciais[14]. E a realidade também mostra que os problemas económicos são heterogéneos e requerem soluções diferenciadas que, na maioria dos casos, pouco ou nada têm a ver com choques. Em economia não há soluções mágicas e o sucesso exige imaginação e programação, esforço e trabalho continuados para ir aperfeiçoando ou substituindo o que precisa e pode ser melhorado. Não se trata pois de fazer "mais do mesmo", mas sim "diferente e melhor" sempre que possível, cabendo à política (*politics*) e às políticas públicas (*policies*) tornar possível o que é necessário.

Para ir modernizando a economia portuguesa precisamos de reformas profundas em vários domínios, nomeadamente na justiça, que é lenta e demasiado burocrática; na administração pública, que é pesada, dispendiosa e pouco amiga dos cidadãos; na educação e formação profissional, que não educa e qualifica as pessoas como devia; no mercado do trabalho, que funciona de forma relativamente ineficiente e injusta, etc. Estas e outras reformas são indispensáveis para a progressiva construção de um novo modelo de desenvolvimento para uma economia com futuro. Porém, pela sua natureza e complexidade, as referidas reformas são mais facilmente exequíveis e dão melhores resultados se, em vez de mudanças bruscas e radicais, optarmos por um processo continuado e persistente de aperfeiçoamento das estruturas e dos mecanismos de funcionamento da sociedade e da economia. Infelizmente, os governantes têm o hábito de ir adiando as medidas menos populares e mais difíceis e de apenas as tomarem quando, praticamente, já não pode deixar de ser, razão por que há problemas de longa data que se arrastam no tempo e há muito coexistem com indiferença e a resignação dos portugueses. Os atrasos na justiça, as horas perdidas nos serviços e repartições públicas e o tempo gasto nos transportes públicos são apenas três exemplos de problemas que diminuem a produtividade da economia e o bem-estar dos portugueses e que já pode-

---

[14] A este propósito, vale a pena referir o paradoxo detectado por Robert Solow, no final dos anos 80, nos Estados Unidos da América, quando então afirmou que "os computadores estão em toda a parte excepto nas estatísticas da produtividade", o que só aconteceu e se tornou evidente na segunda metade dos anos 90, precisamente porque foi necessário tempo para que a sociedade americana se adaptasse às novas tecnologias da informação para delas poder extrair a maior parte dos seus benefícios.

riam estar resolvidos, ou substancialmente atenuados, se tivesse sido melhor a qualidade dos governantes e maior a exigência dos governados. Há reformas que são relativamente pacíficas, mas as mais profundas e difíceis geralmente afectam interesses estabelecidos e isso, compreensivelmente, cria resistências e dificulta a sua realização, sobretudo quando os seus protagonistas não têm a vontade e a determinação suficientes, ou carecem de legitimidade política para o efeito. Consequentemente, também por estas razões, nas sociedades democráticas como a nossa, as reformas de fundo devem ser explicadas, discutidas e, no devido tempo, submetidas ao sufrágio eleitoral nas suas linhas essenciais. E por uma questão de prudência e de eficácia, sempre que possível, também devem ser realizadas gradualmente, por pequenos passos, mas com a perseverança e a persistência de quem não desiste. Embora não existam nunca as condições ideais, Portugal parece ter agora reunido o ambiente, os protagonistas e as condições políticas necessárias e suficientes para a realização de reformas indispensáveis há muito adiadas. Oxalá não se perca a oportunidade de as fazer bem.

Contributos para um novo modelo de desenvolvimento

Para transitar para um novo modelo de desenvolvimento e vencer o desafio da produtividade e da competitividade, condição indispensável para ter bom crescimento económico, todos os portugueses podem ajudar, de diversas maneiras e em diferentes graus, e todos devem dar o seu contributo. Os consumidores podem contribuir para uma economia mais eficiente exigindo mais ao Estado e às empresas: ao Estado, boa utilização dos dinheiros públicos, que são os seus impostos, e a melhoria da qualidade dos serviços públicos prestados, pressionando assim a reforma da administração e das finanças públicas; às empresas, exigindo valor em troca do preço pago pelos bens e serviços que adquirem, forçando assim a eficiência e a modernização das empresas. Em situações de relativa indiferença de qualidade-preço entre produtos nacionais e estrangeiros, os consumidores devem preferir os bens e serviços portugueses, porque assim estão a ajudar a economia nacional, contribuindo para o combate ao défice externo e para a defesa do emprego[15]. O contributo dos trabalhadores é indispensável porque sem a sua motivação, o seu esforço e a sua competência profissional não é possível melhorar o desempenho das empresas e da economia. De facto, quanto melhor os trabalhadores cumprirem as suas obrigações profissionais, nomeadamente em termos de tempo e de qualidade do trabalho prestado, maior será a sua contribuição para o desenvolvimento das empresas e da economia. Uma atitude realista no que respeita a reivindicações salariais, leia-se em linha com os ganhos de ganhos de produtividade e as possibilidades de cada empresa, também contribui para a defesa da competitividade e do emprego, que também deve beneficiar da correspondente moderação dos lucros, questão pouco falada mas igualmente relevante. Para além deste aspecto, os empresários têm um papel decisivo na modernização da economia, pois são eles que criam e gerem as empresas e é nestas, com a colaboração dos trabalhadores, que se produz a riqueza e se distribui o rendimento, e que se ganha ou perde o desafio da produtividade e da competitividade. Por estas razões, precisamos de muitos e bons empresários[16], de pessoas que lancem novos negócios, que reestruturem e modernizem as empresas, que tenham ambição e não tenham medo de fazer crescer as empresas. O contributo dos empresários com capacidade de iniciativa e de liderança, com cultura de competição, com disposição para correr riscos sem medo de falhar é fundamental para o dinamismo da econo-

---

[15] Não se trata de sugerir uma atitude proteccionista, que seria descabida em economia aberta, mas sim de aconselhar, em situações de indiferença ou de proximidade de qualidade e preço dos bens, a preferência pelo que é nacional para assim nos ajudarmos a nós próprios. Também seria uma forma de contrariar e compensar a atitude frequente em muitos portugueses de considerar o que é português inferior ao que é estrangeiro.

[16] A taxa de emprendedorismo em Portugal, medida pelo número de proprietários de empresas no total da população activa, não compara mal com a de outros países europeus, mas esta comparação não atende à pequena dimensão das empresas e às insuficiências do capital humano, características que limitam bastante as possibilidades de as empresas portuguesas subirem na cadeia de valor, resistirem às ameaças e aproveitarem bem as oportunidades da competição global.

mia[17]. Por último, o contributo dos responsáveis políticos resulta, por um lado, da realização das reformas estruturais e institucionais indispensáveis para um enquadramento político, económico e social favorável ao desenvolvimento da iniciativa das pessoas e das empresas, e, por outro lado, da execução das políticas públicas necessárias para garantir o funcionamento eficiente e justo da economia e da sociedade.

Naturalmente, há a tendência normal para enfatizar o papel dos empresários e dos trabalhadores no desenvolvimento da economia, mas convém não esquecer também a importância considerável dos responsáveis políticos. Sabemos hoje que o desenvolvimento económico depende bastante da qualidade das instituições, nomeadamente das que têm que ver com a estabilidade macroeconómica, a independência e a rapidez da justiça, a educação e a qualidade dos recursos humanos, a eficiência da administração pública, o desenvolvimento da investigação e da inovação científica e tecnológica, etc., e que há diferentes formas de organizar e desenvolver todo este conjunto de tecnologias sociais, umas privilegiando mais a eficiência produtiva, como nos Estados Unidos da América, outras combinando melhor a competitividade económica com a justiça social, como nos países nórdicos. A diferença entre os vários modelos de desenvolvimento resulta, em grande parte, do papel atribuído ao Estado na orientação estratégica da economia, na concertação social, na redistribuição do rendimento e na provisão de bens públicos, bem como da atitude de exigência e responsabilidade dos cidadãos, nas sua diferentes condições, e da capacidade reformadora dos responsáveis políticos. O modo como trabalha e o nível a que funciona a economia também dependem muito do papel que o Estado desempenha na concertação social entre os trabalhadores e as empresas, particularmente na procura e identificação dos seus inte-

---

[17] Embora não se possa criar empresários como quem fabrica salsichas ou máquinas, é possível criar condições para desenvolver o espírito empresarial. Para este efeito, seria conveniente, por um lado, introduzir ou reforçar o ensino do empreendedorismo no sistema educativo, melhorar a ligação entre as escolas e as empresas e apoiar o financiamento da criação de empresas, nomeadamente através de sociedades de capital de risco; e, por outro lado, reduzir a burocracia e acabar com a protecção à ineficiência que limitam ou inibem o desenvolvimento da iniciativa e do espírito empresariais.

resses comuns e na promoção do diálogo para encontrar as soluções mais consensuais para os problemas, bem como na cooperação estratégica com as empresas, nomeadamente para as ajudar a conquistar mercados externos e a preservar o mercado doméstico. Não se trata propriamente de proteccionismo estatal mas sim de, sem desrespeito pelas normas internacionais e comunitárias, ajudar discretamente as empresas nacionais e, por essa via, defender os interesses do País. Na medida do possível, todos os governos o fazem pelos meios que têm ao seu alcance e há uns que o têm feito bem, como o espanhol, e outros que o têm feito menos bem, como o português, sendo que uma das razões da diferença parece estar no comportamento discreto dos primeiros e no desejo de protagonismo dos segundos. Trocas de informações e discussões regulares e discretas entre governantes e empresários (à margem da comunicação social e com a reserva de sigilo dos participantes) sobre os principais problemas e desafios da economia portuguesa, como ultimamente têm sido realizadas, podem criar uma cumplicidade estratégica útil para as orientações e os aperfeiçoamentos das políticas públicas e das estratégias empresarias e, por estas vias, para o progresso do País.

DIFICULDADES POLÍTICAS

Nos últimos anos, o desempenho dos governos nas áreas da economia e das finanças tem-se ressentido, não só da dificuldade própria dos problemas económicos e financeiros, mas também de algum défice de legitimidade eleitoral e de credibilidade política na tomada de algumas medidas menos populares. Sempre houve alguma discrepância entre o discurso partidário na oposição e a prática política no governo, mas a diferença entre o prometido e o realizado acentuou-se a seguir às eleições legislativas de 2002 e de 2005. Os líderes do PSD e do PS e depois primeiros-ministros fizeram então promessas eleitorais, particularmente em matéria fiscal, e depois, no governo, invocando o insuficiente conhecimento da situação orçamental do País[18], abandonaram-

---

[18] Os líderes políticos em geral e os candidatos a primeiro-ministro em particular têm a obrigação de conhecer razoavelmente bem o estado da economia e das

Sair da Crise Económica e entrar num Desenvolvimento Novo 67

nas, ou realizaram coisa substancialmente diferente do que tinham prometido na campanha eleitoral. Os responsáveis políticos devem falar sempre verdade e claro, sem variações consoante as circunstâncias e os interesses, mas nem sempre assim acontece. Por exemplo, é habitual ver responsáveis políticos dos partidos de governo, do PS ou do PSD, quando estão na oposição criticarem os governos por fazerem reformas que os seus governos deviam ter realizado, ou por tomarem medidas para corrigir erros que os seus governos cometeram. E também é frequente os governantes traçarem um quadro negro quando querem tomar medidas que impõem sacrifícios ou reduzem benefícios, e pintarem um quadro cor-de-rosa para levantar a confiança e a auto-estima dos portugueses, o que é incompreensível para os cidadãos e negativo para a credibilidade da política e dos agentes políticos[19]. Estas e outras oscilações do discurso político – que prejudicam a reputação e a capacidade de acção dos responsáveis políticos – são manifestações ou sequelas de um conhecido dilema político dos tempos difíceis: Ou os líderes políticos, nas campanhas eleitorais, descrevem a realidade que têm a obrigação de conhecer e anunciam as medidas que são necessárias para resolver os problemas, por mais difíceis e impopulares

---

finanças públicas portuguesas e de falarem com realismo e sem demagogia, quer estejam no governo ou na oposição. No entanto, há vários exemplos em contrário nos dois principais partidos políticos, não só no domínio fiscal, mas também no que respeita ao crescimento económico e à criação de emprego. Em teoria, não se pode excluir que algumas promessas eleitorais possam resultar de um insuficiente conhecimento da situação, sobretudo se não existir ou os governos não divulgarem a informação necessária para esse conhecimento. No entanto, na realidade portuguesa, sem prejuízo da necessidade e da possibilidade de melhorias relativamente à divulgação de informação económica e financeira e ao cumprimento do estatuto da oposição quanto ao dever de informação aos partidos políticos, não parece que se possa atribuir as promessas eleitorais mais ousadas e de difícil cumprimento a falta de informação suficiente para o razoável conhecimento da economia e das finanças públicas do País.

[19] Os cidadãos ficam confundidos sobre a verdadeira situação económica e financeira do País quando o poder político umas vezes, por exemplo para mostrar a possibilidade de grandes investimentos públicos, lhes diz que a situação não é tão má e que melhores dias estão a chegar; e, outras vezes, por exemplo para justificar o congelamento de salários ou o aumento da idade de reforma na função pública, lhes diz que a situação é grave e o pior ainda não passou.

que sejam, e então é provável que percam as eleições e não possam realizar a política necessária; ou, em alternativa, não dizem toda a verdade sobre a situação existente e criam alguma ilusão sobre a sua capacidade de produção de resultados pelas políticas públicas que tencionam executar e, provavelmente, ganham as eleições, mas ficam sem a legitimidade eleitoral e a credibilidade política para tomar as medidas realmente necessárias, por diferirem bastante das prometidas. Como é óbvio, a seriedade política impõe a primeira alternativa, mas, perante o risco e o receio de perderem as eleições – e ninguém gosta de as perder –, alguns responsáveis políticos optam por versões mais ou menos adocicadas da segunda. Uma via suave consiste em deixar no texto do programa eleitoral, acoplada a uma promessa contingente ou de difícil cumprimento, alguma salvaguarda ou escapatória mais ou menos criptográfica que depois possa justificar a tomada de alguma medida contrária à mensagem principal da promessa, como aconteceu relativamente às portagens nas auto-estradas SCUT. Porém, do ponto de vista político, o que conta, antes e depois das eleições, é a mensagem principal, no caso do exemplo auto-estradas SCUT sem portagens, e se esta não for inteiramente cumprida a credibilidade de quem a transmitiu fica comprometida, por mais que invoque o texto do programa eleitoral.

Perante a possibilidade destas ocorrências, o melhor seria que os candidatos políticos fizessem menos promessas eleitorais arriscadas e explicitassem mais como actuariam perante determinados problemas ou circunstâncias no caso de virem a ser governo. De facto, perante as incertezas e os riscos do mundo actual, nomeadamente constrangimentos internos e externos nem sempre bem conhecidos, há matérias em que os responsáveis políticos praticamente não têm condições para fazer promessas seguras e credíveis, razão por que, em seu lugar, deveriam antes dizer claramente aos eleitores quais os valores e os princípios que privilegiam, e os critérios de decisão que tencionam utilizar, para resolverem determinados tipos de problemas durante os seus mandatos. A bem da verdade e da clareza em política, esta devia ser a orientação cada vez mais seguida pelos candidatos a cargos políticos, para não terem depois que justificar o injustificável, e também a exigida pelos cidadãos-eleitores, para não serem enganados e defraudados nas suas expectativas. Uma boa parte da incompreensão e da dificuldade de aceitação de algumas medidas de política resulta da diferença entre o dito e o feito, e também da falta ou da insuficiência de explicações e de justificações para as medidas tomadas. Acresce ainda que – em grande parte por, incompreensivelmente, nunca se ter realizado em Portugal um referendo sobre as questões europeias – a maioria da população ainda não compreendeu bem que as políticas nacionais estão hoje bastante condicionadas pelas políticas europeias e que este facto reduz substancialmente a margem de manobra dos nossos governantes.

A falta de preparação e apoio para governar é outra dificuldade política importante. Primeiro, porque os partidos políticos em Portugal, de onde provêm o Primeiro-ministro e grande parte dos governantes, preocupados com a gestão de clientelas partidárias e a disputa de eleições, cuidam relativamente pouco do estudo e da produção de ideias e projectos para o governo do País. Por isso, não admira que os nossos líderes políticos nem sempre estejam bem preparados e que os programas eleitorais (e depois de governo) se ressintam de muitos problemas não terem sido bem identificados e caracterizados, e de as soluções propostas não terem sido suficientemente estudadas e discutidas. Em segundo lugar, porque o braço operacional do governo, a administração pública, por vicissitudes várias, também está muito desfalcada de "massa cinzenta", e o sinal de que assim é está no recurso a empresas de consultoria sempre que é preciso algo mais desenvolvido ou urgente. Simplesmente, e sem prejuízo da qualidade dos seus trabalhos, as consultoras não podem substituir a orientação política e estratégica, que compete aos governantes, nem o trabalho de implementação de reformas, que cabe à administração pública. Em terceiro lugar, a sociedade civil portuguesa também não tem criado autênticos institutos de reflexão e estudo dos problemas, os *think tanks* que existem noutros países, que são uma necessidade e, certamente, muito poderiam contribuir para a análise e discussão dos problemas e para a formação de elites dirigentes, de onde também poderiam sair agentes políticos de maior calibre intelectual. Os empresários com mais capacidade financeira também deviam pensar mais nos seus interesses a médio e longo prazo e, sem prejuízo dos órgãos de apoio técnico das suas associações empresariais, deviam promover e financiar a criação de, pelo menos, um ou dois *think tanks* a sério[20]. A economia portuguesa precisa muito de, pelo menos, um instituto de análise económica tecnicamente competente e independente do poder político, e de centros de reflexão e estudo vocacionados para determinadas matérias mais específicas, à semelhança do que se passa noutros países como por exemplo na Alemanha ou no Reino Unido. Toda a gente beneficiaria com o estudo e a discussão aprofundada e alargada dos problemas. Assim sendo, os líderes partidários deviam cuidar mais da produção de ideias e de projectos governativos e reabilitar os gabinetes de estudos dos partidos políticos, os governantes deviam fazer o mesmo relativamente à administração pública e os responsáveis empresariais e sindicais ter idênticas preocupações no âmbito das suas organizações de classe.

Outro problema dos tempos actuais respeita à dificuldade de alguns entendimentos interpartidários para melhor resolver alguns problemas de fundo, ou seja, para a realização de consensos políticos ou pactos de regime sobre matérias fundamentais. Em princípio, a ideia só faz sentido em circunstâncias políticas excepcionais, uma vez que a democracia se caracteriza mais pela diferença e o confronto entre a maioria que suporta o governo e a oposição do que pelo consenso entre as respectivas forças políticas. Por isso, nos casos em que tais acordos se justificam, não se trata de esbater diferenças programáticas, ou enfraquecer o combate político democrático entre os partidos políticos, que são saudáveis para a vitalidade da democracia, mas tão só de acordar alguns princípios, objectivos, prioridades e metas que possam ser aceites pelas partes. À primeira vista, pareceria que os referidos pactos interessariam mais ao governo (e à maioria que o apoia) do que à oposição, mas, nos últimos anos, em Portugal, foram os partidos de governo na oposição que manifestaram mais disponibilidade para entendimentos interpartidários. Os governos e os partidos que os apoiam não têm mostrado grande interesse em tais propostas, talvez por considerarem que, dispondo de maioria parlamentar, não precisam de discutir e partilhar objectivos e medidas com a oposição e quererem

---

[20] Salvo melhor opinião, nem o Fórum para a Competitividade, nem o Compromisso Portugal têm a natureza de verdadeiros *think tanks* com autonomia e capacidade de produção própria e regular.

todo o crédito pelos êxitos que possam obter, esquecendo que assim também devem assumir toda a responsabilidade pelo fracasso das suas políticas, como aconteceu com o PSD relativamente às finanças públicas.

A solução dos nossos problemas económicos e sociais mais difíceis poderia ser um pouco mais fácil e menos custosa num quadro de relativa estabilidade de orientações políticas essenciais e, portanto, seria desejável e vantajoso algum entendimento entre os principais partidos políticos sobre questões fundamentais da economia e da sociedade portuguesas, como por exemplo a reforma da administração pública, a revisão da lei das finanças locais e regionais, a sustentabilidade financeira da segurança social, a reforma da justiça etc. Apesar de os apelos e os esforços realizados pelo anterior Presidente da República para alguns entendimentos interpartidários, nomeadamente em matéria de justiça e de finanças públicas, onde ainda chegou a ser aprovada por larga maioria uma Resolução da Assembleia da República para esse efeito, bem como o compromisso do actual Presidente da República numa "magistratura presidencial que favoreça consensos alargados em torno dos grandes objectivos nacionais"[21], o PSD e o PS quando estão no governo não têm mostrado suficiente apetência e abertura para tais entendimentos e, portanto, só recentemente (Setembro de 2006) foi possível estabelecer um acordo entre eles para algumas partes da reforma da justiça.

A pedagogia que tem sido feita sobre a necessidade e a utilidade de alguns acordos interpartidários em matérias fundamentais para a vida e o desenvolvimento do País, bem como o facto de os mesmos não visarem esbater diferenças de interesses e de propostas partidárias, ou enfraquecer a desejável concorrência entre projectos políticos alternativos, ainda podem tornar possível algum pacto interpartidário sobre matérias de relevante interesse nacional na legislatura em curso. Seria um contributo importante para melhorar as condições de governabilidade – e, porventura, também para a qualidade das medidas – nos

---

[21] O Presidente da República, no discurso de 25 de Abril de 2006, propôs a realização de um compromisso cívico para a inclusão social entre as várias forças políticas e sociais.

domínios abrangidos, mas também é possível que tal hipótese não passe de simples confusão do desejável com o possível. Os referidos entendimentos ajudariam a criar condições políticas e sociais que facilitariam a realização e aumentariam a eficácia de reformas necessárias, pois dariam um suporte mais sólido a medidas cujo alcance e incidência ultrapassam o período da legislatura e a base de apoio político e social do Governo em funções, assim como também contribuiriam para diminuir a conflitualidade social que pode resultar das medidas mais difíceis e menos populares. Todavia, se o entendimento não for possível, também não deve servir de desculpa para adiar as reformas e as medidas necessárias, tanto mais que as últimas eleições legislativas proporcionaram condições políticas de governabilidade suficientes (maioria absoluta) para a realização das reformas indispensáveis para a solução dos problemas existentes e os portugueses não merecem voltar a ser desiludidos como foram com os anteriores governos.

CAIXA 1.1

POR QUE NÃO TEM HAVIDO ESTRATÉGIA DE DESENVOLVIMENTO EM PORTUGAL

Há, pelo menos, duas razões que explicam a ausência de uma verdadeira estratégia de desenvolvimento económico e social em Portugal. A primeira é de ordem geral e teve, e ainda tem, que ver com o peso da doutrina neoliberal que menospreza ou subestima o papel do Estado ao considerar que bastam as decisões livres dos agentes económicos para que a economia funcione bem. Para quem assim pensa – e não são poucos, especialmente na direita e no centro-direita do espectro político –, o Estado é um entrave à iniciativa privada e não é preciso qualquer estratégia de desenvolvimento. Esquecem, no entanto, que a "mão invisível" nem sempre leva à eficiência económica e menos ainda à justiça social. Os mecanismos de mercado são fundamentais para o funcionamento da economia, mas, por si sós e sem regulação adequada, podem levar à produção em excesso de bens indesejáveis (v.g. a poluição) e à produção por defeito de bens e serviços desejáveis (v.g. a saúde ou a educação), e também podem não assegurar uma distribuição do rendimento socialmente justa. Por estas e outras falhas de mercado, é necessário haver boas instituições de regulação económica e de defesa da concorrência para que a economia e os mercados funcionem de forma aceitável. Pelas mesmas razões, também são precisas outras formas de intervenção pública para alcançar objectivos específicos, sejam eles de estabilidade e eficiência económica, ou de equidade e justiça social. Basta um pouco de bom senso para reconhecer que tanto o Estado (poderes públicos) como o mercado têm méritos e falhas, forças e fraquezas, e que atitude mais inteligente é aproveitar o que de melhor há em cada um, de forma equilibrada e complementar, para construir uma sociedade economicamente mais eficiente e socialmente mais justa. Infelizmente, tem havido e ainda há muitos "fundamentalistas" do mercado influentes em Portugal e alguns, pasme-se, até se consideram social-democratas!

A segunda razão, esta de carácter específico, para a inexistência de uma estratégia de desenvolvimento económico em Portugal prende-se com a deterioração do sistema político no que respeita à qualidade dos governantes e à exigência dos governados. Sem prejuízo de honrosas excepções, que felizmente existem, é visível que a integridade, a experiência e a competência políticas de muitos governantes têm vindo a baixar, com a agravante de a capacidade técnica do braço operacional dos governos, a administração pública, também ter vindo a diminuir. Como se isto não bastasse, as associações patronais e sindicais também, frequentemente, julgam que defendem melhor os seus interesses procurando aprisionar o poder político e colocá-lo ao seu serviço, em vez de o pressionarem para definir e executar uma boa estratégia de desenvolvimento económico e social para o País. Mesmo que essa atitude possa, num ou noutro caso, proporcionar alguma vantagem imediata ou a curto prazo, é uma opção míope, onde falta visão, e a médio e longo prazo contrária aos interesses das empresas e dos trabalhadores. Por último, os cidadãos – verificando que falta transparência no sistema político, que a alternância partidária não tem oferecido alternativas de política suficientemente distintas e que os governos pouco têm ajudado à solução dos seus reais problemas – têm vindo a desinteressar-se da política e da gestão da vida colectiva*. Por esta razão,

---

* O facto de os portugueses estarem relativamente insatisfeitos, desiludidos e desinteressados pela política, não significa que estejam politicamente inertes ou desactivados. Nas eleições que tiveram lugar desde 2002, os cidadãos eleitores mostraram que tem cada vez menos lealdade partidária e mais inteligência política, no sentido em que um número já bastante significativo de eleitores vota consoante a conjuntura política e com independência partidária, em função da avaliação que, caso a caso, faz dos partidos e/ou dos candidatos.

os cidadãos e a comunicação social que lhe dá voz têm estado relativamente pouco interessados no debate político sério e não têm pressionado suficientemente os partidos e os governos para definirem uma estratégia de desenvolvimento económico e social capaz de resolver os problemas do País.

CAPÍTULO 2

VENCER O DESAFIO
DA GLOBALIZAÇÃO DA ECONOMIA
E DA INTEGRAÇÃO EUROPEIA

Mudam-se os tempos, mudam-se as vontades,
Muda-se o ser, muda-se a confiança;
Todo o mundo é composto de mudança,
Tomando sempre novas qualidades.

LUÍS DE CAMÕES[1]

---

[1] Luís de Camões, *Lírica*, Ed. Círculo de Leitores, 1973, Pag. 104.

O mundo é hoje bastante diferente do que foi no passado e do que será no futuro. Tudo muda e o mundo também. Do ponto de vista económico, o século XIX foi o tempo da emergência do capitalismo industrial nas principais economias europeias. O século XX foi a época da produção em massa, de um mundo dividido em dois grandes blocos e de um confronto de ideologias. Não sabemos ainda bem o que será o século XXI, mas sabemos que já estamos há algum tempo a viver – e tudo indica que vamos continuar – na idade da globalização, uma era em que o progresso nas comunicações acelerou o tempo e encurtou distâncias num mundo cada vez mais interligado e interdependente, não só nos campos económico e político, mas também nas áreas ambiental, social e cultural, razão por que a globalização, a integração internacional, é um conceito multidimensional relativamente complexo. Aqui, porém, trataremos apenas de alguns aspectos da integração económica internacional em geral e da europeia em particular, como enquadramento e desafio para a nossa economia, e depois discutiremos alguns tópicos da resposta portuguesa a tal desafio.

A NOVA GLOBALIZAÇÃO DA ECONOMIA

A globalização da economia não é um fenómeno recente. Já teve uma época áurea entre 1870 e 1914, período em que houve livre comércio, ausência de restrições aos movimentos de capitais, mobilidade do trabalho sob a forma de migrações em massa e o regime monetário do padrão ouro desempenhava praticamente a função de uma moeda mundial. No entanto, a globalização actual é uma realidade relativamente recente nas suas origens e nova nas suas características.

Caracterização da actual globalização económica

Os principais factores determinantes do pujante movimento de integração económica internacional são agora a acentuada diminuição dos custos de transporte e de comunicações, a liberalização dos mercados de bens e serviços e a entrada na economia internacional de milhões e milhões de trabalhadores da Ásia oriental e do sul, especialmente da China e da Índia, o que já constitui um enorme e potente choque na oferta de trabalho e de bens e serviços da economia mundial, e a prazo também uma grande incógnita nas relações internacionais. Por sua vez, entre as características mais relevantes da nova globalização económica está o facto de a expansão do comércio internacional ser agora bastante superior ao crescimento das economias e de natureza diferente. No passado, o comércio externo entre os países ricos era fundamentalmente intersectorial, assente na troca entre diferentes produtos industriais manufacturados, e, no comércio entre os países mais e menos desenvolvidos, predominava a troca entre bens industriais fabricados nos primeiros e produtos primários produzidos nos segundos. Na actualidade, o comércio internacional entre os países desenvolvidos tem cada vez mais natureza horizontal, intrasectorial, um comércio de variedade com os países a comprarem e a venderem uns aos outros basicamente o mesmo tipo de produtos, embora mais ou menos diferenciados (v.g. os franceses compram e vendem carros aos alemães, do mesmo modo que Portugal exporta e importa vestuário), enquanto o comércio entre os países desenvolvidos e os emergentes, a par da tradicional troca entre produtos industriais e matérias primas, é cada vez mais um comércio vertical em que os países desenvolvidos se especializam nos sectores dos serviços e em bens imateriais de elevado valor acrescentado e externalizam a produção para as economias emergentes.

Outra característica específica da nova globalização resulta de esta não se limitar ao comércio, mas abranger agora praticamente todos os estádios de produção, uma vez que as empresas multinacionais podem hoje dividir a cadeia de valor dos seus produtos e escolher as melhores localizações para partes ou a totalidade das suas produções. É o conhecido fenómeno da deslocalização de actividades e de empresas de sectores tradicionais e modernos resultante da competição global. Actualmente, os países onde os custos do trabalho por unidade produzida são relativamente baixos, como por exemplo a China e a Índia, já competem com os mais desenvolvidos não apenas nas tradicionais indústrias trabalho intensivas (v.g. têxteis, vestuário e calçado). Também já o fazem na produção de bens de alta tecnologia (v.g. computadores, telemóveis, etc.)[2] e, tirando partido das novas tecnologias da informação e comunicação, na prestação de serviços relativamente sofisticados, como é o caso da Índia na área dos serviços de informática.

Característica igualmente marcante da actual globalização respeita ao facto de a estruturação e o desenvolvimento da economia mundial ser, cada vez mais, realizada pelas grandes empresas multinacionais para quem, pragmaticamente, a globalização significa a possibilidade de investirem e de produzirem onde for mais vantajoso, de comprarem e venderem onde quiserem e de pagarem os impostos onde a factura fiscal for mais atractiva. Os estados nacionais continuarão, obviamente, a ter um papel relevante, não só porque continuará a haver bens e serviços não transaccionáveis relativamente protegidas da globalização, mas também porque é preciso assegurar a provisão de bens e serviços públicos, orientar e regular a actividade económica e defender as condições de bem-estar dos cidadãos. No entanto, o seu poder está limitado aos seus espaços nacionais e o futuro é, ou parece ser, cada vez mais condicionado ou determinado pela actividade global das empresas multinacionais. O crescimento destas empresas, nomeadamente através de fusões e aquisições transnacionais, e a expansão da subcontratação de bens e serviços às empresas estrangeiras (*offshoring*) que ofereçam melhores condições, estão a criar um sistema de produção global onde há um reforço do poder de mercado das grandes empresas multinacionais e, ao mesmo tempo, a intensificação da concorrência entre as empresas subcontratadas suas fornecedoras. Apesar de este modelo comportar riscos sérios, nomeadamente porque carece de uma

---

[2] A China, que em 1994 ocupava o 11.º lugar das exportações mundiais com 2,8%, dez anos depois, em 2004, passou para o 3.º lugar com uma quota de 6,5%, apenas ultrapassada pelos Estados Unidos da América, em 2.º lugar, com 8,9%, e pela Alemanha, em primeiro lugar, com 10%. No referido período, Portugal baixou de 36.º para o 41.º lugar com uma participação de 0,4%.

regulação global, e de gerar uma divisão internacional do trabalho não isenta de inconvenientes – que o digam alguns dos trabalhadores menos qualificados de países desenvolvidos que perderam os seus empregos –, praticamente todos os países têm vindo a fazer o possível e o impossível para atrair as empresas multinacionais para os seus espaços económicos nacionais e facilitar a integração das suas economias na economia mundial.

A globalização atingiu já praticamente todos os sectores de actividade económica, mas é talvez nos mercados financeiros que, tirando partido dos desenvolvimentos ocorridos na informática e nas telecomunicações, a integração é mais acentuada e as consequências mais sensíveis. Não é por acaso que os benefícios da globalização comercial são matéria pacífica, enquanto os resultados da globalização financeira, da abertura das economias ao capital estrangeiro, são controversos, mesmo entre os economistas. Os mercados financeiros internacionais são um importante mecanismo de financiamento do investimento e, por esta via, de promoção do crescimento económico mundial, mas a abertura incorrecta ou prematura de sistemas financeiros nacionais ao capital estrangeiro também tem originado ou contribuído para crises financeiras sérias em alguns países. Para além de um poderoso mecanismo de afectação de recursos à escala mundial, os referidos mercados também desempenham o papel de supervisores e de juízes das políticas económicas e financeiras dos países. Estas são permanentemente escrutinadas pelos (agentes dos) mercados financeiros que não hesitam em baixar a notação de risco (*rating*) de um país, desinvestir ou reduzir os financiamentos a esse país se considerarem que o seu governo está a negligenciar alguns aspectos fundamentais, ou a seguir políticas públicas que os mesmos consideram menos apropriadas. Assim sendo, se os governos não tomarem na devida conta os sinais e as recomendações dos mercados financeiros internacionais[3] podem surgir perturbações e turbulências mais ou menos acentuadas nos mercados de câmbios e de valores mobiliários, ou no investimento directo estrangeiro, ou no

---

[3] Entre estas salientam-se a estabilidade dos preços definida por taxas de inflação muito baixas, a redução despesas públicas para alcançar o equilíbrio orçamental e poder baixar a pressão fiscal e uma situação relativamente equilibrada na balança de pagamentos com o exterior.

financiamento externo dos países atingidos que podem prejudicar o normal desenvolvimento das suas economias. Nesta perspectiva, os governos, para além de serem periodicamente julgados pelos eleitores, também estão permanentemente sujeitos à "sã disciplina", ou à "ditadura", dos mercados financeiros, consoante o juízo seja feito por um simpatizante, ou um crítico, da globalização financeira.

Para além da crescente integração comercial, económica e financeira, a globalização actual também tem muito que ver com a difusão da informação e a transformação das culturas. Contrariamente ao que acontecia no passado, hoje sabemos tudo o que de importante se passa em qualquer parte do mundo, em tempo real ou quase, e conhecemos melhor a diversidade de culturas e de modos de vida, que assim se difundem e interpenetram em maior escala. Vivemos agora na "aldeia global": o mundo encolheu, tudo é mais próximo, e tudo se passa muito mais depressa do que antigamente. A globalização dos nossos dias corresponde assim a uma fase de aceleração na história do capitalismo caracterizada pela intensificação das interdependências e das trocas, de praticamente toda a espécie e natureza, à escala mundial. Quer se goste ou não, a globalização da economia é uma realidade concreta e incontornável e, portanto, a questão relevante não é ser a favor ou contra, mas sim saber que globalização queremos e como a poderemos gerir para a melhorar em benefício de todos[4]. As forças de mercado são um eficiente e eficaz mecanismo de afectação de recursos e de crescimento económico, mas entregues a si próprias, por vezes, limitam ou condicionam de forma indesejada a vida e até a cultura das pessoas, do mesmo modo que as exigência dos mercados financeiros internacionais e a luta pela competitividade também podem originar tensões e conflitos entre países. Porém, a solução não está em menos globalização e mais proteccionismo, mas sim em mais e, sobretudo, melhor globalização[5]. Um

---

[4] Basta pensar na África ao sul do Sahará e na maior parte da América Latina para ver que a globalização não tem beneficiado de igual modo todos os países, nem beneficiará, mas é possível e desejável atenuar as diferenças.

[5] O Secretário-geral das Nações Unidas, na conferência da UNCTAD, em Fevereiro de 2000, disse que "os principais perdedores no mundo muito desigual de hoje não são os que estão demasiado expostos à globalização, mas os que ficaram de fora". No mesmo sentido, já muito antes a economista Joan Robinson, discípula de

dos desafios da globalização para os países desenvolvidos é precisamente gerirem as mudanças económicas e sociais que a mesma implica, nomeadamente em termos de alteração na divisão internacional do trabalho e na distribuição do rendimento, sem se renderem ao proteccionismo.

Necessidade de regulação da globalização económica

A globalização traz oportunidades, nomeadamente de alargamento dos mercados, mas também comporta riscos, particularmente de instabilidade económica e financeira e de marginalização ou exclusão para os países insuficientemente preparados para os desafios da competição global. A abertura e a interdependência entre as economias permitem uma mais eficiente afectação dos recursos e constituem um forte incentivo à inovação e, por estas vias, promovem o crescimento económico. No entanto, a globalização deve estar sujeita a regras éticas e ser bem regulada para que seja possível, nomeadamente, prevenir excessivas desigualdades entre e dentro dos países, que dificultariam a sua aceitação, e evitar que uma actividade económica desregrada pudesse levar à excessiva utilização ou ao esgotamento de recursos naturais escassos, com manifesto prejuízo para as gerações vindouras. O principal desafio para a regulação da globalização está pois na gestão de mercados globais nos bens e serviços, nos capitais e na informação, uma vez que não se criaram ou adaptaram para funcionarem a nível mundial as instituições democráticas e os mecanismos de regulação e de redistribuição que historicamente "domesticaram" o capitalismo ao nível nacional. Na bela síntese de três responsáveis políticos franceses, "a social-democracia define-se por um triplo compromisso entre o capital e o trabalho, o mercado e o estado, a competição e a solidariedade. Com a globalização, o primeiro de cada um destes termos reforçou-se em detrimento do outro"[6]. Por esta razão, gerir ou governar a

---

Keynes embora de formação marxista, tinha afirmado mais ou menos (cito de cor) o seguinte: A tragédia de ser explorado pelo capitalismo não é nada comparada com a de não ser. O que é dramático é que há muito de verdade nas duas afirmações.

[6] "Socialistes de toute l'Europe, unissez-vous!", Laurent Fabius, Pierre Mauroy et Michel Rocard, Le Monde, 28.10.02.

globalização, a nova designação do capitalismo actual, é hoje um desafio equivalente ao que foi ontem o controlo e a humanização dos capitalismos nacionais. Em muitas situações, o nível mais adequado para regular o capitalismo já não é apenas o nacional, mas passou a ser também o regional – leia-se aqui a União Europeia – e o mundial. Consequentemente, passou a haver maior necessidade de intervenção e de regulação públicas aos referidos níveis, onde é preciso atenuar e corrigir vários desequilíbrios – nomeadamente, entre os países mais e menos desenvolvidos; entre os aspectos económicos, sociais e ambientais; e, entre a grande mobilidade dos capitais e a pequena mobilidade dos trabalhadores – e suprir diversas lacunas, como por exemplo a insuficiência de controlo do sistema monetário e financeiro internacional, ou a inexistência de uma instituição internacional para tratar, de forma integrada, as questões do comércio, do ambiente, do trabalho e do desenvolvimento humano.

O Fundo Monetário Internacional, a Organização Mundial do Comércio, a Organização Internacional do Trabalho, a Organização Mundial de Saúde e outras instituições internacionais têm feito algum trabalho nos referidos domínios, mas que é manifestamente insuficiente. Primeiro, porque falta cobrir algumas áreas importantes, como por exemplo o ambiente, onde, por estranho que pareça, não existe um organismo mundial responsável pela definição e aplicação de normas internacionais relevantes para o efeito. Depois, porque o actual sistema de múltiplas organizações padece da falta de uma hierarquia das normas próprias de cada organização. A ideia da criação de um Conselho de Segurança Económica proposta há anos por Jacques Delors resultou, em parte, da necessidade de arbitrar eventuais conflitos entre as normas ou orientações das várias organizações parcelares, por exemplo a Organização Mundial do Comércio e a Organização Internacional do Trabalho. Todavia, mesmo que se consiga criar o referido conselho, por exemplo à semelhança do Conselho de Segurança das Nações Unidas, na prática, não será fácil realizar uma regulação efectiva e justa da globalização económica, dada a sua natureza competitiva.

Tendo a globalização uma face sorridente, que faz da abertura das economias uma virtude e das trocas económicas, sociais e culturais um factor de progresso, e uma face triste, que faz da mesma abertura um risco e uma ameaça para os mais fracos, é óbvio que para ser aceitável e sustentável precisa de ser minimamente regulada, designadamente através de instituições adequadas e do reforço da cooperação internacional, para que todos possam beneficiar com a abertura e a integração das economias. A regulação da globalização para os países menos desenvolvidos, passa, entre outros aspectos, pela ajuda ao desenvolvimento e pela abertura das economias dos países mais desenvolvidos ao comércio dos produtos provenientes desses países, campo onde a Organização Mundial de Comércio tem desempenhado uma acção relevante mas insuficiente. Para os países mais desenvolvidos, a questão actual mais relevante respeita aos efeitos da globalização na concorrência comercial desleal e na deslocalização de empresas. A resposta, no âmbito da política externa da União Europeia e dos seus Estados-membros, deve passar por assegurar, como condição para a cooperação económica internacional, que as políticas dos países beneficiários dessa cooperação respeitam os princípios do Estado de direito e os direitos humanos e asseguram uma gestão transparente e responsável dos negócios públicos, quer por razões humanitárias e políticas ligadas à dignidade da pessoa humana, quer por razões económicas e comerciais relacionadas com vantagens competitivas adquiridas por vias injustas e indevidas. Porém, o desejável nem sempre é possível e a União Europeia não tem ainda unidade e poder suficientes para tais medidas. Consequentemente, as respostas dos seus Estados-membros, embora diferentes de caso para caso, passam fundamentalmente pelo investimento na qualificação e na formação dos seus trabalhadores; por um razoável equilíbrio entre a flexibilidade laboral para as empresas e a protecção social no desemprego e na procura de emprego para os trabalhadores; e pela atracção e realização de novos investimentos, nacionais e estrangeiros, que substituam e compensem os que se retiram.

Perante as consequências mais gravosas de concorrência injusta provocada pela globalização no mercado de trabalho das economias europeias mais desenvolvidas, há quem defenda que a União Europeia não deveria hesitar em recorrer ao proteccionismo alfandegário, ainda que temporário, quando o considerasse necessário para fazer valer os seus pontos de vista e evitar o desemprego excessivo dos trabalhadores menos qualificados, em princípio, os mais afectados pela eventual concorrência desleal das economias emergentes. Seria uma escolha difícil, como sempre acontece quando se trata de escolher entre dois males, no caso o proteccionismo e o desemprego, e também incorrecta, uma vez que o proteccionismo pode ajudar a defender o emprego a curto prazo, transitoriamente, mas não é a solução correcta para evitar ou reduzir o desemprego. Não obstante, pode vir a acontecer, especialmente se os maiores Estados-membros[7] não conseguirem ajustar as suas economias às oportunidades e aos riscos da globalização e evitar o aumento do desemprego. Por enquanto, a União Europeia apenas decidiu criar, em Março de 2006, "um Fundo Europeu de Adaptação à Globalização, acessível a todos os Estados-Membros e destinado a fornecer apoio suplementar a trabalhadores que tenham perdido o emprego na sequência de importantes alterações estruturais no mercado mundial e ajudá-los nos seus esforços de reconversão e procura de emprego"[8]. A criação deste fundo, embora limitado à dotação anual de 500 milhões de euros, mostra que a União Europeia se preocupa e está disposta a apoiar a reconversão profissional e a procura de emprego dos trabalhadores que percam os seus postos de trabalho devido ao encerramento ou à reestruturação de empresas resultantes da globalização. Resta, no entanto, esperar para ver se os recursos do fundo serão suficientes para fazer face à dimensão do problema e se não será mesmo necessário lançar mão de outras medidas mais efectivas, nomeadamente uma política de crescimento económico, uma vez que sem crescimento das economias não há criação de emprego, nem coesão social eficaz.

---

[7] O que não significa que as economias dos pequenos países não sejam afectadas, mas sim que estes não tem peso político suficiente para uma decisão, que, pela sua natureza, só pode ser tomada ao nível comunitário.

[8] Conclusões da Presidência do Conselho Europeu de 23 e 24 de Março de 2006.

O DESEMPENHO E O GOVERNO ECONÓMICO DA UNIÃO EUROPEIA

Cinquenta anos depois da sua criação, podemos dizer que a União Europeia[9] foi e é uma experiência de sucesso, em termos de paz e de prosperidade para a Europa, que ajudou bastante ao desenvolvimento de todos os seus Estados-membros, especialmente os menos desenvolvidos, como Portugal, para cuja consolidação da democracia também foi importante a sua "protecção" política. Até há uma meia dúzia de anos a União Europeia conseguiu realizar relativamente bem os seus principais objectivos económicos – crescimento, estabilidade e coesão – que são também os pilares centrais do modelo social europeu. Porém, desde então, o seu desempenho económico piorou[10] e passou a haver nos europeus (da UE-15) alguma preocupação e desapontamento com a integração europeia evidenciado, por exemplo, nos inquéritos de opinião e no "não" dos franceses e dos holandeses no referendo da Constituição Europeia. Para o relativo descontentamento dos europeus tem contribuído o fraco desempenho da economia e os efeitos da globalização competitiva. De facto, nos últimos anos, devido a factores estruturais, nomeadamente a rigidez do mercado do trabalho, e também a alguma insuficiência da procura interna, particularmente na Alemanha, e ainda a uma certa falta de liderança e de capacidade governativa dos responsáveis políticos europeus e de confiança no futuro por parte dos agentes económicos, o crescimento da economia europeia tem sido fraco e comprometedor para a sustentabilidade do modelo social europeu. Para o mal-estar europeu também tem contribuído o receio da concorrência de países emergentes na indústria transformadora, onde a China vem conquistando uma cada vez maior quota de mercado, e mesmo em alguns serviços, onde a Índia, tirando partido

---

[9] Nesta parte do texto, quando falamos em União Europeia sem mais referimo-nos, fundamentalmente, aos Quinze, não só porque o alargamento ainda é relativamente recente, mas também porque os novos Estados-membros aparecem, frequentemente, ao lado de outras economias emergentes como uma ameaça concorrencial à "velha Europa" dos Quinze.

[10] Ver Caixa 2.1 – Explicações para o fraco desempenho da economia europeia.

do desenvolvimento das tecnologias da informação e comunicação e do domínio do inglês, também ameaça ser um sério concorrente.

Os europeus da velha Europa sentem que a globalização está a mudar o mundo muito rapidamente e receiam que a concorrência das novas economias emergentes da Ásia e dos novos Estados-membros da União Europeia, com os seus baixos salários e sistemas de segurança social baratos, possam colocar fora de mercado algumas empresas e que outras possam deslocalizar a sua actividade para esses países. Não se trata de um receio infundado e, portanto, não admira que muitos desses europeus tenham medo de perder os seus empregos, ou de ver estagnar ou baixar o seu rendimento, e responsabilizem a globalização competitiva e o alargamento da União Europeia por essas ameaças. Estes e outros receios (v.g. droga, crime organizado e terrorismo) são ainda mais preocupantes quando os cidadãos percebem que a União Europeia esteve ou está dividida em questões importantes (v.g. guerra do Iraque) e que os seus principais responsáveis políticos não têm estado à altura dos desafios, nomeadamente na concepção e, sobretudo, na implementação de uma boa e eficaz estratégia de desenvolvimento económico e social.

A Estratégia de Lisboa

Reconhecendo o impacto de importantes transformações demo-gráficas, económicas e tecnológicas na economia europeia, associadas ao envelhecimento da população, à globalização e à economia do conhecimento, e consciente de que a fraqueza do crescimento econó-mico poderia pôr em causa o modelo social europeu, a União Europeia aprovou a Estratégia de Lisboa para a "transformar na economia de conhecimento intensivo, mais competitiva e dinâmica do mundo, capaz de sustentar um crescimento económico com mais e melhores empre-gos e maior coesão social. Atingir este objectivo requer uma estratégia geral/global direccionada para: preparar a transição para uma economia com base no conhecimento, com melhores políticas para a sociedade da informação, investigação e desenvolvimento, bem como, acelerar o processo da reforma estrutural para a competitividade e a inovação

90 Economia Portuguesa – Melhor é Possível

através do mercado interno; modernização do modelo social europeu, investindo nas pessoas e combatendo a exclusão social; sustentabilidade das perspectivas favoráveis da saúde económica, através da aplicação de uma política macroeconómica mista"[11]. Estes objectivos são meritórios e consensuais – quem não subscreve uma estratégia visando, simultaneamente, o crescimento económico, a inovação, a competitividade, o emprego, a coesão social e o desenvolvimento sustentável? O problema esteve e está na falta de coerência entre os diferentes objectivos e entre estes e os meios disponíveis para os atingir. Consequentemente, as acções não acompanharam as intenções e, portanto, a avaliação intercalar, feita na Primavera de 2005, com base no Relatório Wim Kok[12], o Conselho Europeu concluiu que os resultados até então obtidos, apesar de o bom desempenho de alguns Estados-membros, eram globalmente insuficientes e era preciso relançar a Estratégia de Lisboa em termos mais eficazes e mais focados no crescimento e no emprego.

A maior fraqueza da Agenda de Lisboa, como também é conhecida a Estratégia de Lisboa, esteve na ausência de instrumentos que vinculassem os Estados-membros a pôr em prática as reformas necessárias, uma vez que se baseou no chamado método aberto de coordenação, essencialmente um processo de comparação das melhores práticas e dos indicadores económicos e sociais dos Estados-membros na esperança de que, através do reconhecimento do interesse dos objectivos para e por cada um dos países e da pressão dos seus pares, fosse possível realizar a convergência para as metas estabelecidas a nível comunitário. Contrariamente ao que se verificou com a realização do mercado único europeu, em que houve um programa concreto, com directivas e regulamentos comunitários, e um calendário definido para a sua aplicação pelos Estados-membros, a Estratégia de Lisboa assentou num modelo totalmente descentralizado em que as metas/indicadores fixados por Bruxelas são apenas objectivos orientadores cuja realização depende fundamentalmente da vontade e da possibilidade de

---

[11] Conclusões o Conselho Europeu de Lisboa, na Primavera de 2000.

[12] *Facing The Challenge, The Lisbon strategy for growth and employment*, Report from the High Level Group chaired by Wim Kok, November 2004. Disponível em http://europa.eu.int/growthandjobs/pdf/2004-1866-EN-complet.pdf

cada Estado membro. Nestas circunstâncias, não admira que a avaliação intercalar tivesse revelado uma significativa assimetria nos resultados obtidos, com alguns países, nomeadamente os nórdicos, a cumprirem o essencial e os restantes, onde está Portugal, a ficarem aquém dos resultados esperados. De facto, na ausência de algum compromisso firme, ou de uma restrição política concreta, era provável que as reformas mais difíceis e impopulares fossem proteladas em alguns países, como efectivamente aconteceu.

A revitalização da Estratégia de Lisboa proposta pelo relatório Wim Kok considera que a agenda inicial falhou na implementação devido a excesso de ambição e abrangência nos objectivos e por falhas no modelo de governação. Consequentemente, quanto ao primeiro aspecto, o relatório propõe uma refocagem no crescimento e no emprego, o que não significa abandonar as outras dimensões, mas reconhecer que estas são essenciais para a apoiar a coesão social e o desenvolvimento sustentável, o que foi acolhido no Conselho Europeu da Primavera de 2005. Quanto ao modelo de governação, o relatório Wim Kok não o põe em causa e limita-se a três recomendações: maior responsabilização dos Estados-membros na realização das medidas necessárias, através de programas nacionais de reforma debatidos pelos parlamentos nacionais e pelos parceiros sociais; aperfeiçoamento pela Comissão Europeia do método aberto de coordenação[13]; e, sugestão de que as políticas comuns e o orçamento da União Europeia reflictam melhor as prioridades da Estratégia de Lisboa. Destas três recomendações, a Comissão Europeia acolheu a primeira e praticamente abandonou a segunda, por considerar não ser sua função "nomear e censurar" Estados-membros, mas sim trabalhar em parceria com os mesmos e governar pela política e não pela moral, embora a publicação de tabelas classificativas por indicadores e por países não fosse propriamente uma forma de "dar lições de moral" e pudesse ajudar a obter melhores resultados. A terceira recomendação era importante, pois o

---

[13] Fundamentalmente *benchmarking* (comparação de resultados) e pressão dos pares, através da divulgação anual da classificação dos progressos realizados pelos Estados-membros para ser possível felicitar os que conseguem bons resultados e censurar os que têm desempenhos medíocres.

orçamento comunitário, apesar de manifestamente reduzido para as necessidades e os desafios da União Europeia, pode ser concebido e utilizado para incentivar e orientar actividades dos Estados-membros e assim alavancar a acção colectiva a nível europeu. Entretanto, o orçamento comunitário para os próximos 7 anos, ou seja, as Perspectivas Financeiras 2007-2013 aprovadas pelo Conselho Europeu foram inferiores às propostas pela Comissão Europeia e, portanto, há menos recursos do que os inicialmente previstos para apoiar a Estratégia de Lisboa.

Resta portanto saber se os programas nacionais de reforma para os próximos três anos (a primeira recomendação), com um pouco de *benchmarking* e o financiamento comunitário possível serão suficientes para relançar o crescimento económico e o emprego e colocar a União Europeia à altura do desafio da globalização. Em princípio, a ideia de programas nacionais de reforma orientados pelas situações específicas e necessidades próprias de cada Estado membro é positiva, mas é possível que a estratégia revista não seja capaz de produzir os resultados esperados, uma vez que não foram suficientemente corrigidas as falhas da estratégia inicial, especialmente quanto à inadequação dos meios aos objectivos e à falta de coordenação e de incentivos para os Estados-membros tomarem efectivamente as medidas programadas. A apropriação nacional dos objectivos da estratégia faz com que os resultados dependam, fundamentalmente, da vontade e da capacidade dos Estados-membros para tomarem as medidas necessárias. A Comissão Europeia pode divulgar as boas práticas, comparar o desempenho das várias economias e fazer recomendações de política, mas não pode obrigar os Estados-membros a tomarem as medidas que os mesmos não queiram. Assim sendo, seria conveniente reforçar os instrumentos de política económica aos níveis dos Estados-membros e da União Europeia em geral e da Zona Euro em particular; reflectir bem nos orçamentos nacionais e no comunitário as prioridades da Agenda de Lisboa; e, conseguir também um maior envolvimento dos parceiros sociais e dos parlamentos nacionais na implementação, avaliação e acompanhamento dos programas nacionais de reforma.

A coordenação das políticas económicas na Zona Euro

Relativamente aos países da Zona da Euro, pelo facto de haver externalidades (positivas e negativas) que resultam da partilha da mesma moeda e portanto de uma maior interdependência das economias, a coordenação das políticas económicas não deveria ficar pelas exortações e encorajamentos do método aberto de coordenação, demasiado suave para o efeito, mas ser realizada de uma forma mais institucionalizada e efectiva pelos ministros da economia e das finanças no Conselho do Euro, o EuroGrupo. O actual modelo de governação económica na Zona Euro segue uma organização em que cada política tem uma responsabilidade específica: a política monetária única, a cargo do Banco Central Europeu, cuida da estabilidade dos preços; as políticas orçamentais nacionais devem assegurar a sustentabilidade das finanças públicas; e, as políticas microeconómicas (reformas estruturais), da competência dos Estados-membros, devem promover o potencial de crescimento económico a médio e longo prazo. Esta organização da política económica, respeitando o princípio da especialização das matérias, em que umas políticas são centralizadas e da responsabilidade de instâncias comunitárias, como a política monetária única, e outras são descentralizadas e da responsabilidade dos Estados-membros, como a política orçamental e as políticas microeconómicas, terá sido a possível no actual estádio da integração europeia, mas não é a que melhor assegura a interdependência e a consistência entre as diferentes áreas de política e entre os vários Estados-membros.

A Zona Euro precisa de mais e melhor coordenação da política macroeconómica, fundamentalmente por duas razões. Em primeiro lugar, a existência de uma única política monetária e de tantas políticas orçamentais nacionais quantos os seus Estados-membros (treze no início de 2007) impõe uma coordenação entre estas políticas para se obter o equivalente, ou o sucedâneo, a uma política orçamental do conjunto da Zona Euro que permita ao Conselho do Euro e ao Banco Central Europeu fazer a adequada combinação de políticas orçamentais e monetária para a economia da Zona Euro. Esta coordenação também contribuiria para que o Conselho do Euro pudesse traçar melhor grandes orientações para a política cambial e falar a uma só voz nas instâncias económicas e financeiras internacionais. Em segundo lugar, a referida coordenação de políticas também se justifica para limitar possíveis externalidades negativas de medidas de política tomadas por alguns países, ou seja, consequências desfavoráveis de acções não concertadas, para os restantes Estados-membros. O exemplo clássico é a derrapagem orçamental num Estado membro relativamente grande, que obrigaria a subir a taxa do juro e assim imporia um custo económico a todos os restantes. Esta foi, aliás, uma das razões invocadas para assegurar uma coordenação por defeito das políticas orçamentais nacionais através da sua sujeição à disciplina do Pacto de Estabilidade e Crescimento.

O Pacto era e é preciso porque a disciplina orçamental é necessária para manter a confiança dos agentes económicos e assegurar o bom funcionamento da união monetária europeia e também para ajudar a enfrentar o efeito do envelhecimento da população sobre as finanças públicas na maioria dos Estados-membros. Porém, devia ter sido um Pacto mais ajustado às necessidades das economias e mais "amigo" do crescimento económico, nomeadamente não forçando a redução do défice orçamental quando a economia vai mal para não agravar ainda mais a situação. Um critério de saldo orçamental corrente nulo a médio prazo, durante o ciclo económico, à semelhança do que se verifica no Reino Unido[14], permitiria políticas de investimento público mais ajustadas às necessidades específicas de cada Estado membro[15] e seria consistente com o princípio da equidade intergeracional[16]. Como era de esperar e a experiência confirmou, o Pacto estava votado ao fracasso

---

[14] A consideração do saldo corrente, em vez do total, imporia uma definição rigorosa do que é investimento público e a fixação de um limite para a evolução da dívida pública, a fim de assegurar a sua sustentabilidade.

[15] Como facilmente se percebe, os países menos desenvolvidos têm mais necessidade de investimento público, em percentagem do PIB, do que os países mais desenvolvidos, já mais e melhor equipados em termos de infra-estruturas de apoio ao desenvolvimento económico e social.

[16] De acordo com a regra de ouro das finanças públicas, desde que o défice efectivo e o correspondente financiamento não excedam o montante do investimento público, as futuras gerações não se podem queixar de a actual lhes ter transferido um passivo (dívida) superior ao activo (bens de investimento) e, portanto, é respeitado o princípio do equilíbrio intergeracional.

desde o início. Assentava demasiado em regras fixas e na ameaça de sanções quase automáticas a Estados soberanos[17] e, portanto, falhou ao nível de vários Estados-membros – mais ou menos forçados a praticarem "engenharias financeiras", ou a seguirem políticas pró-cíclicas inoportunas por agravarem a situação económica[18], e mesmo assim alguns (Alemanha, França, Grécia, Itália e Portugal) entraram na situação de défice excessivo – e ao nível do conjunto da Zona Euro – cujo défice orçamental e rácio da dívida pública subiram de 2000 para 2005, contrariamente ao que sucedeu em países relevantes fora da Zona Euro, como a Suécia e o Reino Unido.

O colapso do Pacto foi oficialmente reconhecido, em Março de 2005, quando os Ministros das Finanças procederam à sua revisão formal e lhe introduziram algumas melhorias, nomeadamente quanto à consideração da influência do ciclo económico e do impacto de algumas reformas (v.g. segurança social) na avaliação do carácter excessivo ou não do défice público, e quanto ao alargamento do período de correcção e ajustamento orçamental. Não obstante estas melhorias, temos que esperar para ver se a nova filosofia e a maior flexibilidade

---

[17] Segundo o economista belga Paul de Grawve, o Pacto traduz um voto de não confiança das autoridades europeias na força das instituições democráticas dos Estados-membros, impondo condições que já nem o FMI prescreve às repúblicas das bananas. *In* Financial Times, de 25 de Julho de 2002, citado em *Will the New Stability and Growth Pact Succeed?*, Marco Buti, Economic Papers n.º 241, European Commission, January 2006.

[18] Portugal foi dos países mais atingidos e prejudicado com este processo, também por culpa própria. Primeiro, porque foi o líder da oposição a denunciar em Bruxelas a situação de défice excessivo, que utilizou como argumento de campanha eleitoral. Depois, porque, quando foi Governo, não teve força negocial em Bruxelas e não percebeu ou não acreditou que numa comunidade de iguais, como é *formalmente* a União Europeia, seria inaceitável que uns fossem mais iguais do que outros. Consequentemente, entre 2002 e 2004, aumentou impostos, e assim agravou a crise económica, e recorreu a vários expedientes para cumprir artificialmente o limite de 3% do PIB para o défice orçamental, enquanto a Alemanha, a França e a Itália ultrapassaram esse mesmo limite sem que nada de preocupante lhes tivesse acontecido. O comportamento do Governo Durão Barroso terá sido ainda mais lamentável se, como noticiou a imprensa, o voto de Portugal foi decisivo para, em 2003, suspender o procedimento de défice excessivo à França e à Alemanha e, em contrapartida, não exigiu o mesmo tratamento para o nosso País.

do Pacto revisto serão suficientes para não prejudicar o crescimento económico nas fases de recessão; para impedir os excessos de despesa pública nos períodos de expansão económica; e, para incentivar, ou pelo menos não dificultar, a realização de reformas necessárias para uma efectiva e duradoura disciplina orçamental[19]. Mesmo que o novo enquadramento do Pacto seja mais adequado do que o anterior, e que a sua interpretação e aplicação ainda possa ir sendo melhorada – e a presidência portuguesa da União Europeia no segundo semestre de 2007 deveria lutar por uma melhor consideração das despesas de investimento e de algumas reformas (v.g. segurança social) para efeitos de défice excessivo –, o que era e continua a ser realmente preciso, como já várias vezes lembrou Jacques Delors, é um verdadeiro pacto de coordenação das políticas macroeconómicas[20]. As economias europeias precisam – e é possível – que as políticas macroeconómicas na Zona Euro sejam bem coordenadas e possam funcionar como um seguro contra o risco de instabilidade económica e também como um catalizador para o crescimento económico. O desejável seria que à moeda e política monetária únicas correspondesse uma política económica comum, capaz de promover o desenvolvimento equilibrado da Zona Euro, baseado na vitalidade própria da sua economia e não apenas num crescimento "por procuração" dependente da economia do resto do mundo, como de certo modo aconteceu nos últimos anos. É possível que ainda seja um pouco prematuro para uma maior integração política e para um governo económico da Zona Euro, mas conviria ir trabalhando nesse sentido para melhor assegurar a viabilidade da união económica e monetária a médio e longo prazo.

Quanto às políticas microeconómicas predomina a ideia de que não é necessária qualquer coordenação, o que não quer dizer que, em alguns casos, não seja conveniente. No geral, é verdade que as políticas microeconómicas não geram externalidades que justifiquem a acção

---

[19] Voltaremos a esta questão no capítulo 6, quando discutirmos a reforma da segurança social.

[20] Ver por exemplo as intervenções de Jacques Delors no Grupo Socialista do Parlamento Europeu, em Bruxelas a 22 de Março de 2006 (disponível em www.notre-europe.asso.fr), ou no Congresso do Partido Socialista Europeu, no Porto a 7 e 8 de Dezembro de 2006 (disponível em www.pes.org).

conjunta ou coordenada, como acontece ou devia acontecer com as políticas macroeconómicas[21]. Porém, argumentar que as políticas microeconómicas ou da oferta, contrariamente às macroeconómicas ou da procura, não requerem qualquer coordenação é um pouco radical. Antes de mais, porque algumas também podem gerar externalidades importantes, como pode ser o caso das políticas de investigação científica, ou de infra-estruturas, razão por que estas políticas, mesmo sendo predominantemente nacionais, deviam merecer também alguma coordenação e apoio comunitários. Depois, porque as reformas, particularmente as relativas ao mercado do trabalho, geralmente implicam custos a curto prazo e benefícios que só aprecem a médio e longo prazo e, portanto, alguma coordenação das mesmas ao nível europeu poderia ser útil para incentivar os governos nacionais a não protelarem as referidas reformas, e também para ter em conta os seus efeitos no tempo. Por último, alguma coordenação das reformas a nível europeu também poderia facilitar a aceitação das políticas mais difíceis a nível nacional, sobretudo quando os cidadãos pensam que os seus governos agem por ideologia ou clientelismo[22]. Nesta perspectiva, a existência de algum consenso ou coordenação a nível europeu ajudaria a convencer os destinatários das reformas da sua necessidade. A defesa desta ideia, de certo modo, implica utilizar a integração europeia para ajudar a

---

[21] Por exemplo, uma política orçamental expansionista, pela via do comércio externo, aproveita em parte aos países vizinhos daquele que a pratica e, portanto, este poderia não ter incentivo para a realizar se os seus parceiros comerciais não seguissem também políticas semelhantes, ao passo que os efeitos de uma política microeconómica, por exemplo uma reforma do mercado do trabalho, que provoque um aumento de produtividade, ou uma diminuição dos custos, beneficia fundamentalmente o Estado-membro que a realiza. Enquanto neste caso, a política microeconómica pode contribuir para aumentar a quota de mercado, no primeiro caso, a subida dos preços associada à política orçamental expansionista, pode levar a uma perda de quota de mercado.

[22] Por vezes – para ganharem credibilidade interna ou internacional, ou por falta de margem de manobra para uma política diferente, ou por qualquer outra razão –, os governos de esquerda realizam políticas de direita e os de direita políticas de esquerda. Nestes casos, os cidadãos convencem-se mais facilmente que os seus governos não estão a agir por ideologia ou clientelismo, mas sim por necessidade e na defesa do interesse geral.

suprir ou a contornar dificuldades políticas e sociais internas na implementação de algumas políticas públicas, procedimento que pode ser inconveniente para a adesão dos cidadãos ao projecto europeu, razão por que só deveria ser utilizado com moderação e cuidado. A resposta a dificuldades ou falhas das políticas nacionais não deve ser sempre o reforço da integração europeia, do mesmo modo que a resposta a falhas das políticas europeias, como por exemplo a política agrícola comum, não deve ser necessariamente a renacionalização dessas políticas.

Por sua vez, os opositores da coordenação das políticas microeconómicas argumentam que esta poderia levar os países mais avessos às reformas, e apontam geralmente a França e a Alemanha, a utilizar a referida coordenação para travarem o ímpeto reformista de outros Estados-membros e, desse modo, a defenderem o *statu quo*. É evidente que o risco de coligação para defesa de interesses particulares em prejuízo do interesse do conjunto pode existir em vários domínios, particularmente na área fiscal e poderia impor uma tributação mais pesada em alguns países. No entanto, em sentido contrário, também não devemos subestimar os inconvenientes de uma concorrência fiscal e social excessiva, que beneficia especialmente os novos Estados-membros à custa dos restantes, havendo, portanto, que ponderar se os ganhos da referida concorrência são maiores ou menores do que os custos da não coordenação das respectivas políticas. No caso da política fiscal e no contexto da Zona Euro, a existência de uma única política monetária e cambial e a total liberdade de estabelecimento e de circulação de capitais aconselham, pelo menos, alguma harmonização fiscal nos impostos sobre o capital, nomeadamente na tributação dos lucros das empresas e dos rendimentos da aplicação de poupanças.

Da reflexão efectuada podemos concluir que o desempenho económico na União Europeia em geral e na Zona Euro em particular não é indiferente à organização e coordenação das políticas económicas e que esta se justifica, nuns casos pelo método aberto de coordenação, apesar das suas fraquezas, e noutros pelo tradicional método comunitário. Uma boa e estreita cooperação dos Estados-membros da Zona Euro em matéria de política económica daria melhores resultados do que o "cada um por si" e o "salve-se quem puder", como exemplifica e evidencia, a *contrario sensu*, a experiência dos últimos anos. Por exemplo, a Alemanha, talvez por considerar que entrou para a Zona Euro com uma taxa de câmbio sobreavaliada, iniciou uma reforma para flexibilizar o mercado do trabalho e começou a praticar uma política de moderação salarial para reduzir os custos laborais e ganhar competitividade aos seus parceiros comerciais. Conseguiu assim exportar mais e acumular um avultado excedente na balança comercial, mas, como a contenção salarial também contribuiu para a insuficiência da procura interna, não conheceu igual sucesso no crescimento económico e na redução do desemprego. Por sua vez, ao nível da Zona Euro, parte do êxito nas exportações alemães dissipou-se em maiores importações e défices nos seus parceiros comerciais, cujas economias também não puderam contar com a ajuda da procura da economia alemã devido à sua política de contenção salarial. Esta política também incentivou outras economias da Zona Euro, nomeadamente a França, a seguirem políticas moderadamente restritivas para, tanto quanto possível, preservarem a sua posição competitiva, o que gerou um crescimento económico medíocre no conjunto da Zona Euro, e teria sido pior se a França e outras economias grandes, como a italiana ou a espanhola, tivessem retaliado com políticas semelhantes à alemã[23]. A estratégia de desinflação competitiva no seio de uma união monetária pode servir para uma economia pequena como a portuguesa, uma vez que o seu impacto nas economias dos parceiros comerciais seria praticamente insignificante e, portanto, não desencadearia qualquer política de compensação ou de retaliação, mas não é apropriada para as economias de maior dimensão. O Pacto de Estabilidade e Crescimento, com as suas regras e limitações, também não ajudou a gerir convenientemente o lado da procura do conjunto da Zona Euro, particularmente nas suas maiores economias, e o Banco Central Europeu também poderia ter

---

[23] A diminuição das contribuições sociais (compensada para efeitos orçamentais pelo aumento do IVA) na Alemanha em 2007 para assim ganhar (mais) competitividade externa é outro exemplo de política não cooperativa, que pode ajudar ao crescimento da economia alemã, mas que também contribui para o menor crescimento das restantes economias europeias.

ajudado em matéria de competitividade-preço relativamente ao exterior se tivesse alguma preocupação com a taxa de câmbio do euro. Com uma boa coordenação e cooperação entre as políticas económicas na Zona Euro teria sido possível conseguir melhores resultados.

Sem pôr em causa a necessidade de reformas estruturais nas economias europeias, também é óbvio que, em vez de cada Estado membro seguir políticas de desinflação competitiva, mais ou menos agressivas, seria melhor que todos adoptassem uma estratégia de política económica activa e cooperativa que ajudasse a economia da Zona Euro a libertar-se das peias com que voluntariamente está, ou parece estar, entalada. Por um lado, por diversos mecanismos (v.g. Pacto de Estabilidade e Crescimento, contenção salarial, limitação do orçamento comunitário) que têm dificultado ou impedido o apoio e o contributo da procura interna para o seu crescimento económico; e, por outro lado, por ter aceite praticamente sem reacção a sobrevalorização do euro e até alguma concorrência desleal na competição mundial, que têm dificultado e limitado o relançamento pela procura externa. Não deixa de ser paradoxal e mesmo contraditório que se defenda a baixa ou a moderação dos salários para ganhar competitividade e se aceite passivamente uma significativa apreciação do euro, o que é equivalente a uma subida dos salários europeus nos mercados mundiais.

A Zona Euro para entrar numa fase de maior crescimento económico precisa reconhecer a complementaridade entre as políticas macro e microeconómicas e pôr em prática uma estratégia mista de renovação determinada da oferta e de gestão activa da procura. Uma política macroeconómica activa pode favorecer o crescimento económico a longo prazo (v.g. pela realização de projectos de investimento inovadores), dado que também tem uma função de seguro que ajuda a proteger o risco económico das empresas; e, também pode facilitar a realização de reformas difíceis que, na sua ausência, teriam maiores custos sociais e políticos e poderiam ser retardadas ou adiadas. E há algumas das reformas estruturais, como por exemplo a flexibilização do mercado do trabalho, ou a formação profissional ao longo da vida, que são necessárias para melhorar a capacidade de adaptação e o desempenho da economia europeia no contexto da competição global. Por último, para evoluir para uma eficaz coordenação das políticas, também seria desejável acabar com as recriminações e a desconfiança recíproca entre o Banco Central Europeu e os governos nacionais sobre a condução das políticas económicas e o desempenho das economias[24].

QUALIFICAR AS PESSOAS PARA COMPETIR MELHOR

Com o desenvolvimento da globalização e das tecnologias de informação e comunicação mudaram radical e substancialmente a natureza e o desempenho das economias. Actualmente, uma economia moderna e competitiva não se baseia em baixos salários, mas sim num sistema produtivo inovador e tecnologicamente avançado, capaz de produzir bens e serviços de qualidade e bem valorizados nos mercados internacionais. O conhecimento passou a ser o principal recurso estratégico, a inovação permanente o mais importante factor de competitividade, o uso intensivo das tecnologias de informação uma necessidade indiscutível e os recursos humanos qualificados uma condição *sine qua non* de sucesso. O que mais conta na nova economia é a qualificação dos recursos humanos, a todos os níveis: cultura humanista, formação técnica, capacidade de iniciativa e de mobilização de conhecimentos para compreender as exigências, evitar as ameaças e aproveitar as oportunidades da globalização. Lamentavelmente, não fizemos jus à Estratégia de Lisboa desenhada durante a nossa presidência da União Europeia em 2000 e, portanto, não admira que a economia portuguesa continue bastante atrasada no referido e noutros domínios. Foi pena que assim tivesse sido, quer porque era preciso para recuperar o atraso estrutural e poder enfrentar os desafios da globalização e da revolução tecnológica, quer porque a Agenda de Lisboa é um roteiro adequado para responder ao desafio da modernização, como mostram os resultados obtidos pelos países que o seguiram, particularmente os nórdicos, mas também a Holanda, a Áustria, a Irlanda e o Reino Unido.

---

[24] Ver Caixa 2.2 – A coordenação das políticas monetária e orçamentais na Zona Euro.

102   *Economia Portuguesa – Melhor é Possível*

Os nossos Governos levaram tempo a perceber a importância e a urgência das reformas da Estratégia de Lisboa (v.g. o investimento na educação e na ciência, a reforma da administração pública e a flexibilização do mercado do trabalho), ou não tiveram a vontade e a determinação políticas suficientes para as empreender, ou tiveram medo de enfrentar interesses particulares que seriam afectados com as reformas, ou estiveram excessivamente ocupados com as finanças públicas, esquecendo que havia e há mais vida para além do orçamento. Por estas ou outras razões, não fizeram o que deviam ter feito. Entretanto os nossos parceiros comunitários avançaram, o nosso atraso aumentou e com ele também a urgência para o recuperar. O actual Governo já começou a realizar algumas das reformas necessárias para o efeito e o Primeiro-ministro, por ocasião do Conselho Europeu da Primavera de 2006, disse mesmo que precisamos "correr mais depressa que os outros [países]" para recuperar o tempo perdido. A atitude e a acção do Governo é importante, mas também é preciso que os portugueses em geral e os parceiros sociais em particular reconheçam a necessidade e compreendam o sentido das reformas para que se crie um clima social propício à sua efectiva realização. Para o efeito, ajuda uma boa política de comunicação, para ir esclarecendo os portugueses para as exigências e as implicações da nova economia e motivando-os para aceitarem – e também para fazerem – as mudanças necessárias, bem como uma eficaz política de concertação social para ir informando, discutindo e negociando com os representantes das empresas e dos trabalhadores as principais transformações que é preciso realizar na economia e na sociedade portuguesas.

Para vencer o desafio da competitividade imposto pela globalização, precisamos urgentemente, entre outros aspectos, de investir a sério na formação dos portugueses, tanto na maior escolarização da população como na formação profissional contínua; na ciência, na tecnologia e na inovação; e, na cooperação entre as empresas e o sistema científico e tecnológico, nacional e estrangeiro. Não podemos continuar como um dos países menos instruídos da Europa comunitária. Precisamos escolarizar mais e melhor, acabando com o facilitismo e impondo uma cultura de qualidade, de exigência e de rigor em todos os graus do ensino, especialmente no básico e no secundário. Precisamos que mais empre-

Vencer o Desafio da Globalização da Economia e da Integração Europeia 103

sas reconheçam a importância do conhecimento e que, por sua conta e risco ou em parcerias com os centros do saber, invistam mais em investigação e desenvolvimento e em ciência e tecnologia. E também precisamos que as universidades e os centros de investigação se orientem mais para as necessidades das empresas e se abram mais ao exterior e à cooperação empresarial. A ciência e a tecnologia são fundamentais – e também precisam de estar associadas a recursos humanos qualificados e a organizações com capacidade para assimilar e utilizar o conhecimento existente – para obtermos bons resultados. Consequentemente, precisamos de (mais) pessoas com as competências apropriadas para podermos aproveitar mais e melhor o potencial da economia do conhecimento. Sem prejuízo do contributo da infra-estruturação do território, é através da qualificação dos recursos humanos, em termos de educação de base e de formação profissional, da inovação e do desenvolvimento tecnológico que podemos ir, progressivamente, transitando para a produção de bens e serviços mais sofisticados, com mais conteúdo tecnológico, com mais qualidade, com mais valor acrescentado e, portanto, menos concorrentes com os produzidos em países de mão-de-obra barata. É por esta via que podemos passar para uma economia mais baseada no conhecimento e na inovação, na certeza, porém, de que em economia não há milagres e, portanto, a transição será lenta e terá alguns custos sociais, nomeadamente em termos de algum desemprego inevitável, e daí também a necessidade de reforçar a protecção social e a procura activa de emprego para os desempregados, como veremos no capítulo 4.

ATRAIR INVESTIMENTO ESTRANGEIRO E ENFRENTAR A NOVA CONCORRÊNCIA EXTERNA

Com a globalização da economia e o alargamento da União Europeia, também se intensificou a competição geográfica pela atracção de investimento directo estrangeiro[25]. Este investimento foi e é

---

[25] Esta competição também reduz a margem de manobra da política económica dos países, uma vez que se trata de uma quase concorrência entre as "constituições" económicas dos Estados, abrangendo aspectos tão variados como, por exemplo, a

104 *Economia Portuguesa – Melhor é Possível*

muito importante, fundamental, para a modernização da economia portuguesa e para o financiamento saudável do défice externo. Porém, a partir da segunda metade da década de 90, a economia portuguesa perdeu capacidade de atrair investimento directo estrangeiro relativamente a outras economias, em particular para os países da Europa central e oriental. Aliás, uma grande parte do capital estrangeiro que nos últimos anos entrou em Portugal foi mais para a aquisição de empresas já existentes (investimento de carteira) do que para a criação de novas empresas e projectos (investimento directo em capital fixo), o que é substancialmente diferente. Embora ambos financiem o défice externo nas transacções correntes, é o investimento em capital fixo que mais importa para o crescimento económico e a criação de emprego. Como veremos no capítulo 5, onde o assunto será desenvolvido, os novos Estados-membros da União Europeia apresentam algumas vantagens que podem ter tornado a economia portuguesa relativamente menos atraente para os investidores estrangeiros. No entanto, a nossa economia também tem vantagens, gerais e específicas, que, devidamente valorizadas e promovidas por uma boa estratégia e bons protagonistas, permitirão voltar a atrair investimento directo estrangeiro relevante para a sua modernização e expansão. Essa estratégia passa, entre outros aspectos, pela credibilidade da política económica, designadamente no que respeita à realização das reformas indispensáveis e à existência de "regras de jogo" claras e estáveis, o que nem sempre tem acontecido (v.g. na área fiscal); pela aposta forte na educação e na formação profissional, para melhorar a qualidade e aumentar a produtividade da mão-de-obra; pela competitividade do sistema fiscal[26]; pela colocação da investigação científica e tecnológica ao serviço das

---

administração pública, o sistema de justiça, a política de concorrência, o sistema fiscal, o regime de segurança social, a regulamentação do mercado do trabalho, etc., tudo variáveis relevantes para o funcionamento e a competitividade das economias.

[26] Para os investimentos mais relevantes e interessantes é possível contratualizar entre os seus promotores e o Estado regimes fiscais específicos para assegurar a atractividade e a competitividade fiscal, evitando assim reduções de taxas e/ou aumentos de benefícios fiscais generalizados, que implicariam perdas desnecessárias de receitas. No entanto, salvo estes casos excepcionais, não deve haver discriminação entre o tratamento dado aos investimentos nacionais e aos estrangeiros, independentemente da sua dimensão.

empresas; e, pelo aumento da qualidade e eficácia dos serviços complementares e de apoio à actividade empresarial, particularmente nos domínios da administração pública e da justiça. Quanto aos protagonistas, é preciso que haja uma atitude mais activa e voluntarista dos empresários e das entidades públicas responsáveis pela atracção de investimento. Estas têm de ser capazes de atrair mais investidores estrangeiros para Portugal, incluindo aqui para este efeito também emigrantes portugueses, assim como aliciar as (maiores) empresas portuguesas a investirem mais em Portugal do que no estrangeiro[27]. Os empresários portugueses devem confiar e investir mais na economia portuguesa e os responsáveis públicos pela captação de investimentos devem ter perfil adequado para a função, atitude pró-activa e agir de forma selectiva e concentrada nos sectores de actividade mais interessantes para a nossa economia, para que a sua actuação seja mais eficaz do que tem sido.

A globalização e o alargamento da União Europeia, para além de terem desviado a rota do investimento directo estrangeiro e incentivado a deslocalização de empresas e actividades dos antigos para os novos Estados-membros, também provocaram o alargamento do mercado e a intensificação da concorrência. A distância geográfica e económica entre os referidos países e Portugal é uma desvantagem relativa para Portugal face a países mais próximos, como por exemplo a Áustria e a Alemanha, não só em termos de investimento directo, mas também de comércio externo. Apesar de as trocas comerciais entre o nosso País e os novos Estados-membros da União Europeia serem relativamente

---

[27] Numa perspectiva de internacionalização, também faz sentido e é importante que as empresas portuguesas invistam no exterior, designadamente para poderem crescer mais, dada a pequenez do mercado em Portugal, para conseguirem menores custos de produção e assim ganharem competitividade, para aproveitarem oportunidades resultantes da deslocalização de clientes, ou por qualquer outra razão. No entanto, como regra, os recursos financeiros, nacionais e comunitários afectos a Portugal, para ajuda às empresas devem ser reservados para apoiar a produção de bens e serviços e a criação de emprego realizadas no País, em particular nas regiões mais desfavorecidas, só se justificando o apoio público a investimentos portugueses no estrangeiro se os mesmos *também* contribuírem significativamente para a economia nacional, por exemplo apoiando a produção doméstica e/ou as vendas no exterior (exportações), ou melhorando bastante a imagem internacional de Portugal.

limitadas, estes países concorrem com Portugal em terceiros mercados, em muitos sectores de actividade, onde podem ter algumas vantagens competitivas, nomeadamente quanto a custos salariais e a níveis de escolaridade e de formação profissional. Estas e outras vantagens, como por exemplo a maior proximidade dos grandes centros de consumo europeus, também provocaram algum desvio de comércio em desfavor das exportações portuguesas e, como reflexo desta evolução, o destino das nossas exportações também tem vindo a mudar. A Alemanha, que até há uns anos atrás era o nosso principal cliente, ocupava em 2005 o terceiro lugar, depois da Espanha e da França, sem que esta alteração de posições relativas tivesse resultado de um grande aumento das exportações para estes países.

A preocupação com a concorrência externa também ganhou especial acuidade com a liberalização do comércio mundial de têxteis e vestuário, no início de 2005, e a forte concorrência de países asiáticos, especialmente a China, no mercado nacional e em mercados terceiros, nomeadamente europeus, para onde Portugal exporta e, nuns casos, pode passar a vender menos, e, noutros, deixar mesmo de vender, se entretanto as empresas portuguesas não conseguiram diferenciar e aumentar o valor dos seus produtos relativamente ao das suas congéneres asiáticas. Este efeito era conhecido e esperado há muito tempo[28] e houve até apoios e ajudas para a reestruturação e a modernização das empresas do sector. Porém, como é sabido, a maioria dos portugueses, incluindo os empresários, confiam bastante na improvisação e no "desenrascanço" de última hora e praticam pouco a antecipação e a preparação sistemática das soluções para os problemas. Por isso, não admira que algumas empresas, as que não se prepararam conveniente e atempadamente para o desafio, possam ter problemas de concorrência relativamente complicados, em alguns casos mesmo de sobrevivência. A "invasão chinesa" nos têxteis afecta toda a União Europeia, mas o seu impacto é maior e mais preocupante em Portugal, devido ao peso do sector têxtil na economia portuguesa e à sua relativa concentração regional no Vale do Ave. A entrada em força da China, da Índia e de

---

[28] Pelo menos desde o final de 1994, quando, no âmbito das negociações comerciais da ronda do Uruguai, se concluiu um Acordo sobre Têxteis e Vestuário estabelecendo a eliminação das quotas existentes ao longo de 10 anos.

outras economias emergentes na economia e comércio mundiais está a provocar uma invasão de produtos baratos na Europa, nomeadamente de vestuário e calçado, mas não só, o que é benéfico para os consumidores, porque aumenta o seu poder de compra e bem-estar, mas também tem levado ao encerramento de algumas empresas e à deslocalização de outras, com a consequente perda de produção e de empregos nas economias europeias. Estas consequências e a ameaça que a referida invasão representa, particularmente para os empresários e os trabalhadores atingidos, já levaram a apelos sérios para a imposição de quotas de importação, de medidas *anti-dumping* e de outras formas de proteccionismo por parte da União Europeia[29]. No entanto, sem menosprezar a importância da ameaça em causa, também convém ter presente que as exportações da China, Índia e outros países emergentes, na medida em que lhes permitem importar mais dos países mais desenvolvidos, também são uma oportunidade que podemos e devemos aproveitar. Isto é genericamente válido para a UE-15, mas é relativamente

---

[29] O extraordinário crescimento das exportações de têxteis da China para a Europa, nos primeiros meses de 2005, levou a Comissão Europeia, pressionada por alguns Estados-membros, nomeadamente pela França, Itália e Portugal, a desenvolver alguns esforços com vista a moderar a expansão das referidas exportações e a ameaçar activar cláusulas de salvaguarda, previstas no tratado de adesão à Organização Mundial de Comércio, sob a forma de restrições quantitativas temporárias e limitadas às importações chinesas. No entanto, a União Europeia não podia tomar uma posição muito forte contra a China. Primeiro, porque não está unida nesta matéria e os Estados-membros onde o sector têxtil é relativamente diminuto (v.g. Alemanha e Holanda) apreciam a baixa de preço dos têxteis chineses. Depois, porque muitos dos exportadores chineses são empresas europeias que deslocalizaram produções para a China (v.g. a Benetton), para tirarem partido do baixo custo da sua mão-de-obra e venderem não só no mercado chinês mas também nos mercados dos países desenvolvidos. Por último, porque a abertura da China ao comércio externo e ao investimento directo estrangeiro originou um longo período de forte crescimento que tornou o vasto mercado chinês incontornável para qualquer empresa internacional e, portanto, é natural que a Comissão Europeia procure actuar de modo a não prejudicar as relações económicas e comerciais com a China noutros sectores de actividade. A China é concorrente da União Europeia nos têxteis, mas é também um mercado muito interessante para as exportações europeias, ou seja, a China é simultaneamente uma ameaça e uma oportunidade e a questão está em minimizar e prevenir a primeira e aproveitar da melhor maneira possível a segunda.

108 *Economia Portuguesa – Melhor é Possível*

menos relevante para Portugal, dado que a maior semelhança entre a estrutura produtiva e exportadora da economia portuguesa e as das referidas economias emergentes torna a penetração das exportações portuguesas nas referidas economias relativamente mais difícil. Porém, dificuldade não significa impossibilidade e os empresários portugueses, com a ajuda da Agência para o Investimento e o Comércio Externo de Portugal (que integrará a API e o ICEP), também podem e devem tentar conquistar esses mercados.

APROVEITAR BEM O NOVO CICLO DE FUNDOS COMUNITÁRIOS

Desde a adesão à União Europeia, ou seja, nos últimos 20 anos, a economia portuguesa dispôs de um enorme apoio financeiro, que aproveitou, especialmente na construção de infra-estruturas materiais, mas que poderia e deveria ter aproveitado melhor para poder estar bastante mais avançada em termos de produtividade e de competitividade. Os resultados obtidos neste domínio poderiam ter sido melhores se tivesse sido outra a orientação seguida para a utilização dos fundos comunitários. De facto, para além de terem privilegiado as infra-estruturas físicas e outros equipamentos "inauguráveis", voluntária ou involuntariamente, os fundos comunitários foram relativamente dispersados pelo financiamento de inúmeros programas e intervenções e deviam ter sido mais aplicados em prioridades estratégicas e apoiado mais projectos e actividades ligados ao conhecimento, à inovação e ao empreendedorismo, fundamentais para o novo modelo de desenvolvimento. Sem querer minorar a importância das infra-estruturas físicas de que o País estava muito carenciado, a verdade é que prevaleceu um apoio relativamente indiferenciado a quase tudo, o que interessava e o que não interessava, numa lógica de satisfação das clientelas políticas, nomeadamente municipais, empresariais, académicas e outras, de modo a contentar o maior número de interessados. A própria organização do último Quadro Comunitário de Apoio (QCA) em 11 programas sectoriais (para além dos 7 de natureza regional) muito alinhados com a orgânica do Governo e da Administração Pública propiciava mais a lógica do "regador" na distribuição dos fundos, um pouco por todo o lado, do que a efectiva realização de objectivos estratégicos bem definidos e focados.

Agora, ao iniciar-se um novo ciclo de aproveitamento de fundos comunitários, a orientação estratégica e operacional tem de ser claramente diferente, quer porque o País já está bastante mais bem dotado de infra-estruturas e outros equipamentos económicos e sociais colectivos, quer porque é preciso investir a sério no conhecimento, na ciência, na inovação e na tecnologia, em consonância com a Estratégia de Lisboa, para poder competir com sucesso no mundo e na União Europeia alargada e cada vez mais concorrencial. Temos agora de investir os recursos disponíveis relativamente menos no *hardware* e mais no *software* da economia e da sociedade, o que é mais difícil e exigente, designadamente porque requer que os fundos sejam aplicados de forma selectiva e concentrada onde é realmente preciso para modernizar a estrutura produtiva e fazê-la evoluir para sectores e empresas geradoras de mais valor acrescentado.

No Conselho Europeu de Dezembro de 2005, onde foram acordadas as Perspectivas Financeiras para a União Europeia no período 2007-2013 – apesar da avareza dos contribuintes líquidos para o orçamento da União Europeia, da disputa dos fundos comunitários (estruturais e de coesão) pelos novos Estados-membros e do efeito do enriquecimento estatístico no acesso aos fundos[30] –, Portugal conseguiu um assinalável montante de fundos comunitários, à volta de 22 mil

---

[30] Como o rendimento médio *per capita* (em paridade de poder de compra) dos novos Estados-membros era à data da adesão cerca de metade da média da UE-15, o rendimento médio *per capita* da UE-25 diminuiu cerca de 15% relativamente ao da UE-15, o que fez com que tivesse melhorado a posição relativa dos antigos Estados--membros. Por exemplo, Portugal cujo rendimento *per capita*, à data do alargamento (Maio de 2004), era ligeiramente inferior a 70% da UE-15 passou, por mero efeito estatístico resultante do alargamento comunitário, para um rendimento da ordem dos 80% da UE-25. Este enriquecimento estatístico provocado pelo alargamento comunitário não pôs em causa o acesso de Portugal ao Fundo de Coesão, limitado aos países cujo rendimento por pessoa, a nível nacional, é inferior a 90% da média comunitária, mas já afectou o acesso aos fundos estruturais de regiões que, por efeito do referido enriquecimento estatístico, ultrapassaram a barreira dos 75% da média comunitária e, por isso, passam para um regime de retirada gradual (*phasing out*), como foi o caso do Algarve.

milhões de euros, e outras vantagens[31] que constituem uma ajuda ímpar, porventura a última em termos substanciais, para ajudar a resolver os nossos problemas económicos e sociais.

O Quadro de Referência Estratégico Nacional (QREN), que agora substitui o tradicional QCA na programação e distribuição dos fundos europeus, procura suprir as falhas e os aspectos menos positivos dos QCA anteriores e as suas orientações, objectivos e prioridades parecem adequadas para responder aos principais problemas estruturais da economia portuguesa. A Resolução do Conselho de Ministros n.º 25/2006, de 16 de Fevereiro, estabeleceu as seguintes "prioridades estratégicas nacionais por parte do QREN e de todos os PO [programas operacionais]:

a) Promover a qualificação dos portugueses, desenvolvendo e estimulando o conhecimento, a ciência, a tecnologia e a inovação como principal garantia do desenvolvimento do País e do aumento da sua competitividade;

b) Promover o crescimento sustentado através, especialmente, dos objectivos do aumento da competitividade dos territórios e das empresas, da redução dos custos públicos de contexto, incluindo os da administração da justiça, da qualificação do emprego e da melhoria da produtividade e da atracção e estímulo ao investimento empresarial qualificante;

c) Garantir a coesão social actuando, em particular, nos objectivos do aumento do emprego e do reforço da empregabilidade

---

[31] A taxa máxima de co-financiamento comunitário sobe de 80% para 85% nos projectos dos Fundos Estruturais (FEDER e FSE) e do Fundo de Coesão, o que permite uma maior absorção dos fundos comunitários e tem, obviamente, um impacto favorável na consolidação das finanças públicas, uma vez que passa a ser menor o co-financiamento nacional. Outras vantagens relevantes para Portugal resultam de o chamado IVA não dedutível nos projectos passar a ser elegível para co-financiamento comunitário, o que representa um ganho significativo, nomeadamente para a Administração Central e para as Câmaras Municipais, e de o total dos projectos realizados em parceria entre os sectores público e privado passarem também a ser elegíveis para co-financiamento comunitário. Por último, o prazo para a utilização dos referidos fundos passa de 2 para 3 anos após a sua autorização orçamental, o que confere maior flexibilidade e favorece mais o pleno aproveitamento da ajuda comunitária.

Vencer o Desafio da Globalização da Economia e da Integração Europeia 111

e do empreendedorismo, da melhoria da qualificação escolar e profissional e assegurando a inclusão social, nomeadamente desenvolvendo o carácter inclusivo do mercado de trabalho, promovendo a igualdade de oportunidades para todos e a igualdade de género, bem como a reabilitação e reinserção social, a conciliação entre a vida social e profissional, e a valorização da saúde como factor de produtividade e medida de inclusão social;

d) Assegurar a qualificação do território e das cidades traduzida, em especial, nos objectivos de assegurar ganhos ambientais, promover um melhor ordenamento do território, prevenir riscos e, ainda, melhorar a conectividade do território e consolidar o reforço do sistema urbano, tendo presente a vontade de reduzir assimetrias regionais de desenvolvimento;

e) Aumentar a eficiência da governação privilegiando, através de intervenções transversais nos diversos PO relevantes, os objectivos de modernizar as instituições públicas, melhorar a eficiência e qualidade dos grandes sistemas sociais e colectivos, com reforço da sociedade civil e melhoria da regulação."[32]

Por outro lado, "a estruturação operacional nacional do QREN é sistematizada através da criação de três PO temáticos, dirigidos à concretização das seguintes prioridades:

a) [Reforço dos] factores de competitividade que visam a eficiência e a qualidade das instituições públicas, permitindo a redução de custos públicos de contexto, incluindo os da administração da justiça, bem como a provisão de estímulos à inovação e ao desenvolvimento científico e tecnológico, incentivos à modernização e internacionalização empresariais, incentivos ao investimento directo estrangeiro qualificante, apoio à investigação e desenvolvimento e promoção da sociedade da informação e do conhecimento;

---

[32] Estas prioridades estratégicas foram assumidas *ipsis verbis* no QREN 2007--2013 (Pag. 94) apresentado em Janeiro de 2007 e disponível em www.portugal. gov.pt/Portal/PT.

b) [Valorização do] potencial humano com prioridade para intervenções no âmbito do emprego privado e público, da educação e formação e da formação avançada, promovendo a mobilidade, a coesão social e a igualdade de género, num quadro de valorização e aprofundamento de uma envolvente estrutural propícia ao desenvolvimento científico e tecnológico e à inovação;

c) Valorização territorial, que inclua a realização de infra-estruturas, redes, equipamentos e outras intervenções em domínios essenciais como logística, transportes, energia, ambiente, património, prevenção e gestão de riscos e áreas sociais, nomeadamente saúde, educação, cultura e desporto."

Passar de 11 programas operacionais sectoriais para 3 programas operacionais temáticos, centrados nos factores de competitividade, no desenvolvimento do potencial humano e na valorização do território, representa um progresso e pode contribuir de forma mais eficaz para aumentar a qualificação das pessoas e das empresas, corrigir fraquezas e insuficiências das instituições e das administrações públicas, melhorar o ordenamento do território e as cidades e, por estas e outras vias, aumentar a produtividade das empresas e a competitividade da economia – um desafio multidisciplinar que requer respostas adequadas em várias frentes. Assim sendo, para além da concentração operacional e da selectividade nos investimentos e nas acções de desenvolvimento, também é preciso que haja uma cooperação mais estreita entre as instituições públicas e as empresas potencialmente beneficiárias dos fundos, para que se partilhem melhor responsabilidades e recursos financeiros e se alcancem mais eficazmente objectivos comuns. A organização do QREN à volta de 3 programas operacionais temáticos contribui para uma melhor coordenação e cooperação no seio do Governo e da Administração Pública, mas também é necessário que a cooperação se estenda às empresas entre si e com todos os poderes públicos relevantes para o efeito. Quanto melhor for a coordenação e a cooperação entre todas as partes envolvidas, melhor será a definição da estratégia e, não menos importante, a sua efectiva concretização, a passagem da teoria à prática. Para o efeito, os programas devem definir bem as tipologias de investimentos que correspondem às necessidades da economia e são susceptíveis de serem apoiados e os critérios de selecção ou elegibilidade devem ser capazes de orientar os investimentos privados para as áreas consideradas prioritárias.

A par desta actuação pelo lado da oferta, se assim podemos dizer, também é preciso orientar e incentivar a procura dos referidos programas por parte das pessoas e das empresas, pois se não houver suficiente informação, esclarecimento e incentivo pode haver o risco de os fundos não serem completamente aproveitados. O integral aproveitamento dos fundos é muito importante – e não se compreenderia que com tantas necessidades por satisfazer ficassem por utilizar ajudas comunitárias –, mas não é tudo. Os fundos também têm de ser bem aplicados. A escolha dos projectos e o desempenho dos programas devem ser avaliados pelo cumprimento de critérios financeiros e também por metas físicas ligadas ao tipo ou à natureza dos projectos (v.g. quilómetros de estrada, número de pessoas formadas, etc.) e até por objectivos de natureza estratégica relacionados com o contributo dos projectos para a obtenção dos resultados (v.g. redução do tempo de transporte), embora estes sejam de mais difícil obtenção em termos quantificados.

Em suma, temos que alterar radicalmente a lógica de utilização dos fundos dos anteriores QCA e aproveitar muito bem o novo QREN e os próximos anos para alterar o nosso modelo de desenvolvimento económico e vencermos o desafio da globalização competitiva e da integração europeia. Enquanto os passados QCA ficaram principalmente pela criação de infra-estruturas necessárias ao desenvolvimento económico e social do País, o QREN 2007-2013 vai privilegiar sobretudo a qualificação dos recursos humanos e outros factores de competitividade para que, em 2013, Portugal seja um País mais culto e qualificado e tenha uma economia mais competitiva[33].

---

[33] Ver Caixa 2.3 – Prioridades e verbas do Quadro de Referência Estratégico Nacional 2007-2013, onde se indicam as 10 prioridades assinaladas pelo Primeiro-ministro na apresentação do QREN 2007-2013, em Janeiro de 2007, e a distribuição dos 21,5 mil milhões de fundos comunitários previstos para o referido período.

Caixa 2.1

EXPLICAÇÕES PARA O FRACO DESEMPENHO DA ECONOMIA EUROPEIA

Entre as explicações para o fraco desempenho da economia europeia relativamente à americana, o Prof. Olivier Blanchard, do Massachusetts Institute of Tecnology, defende que o menor crescimento europeu resulta de uma maior preferência colectiva pelo lazer relativamente ao trabalho, traduzida em menos horas trabalhadas, devido a uma menor taxa de emprego, a mais férias anuais e a um horário de trabalho semanal mais reduzido. Seria nestes factores e não na produtividade do trabalho, que é relativamente próxima da americana, que estaria a explicação para o menor crescimento europeu. A dúvida está em saber se o menor tempo de trabalho resulta de uma escolha voluntária dos europeus, ou se não será antes uma escolha forçada pelo elevado desemprego associado ao fraco crescimento económico da Europa. Na primeira hipótese, o menor número de horas de trabalho é causa, mas na segunda, que se afigura mais plausível, é consequência e, portanto, não constitui uma verdadeira explicação.

Outra tese atribui o problema europeu à falta de reformas estruturais capazes de melhorar o funcionamento dos mecanismos de mercado, nomeadamente no que respeita à rigidez do mercado do trabalho e ao excesso de regulamentação no mercado de bens e serviços. É o ponto de vista privilegiado pelos economistas neoliberais e pelos banqueiros centrais*. Uma outra explicação defendida por economistas pró-keynesianos, onde pontifica Jean-Paul Fitoussi, Presidente do

---

* Nesta corrente também há quem, observando que o crescimento económico e o desemprego não se distribuem uniformemente na Europa, considere que o problema económico não é tanto da União Europeia mas mais de um conjunto de países – onde se incluem a Alemanha, a França, a Itália e Portugal – que não têm sido capazes de realizar as necessárias reformas económicas.

Observatoire Français des Conjonctures Économiques, reconhece a importância dos factores estruturais, mas considera que a Europa, no seu conjunto, sofre uma insuficiência de procura que se explica por políticas macroeconómicas (monetária, orçamental e de rendimentos) globalmente restritivas. Para esta corrente, o falhanço da política macroeconómica também tem contribuído bastante para as dificuldades da economia europeia. Ambas as teses contêm alguma verdade, mas não parecem suficientes para uma compreensão mais completa da situação, pois não tornam claro por que razão estruturas, instituições e políticas micro e macroeconómicas que funcionaram razoavelmente bem e contribuíram para o sucesso da economia europeia durante bastante tempo passaram depois, quase de um momento para o outro, a ser um obstáculo ao crescimento económico. Daí que uma outra explicação ponha a ênfase na adequação das instituições económicas, defendendo que estas foram boas enquanto a recuperação e o progresso da economia europeia assentou num desenvolvimento por imitação, mas foram-se tornando menos adequadas à medida que, com o avanço económico, era necessário recorrer mais ao desenvolvimento por inovação, domínio onde os Estados Unidos da América estão claramente mais avançados.

Esta abordagem não se opõe às anteriores e, de certo modo, integra-as considerando que as políticas estruturais e as políticas macroeconómicas são complementares. Por um lado, reconhece a necessidade de reformas estruturais para reanimar o crescimento económico, embora sublinhe que não há um paradigma único e as mesmas devem ser adaptadas às características institucionais e às necessidades específicas de cada país. Por exemplo, em matéria de educação, nas economias mais desenvolvidas a aposta deve ser no ensino superior e na investigação científica, ao passo que nas economias menos desenvolvidas, sem menosprezar a importância do referido sector, a aposta principal ainda deve ser nos ensinos básico e secundário. Por outro lado, também reconhece a utilidade da política macroeconómica, particularmente ao nível da União Europeia por ser um espaço económico relativamente fechado. Sem pôr em causa a necessidade da disciplina orçamental nos Estados-membros da União Económica e Monetária, a revisão do Pacto de Estabilidade e Crescimento admitiu que o enquadramento existente para a política orçamental não era o mais apropriado e, mais cedo ou mais tarde, também acabará por ser reconhecido que o desempenho económico da Zona Euro poderia melhorar bastante com uma boa coordenação das políticas macroeconómicas, nomeadamente entre a política monetária única e as políticas orçamentais dos Estados-membros e da própria União Europeia, e até entre estas e algumas políticas microeconómicas.

CAIXA 2.2

A COORDENAÇÃO DAS POLÍTICAS MONETÁRIA E ORÇAMENTAIS NA ZONA EURO

A teoria e a prática mostram que as políticas monetária e orçamentais da Zona Euro são, geralmente, substitutos estratégicos, no sentido em que políticas orçamentais expansionistas têm como consequência uma política monetária mais contraccionista e que uma política monetária mais restritiva implica políticas orçamentais mais expansionistas. Por esta razão e pela falta de coordenação das políticas, os autores de um relatório sobre a economia europeia* defendem que os défices orçamentais durante a última fase de abrandamento da economia da Zona Euro impediram o Banco

---

* *Report on the European Economy 2006*, European Economic Advisory Group, CESifo, Março de 2006, Pag. 32, disponível em www.cesifo.de

Central Europeu (BCE) de baixar mais (e mais depressa) as taxas de juro e que esta política monetária impeliu os responsáveis pelas políticas orçamentais nacionais para défices públicos maiores do que teriam noutras circunstâncias. Os autores argumentam depois ser provável que se mantenha a falta de coordenação entre as políticas monetária e orçamentais na Zona Euro na fase de recuperação económica e que, na ausência de uma política orçamental mais restritiva, a política monetária será mais apertada e este aperto enfraquecerá o incentivo para a consolidação orçamental, concluindo que, em termos de preparação para o impacto orçamental do envelhecimento da população e de incentivo à realização de investimentos estimulantes do crescimento económico, seria muito melhor apertar a política orçamental e ter taxas de juro mais baixas.

O mesmo relatório ainda reconhece e responde aos dois possíveis argumentos contra a referida recomendação de combinação de políticas. À tese de que uma tal política monetária poderia contribuir para sustentar o aumento de preços no sector imobiliário contrapõe que este está longe de abranger toda a Zona Euro* e, por isso, deve ser tratado por medidas selectivas de política fiscal nos países onde for considerado um risco. À tese de que sendo as taxas de juro, em princípios de 2006, tão baixas que seria difícil tornar a política monetária mais expansionista contrapõe que tal seria possível desde que o BCE adoptasse um objectivo intermédio simétrico para a inflação um pouco mais alto, por exemplo 3%, em vez dos actuais 2%. Deste modo, diminuiria o risco de recessão e de a política monetária poder cair na armadilha da liquidez e também seria mais fácil diminuir os salários reais onde fosse maior a rigidez dos salários nominais, nomeadamente no sector dos bens não transaccionáveis, e nos países que precisam melhorar a sua competitividade,

---

* Não se verifica, por exemplo, nas suas três maiores economias.

como a Itália, Grécia e Portugal. E o relatório conclui que seria uma boa ideia o BCE reformar a sua política monetária no sentido mais expansionista em troca do aperto da política orçamental pelo reforço da disciplina das finanças públicas nacionais. Esta combinação de políticas, que valia a pena ser ponderada, é preferível para o conjunto da Zona Euro e particularmente para Portugal, em virtude do elevado endividamento da nossa economia e do impacto que a subida da taxa de juro tem na situação financeira das famílias mais endividadas. Mas estariam os Estados-membros dispostos a aceitar a disciplina orçamental necessária para poderem ter a referida recompensa da política monetária? E, mesmo assim, estaria o BCE disposto a fazer uma tal oferta, ou preferiria continuar agarrado aos seus princípios e práticas habituais?

A resposta já foi dada pelo BCE. Este, logo que considerou que a economia da Zona Euro tinha a reanimado e que havia riscos inflacionistas no horizonte, como é preciso esperar entre 18 a 24 meses para que as suas decisões afectem os preços dos bens e serviços, iniciou uma guerra preventiva contra a inflação, fazendo subir a sua taxa de refinanciamento de 2%, em Dezembro de 2005, para 3,5%, em Dezembro de 2006, através de 6 aumentos de 0,25% cada um. Entretanto, o presidente do BCE e os membros do conselho de governadores vão sugerindo – e os mercados vão antecipando – a subida da referida taxa até ao nível em que (para eles) a política monetária é neutra, não expansionista, nem contraccionista, que os "entendidos" julgam ser entre 3,5% e 4%. Simultaneamente, cada vez mais políticos vão acusando e responsabilizando o BCE pelo impacto negativo da subida das taxas de juro na actividade económica, talvez esquecendo, por um lado, que foram os responsáveis políticos de todos os Estados-membros que, no Tratado de Maastricht, lhe deram total independência e lhe confiaram o objectivo primordial da defesa da estabilidade dos preços; e, por outro lado, que as principais dificuldades da economia da Zona Euro resultam menos da política monetária única do que da falta de uma política económica comum, ou, pelo menos, de uma boa coordenação entre as políticas económicas nacionais e comunitárias. Esta é uma falha ou negligência dos governos da Zona Euro, que não têm sequer utilizado as competências que o Tratado lhes confere no referido domínio e que, bem utilizadas, permitiriam a coordenação e a afirmação de uma política de crescimento económico para a Zona Euro. Estas observações não invalidam, no entanto, que o BCE devesse ter uma atitude mais amiga do crescimento da economia, nomeadamente moderando o excesso de zelo na subida da taxa de juro para combater preventivamente pequenos riscos inflacionistas e não ignorando completamente a incidência da taxa de câmbio do euro na competitividade-preço. Em conclusão, é praticamente garantido que a inflação subjacente na Zona Euro continuará na vizinhança de 2% enquanto o BCE tiver o mandato (limitado) e a independência (total) que tem actualmente, mas já não é seguro que a recuperação da economia da Zona Euro não seja penalizada pela política monetária (e cambial) do BCE.

CAIXA 2.3

PRIORIDADES E VERBAS DO QUADRO DE REFERÊNCIA ESTRATÉGICO NACIONAL 2007-2013

Na apresentação do Quadro de Referência Estratégico Nacional 2007-2013, em Janeiro de 2007, o Primeiro-ministro apresentou as seguintes 10 prioridades nacionais para o período até 2013.

- Preparar os jovens para o futuro e modernizar o nosso ensino;

120 — Economia Portuguesa – Melhor é Possível

- Qualificar os trabalhadores portugueses para modernizar a economia e promover o emprego;
- Investir mais em ciência & tecnologia;
- Reforçar a internacionalização e a inovação nas empresas;
- Modernizar o Estado e reduzir os custos de contexto;
- Reforçar a inserção no espaço europeu e global;
- Valorizar o ambiente e promover o desenvolvimento sustentável;
- Valorizar o território e a qualidade de vida;
- Promover a igualdade de género;
- Afirmar a cidadania, a igualdade de oportunidades e a coesão social.

A atribuição financeira indicativa dos fundos do QREN 2007--2013, por objectivo e programa operacional (PO), é a seguinte, em milhões de euros (m.e):

Programa Operacional	m.e.	%
PO Temático Potencial Humano	5864,0	29,1
PO Temático Valorização do Território	4658,6	23,1
PO Temático Factores de Competitividade	3103,8	15,4
PO Regional Norte	2711,6	13,4
PO Regional Centro	1701,6	8,4
PO Regional Açores	1156,3	5,7
PO Regional Alentejo	868,9	4,3
PO Assistência Técnica	128,0	0,6
Total – Objectivo convergência	*20192,8*	*100,0*
*Apoio transitório ao objectivo convergência (phasing out)**	*279.8*	
Objectivo competitividade regional e emprego	*490,5*	
*Apoio transitório ao objectivo competitividade regional e emprego (phasing in)***	*448,4*	
Objectivo cooperação territorial europeia	*99,0*	
Total Global	*21510,5*	

    * Inclui o PO Regional Algarve.
  ** Inclui o PO Regional Madeira.

CAPÍTULO 3

PROMOVER A PRODUTIVIDADE
E O CRESCIMENTO ECONÓMICO

Assim, meus caros compatriotas, não pergunteis o que o vosso país pode fazer por vós – perguntai o que podeis fazer pelo vosso país.

JOHN KENNEDY[1]

---

[1] Discurso de tomada de posse como Presidente dos EUA, em Washington, a 20 de Janeiro de 1961.

Promover o crescimento económico – reanimando-o quando está moribundo, acelerando-o quando está baixo e mantendo-o quando está elevado – é um dos mais difíceis desafios da política económica e o principal numa perspectiva de longo prazo. Desde 1974 até 1985, a economia portuguesa, apesar das vicissitudes de ordem política e da instabilidade económica por que então passou, cresceu ao ritmo médio anual de 2,2%, muito semelhante à taxa média de 2% observada na UE-15. E nos 16 anos que mediaram entre 1986 e 2001 – devido a vários factores, com destaque para a entrada para a União Europeia e o seu contributo para o financiamento do desenvolvimento do País, para o alargamento do mercado e para a melhoria da qualidade das instituições – o crescimento médio da economia portuguesa subiu para 3,6% ao ano, enquanto na UE-15 ficou pelos 2,8%. Infelizmente, nos 4 anos entre 2002 e 2005, a trajectória de convergência real inverteu-se, pois, apesar de o crescimento médio anual da UE-15 ter sido só 1,5%, o da economia portuguesa foi bastante pior: apenas 0,2% ao ano, o que praticamente equivale à estagnação económica. Em 2006 a economia portuguesa já esteve melhor e deve ter crescido à volta de 1,2%, mas é ainda muito pouco, manifestamente insuficiente, seja para ajudar a resolver os nossos problemas económicos, nomeadamente de desemprego e de finanças públicas, seja comparativamente com o crescimento económico em Espanha e na UE-15, que devem ter sido cerca de 3,8% e 2,6%, respectivamente. Assim sendo, é absolutamente indispensável melhorar o desempenho da economia portuguesa – e também da europeia da qual dependemos bastante –, pois só com mais e melhor crescimento económico do que o verificado nos últimos anos é possível melhorar o nível de vida, evitar a subida do desemprego e suportar os custos das políticas sociais nas áreas da educação, da saúde e da segurança social. Sem mais e melhor crescimento económico não é possível sustentar o nível de coesão económica e social a que os portugueses se habituaram e também será mais difícil realizar as reformas de que o País carece.

Mais e melhor crescimento económico são indispensáveis para melhorar o bem-estar individual e a justiça social. Só com mais produção e melhor qualidade dos bens e serviços necessários para a satisfação das inúmeras necessidades humanas é possível melhorar o nível e a qualidade de vida das pessoas, combater as desigualdades mais gritantes e promover a justiça social. O crescimento económico é importante pelos benefícios materiais que proporciona em termos dos bens e serviços adicionais para a população, e, também, embora seja menos conhecido, pelos benefícios morais e políticos que lhe estão associados em termos de comportamento das pessoas. Trabalhos recentes argumentam que o crescimento económico também contribui para a felicidade das pessoas e para o progresso moral da sociedade[2], nomeadamente porque proporciona mais oportunidades para todos, ajuda a melhorar os sentimentos de tolerância, de equidade e de justiça social e reforça a dedicação à democracia. Como o sentimento de bem-estar das pessoas é relativo, uma comunidade cuja economia esteja a crescer bem, em princípio, sentir-se-á melhor sucedida e mais feliz do que outra cuja economia esteja estagnada, mesmo que esta já tenha atingido um nível de vida mais elevado. As pessoas acostumam-se a um determinado padrão de vida e o que as faz sentir mais felizes é o aumento do seu nível de vida face à situação anterior, ou a redução da diferença relativamente ao dos seus semelhantes, e daí que a melhoria na distribuição do rendimento também seja importante. Quando há bom crescimento económico, as pessoas preocupam-se menos com a sua posição face aos seus pares. Quando não há crescimento da economia, ou este é muito fraco, ou muito desigualitário, as pessoas tendem a olhar mais para a sua posição relativamente aos outros e aumenta a propensão para desenvolverem sentimentos de frustração, de intolerância e de mal-estar e, consequentemente, para a maior conflitualidade social. Assim

---

[2] Ver Richard Layard, *Happiness: Lessons from a New Science*, Penguin Press, 2005; Benjamin M. Friedman, *The Moral Consequences of Economic Growth*, Knopf, 2005.

Promover a Produtividade e o Crescimento Económico 125

sendo, o crescimento económico também gera uma externalidade de natureza social e política positiva e esta implica e justifica uma atitude mais intervencionista por parte da política económica[3]. Independentemente deste argumento, também é intuitivo e óbvio que o crescimento da economia alarga o campo da experiência humana, aumenta a prosperidade económica e o progresso social e, portanto, compreende-se que o crescimento económico forte e equilibrado, abrangente e justo seja, ou deva ser, a prioridade das prioridades da política económica.

O crescimento que uma economia é capaz de alcançar depende de vários e complexos factores, uns ligados à procura, particularmente a qualidade da política macroeconómica e o crescimento do mercado para as exportações, e outros associados à oferta, especialmente a produtividade, o investimento e o stock de capital, a disponibilidade e

---

[3] Tradicionalmente considera-se que a taxa de crescimento económico correcta é determinada pelo mercado, nomeadamente pelas decisões de consumo e de poupança das famílias e de produção e de investimento das empresas, e que essa taxa, por ser gerada pelo mercado, é a taxa óptima ou a melhor possível. Porém, havendo uma externalidade social e política positiva, então a taxa de crescimento óptima para a sociedade é maior do que a taxa de crescimento somente determinada pelo mercado e justifica-se que as políticas públicas estimulem o crescimento económico. Para percebermos melhor esta implicação podemos raciocinar por analogia com uma externalidade negativa, por exemplo, a poluição. De facto, facilmente se compreende que o mercado, entregue a si próprio, produziria um excesso de poluição pelo facto de cada indivíduo, no seu cálculo económico, não entrar em conta com os efeitos ou os custos das suas acções na vida das outras pessoas e, por esta razão, justifica-se a intervenção da política pública para impor dispositivos e medidas que limitem a externalidade negativa que é a poluição. Raciocinando agora por analogia, mas em sentido inverso, como a sociedade valoriza positivamente a provisão de bens públicos como a igualdade de oportunidades, a tolerância, a justiça social e a democracia e outros valores em termos morais e não em termos de mercado, não é possível às famílias e às empresas, ao decidirem quanto poupam e quanto investem, terem em conta, nos seus cálculos económicos, os efeitos ou os benefícios dos referidos valores no crescimento da economia. Consequentemente, como valorizamos positivamente a mobilidade social, a tolerância, a solidariedade e a justiça social e não há mercado para estes e outros valores ou bens, as famílias e as empresas poupam e investem menos do que fariam se tivessem em conta os benefícios morais do crescimento económico e, portanto, justifica-se que as políticas públicas estimulem o crescimento da economia para que este seja maior do que o proporcionado apenas pelos mecanismos de mercado, sem intervenção das políticas públicas.

126 *Economia Portuguesa – Melhor é Possível*

a qualidade dos recursos humanos. São estes os principais factores que determinam o crescimento do produto potencial da economia a médio e longo prazo[4] – e também o produto efectivo influenciado por factores conjunturais – que abordaremos a seguir, a começar pela produtividade[5].

PRODUTIVIDADE: UMA RESPONSABILIDADE DE TODOS E UM COMBATE EM MUITAS FRENTES

O aumento da produtividade é o grande desafio que todos temos de vencer. A questão está em saber como. A resposta não é simples e tem de ser tentada porque é crucial para o nosso futuro colectivo. Não é simples, antes de mais, porque o próprio conceito de produtividade é apenas um indicador de eficiência da economia, apurado *a posteriori*, e não um instrumento de política económica. Contrariamente a outras variáveis susceptíveis de manipulação directa pelos governantes, como por exemplo a fiscalidade ou a despesa pública, a produtividade não é uma variável instrumental das políticas públicas, mas sim uma resultante da organização e do funcionamento de praticamente todos os sistemas e processos económicos e sociais. Consequentemente, para aumentar a produtividade, é preciso actuar sobre as variáveis que podem melhorar a eficiência dos factores produtivos e aperfeiçoar os

---

[4] O crescimento do produto potencial pode ser entendido como o crescimento do produto que assegura o maior emprego dos factores produtivos sem gerar tensões inflacionistas. Em termos mais simples, pode ser tomado como o crescimento tendencial da economia, ou seja, como o crescimento normal, no sentido de que não está nem acima nem abaixo da tendência de médio e longo prazo, e, portanto, não gera pressões inflacionistas ou deflacionistas.

[5] Ver Caixa 3.1 – Produtividade e competitividade. Considerando a importância da produtividade para o crescimento económico e o nível de vida das pessoas e a confusão que, por vezes, existe com outro conceito, a competitividade, também importante para a defesa do emprego e do equilíbrio externo, convém precisar e distinguir os dois conceitos – que, frequentemente, aparecem associados, mas são diferentes no conteúdo e nas implicações – e as suas relações com os salários e o emprego, razão por que a leitura desta Caixa pode ser útil para quem esteja menos familiarizado com os referidos conceitos.

referidos sistemas e processos. Uma abordagem possível para o efeito consiste em inventariar e actuar sobre as variáveis que, indirectamente, podem fazer progredir a produtividade – como a qualificação dos recursos humanos, a inovação tecnológica, a qualidade da gestão, a melhoria da qualidade das instituições políticas e judiciais, o reforço da concorrência, etc. – e que podem estar a bloquear ou a limitar o crescimento económico. Outra metodologia possível é considerar a produtividade da economia como a média (ponderada) da produtividade de cada sector de actividade, apurar para cada um o seu desvio de produtividade relativamente às melhores práticas internacionais nesse sector e, seguidamente, identificar e propor medidas para eliminar ou reduzir os referidos desvios. Enquanto a primeira abordagem, de natureza macroeconómica, serve para descrever e consciencializar os problemas, a segunda metodologia, de natureza sectorial, é mais exigente no diagnóstico e mais útil para a acção. Esta foi a perspectiva seguida no estudo *Portugal 2010: Acelerar o crescimento da produtividade* elaborado, em 2003, pela McKinsey & Company para o Ministério da Economia, cuja Síntese de conclusões se resume na Caixa 3.2. no final do capítulo[6]. Aqui seguiremos a primeira abordagem e, em termos simples e esquemáticos, podemos considerar que a produtividade depende, fundamentalmente, da qualidade e da atitude das pessoas, da eficiência das organizações em que trabalham e do ambiente económico, social e político que envolve a actividade económica.

A qualidade dos recursos humanos

A produtividade do trabalho depende natural e decisivamente da qualidade dos recursos humanos e Portugal – governos e sociedade civil – falhou dramaticamente na educação e qualificação dos portugueses, antes e depois do 25 de Abril. Ainda hoje temos a menor escolaridade média por pessoa entre os 25 e os 64 anos no conjunto dos

---

[6] Apesar de se tratar de um trabalho para o Governo, apenas foram divulgadas meia dúzia de páginas de Síntese de conclusões, disponíveis em http://www.portugal. gov.pt/Portal/PT/Governos/Governos_Constitucionais/GC15/Ministerios/MEc/Com unicacao/Publicacoes/20030916_MEc_Doc_Estudo_Produtividade.htm

países da Organização de Cooperação e Desenvolvimento Económico (OCDE). E também não prestámos a devida atenção aos conteúdos do ensino e à empregabilidade que os mesmos poderiam proporcionar. Não admira pois que a nossa mão-de-obra esteja mais preparada para a economia do passado do que para a economia do futuro. Para elevar a qualificação dos portugueses, é fundamental cuidar mais e melhor da sua educação e formação profissional, cujos níveis médios comparam bastante mal com os da União Europeia. E os fracos resultados não se devem a falta de despesa na educação, mas sim a falta de eficiência e de eficácia no sistema de ensino. Em termos relativos, Portugal gasta na educação como os países mais desenvolvidos e, praticamente, obtém os resultados dos países mais atrasados. O abandono escolar antes de completar o ensino secundário é muito elevado, quase 40%, mais do dobro da média da União Europeia, cerca de 16%, e os níveis de conhecimentos e competências dos estudantes portugueses avaliados pelo programa PISA (*Programme for International Students Assessment*) estão entre os mais baixos da OCDE. Sem dúvida que é possível aproveitar melhor os professores, os alunos e os materiais de estudo e conseguir melhores resultados escolares sem acréscimo de custos desde que, sem prejuízo de outros aspectos, se mude a gestão das escolas (com separação da gestão administrativa da função pedagógica), se restaure a autoridade e se reforce a responsabilidade dos professores, e se imponha disciplina e aumente a exigência aos alunos, aspectos essenciais para melhorar o comportamento e o aproveitamento dos estudantes. A situação actual é inaceitável no que respeita à falta de disciplina e à má qualidade dos resultados escolares. Os alunos de hoje são os trabalhadores de amanhã e quanto melhor preparados forem, melhores serão o seu comportamento cívico e o seu desempenho profissional.

Sendo sabido que os países mais desenvolvidos são os que têm níveis de educação mais elevados[7], e que os frutos do investimento na

---

[7] Comparando o mapa da Europa representando os níveis de educação e o mapa da Europa relativa os níveis de rendimento *per capita* verificamos que a semelhança entre os dois é muito grande, o que mostra bem a estreita relação entre a qualificação dos recursos humanos e o nível de desenvolvimento económico para o qual a produtividade é o principal determinante.

Promover a Produtividade e o Crescimento Económico   129

educação levam algum tempo a aparecer, não podemos deixar para amanhã o que já devíamos ter feito ontem. De facto, tendo em conta a importância da educação e a actual situação escolar do País, é vital aumentar a eficiência e a qualidade dos sistemas de ensino básico e secundário com mais trabalho lectivo *a sério*, com mais exigência pedagógica e sem facilitismos, sem tolerância para com a mediocridade e sem complacência para com a indisciplina. Na perspectiva do aumento da produtividade, também precisamos acentuar a componente técnica da educação, recriando e adaptando o ensino técnico às exigências e necessidades da economia. A prioridade atribuída aos ensinos básico e secundário não significa que não seja também preciso cuidar bem do ensino superior, da formação profissional e da investigação e desenvolvimento, ou seja, de todos os domínios do conhecimento, mas apenas que em nenhuma destas áreas se atingiu uma situação tão preocupante e lamentável como nos ensinos básico e secundário e que estes, pela sua natureza e abrangência, são fundamentais para o desenvolvimento da economia e da sociedade portuguesas.

A melhoria da educação e da qualificação dos portugueses é indispensável para a economia do século XXI, embora mais e melhor educação não assegure automaticamente maior crescimento da economia, uma vez que este também depende de outros factores, particularmente da iniciativa empresarial para investir, criar e desenvolver novas empresas. A educação é condição necessária, mas não suficiente para o desenvolvimento da economia. Mesmo assim, é imprescindível que os poderes públicos proporcionem a todos uma efectiva igualdade de oportunidades para uma educação e formação de qualidade e que cada um dos portugueses se esforce por a adquirir. O seu e o nosso futuro serão certamente melhores do que se não o fizerem, pois o investimento em educação é dos que têm maior retorno, tanto a nível individual como colectivo.

A atitude das pessoas

Bastante referida pelos treinadores futebol relativamente ao desempenho das equipas, a atitude das pessoas, apesar de pouco mencionada pelos economistas, também é um importante factor de produtividade. A atitude é uma questão cultural – que tem que ver com costumes, práticas e mentalidades, nomeadamente quanto à capacidade de cuidarmos de nós próprios – e também uma questão de moral social, no sentido dos valores e comportamentos que a sociedade considera bons ou maus, que estimula ou condena, que aceita ou rejeita e que podem ser mais ou menos propícios para incentivar ou desincentivar o desempenho económico. De facto, tal como a atitude dos jogadores de futebol pode fazer a diferença no resultado de um jogo entre equipas de qualidade semelhante, também a atitude das pessoas, bastante influenciada pela cultura e pela moralidade predominantes na sociedade, pode fazer com que empresas ou economias com trabalhadores e empresários de qualidade equiparada tenham níveis médios de produtividade significativamente diferentes; ou, noutra comparação menos rigorosa porque também influenciada por outros factores (v.g. a organização do trabalho), a atitude também ajuda a explicar por que razão o trabalhador português é dos melhores no estrangeiro e relativamente pouco produtivo em Portugal.

Para aumentar a produtividade, é preciso estimular as atitudes e os comportamentos favoráveis, por exemplo reconhecendo e premiando o trabalho, a excelência e o mérito, e penalizar os desfavoráveis, por exemplo condenando a falta de profissionalismo, o desleixo e a incompetência; valorizar a pontualidade e o respeito pelos compromissos e condenar o incumprimento de horários e de obrigações, etc. A mudança de cultura e de moralidade para criar uma atitude que favoreça a produtividade é um combate que tem que ser travado por todos os portugueses e em diferentes sedes, começando naturalmente na família e continuando na escola e nos locais de trabalho, através dos incentivos e das penalizações adequadas, sem descurar também a função das políticas públicas, o papel da acção e da autoridade do Estado e o contributo dos meios de comunicação social. Num mundo aberto e competitivo como o de hoje, para aumentar o valor do produto por hora de trabalho já não basta produzir "mais do mesmo". Também é preciso melhorar e mudar o que se faz e, para fazer "mais, melhor e diferente", são necessárias pessoas bem preparadas e sintonizadas com os novos desafios. E isto requer uma mudança cultural e comportamental onde o sistema educativo, educando para a cidadania e qualificando para a economia, e a atitude das pessoas, nomeadamente quanto à capacidade de projectarem o futuro para entenderem o que devem fazer no presente, têm um papel fundamental.

A eficiência das organizações

A eficiência das organizações onde as pessoas trabalham também é decisiva para a melhoria da produtividade e é sabido que as capacidades de organização e de gestão são fracas na maior parte das empresas e da administração pública em Portugal. Os empresários e os gestores queixam-se bastante, designadamente dos governos, das administrações públicas e dos sindicatos, mas se fizerem uma autoavaliação reconhecem certamente que são da "da mesma cepa" das restantes pessoas e que também têm a sua quota parte de responsabilidade no baixo nível da produtividade da economia portuguesa. De facto, salvo as excepções que felizmente também há, na maioria das empresas, a criatividade e a iniciativa empresarial são fracas, a aversão ao risco é grande e o investimento é tímido, a compreensão do mercado é deficiente, o gosto pela concorrência é apenas aparente e a capacidade de motivação do pessoal e de organização do trabalho e são menores do que deviam ser. Como referimos antes, a eficiência das organizações também explica a razão por que os trabalhadores portugueses têm um desempenho como emigrantes superior ao que têm nas empresas nacionais. Quem trabalha nas empresas, mesmo nas que têm bons níveis de produtividade obtidos em mercados concorrenciais, sabe que nem sempre se aproveita suficientemente o potencial de todos os seus colaboradores, que os "chefes" confundem frequentemente discordância com inimizade pessoal, que há muito tempo perdido ou mal aproveitado, que muitos pessoas não se empenham verdadeiramente no trabalho e, em sentido oposto, que o trabalho, a competência e o mérito nem sempre são reconhecidos e remunerados em conformidade[8]. O País precisa

---

[8] Nas situações de desconformidade, o mais frequente para os trabalhadores é a remuneração ficar aquém do devido, mas há casos, especialmente nos gestores de topo de algumas empresas, em que as remunerações excedem largamente o que seria

132   *Economia Portuguesa – Melhor é Possível*

de bons gestores e de empresas bem equipadas e organizadas – pois os trabalhadores são tanto mais produtivos quanto melhor for a organização do trabalho e melhores forem os equipamentos e as tecnologias ao seu dispor – e bem geridas, especialmente no que respeita à estratégia do negócio, à inovação e à motivação do pessoal.

A organização e a gestão são fracas nas empresas e também o são na administração pública, que precisa ser mais ágil e eficiente para poder desempenhar bem as funções do Estado, particularmente para responder com prontidão e qualidade às solicitações de um sistema económico e social em rápida e profunda transformação, e com o menor custo para os contribuintes e para os utilizadores dos serviços públicos. Infelizmente, apesar de progressos em alguns domínios, na maioria dos departamentos públicos as principais técnicas de gestão continuam a ser a burocracia regulamentar, com pesados custos de contexto para os cidadãos e para as empresas, e o orçamento anual, com as deficiências e as limitações próprias do processo orçamental tradicional, como veremos no capítulo 6. Com efeito, não há grande motivação para inovar e fazer melhor e também devia haver mais o sentido da conveniência para os cidadãos e para as empresas utentes dos serviços públicos. O facto de os funcionários públicos terem sido mal tratados por sucessivos responsáveis políticos pode explicar alguma apatia e falta de motivação, mas não pode justificar menos brio e empenho profissionais. Uma administração pública eficiente e eficaz deve ter planos estratégicos e gestão por objectivos, utilizar cada vez mais tecnologias de informação e comunicação modernas, substituir a ausência de mercado para a oferta pública pelo recurso a processos de *benchmarking* (comparação de resultados), dispor de índices de satisfação dos cidadãos relativamente aos bens e serviços que presta e, por último mas não menos importante, avaliar correctamente o desempenho dos funcionários, premiar a competência e o mérito e penalizar

---

normal. De facto, há empresas cujos níveis de rentabilidade se devem muito mais ao poder de mercado que detêm e exploram do que à sua eficiência produtiva, embora os seus gestores, com a ajuda de consultores de imagem e de assessores para a comunicação social, façam passar a ideia de que os resultados obtidos se devem à sua competência e justificam a sua remuneração, o que quem conhece bem os gestores e as empresas sabe que muitas vezes não é o caso.

a incompetência e o desleixo, em vez de tratar todos mais ou menos por igual. Uma reforma da administração pública balizada por estes princípios e orientações é indispensável para servir melhor as necessidades dos cidadãos e das empresas e para conter a despesa pública e os impostos que a financiam e, assim, contribuir para melhorar a satisfação da sociedade e a produtividade da economia.

O ambiente da actividade económica

Por último, como as pessoas e as organizações não trabalham no vácuo, o ambiente económico, social e político onde se desenvolve a actividade económica também influencia bastante a produtividade, quer a dos trabalhadores e das empresas, quer a da organização colectiva da sociedade e a do conjunto do sistema produtivo. Neste domínio, relevam sobremaneira as infra-estruturas materiais e institucionais de apoio ao desenvolvimento e a qualidade das políticas públicas. Geralmente é reconhecido o contributo das infra-estruturas físicas, designadamente de comunicações e transportes, para a eficiência da economia, mas nem sempre se salienta convenientemente a importância das infra-estruturas institucionais – quer privadas, como por exemplo a função do sistema financeiro para a eficiente afectação dos recursos, quer públicas, como por exemplo o papel da estabilidade macroeconómica para a confiança dos agentes económicos – para o bom funcionamento da economia. Também neste campo ainda há muito a fazer para aumentar a produtividade da economia, particularmente no que respeita à regulação de sectores onde haja falhas de mercado (v.g. monopólios) ou obrigações de serviço público, e, sobretudo, à defesa da concorrência especialmente onde a mesma é fraca (v.g. no fornecimento de combustíveis ou na prestação de serviços bancários), ou praticamente inexistente (v.g. no fornecimento de energia eléctrica[9], ou na rede fixa de telecomunicações).

A experiência económica mostra que o reforço da concorrência no mercado dos bens e serviços é um poderoso mecanismo para aumentar

---

[9] Teoricamente, o mercado já foi liberalizado, mas, por enquanto, os cidadãos consumidores apenas dispõem do fornecedor incumbente, ou seja, na prática a liberalização ainda não ocorreu.

a produtividade da economia porque ajuda as empresas mais produtivas a crescerem e a conquistarem quota de mercado às menos produtivas, que assim são obrigadas a tornarem-se mais eficientes, ou a sair do mercado. Por esta via, ganham as empresas mais produtivas e os consumidores, que conseguem bens e serviços com melhor qualidade e/ou menor preço, e perdem as empresas menos eficientes, razão por que não admira que haja empresários que dizem gostar da concorrência, mas, na realidade, o que desejam é evitá-la. Assim sendo, é preciso que os poderes públicos resistam às acções e às pressões privadas para limitar a concorrência e regulem convenientemente os mercados, promovendo uma sã e forte concorrência porque esta é condição indispensável para melhorar o desempenho das empresas e aumentar a satisfação dos consumidores. Uma reforma da administração pública que melhore a qualidade e a eficiência dos serviços públicos – e, portanto, diminua a burocracia e os custos de contexto para os cidadãos e as empresas –, também contribui para um ambiente mais amigo da produtividade e do crescimento económico. E o mesmo se pode dizer de reformas que melhorem a flexibilidade e a protecção no mercado do trabalho, o desempenho do sistema judicial ou tornem o sistema fiscal mais simples, mais justo e mais incentivador do investimento produtivo, tudo domínios também relevantes para a produtividade da economia e onde ainda há muito a fazer.

Para encerrar este ponto, importa ainda assinalar que a produtividade global – para além de aumentar pela melhoria da produtividade de cada empresa ou sector de actividade e, por soma, do conjunto da economia – também pode subir pelo processo de selecção empresarial que leva à substituição de empresas pouco eficientes por outras mais produtivas. Há estudos que mostram que a maior parte da subida da produtividade na indústria tem resultado mais da substituição de empresas ou de unidades fabris pouco produtivas por outras mais eficientes do que do aumento da produtividade nas empresas ou nas unidades instaladas. A referência a unidades de produção justifica-se pelo facto de o processo poder ocorrer, não só entre empresas, mas também dentro de uma mesma empresa pelo encerramento de uma linha ou unidade de produção e abertura de outra mais inovadora e produtiva. A essência do processo resulta de haver uma significativa

Promover a Produtividade e o Crescimento Económico 135

dispersão dos níveis de produtividade entre as empresas de um mesmo sector de actividade e, portanto, a produtividade global poder subir pela substituição das empresas menos eficientes por novas empresas mais eficientes, ou seja, pelo aumento do peso relativo das empresas mais produtivas no conjunto do sector. E o processo funcionará tanto melhor quanto menores forem os obstáculos à entrada e à saída das empresas e as distorções da concorrência que impeçam a rotação/substituição das empresas. A existência de concorrência no mercado é pois indispensável para evitar a acomodação das empresas instaladas e permitir a entrada de outras mais inovadoras.

Por vezes, os poderes públicos têm tendência para ajudar e proteger artificialmente empresas mais ou menos obsoletas, para assim evitar perder alguns empregos. Simplesmente, a este ganho imediato corresponde uma má afectação de recursos, uma vez que procedendo desse modo os poderes públicos podem estar a dificultar ou a impedir a criação de uma nova empresa mais eficiente do que a antiga. De facto, a vida das empresas comporta incertezas e riscos relativamente ao mercado e à eficiência relativa das próprias empresas e, portanto, é preciso reconhecer e aceitar que há erros empresariais e que, se uns podem ser corrigidos pela gestão, outros há que podem implicar o desaparecimento das empresas. A entrada e a saída de empresas do mercado deve pois ser vista como um processo natural e a tarefa do Estado, enquanto regulador da actividade económica, deve ser a de evitar enviesamentos e discriminações que favoreçam umas empresas e prejudiquem outras, criar condições de igualdade de funcionamento para todas as empresas e facilitar as suas entradas e saídas do mercado, de modo a que a triagem feita pelo mercado corresponda também à selecção da eficiência produtiva. Esta deve ser a regra, por razões de eficiência económica, embora possa haver circunstâncias que, por razões de coesão social e territorial, possam justificar alguma excepção temporária, como referimos no capítulo anterior a propósito de eventuais deslocalizações de empresas viáveis e vitais para as regiões onde se localizam. Em suma, de acordo com o processo descrito, o aumento da produtividade resulta, fundamentalmente, da inovação e da selecção empresariais e na origem do processo está a concorrência que provoca a rivalidade entre empresas, estimula a inovação e força a selecção natural. Assim sendo, o papel do Estado neste processo é, fundamentalmente, criar um ambiente favorável à inovação, o que passa por promover e velar pela concorrência e por fornecer as infra-estruturas materiais e institucionais indispensáveis ao eficiente e justo funcionamento da economia.

CAPITAL: MAIS E MELHOR INVESTIMENTO PRODUTIVO

Quando decompomos o valor da produção na multiplicação da produtividade do trabalho pelo emprego, o stock de capital não figura explicitamente como factor de produção e de crescimento económico, mas está lá porque a quantidade de capital por trabalhador é uma das principais determinantes da produtividade do trabalho[10]. Como facilmente se percebe, um trabalhador que produz x unidades por hora pode subir a sua produção horária para um valor mais alto se passar a dispor de melhores equipamentos, por exemplo uma máquina mais avançada, sem que tal se deva a mais destreza ou eficiência da sua parte, mas sim a mais ou a melhor stock de capital. Este não é mais do que o investimento acumulado e, portanto, para ter um bom stock de capital é preciso investir e bem. O que se tem verificado na economia portuguesa é que nem sempre se tem investido bem, no sentido de investimento com elevado retorno em termos de crescimento económico, e nos últimos anos tem-se investido pouco. Desde 2002 a 2006, a formação bruta de capital fixo diminuiu quase 20% em termos reais, e a queda, embora mais localizada na construção e obras públicas, também ocorreu no investimento empresarial em material de transporte e em máquinas e equipamentos, o que é preocupante porque o investimento faz falta para manter e para aumentar a capacidade produtiva e competitiva do País. Lamentavelmente, tanto o Estado como as empresas não têm

---

[10] Quando se considera explicitamente o contributo do stock de capital e de outras variáveis para o produto, então a produtividade respeita a todos os factores e é designada por produtividade global (ou total) dos factores. E é também pelo facto de a produtividade do trabalho beneficiar do contributo do stock de capital que, por vezes, também é chamada produtividade *aparente* do trabalho.

Promover a Produtividade e o Crescimento Económico 137

estado a investir o que deviam e, sobretudo, no que deviam, particularmente no sector dos bens transaccionáveis, uma vez que é neste domínio que os investimentos mais contribuem para aumentar a produtividade e a competitividade das empresas e da economia.

O ciclo vicioso do investimento produtivo

O sector público administrativo tem vindo a investir pouco porque
o estado das contas públicas, nomeadamente os níveis da despesa
corrente e da carga fiscal, e os compromissos comunitários quanto à
dimensão da dívida pública e do défice orçamental não deixam grande
margem de manobra, com a agravante de que alguns investimentos
públicos, especialmente da administração regional e local (v.g. em
demasiadas rotundas e em alguns equipamentos desportivos numa base
estritamente concelhia), pouco ou nada tem contribuído para aumentar
a produtividade e a competitividade da economia. Nos últimos anos, os
relatórios do Orçamento do Estado referem que os governos se esfor-
çam para que a consolidação orçamental não seja feita à custa do
investimento público, mas, *a posteriori*, verifica-se que o investimento
previsto tem sido bastante sacrificado[11]. Compreende-se que assim seja
por ser a rubrica onde é mais fácil adiar ou reduzir a despesa, mas é
inconveniente, não só pela utilidade própria de cada investimento em
particular, mas também pelo efeito de arrastamento dos investimentos
públicos no investimento privado e no resto da actividade económica.

Por sua vez, o sector privado também nem sempre tem investido
bem, em projectos com boas taxas de criação de valor e de rentabilidade, e também tem investido pouco, apesar das boas condições de
financiamento desde a adesão ao euro. Aparentemente, os empresários
não têm tido suficiente confiança no futuro da economia portuguesa e
receiam não poder rentabilizar suficientemente potenciais investimentos, tendo em conta a debilidade e a incerteza quanto às perspectivas de

---

[11] Segundo o reporte do procedimento dos défices excessivos de Setembro de
2006, o investimento do conjunto das administrações públicas passou de 4793
milhões de euros (m.e.) em 2002 para 3747 m.e. em 2006, o que representa uma
queda de 22% em termos nominais.

crescimento da procura, especialmente a interna, e da própria política económica nacional a médio prazo. Estamos assim num ciclo vicioso em que a insuficiência de crescimento económico previsto retrai ou inibe o investimento privado e a escassez deste investimento não dinamiza o crescimento da economia. E o mesmo se passa com o investimento público. A fraqueza do crescimento económico não ajuda a reduzir o défice orçamental e, enquanto tal não acontecer, o investimento público é sacrificado e, portanto, não contribui como podia, directa e indirectamente, para a recuperação da economia. Não é fácil, mas temos que encontrar formas (v.g. parcerias entre os sectores público e privado) de romper e sair do ciclo vicioso em que caímos e estamos nos últimos anos, alimentado pela falta de confiança dos empresários, e também por alguma resignação e falta de visão dos responsáveis pela política económica, ainda demasiado ocupados com o défice orçamental e pouco preocupados com o crescimento económico, mesmo quando a experiência já mostrou que, praticamente, não é possível, ou não tem grande utilidade, resolver o problema das finanças públicas se não for também resolvido o problema do indispensável crescimento da economia. Isto não significa que o Governo menospreze a questão do défice orçamental, mas que tem que ser mais pró--activo no fomento e promoção do crescimento económico.

Necessidade de uma política de investimento mais selectiva e activa

Precisamos pois que os responsáveis pela política económica, dentro dos condicionalismos existentes, tenham uma atitude mais próactiva e ajudem a reanimar a economia, particularmente através de bom investimento, público e privado. Quanto ao investimento público, tendo em conta o que foi predominante no passado, o Estado precisa agora de investir relativamente menos no *hardware* (as infra-estruturas físicas) e mais no *software* da sociedade (o capital humano). De facto e em conformidade com a Estratégia de Lisboa e o novo Quadro de Referência Estratégico Nacional 2007-2013, impõe-se recuperar tempo perdido e apoiar agora mais a actividade de investigação e desenvolvimento, fomentar a inovação tecnológica, aproveitar bem os recursos humanos mais qualificados e cuidar a sério da qualificação dos menos apetrechados. Quanto ao investimento privado, nacional e estrangeiro, a preferência e a necessidade vão claramente para o sector dos bens transaccionáveis. Sem prejuízo da importância dos grandes investimentos, públicos e privados, o Governo também tem de cuidar e apoiar mais as pequenas e médias empresas e estimular os seus projectos de investimento, especialmente os que visam aumentar a capacidade de exportação de bens e serviços. Os projectos de investimento privado de maior dimensão, por opção cómoda e vantajosa das empresas facilitada pela política económica da década de 90, têm-se concentrado mais no sector dos bens não transaccionáveis (v.g. distribuição, imobiliário, construção civil, recursos naturais) e o que a economia portuguesa mais precisa é desenvolver o sector dos bens transaccionáveis. O desenvolvimento do espírito empresarial, a criação de emprego, a inovação tecnológica e a integração competitiva da economia portuguesa na economia internacional passa também e necessariamente pelas pequenas e médias empresas e pelos seus investimentos de modernização e de expansão. Consequentemente, o Ministério da Economia não pode ser apenas, nem predominantemente, o ministério de negócios de grandes empresas, como parece ter sido nos últimos anos. O Governo não pode criar investimento por decreto, mas pode conceder incentivos fiscais *selectivos*[12] e/ou apoios específicos em função da qualidade e do interesse dos projectos para o País[13], promover a criação de parcerias entre

---

[12] Perante a necessidade de reanimar o investimento privado, o Governo devia lançar um programa de incentivos para alguns investimentos, por exemplo sob a forma de crédito fiscal ao investimento (dedução de uma parte do investimento realizado à colecta do IRC), especialmente dirigido às pequenas e médias empresas, uma vez que os grandes projectos podem negociar e beneficiar de regimes fiscais específicos.

[13] Em teoria, justifica-se apoiar investimentos privados com recursos públicos quando o valor social excede o valor privado dos projectos. Porém, na prática, não é fácil apurar com relativa segurança a diferença entre os benefícios e os custos do investimento para toda a sociedade (valor social) e para os investidores (valor privado). Por outro lado, o valor das referidas ajudas também depende muito do poder negocial dos investidores privados, geralmente grande, e o das entidades públicas a quem compete negociar os apoios. O poder regional destas entidades fica menor

os sectores público e privado, estimular e apoiar o desenvolvimento de sociedades de capital de risco e colocar à frente das instituições relevantes para a dinamização do investimento pessoas com perfil capaz de gerar empatia e persuadir os potenciais investidores a investirem em Portugal.

Sem descurar a importância do investimento nacional, também temos de ser mais eficazes na atracção de investimentos estrangeiros, nomeadamente os que têm efeitos estruturantes e geram externalidades positivas, porque os mesmos ajudam à modernização e ao crescimento da economia portuguesa, e também proporcionam financiamento saudável do défice da balança de transacções correntes com o exterior. É verdade que é grande a competição entre os países pela atracção de investimento estrangeiro, nomeadamente por parte dos novos Estados-membros da União Europeia, e que Portugal tem alguns *handicaps* que deve reconhecer e procurar eliminar ou reduzir quanto antes, como por exemplo o excesso de burocracia, a lentidão da justiça, a percepção exagerada da rigidez da legislação laboral e a instabilidade do sistema fiscal. No entanto, não devemos subestimar as potencialidades e as vantagens da economia portuguesa, designadamente face aos referidos países, no que respeita, por exemplo, a boas infra-estruturas de apoio ao desenvolvimento económico (v.g. comunicações rodoviárias, telecomunicações e sistema financeiro); à integração na Zona Euro, com a vantagem que a mesma representa em termos de facilidade de financiamento e de estabilidade macroeconómica; e à possibilidade de atingir rapidamente elevados níveis de produtividade do trabalho (que podem mais do que compensar a vantagem salarial de outros países), desde que haja boa formação profissional e eficiente organização empresarial, como provam os níveis de produtividade de filiais de empresas estrangeiras a trabalhar em Portugal e noutros países. Por estas e outras razões, com protagonistas à altura, com uma boa estratégia de venda da "localização Portugal" e uma atitude mais agressiva junto dos potenciais investidores estrangeiros, é – tem de ser – possível

---

quando as mesmas esquecem a discrição que devem ter e pretendem obter efeitos de anúncio antes de tempo e também à medida que aumenta a necessidade de investimento empresarial.

trazer para o nosso País mais e bons investimentos. Aliás, ultimamente, já começaram a aparecer alguns sinais animadores, em termos de intenções e de projectos já contratualizados, que permitem esperar uma melhoria do investimento estrangeiro em 2007 e 2008.

As autarquias locais também podem e devem desempenhar um papel mais activo na promoção e atracção de investimento empresarial para as suas regiões, nomeadamente através da oferta de condições de instalação adequadas (v.g. terrenos), ou pela realização de parcerias com empresas privadas, com vista ao desenvolvimento da economia local. De facto, perante o risco de deslocalização de empresas provocado pela globalização competitiva e o já razoável apetrechamento municipal em infra-estruturas rodoviárias e equipamentos sociais e desportivos, a actividade e o investimento das câmaras municipais deve orientar-se cada vez mais para o desenvolvimento económico das suas cidades e territórios. Por outro lado, também seria muito útil rever e simplificar o complicado e demorado processo de instalação de qualquer (mesmo pequeno) estabelecimento industrial ou comercial.

A utilidade de parcerias entre os sectores público e privado

Considerando as actuais limitações orçamentais e a conveniência em sacrificar o menos possível os investimentos públicos necessários por razões de ordem social (v.g. hospitais) ou económica (v.g. vias de comunicação), o recurso a investimentos em regime de *project finance* e a parcerias entre os sectores público e privado pode ser uma via interessante para utilizar a iniciativa privada na produção e/ou gestão de bens e serviços públicos tradicionalmente produzidos e geridos directamente pelo Estado[14]. É assim possível suportar e repartir, ao longo do tempo e entre os utilizadores dos serviços públicos, encargos

---

[14] A designação de parcerias público-privado (ppp) começou a substituir a terminologia de investimentos em *project finance* tradicionalmente utilizados na construção de infra-estruturas físicas, especialmente no sector dos transportes e comunicações (v.g. Ponte Vasco da Gama), quando se começou a aplicar a mesma técnica de construção, financiamento e gestão de projectos de investimento em sectores sociais, nomeadamente na área da saúde.

que não seriam facilmente acomodáveis pela via tradicional na presente situação das finanças públicas e, portanto, conseguir um maior volume de investimento do que seria possível sem violar as actuais restrições orçamentais. Atendendo às limitações do Estado no domínio da tributação e da própria gestão de serviços públicos, o recurso às parcerias entre os sectores público e privado pode ser uma forma inteligente de ajudar a financiar e a reformar alguns serviços públicos. Todavia, estas parcerias não são uma panaceia universal e a sua correcta utilização exige alguns cuidados. Por um lado, o recurso a diversos tipos de parcerias e a outras formas de empresarialização e de contratualização de serviços públicos requer que se defina e distinga bem entre funções que devem caber exclusivamente ao Estado, como por exemplo as funções de soberania ou de regulação da economia, e as que podem ser partilhadas com o sector privado, desde que convenientemente regulamentadas e fiscalizadas, como por exemplo a prestação de serviços nas áreas da educação, da saúde, dos transportes ou do saneamento básico. Por outro lado, o recurso às referidas parcerias para ser aceitável não deve servir apenas para aliviar a restrição orçamental no imediato à custa dos futuros contribuintes (como no caso das auto-estradas SCUT enquanto se mantiverem como tais, isto, é sem cobrança aos utentes) e/ou dos consumidores dos bens e serviços por elas prestados, mas também têm que acrescentar valor relativamente ao modo tradicional de provisão e financiamento dos bens e serviços públicos. Assim sendo ou devendo ser, as referidas parcerias e os investimentos em regime de *project finance* têm que ser muito bem preparados e negociados pelo Estado, nomeadamente para que os seus custos totais não comparem mal com a produção directa e o financiamento tradicional pelo Estado e haja uma equilibrada partilha de riscos. Este aspecto é muito importante, pois se os riscos ficarem todos no sector público a parceria limita-se a um simples adiantamento de fundos ao Estado e a um bom negócio para o sector privado à custa dos contribuintes. Além dos referidos cuidados, os sucessivos encargos com as referidas parcerias também têm de ser compatíveis com o enquadramento orçamental plurianual, sem constituir um risco macroeconómico incomportável, ou uma restrição excessiva para o poder de actuação dos futuros governos.

Promover a Produtividade e o Crescimento Económico 143

TRABALHO: PROMOVER A NATALIDADE E O ENVELHECIMENTO ACTIVO E REGULAR MELHOR A IMIGRAÇÃO

Passando agora para o factor produtivo trabalho, relembramos que a riqueza produzida pelo País depende da quantidade de trabalho fornecida pelos seus habitantes e do nível médio de produtividade (por activo ou por hora de trabalho) e notamos que maior ou menor disponibilidade de recursos humanos tem que ver com a evolução da demografia, não só com a natalidade e a mortalidade, mas também com a emigração e a imigração. A necessidade de trabalhadores imigrantes na velha Europa e em Portugal decorre, antes de mais, da baixa da natalidade e do envelhecimento populacional[15] nas últimas décadas. O envelhecimento da população é, geralmente, visto como um factor de pressão sobre as finanças públicas pelo seu impacto nos orçamentos da saúde e da segurança social e esquecemo-nos, frequentemente, que o mesmo também limita a oferta de trabalho e, por esta via, os crescimentos potencial e efectivo da economia. De facto, perante o "suicídio demográfico" na Europa ocidental e particularmente em Portugal, seria muito difícil, praticamente impossível, manter o desenvolvimento económico e social a que nos habituámos sem o recurso à imigração. Todavia, é preciso ver claro nesta matéria e não pensar que um mal profundo se cura com um analgésico. A imigração ajuda a adiar e a compensar o efeito negativo do envelhecimento da população sobre as finanças públicas e sobre o crescimento da economia[16] e pode ser utilizada em articulação com outras medidas para aumentar a taxa de actividade, mas não resolve a questão do envelhecimento demográfico. Ou antes e com mais rigor, se o número e a fecundidade dos imigrantes

---

[15] Por exemplo, em Portugal, nos últimos 30 anos, o número médio de filhos por mulher em idade de procriar baixou de 2,6 para 1,4 actualmente e seriam precisos 2,1 para assegurar a renovação das gerações e manter a população (independentemente das migrações). E, em 2005, a população com idade superior a 65 anos já representava 17% do total, enquanto a população com menos de 15 anos correspondia apenas a 15,7%.

[16] A imigração tem um impacto sobre a oferta da economia, na medida em que o trabalho dos imigrantes aumenta o potencial de produção da economia, e também sobre o lado da procura, uma vez que também altera o nível e a composição da despesa interna.

144 *Economia Portuguesa – Melhor é Possível*

resolvessem a questão do envelhecimento populacional deixaria de haver um problema demográfico e passaria a haver desequilíbrios sociais, e porventura também identitários, tanto mais graves quanto mais deficiente fosse a integração dos imigrantes, nomeadamente no mercado do trabalho.

Incentivar a natalidade e o envelhecimento activo

A solução para o preocupante problema do envelhecimento populacional passa por inverter a tendência das últimas décadas e fazer subir a taxa de fecundidade[17], o que requer uma ambiciosa e eficaz política de defesa e promoção da família com filhos. O abono de família (generoso para quem precisa), a consideração do número de filhos e o tratamento preferencial das famílias mais numerosas nos abatimentos para efeitos de IRS, ou nos descontos para a segurança social, são importantes e devem ser reforçados ou introduzidos nos respectivos regimes legais. Todavia, tão ou ainda mais importante é o desenvolvimento de uma rede de prestação de serviços sociais às famílias, desde a primeira infância até ao fim do ensino secundário, com horários compatíveis com as horas de trabalho dos pais e com preços (sociais) de acordo com as efectivas possibilidades das famílias. A par do desenvolvimento desta rede de serviços públicos, as empresas também deveriam ser incentivadas a apoiar ou a criar creches para os filhos dos seus trabalhadores, por exemplo mediante a majoração dos respectivos custos para efeitos de IRC, e, no caso de empresas com grande número de trabalhadores, o incentivo poderia mesmo transformar-se numa obrigatoriedade. Sem prejuízo dos incentivos fiscais e das ajudas

---

[17] Como é óbvio, este problema não existe à escala do mundo, cuja população já exerce uma grande pressão sobre os recursos e sobre o ambiente do planeta. A necessidade de incentivar a natalidade para combater o envelhecimento populacional é, fundamentalmente, um problema dos países europeus, entre os quais de Portugal, e parte da sua acuidade resulta das restrições, naturais e criadas pelos países, à livre circulação e residência de pessoas. De facto, neste domínio, a globalização está – e continuará a estar – bastante mais atrasada do que nas áreas económica e financeira.

Promover a Produtividade e o Crescimento Económico 145

financeiras às famílias em função do número de filhos, estas medidas de apoio directo à vida e ao trabalho das famílias são as mais indicadas e estimulantes para as levar a ter mais filhos, precisamente porque permitem conciliar melhor a vida familiar com a vida profissional. Foi investindo em políticas de família que os países nórdicos conseguiram promover a natalidade e estão hoje, também nesta matéria, em muito melhor posição do que os países do sul da Europa em geral e de Portugal em particular. De facto, no nosso País, temos falado na necessidade, mas temos feito muito pouco para contrariar a descida e estimular o crescimento da natalidade. Sem embargo da dificuldade da questão, nomeadamente porque também tem bastante que ver com a precarização do emprego e a intensificação dos ritmos de trabalho dos jovens, precisamos urgentemente de uma política de família e de uma eficaz promoção da natalidade.

A par do incentivo à natalidade, é igualmente importante promover o envelhecimento activo, estimulando a permanência no mercado do trabalho dos trabalhadores mais velhos que tenham vontade e possibilidade de continuar em boas condições. Verificando-se, felizmente, um aumento da esperança de vida saudável, faz sentido apoiar e incentivar as pessoas que queiram e possam a continuar a trabalhar até mais tarde, não só por razões ligadas à sustentabilidade financeira da segurança social, como veremos no capítulo 6, mas também, e sobretudo, por razões que têm que ver com a oferta de trabalho e o aproveitamento produtivo das capacidades dos cidadãos mais velhos. Para o efeito é fundamental mudar de atitude e de política. Por um lado, é preciso mudar de atitude na gestão dos recursos humanos e acabar com a ideia absurda prevalecente no mercado do trabalho de uma forte preferência pela admissão de pessoas com menos de 35 ou 40 anos de idade, como se as mais velhas já fossem incapazes. Se o referido limite de idade ainda pode fazer algum sentido em actividades que exijam grande vigor físico (v.g. construção e obras públicas) não tem justificação aceitável no sector dos serviços e nas empresas industriais assentes no conhecimento, que já constituem a maioria da actividade económica. Independente deste aspecto, por força do envelhecimento demográfico, também vai ser cada vez mais difícil satisfazer a preferência pela admissão de pessoal jovem e, portanto, as empresas vão ter de admitir pessoas mais velhas, em alguns casos até com vantagem por terem mais conhecimento e experiência do que os mais jovens. Relativamente às políticas públicas, o Governo fez bem em acabar com os incentivos ao abandono prematuro do mercado do trabalho, nomeadamente a possibilidade de reformas antecipadas sem penalização, como aconteceu até há pouco tempo; e deve procurar combater o desemprego dos trabalhadores mais velhos e valorizar o seu conhecimento e experiência, assim como articular bem as políticas laborais e sociais para apoiar o melhor possível uma vida de trabalho longa e sustentável. Incentivar o envelhecimento activo faz sentido na perspectiva do aumento da oferta de trabalho e da sustentabilidade da segurança social. Porém, uma coisa é estimular a decisão livre de continuar a trabalhar, que deve ser deixada ao critério dos trabalhadores e das empresas, e outra bem diferente é forçar a continuação no mercado do trabalho. Consequentemente, o Governo fez bem em não ter subido a idade legal de reforma de 65 para 67 anos quando reformou a segurança social, como veremos no capítulo 6. Forçar assim o prolongamento da vida activa dos mais velhos reduziria algumas oportunidades de emprego para os mais novos e, portanto, também não seria aconselhável do ponto de vista do combate ao desemprego[18].

Regular melhor a imigração

Como não incentivámos e apoiámos a natalidade, o que devíamos ter feito desde há uns 20 ou 30 anos, e também não evitámos o erro das reformas antecipadas em grande escala na última década, temos agora a obrigação de promover a natalidade e o envelhecimento activo com mais vigor. Mais vale tarde que nunca. Porém, os resultados serão len-

---

[18] Devemos, no entanto, esclarecer que o aumento do tempo de trabalho dos mais velhos não significa uma redução proporcional de empregos para os mais novos, e, consequentemente, um aumento equivalente do desemprego. Primeiro, porque os empregos de quem está de saída e de quem está para entrar no mercado de trabalho não são fungíveis e, portanto, não há completa substituição entre eles; depois, porque não há um número fixo de empregos disponíveis para uns e outros, mas sim um número variável em função de vários factores, particularmente do crescimento económico.

tos e insuficientes para suprir as necessidades de mão-de-obra e, portanto, já está a ser necessário e poderá continuar a ser inevitável o recurso à imigração. O problema ou a dificuldade não está na atracção de imigrantes – pois as diferenças de remuneração entre os mesmos empregos na velha Europa e nos países de origem dos imigrantes garantem essa atractividade –, mas sim na correcta avaliação da sua necessidade, na gestão da sua admissão e na sua integração económica e social. A imigração é uma questão sensível e complexa – nomeadamente pelas suas implicações demográficas, económicas, sociais e culturais – e também controversa, designadamente porque, a par de benefícios, também comporta custos para os países de acolhimento e a natureza do saldo global entre as vantagens e os inconvenientes não é pacífica[19]. De facto, há problemas de integração social e de segurança que são de difícil avaliação e, mesmo por razões económicas, a imigração também conta com a oposição ou a resistência de uma parte significativa da população nativa, embora nem sempre pelas boas razões. Por exemplo, ainda é frequente discutir a questão da imigração no pressuposto de que existe um número fixo de empregos e, portanto, os imigrantes viriam ocupar postos de trabalho que deixariam de estar disponíveis para os trabalhadores nacionais, o que é uma falácia, quer porque o número de empregos existentes não é fixo, varia com o crescimento económico, quer porque os imigrantes aceitam trabalhos que os nacionais já não estão dispostos a executar. As causas das elevadas taxas de desemprego na Europa e em Portugal estão, fundamentalmente, no conservadorismo das políticas macroeconómicas e na rigidez dos mercados do trabalho e não na imigração, cujo contributo para o emprego e para o crescimento económico dos países de acolhimento – nomeadamente pelo fornecimento de mão-de-obra para actividades menos atractivas e pela melhoria da competitividade via reforço da

---

[19] Sintomático desta situação foi o facto de, na data do alargamento da União Europeia aos novos Estados-membros da Europa central e oriental, 1 de Maio de 2004, apenas o Reino Unido, a Irlanda e a Suécia terem aberto as suas portas aos imigrantes desses países e, dois anos depois, em 1 de Maio de 2006, só quatro países – Portugal, Espanha, Grécia e Finlândia – se juntaram ao grupo inicial, o que quer dizer que as maiores e as mais ricas economias da Europa ainda mantêm restrições e controlos à livre circulação de trabalhadores no seio da União Europeia.

competição no mercado laboral – é globalmente positivo[20]. Igualmente favorável é o impacto da imigração sobre as contas públicas, pois os imigrantes pagam agora mais em impostos e contribuições para a segurança social do que recebem através de despesas sociais, nomeadamente em educação, saúde e pensões, embora este efeito positivo se reduza no futuro, à medida que vão envelhecendo e passem a receber mais em saúde e pensões. Por sua vez, o efeito da imigração sobre as contas externas é negativo, como é lógico, devido às remessas que enviam para os seus países de origem.

Portugal foi tradicionalmente um país de emigração, mas nos últimos anos, tal como outros países europeus desenvolvidos, tem vindo a receber bastantes imigrantes, particularmente para a realização de trabalhos menos qualificados para os quais os trabalhadores nacionais não se mostram disponíveis. Este afluxo de imigrantes foi rápido e expressivo[21], particularmente de trabalhadores de países do leste europeu e do Brasil, que, ao contrário dos africanos mais concentrados na região de Lisboa, se repartiram um pouco por todo o território, o que também ajudou a combater a desertificação do interior. Porém, não deixa de ser curioso e preocupante que esta volumosa entrada de imigrantes, em parte clandestina e posteriormente legalizada, tivesse ocorrido numa altura em que o nosso modelo de crescimento económico extensivo ficava praticamente esgotado e, com a economia praticamente estagnada e o desemprego a subir, também começava a aumentar a oferta de mão-de-obra portuguesa pouco qualificada (v.g. proveniente de empresas têxteis e de calçado que entretanto têm vindo a fechar), que assim vai estar em concorrência directa com imigrantes. Neste contexto, cabe perguntar por que razão há tantos imigrantes a trabalhar em actividades relativamente pouco exigentes e tantos trabalhadores portugueses no desemprego a receberem o respectivo subsídio, ou o rendimento social de inserção. A explicação está no facto de os imigrantes aceitarem trabalhar por salários mais baixos e em actividades socialmente menos valorizadas que muitos portugueses já não

---

[20] Ver Caixa 3.3 – Nota sobre o impacto económico da imigração.

[21] Em 1990, havia cerca de cem mil imigrantes em Portugal e, presentemente, deve haver à volta de quinhentos mil, cinco vezes mais.

parecem dispostos a aceitar em Portugal (embora alguns o façam no estrangeiro). Todavia, a explicação não constitui justificação válida, sobretudo quando temos um sério problema de finanças públicas e os encargos com o subsídio de desemprego pesam bastante. Consequentemente, justificou-se que o Governo, na recente revisão do regime de subsídio de desemprego, tivesse introduzido o conceito de emprego conveniente para forçar os desempregados (sob pena de perderem o subsídio) a aceitarem alguns empregos disponíveis e assim reduzir o tempo de permanência no desemprego, como veremos no capítulo 4; assim como também se justifica que se encare com mais rigor e cuidado a admissão e a legalização de imigrantes, limitando as entradas às necessidades de trabalho e, naturalmente, preferindo os trabalhadores imigrantes mais qualificados para as satisfazer.

A imigração clandestina deve ser evitada, nomeadamente porque tem maior probabilidade de ser explorada ou de ficar desempregada, contribui para o desenvolvimento da economia informal e pode vir ser fonte de problemas sociais e securitários. No entanto, ainda não se encontraram formas eficazes e eticamente aceitáveis de prevenir e controlar a entrada ilegal de imigrantes, razão por que, tanto em Portugal como noutros países europeus, parte da imigração clandestina tem sido periódica e extraordinariamente legalizada. Esta tolerância para facilitar a reintegração dos imigrantes clandestinos não invalida, porém, o princípio de que só a imigração legal é admissível e deve ser planeada e efectuada com critério, tendo em conta as necessidades de trabalho da economia e as possibilidades de integração dos imigrantes na sociedade portuguesa[22]. Nesta perspectiva, as características e as origens dos imi-

---

[22] Este é um problema que mais cedo ou mais tarde também teremos de encarar, tendo em conta o elevado número de imigrantes já existentes em Portugal e a dificuldade de integração dos imigrantes nas sociedades de acolhimento, como se vem verificando na Europa. O modelo multicultural, tolerante para com os valores, hábitos e práticas dos imigrantes, parece não ter sido bem sucedido na Grã-bretanha e na Holanda, onde há uma hostilidade crescente aos imigrantes; e o modelo de assimilação praticado pela França também parece ter falhado. Embora possamos ser menos xenófobos do que os franceses, os holandeses e os britânicos, não devemos ignorar que, entre os portugueses, também existem sentimentos racistas e xenófobos e, portanto, não devemos descartar a hipótese de problemas análogos aos que já surgiram nos referidos países.

grantes também são relevantes. Recentemente, depois do alargamento da União Europeia, a imigração proveniente dos países do leste europeu para Portugal, que parece assumir características de imigração temporária, diminuiu significativamente; a originária das antigas colónias portuguesas praticamente estabilizou; e, o maior surto de imigração vem agora do Brasil.

Nos últimos tempos alguns países da Europa meridional têm sido bastante atingidos pela imigração ilegal proveniente do norte de África, e, considerando as diferenças de desenvolvimento e de condições de vida entre os países de origem e de destino da imigração, tudo indica que essa pressão migratória possa continuar. Por razões de distância, Portugal não foi tão atingido pelo drama da referida imigração ilegal como têm sido a Espanha e a Itália, mas é óbvio que o problema é comunitário e como tal também nos diz respeito, quer em termos de prevenção, quer em termos de solução[23]. A política de imigração é da competência dos Estados-membros da União Europeia e é estabelecida em função da capacidade de integração e das necessidades de imigrantes de cada país. Mas é óbvio que é indispensável uma coordenação eficaz ao nível comunitário, pois havendo liberdade de circulação de pessoas entre os Estados-membros do espaço Schengen, os países mais permissivos na entrada de imigrantes (v.g. facilitando mais a regularização de clandestinos) podem prejudicar outros Estados-membros para onde os imigrantes, legalizados ou não, se podem deslocar. Assim sendo, faz sentido que haja orientações comuns para a União Europeia, como por exemplo combater a imigração ilegal ao nível de cada Estado-membro e da União Europeia e apenas aceitar a imigração legal por uma questão de princípio e de respeito pela legalidade, para poder assegurar a boa integração dos imigrantes e preservar a tranquilidade e a segurança das populações nativas. E pode mesmo vir a ser necessário adoptar uma política de imigração comum. Porém, sem prejuízo do que

---

[23] Em Setembro de 2006, os Chefes de Estado e de Governo de Portugal, Espanha, Itália, França, Grécia, Malta, Eslovénia e Chipre escreveram ao presidente em exercício do Conselho Europeu apelando para que o problema da imigração clandestina no sul da Europa fosse considerado e tratado como um problema do conjunto da União Europeia e não apenas dos estados meridionais.

Promover a Produtividade e o Crescimento Económico   151

vier a ser estabelecido para a União Europeia, também é conveniente respeitar algumas especificidades dos Estados-membros e, quanto ao nosso País, há dois aspectos que devem ser salvaguardados. Por um lado, considerando que os problemas do envelhecimento demográfico e da qualificação da mão-de-obra são mais sérios em Portugal do que noutros Estados-membros e que a imigração selectiva os pode ajudar a resolver, a nossa política de imigração deve possibilitar o recurso a imigrantes para compensar o défice de população jovem e as insuficiências de qualificação profissional da força de trabalho nativa, o que deve ser feito em estreita cooperação com os potenciais países de origem da imigração. Por outro lado, tendo em conta os laços históricos e culturais que unem Portugal aos Países Africanos de Língua Oficial Portuguesa, a Timor e ao Brasil, a nossa política de imigração também deve poder continuar a desenvolver uma articulação com a política de cooperação externa de Portugal com as suas ex-colónias. Não se trata propriamente de privilegiar os imigrantes destes países, mas de os diferenciar por razões de história e de língua comum e de os considerar num quadro de cooperação internacional mais alargada.

MAIS CONCORRÊNCIA PARA MAIS INOVAÇÃO E PRODUTIVIDADE

A economia portuguesa para voltar a crescer bem, no contexto de competição global em que vivemos, não pode continuar a fazer "mais do mesmo". Tem de fazer "mais, melhor e diferente", tem de inovar. Só a inovação permanente pode assegurar uma competitividade sustentada. As empresas precisam criar novos produtos, ou modificar os existentes, utilizar tecnologias ou processos de fabrico mais eficientes, recorrer a práticas comerciais mais agressivas e a métodos de gestão mais eficazes. A inovação empresarial pode assumir diversas formas, mas, no essencial, consiste na transformação do conhecimento e do saber em novos produtos ou serviços, novos processos de trabalho e novos métodos de gestão. No fundo, é aplicação prática na vida das empresas de conhecimentos e tecnologias criados pela investigação científica realizada fora e também dentro das empresas. Por vezes, a

152   *Economia Portuguesa – Melhor é Possível*

inovação é radical, quando altera substancialmente o processo produtivo ou as características do mercado; outras vezes, mais frequentemente, a inovação é incremental, através de pequenas melhorias adicionais, mas que podem fazer grande diferença no sucesso da empresa. Tendo em conta a importância da inovação para a produtividade e o crescimento da economia, é preciso criar uma atitude e uma prática de inovação em todas as empresas, independentemente da sua dimensão e sector actividade. Naturalmente, só poucas terão capacidade para inovar por si próprias, através de departamentos de investigação e desenvolvimento, mas todas poderão adoptar ou adaptar inovações úteis de outras empresas, e só terão vantagem em fazê-lo, ou promover a inovação através da abertura da mesma a todos ou à maioria dos seus empregados. Estimular e recompensar a apresentação de ideias novas (mesmo que insuficientemente desenvolvidas) para alargar o negócio, ou melhorar a eficiência produtiva, é uma forma de estimular a inovação e, ao mesmo tempo, motivar o pessoal.

Em Portugal tanto as empresas como o Estado têm investido pouco em investigação e desenvolvimento e é preciso que o façam mais para alimentar continuamente o processo de inovação. Em 2004 (últimos dados disponíveis), o peso das despesas totais em investigação e desenvolvimento em Portugal era apenas 0,8% do PIB, quando a média da UE-25 já estava em 1,9% do PIB e na Suécia já tinha atingido 3,7% do PIB. Por sua vez, a parte da despesa total financiada pelo sector privado não chegava a um terço em Portugal e era mais de metade no conjunto da UE-25. O Orçamento do Estado para 2007 contempla uma grande subida no investimento público em investigação e ciência, e seria bom que as empresas também acompanhassem o Estado nesse esforço. As empresas têm de passar a olhar para as despesas com a investigação, que cria conhecimento, e com a inovação empresarial, que utiliza esse conhecimento para ganhar eficiência e mercado, como investimentos produtivos e bastante rentáveis. Porém, sem prejuízo da necessidade e da importância do investimento em investigação e desenvolvimento, também é preciso criar ou reforçar outras condições para a que a inovação empresarial se desenvolva, com particular destaque para a concorrência, mas também para a educação superior, o mercado do trabalho e o sistema financeiro.

O reforço da concorrência é fundamental para o desenvolvimento da inovação. Primeiro, porque a inovação própria, salvo um ou outro caso excepcional, não surge por acaso, mas sim do desejo e sobretudo da necessidade de as empresas aumentarem a sua competitividade. Depois, porque a concorrência obriga a maioria das empresas a copiarem e/ou a adaptarem inovações realizadas por outras empresas e o que realmente conta para o impacto e o sucesso na economia não são tanto as inovações individuais em si mesmas, mas mais o ritmo e a escala com que são aplicadas e difundidas no conjunto da economia. Sem concorrência activa, as empresas têm pouco incentivo para inovar. E quando falamos em concorrência activa referimo-nos, não só à realizada entre as empresas existentes, mas também à que pode ser feita pela entrada de novos concorrentes, razão por que também é muito importante facilitar a criação e a entrada no mercado de novas empresas. No domínio da concorrência e da inovação, os Estados Unidos da América têm vantagem relativamente à Europa porque estão mais avançados na educação de nível superior e na investigação científica[24]; têm um mercado de trabalho mais flexível, o que facilita a movimentação das empresas para novas actividades; e, um sistema financeiro com maior propensão para o capital de risco, o que também facilita o arranque e o financiamento de novas empresas. Tudo isto são vias indirectas que ajudam a desenvolver a concorrência, nomeadamente pela entrada de novas empresas, e assim estimulam a inovação.

Quanto maior for a concorrência maior é, pois, a necessidade de inovar para competir e, como as inovações são copiáveis e suscitam novas inovações pelos concorrentes, é preciso continuar a inovar para sobreviver e continuar a ter sucesso. A experiência portuguesa mostra bem como a abertura de alguns sectores à concorrência (nalguns casos na sequência da privatização) contribuiu decisivamente para aumentar

---

[24] Entre as 10 melhores universidades do mundo, as 9 primeiras são americanas; a melhor não americana é Universidade de Cambridge, no Reino Unido, em décimo lugar. Mesmo que este tipo de classificações tenha algumas limitações, não há dúvida sobre a superioridade americana neste domínio. Outro indicador do avanço americano no campo da investigação científica está o facto de todos os prémios Nobel em 2006, com a excepção compreensível e óbvia do Nobel da Paz, terem sido atribuídos a americanos.

a inovação nesses sectores. O sistema financeiro, as telecomunicações móveis e a comunicação social são exemplos de sectores que, após terem sofrido um choque concorrencial, se tornaram competitivos e inovadores, confirmando assim a regra de que quanto maior for a intensidade competitiva – e também a pressão da procura – maior será a capacidade de inovação. Todavia, importa reconhecer e perguntar porque não aconteceu (ainda) o mesmo com muitas empresas exportadoras tradicionais. A parte simples da resposta consiste em afirmar que o choque concorrencial dado pelas economias emergentes da Ásia e dos países do Leste Europeu implica, como já vimos, ganhadores, os que se adaptaram atempadamente, e perdedores, os que não perceberam a natureza do desafio. A parte difícil da resposta está em identificar a razão por que muitas destas empresas sujeitas à concorrência não inovaram para se adaptarem às novas circunstâncias. Salvo melhor opinião, não o fizeram talvez porque, tendo vivido sempre expostas à concorrência internacional, não perceberam que o choque concorrencial em causa era diferente do habitual e de tal natureza que inviabilizava o factor em que assentava a sua competitividade – os baixos salários. Tal como sapo da história não percebe que o lento aquecimento da água pode levá-lo à morte, também algumas empresas exportadoras tradicionais não compreenderam que a nova concorrência requeria que dessem um salto para outro ambiente, para novos factores de competitividade, para poderem sobreviver. No entanto, muitos dos responsáveis por essas empresas vão certamente reagir bem e, com mais ou menos dificuldade e tempo, (ainda) vão conseguir inovar e recuperar a produtividade e a competitividade perdidas.

Uma vez que o processo que permite aumentar produtividade pela inovação passa pela concorrência – algumas empresas introduzem inovações tecnológicas ou comerciais que permitem criar ou distribuir bens e serviços com mais valor acrescentado e depois, por força da concorrência, essas inovações são adoptadas e adaptadas como as melhores práticas por outras empresas –, também por esta razão é necessário eliminar os obstáculos e reforçar a concorrência. Para o efeito, para além do que já foi feito, é fundamental facilitar a entrada no mercado de novas empresas, nacionais e estrangeiras, o que não passa apenas pela rapidez na constituição jurídica de empresas e marcas, mas também e sobretudo pelo licenciamento das suas actividades, domínio onde ainda há muito a fazer para melhorar a situação; também só a título excepcional e temporário por alguma razão válida (v.g. protecção transitória ao emprego no caso de algumas deslocalizações de empresas, como veremos no capítulo 5) se podem aceitar subsídios e outras formas de proteccionismo que ajudem actividades e empresas em declínio e que teriam de inovar para poderem continuar a existir em ambiente mais competitivo; e, as autoridades também devem ter em conta que na competição global, nomeadamente no seio da União Europeia, a dimensão das empresas conta bastante e pode haver situações em que a defesa da concorrência se fosse vista apenas à escala nacional poderia prejudicar eventuais operações de concentração empresarial necessárias para ganhar escala e enfrentar melhor a concorrência internacional.

Finalmente, os responsáveis pela política económica também podem promover a inovação, seja inovando directamente nas administrações públicas sob seu controlo, seja utilizando a encomenda pública para estimular a inovação empresarial, mediante a introdução nos critérios de decisão dos concursos públicos, para além do preço, de algumas características e especificações dos bens e serviços a adquirir pelo sector público que obriguem as empresas a inovarem, o que faria com que o respectivo processo competitivo fosse determinado pelo preço e também pela inovação.

MAIS CRESCIMENTO ECONÓMICO
PARA MAIS JUSTIÇA SOCIAL

Quando dissemos que Portugal precisa crescer mais e melhor quisemos salientar que o actual crescimento da economia portuguesa é, não só quantitativamente insuficiente, mas também qualitativamente deficiente, nomeadamente porque gera demasiada exclusão social e a distribuição do rendimento também é muito desigual, aspectos que não têm tido a atenção que merecem. Desde o 25 de Abril de 1974, a par das conhecidas dificuldades na educação, o aumento das desigualdades foi o outro domínio onde mais falhámos e onde também tardamos a

156 *Economia Portuguesa – Melhor é Possível*

corrigir a situação. De facto, os níveis de desigualdade e de pobreza relativa em Portugal são dos mais elevados na União Europeia. De acordo com o Eurostat, em 2004, o rendimento dos 20% mais ricos era 7,2 vezes superior ao rendimento dos 20% mais pobres, o valor mais elevado da União Europeia, que registava um rácio de 4,8 entre os rendimentos dos dois grupos extremos da escala social, tanto para a UE-25 como para a UE-15. Para além de ser o país da União Europeia com a distribuição de rendimento mais desigual, Portugal também é o que apresenta a maior pobreza relativa. Segundo a citada fonte, no mesmo ano, enquanto a taxa de pobreza relativa (já depois de transferências sociais) da UE-25 era 16% e a da UE-15 estava em 17%, o correspondente valor para Portugal situava-se em 21%, apenas igualado pela Irlanda e pela Grécia. Isto quer dizer que aproximadamente um quinto dos portugueses, mais ou menos dois milhões, têm um rendimento disponível inferior ao limiar de pobreza fixado em 60% do rendimento disponível mediano (o rendimento para qual metade dos portugueses estão acima e outra metade estão abaixo desse rendimento), ou seja, em valores de 2006, à volta de 400 euros, o que é manifestamente pouco. Note-se que este conceito de pobreza não é definido em relação a um cabaz mínimo de bens e serviços, mas sim por indexação ao rendimento mediano do país, e, portanto, o pobre de um país menos desenvolvido tem um rendimento monetário inferior ao do pobre de um país mais desenvolvido. Por sua vez, a taxa de pobreza persistente (permanência abaixo do limiar de pobreza nos três anos anteriores) era, em 2001 (último ano disponível), de 15% em Portugal e de 9% na UE-15 e na UE-25.

Estes indicadores de pobreza e de distribuição do rendimento mostram que as preocupações sociais dos sucessivos governos não passaram disso mesmo e que as medidas tomadas têm sido insuficientes e/ou ineficazes. No caso particular do combate à pobreza, é sabido que o rendimento mínimo garantido e outras formas de auxílio financeiro são importantes para atenuarem a privação dos pobres, mas a solução do problema da pobreza passa pela integração dos pobres no mercado do trabalho para que possam ganhar a vida, serem auto-suficientes, como os restantes cidadãos e deixarem de estar dependentes do subsídio. Recordando o velho ditado chinês, o Estado para combater eficazmente a pobreza, em vez de dar o peixe, deve dar a cana e ensinar a pescar. Nesta perspectiva, medidas como o micro-crédito[25] e outras formas de apoio à criação de microempresas e dos correspondentes empregos são mais difíceis mas também mais eficazes do que a via fácil da atribuição de subsídios. Como é óbvio, para um mesmo nível de gastos, é preferível ajudar e apoiar a actividade do que subsidiar a inactividade. O combate à pobreza e a redução das desigual-dades económicas e sociais têm de ser objectivos fundamentais para uma sociedade mais justa. Efectivamente, não basta produzir com mais eficiência, também é necessário distribuir com mais equidade e justiça e lutar contra a pobreza e a exclusão social com mais eficácia. Precisa-mos de um crescimento económico mais forte e também mais equili-brado, quer do ponto de vista social, para reduzir a pobreza e melhorar a distribuição do rendimento, quer do ponto de vista territorial, para atenuar as diferenças de níveis de vida entre o mundo rural do interior e as regiões mais urbanizadas do litoral.

De acordo com a teoria económica tradicional, o crescimento da economia é uma das melhores formas de ajudar os pobres, mas pode implicar e requerer alguma desigualdade, designadamente para possi-bilitar que os ricos poupem e invistam mais e assim alimentem o cresci-mento económico. Nesta perspectiva, a desigualdade social seria uma condição que facilitaria a poupança, o investimento e o crescimento da economia e só depois de "aumentar o bolo" se devia melhorar a distri-buição do rendimento e atenuar as desigualdades económicas e sociais. Simplesmente, os mais pobres podem não partilhar os benefícios do crescimento da economia, ou ter de esperar muito para que tal acon-teça, razão por que os responsáveis políticos também têm a obrigação moral de fazer acompanhar as políticas de estímulo ao crescimento económico com políticas de atenuação das desigualdades e de combate à pobreza, especialmente para os idosos, e de promoção da igualdade de oportunidades, particularmente para as crianças e os jovens. Os

---

[25] O premio Nobel da Paz de 2006 foi atribuído ao economista do Bangladesh Muhammad Yunus e ao Banco Grameen, que o mesmo fundou, e que foi pioneiro na concessão de microcréditos para ajudar os pobres, especialmente mulheres, a criarem as suas microempresas e os seus auto-empregos, e assim lutarem contra a pobreza.

mecanismos de mercado são eficazes para resolver os problemas de afectação de recursos e de eficiência económica, mas, por si sós, nunca resolveram bem os problemas de distribuição de rendimento e de equidade social, e daí o papel insubstituível do Estado e das políticas públicas. A intervenção do Estado é necessária, não só através da política de redistribuição pelos impostos e pelas despesas sociais, mas também de outras políticas públicas, uma vez que a desigualdade tem origem em muitos factores, nomeadamente na distribuição primária da riqueza, na qualificação dos recursos humanos, na disponibilidade e qualidade dos empregos, no acesso a cuidados de saúde, etc. De facto, tendo em conta as carências e as desigualdades da sociedade portuguesa e as necessidades e as possibilidades da nossa economia, é preciso compatibilizar as exigências da competitividade com o imperativo moral da solidariedade, e o Estado não pode deixar de dar o seu contributo para o efeito, sobretudo quando é dirigido por um Governo socialista ou social-democrata, como é agora o caso. Referimos aqui a cor política do Governo porque a relação entre o crescimento económico e a justiça social não é apenas uma questão técnica, mas é também e sobretudo de opção política. Os mecanismos de redistribuição do rendimento interferem com a afectação dos recursos pela via dos custos e dos incentivos e, portanto, também influenciam o crescimento da economia. Em linguagem simples: o tamanho do bolo também depende do modo como é repartido pelo mercado e pelo Estado. E o modo como é feita a arbitragem entre eficiência e equidade também depende da posição política dos governos. A direita pura privilegia a menor interferência dos mecanismos de redistribuição e assume o consequente aumento das desigualdades, enquanto a esquerda dura têm uma forte aversão às desigualdades e privilegia a política redistributiva ao ponto de poder sacrificar a eficiência e a competitividade da economia. Por sua vez, o centro-esquerda, a social-democracia, tem uma posição intermédia e mais moderada: preocupa-se com a eficiência e com a equidade e procura conciliar o combate à pobreza e a redução das desigualdades sociais com o bom crescimento da economia, nomeadamente através de uma política orçamental (impostos e despesas) com preocupação social e também com o estímulo de práticas empresariais social e ambientalmente responsáveis.

Tradicionalmente privilegiava-se e ainda se privilegia a maior progressividade dos impostos directos para redistribuir o rendimento, mas esta via pode ter efeitos desfavoráveis sobre a poupança e o crescimento económico, e também é preciso ter em conta as restrições impostas pela globalização relativamente à competitividade fiscal. Acresce que uma coisa é a progressividade *ex-ante* dos impostos directos, dadas as taxas de tributação dos vários escalões para que a taxa média de imposto seja crescente, e outra é a progressividade *ex-post*, a que efectivamente acontece devido, nomeadamente, a abatimentos e deduções para apuramento do imposto e também à fraude e evasão fiscais. A experiência tem mostrado que, na realidade, não é fácil corrigir a distribuição primária do rendimento pela via fiscal e que se consegue conciliar melhor eficiência com equidade pela via das despesas públicas, nomeadamente na educação, na saúde e nas pensões, que podem ser instrumentos de igualdade de oportunidades e de mobilidade social e também de eficiência económica. De facto, é mais fácil e mais eficaz corrigir a distribuição do rendimento pelas despesas sociais do que pelos impostos, embora haja algumas vias fiscais que talvez valesse a pena considerar. Uma poderia ser uma espécie de imposto negativo, um pouco à semelhança do que a França fez com a criação do prémio para o emprego[26], e outra poderia ser a isenção ou a redução das contribuições para a segurança social dos trabalhadores com salários muito baixos.

Independentemente do que deva e possa fazer por via orçamental para melhorar a distribuição primária do rendimento, o Estado providência, para além das intervenções a jusante do sistema produtivo, também deveria incentivar e apoiar a responsabilidade social das empresas. Tal como alguns dos actuais direitos sociais dos trabalhadores resultaram da generalização e assunção pelo Estado providência de práticas

---

[26] Este instrumento, no fundo, é um crédito de imposto que tem por finalidade encorajar o retorno ao emprego, ou a manutenção em actividade das pessoas com baixos rendimentos, e, por esta via, promover uma melhor redistribuição do rendimento. O montante do prémio é calculado em função da situação familiar e do rendimento do contribuinte e serve para reduzir o montante do imposto devido; no caso de este ser inexistente ou inferior ao prémio para o emprego, o prémio total ou a diferença para o imposto é entregue ao contribuinte.

antes realizadas por outras instituições (v.g. igreja e misericórdias), também no futuro próximo e numa social-democracia mais avançada faria sentido que o Estado promovesse e atribuísse às empresas, como sua obrigação, algumas práticas que as mais desenvolvidas já realizam no âmbito da sua responsabilidade social, como por exemplo o investimento em formação profissional, ou a criação de fundos para cobertura do risco de despedimento dos trabalhadores. De facto, uma das vias relevantes para a redução das desigualdades entre os trabalhadores é o aumento da sua empregabilidade e esta passa pela melhoria da educação formal e da qualificação profissional dos portugueses, domínio onde, sem prejuízo da responsabilidade directa do Estado, as empresas também poderiam assumir alguns deveres. As empresas socialmente mais evoluídas já o fazem de forma voluntária e discricionária. Porém, o que estamos sugerindo é a integração de algumas actividades de formação profissional, ou a constituição de fundos para determinadas finalidades, no conjunto das obrigações legais e contratuais de algumas empresas (v.g. de maior dimensão), porventura acompanhadas de algum benefício de natureza fiscal para compensar o acréscimo de custos, passando esses deveres empresariais a constituir direitos sociais dos trabalhadores.

As políticas sociais desempenham um papel essencial na protecção de diversos riscos e na atenuação de desigualdades de várias espécies (v.g. rendimento, emprego, saúde, idade), sendo, portanto, uma componente importante do nosso modelo social e também relevantes para a produtividade e a competitividade da economia. Por exemplo, uma população mais educada, ou mais saudável, tem melhores condições para ser mais produtiva e competitiva. Todavia, em contraponto, também há quem considere que o fraco desempenho da economia nos últimos anos, nomeadamente em matéria de crescimento económico, emprego ou adaptabilidade, se deve, em parte, ao custo e ao efeito desincentivador de algumas políticas sociais, nomeadamente na protecção do desemprego, razão por que também não devemos ignorar alguns possíveis efeitos secundários das políticas sociais na esfera económica. De facto, as relações de interdependência entre a eficiência económica e a equidade social são complexas e, consoante o estádio de desenvolvimento do país e o modo como as referidas

Promover a Produtividade e o Crescimento Económico 161

relações são geridas, assim pode haver uma certo compromisso ou arbitragem, como defende a tese mais divulgada[27], ou um reforço mútuo entre os dois objectivos, como defendeu o Conselho Europeu da Primavera de 2006[28]. A interdependência entre eficiência económica e equidade social existe na medida em que, por um lado, é necessário um certo nível de solidariedade e coesão social para assegurar um ambiente empresarial favorável à produtividade e, por outro lado, também é preciso um certo nível de competitividade empresarial sem o qual não há criação de riqueza suficiente para garantir a coesão e a protecção social, como as dificuldades orçamentais da economia portuguesa, particularmente nas áreas da saúde e da segurança social, já evidenciam. Nestas circunstâncias, optar por eficiência ou equidade não faz sentido e seria contraproducente na medida que aumentaria a conflitualidade social ou bloquearia a economia. O que é preciso é conseguir o melhor doseamento possível na actual situação da economia e da sociedade portuguesas, através das políticas públicas, nomeadamente da orçamental, e da concertação entre os parceiros sociais, particularmente no que respeita à evolução dos salários e às condições de trabalho, tendo em conta as necessidades de crescimento económico e de justiça social, os compromissos internacionais do País e as restrições impostas pela globalização competitiva.

A experiência dos países nórdicos mostra que é possível conciliar grande eficiência económica e alta competitividade com baixa desigualdade na distribuição do rendimento e elevados níveis de protecção

---

[27] Tradicionalmente, considera-se que há uma certa arbitragem entre os dois objectivos e, portanto, a partir de certo ponto, o aumento da equidade social pode prejudicar a eficiência económica, ou o aumento desta pode agravar a equidade social.

[28] Nas conclusões do Conselho Europeu da Primavera de 2006 pode ler-se que "a nova estratégia para o emprego e o crescimento proporciona um enquadramento no qual a política económica, a política de emprego e a política social se reforçam mutuamente, assegurando uma progressão paralela na criação de emprego, na competitividade e na coesão social, à luz dos valores europeus. Para que o modelo social europeu seja sustentável, a Europa deve redobrar esforços no sentido de criar mais crescimento económico e um nível mais elevado de emprego e produtividade, reforçando simultaneamente a coesão social e a protecção social, em conformidade com os objectivos traçados na Agenda Social".

social. No entanto, sabemos que tal se deve a características particulares que não são facilmente transponíveis para outros contextos, nomeadamente uma cultura geral com um forte sentimento de solidariedade e uma grande preocupação com as desigualdades entre as pessoas e que aceita um elevado nível de carga fiscal. E também sabemos que a superioridade dos países nórdicos em termos de equidade social não resulta apenas da redistribuição através de impostos e de despesas sociais, mas tanto ou mais dos seus investimentos no capital humano, também fundamental para a sua superioridade em termos de eficiência económica e de justiça social. Portugal também tem de encontrar vias que permitam melhorar a protecção social dos mais pobres e a redistribuição do rendimento dos mais ricos, sem prejudicar a competitividade da economia, e um dos requisitos essenciais para o efeito também passa por investir mais eficiente e eficazmente nas pessoas, no capital humano, para podermos ter, de forma sustentada, mais crescimento económico, mais justiça social e melhor democracia.

Caixa 3.1

PRODUTIVIDADE E COMPETITIVIDADE

O indicador mais relevante para avaliar o bem-estar dos cidadãos é a quantidade e a qualidade dos bens e serviços disponíveis por habitante (produto ou rendimento *per capita*), e esta medida é simplesmente o produto por trabalhador (produtividade do trabalho) multiplicada pela proporção da população que trabalha (rácio entre o emprego e a população residente). É este rácio – que tem que ver com estrutura etária da população e com o funcionamento do mercado do trabalho, nomeadamente quanto às proporções dos habitantes em idade de trabalhar e dos que estão efectivamente dispostos a fazê-lo, ao número de horas que cada activo trabalha e à taxa de desemprego – que explica a diferença entre a produtividade do trabalho e o produto *per capita* e faz com que a classificação internacional de Portugal em termos de produto *per capita* seja melhor do que a sua posição quanto à produtividade do trabalho. De facto, comparativamente com a UE-15, Portugal tem uma taxa de participação da população no mercado do trabalho mais alta, uma taxa desemprego um pouco mais baixa e os portugueses trabalham, em média, mais horas. Para neutralizar a influência destes factores e obter uma medida mais representativa da eficiência produtiva, em vez da produtividade por trabalhador, também se costuma calcular a produtividade por hora trabalhada* e, neste caso, como o denomi-

---

* Sempre que falamos em produtividade, sem mais, referimo-nos à produtividade por trabalhador ou por hora trabalhada, ou seja, à produtividade do trabalho. No entanto, este conceito não é o que melhor capta a eficiência do processo produtivo, uma vez que o trabalho não é o único factor produtivo e a sua produtividade também é afectada pela maior ou menor disponibilidade de capital. De facto, se os trabalhadores dispuserem de mais ou melhores máquinas e equipamentos (capital produtivo), é provável que o produto por trabalhador ou hora trabalhada aumente e que

nador em Portugal é relativamente maior, a posição internacional de Portugal é mais baixa do que na produtividade por trabalhador.

A produtividade é um conceito de fácil apreensão, mas a apreciação do seu andamento é relativamente mais difícil, quer porque a mesma resulta de muitos factores, quer porque a sua evolução também depende do ciclo económico. De facto, quando a economia sai da recessão e começa a crescer, a produtividade também costuma aumentar porque empresas tendem a intensificar a utilização do trabalho e a não expandir o emprego enquanto não estiverem suficientemente seguras de que a recuperação é sustentada. Por sua vez, quando a economia abranda e entra em recessão, em princípio, a produtividade também baixa porque as empresas não dispensam logo trabalhadores e esperam para ver se a diminuição da actividade económica é passageira ou prolongada. Assim sendo, por causa de atrasos no ajustamento do emprego à variação da actividade económica, a subida ou a descida da produtividade do trabalho pode ser seguida pela sua diminuição ou aumento, se e quando se der o ajustamento no mercado do trabalho. As flutuações observadas nas variações do produto relativamente ao emprego tornam pois difícil separar a componente cíclica e apurar a evolução da produtividade subjacente, estrutural ou tendencial, embora existam métodos para o

tal se deva sobretudo ou apenas ao acréscimo ou à melhoria do capital produtivo. O conceito que apura a eficiência de todos os factores produtivos é a *produtividade global dos factores*. Teoricamente, o seu crescimento corresponde à parte do aumento do produto que não é atribuível à disponibilidade dos factores produtivos, ou seja, ao crescimento do emprego (trabalho) e do equipamento (capital), considerando apenas estes dois recursos. Na prática, porém, é mais difícil de calcular do que a simples produtividade do trabalho, nomeadamente porque é mais fácil apurar o número de trabalhadores ou as horas trabalhadas do que avaliar o stock de capital, estimar funções de produção e fazer a chamada contabilidade do crescimento. Para mais, ver por exemplo A. Mendonça Pinto, *Política Económica: Em Portugal e na Zona Euro*, Principia, 1999.

efeito e a OCDE faça essas estimativas. Os resultados divulgados pela OCDE mostram que, nos últimos anos, também se assistiu a uma diminuição significativa do crescimento da produtividade tendencial em Portugal*, o que é bastante preocupante.

Sendo a produtividade o produto por trabalhador ou por hora trabalhada, facilmente se percebe que o seu aumento implica produzir mais, em quantidade e/ou qualidade, e, portanto, com os mesmos custos globais, diminuem os custos unitários de produção. Consequentemente, com tudo o resto constante, nomeadamente as margens de lucro, os preços internos passam a ser relativamente menores do que os preços no exterior, o que quer dizer que melhora a competitividade. Fica assim claro que o crescimento da produtividade implica o aumento da competitividade. No entanto, o inverso não é verdadeiro, dado que é possível melhorar a competitividade – por exemplo pela diminuição dos salários ou das margens de lucro, pela diminuição dos impostos sobre as empresas, ou ainda (quando tal é possível, o que não é caso no interior da Zona Euro) pela depreciação da taxa de câmbio pela qual se convertem os preços em moeda nacional em preços em moeda estrangeira – sem aumentar a produtividade. Do que foi dito decorre que, enquanto a produtividade é um conceito bem definido em si mesmo, a competitividade é um conceito menos preciso que só pode ser avaliado relativamente a uma referência, por exemplo o preço do mesmo produto no estrangeiro, ou pela capacidade da empresa vender e, portanto, manter ou aumentar a sua quota de mercado, por diminuição dos preços relativos ou por outras vantagens, como por exemplo a melhoria da qualidade ou a rapidez da entrega, que tornem os seus bens e serviços mais atractivos (competitivos).

A competitividade das empresas e, por extensão, da economia é relevante para o seu desempenho comercial e, nesta perspectiva, é

---

* OECD, Economic Surveys, *Portugal*, Abril 2006, Pag. 21 e seguintes.

importante para a preservação do emprego e para a defesa da balança de pagamentos com o exterior. No entanto, para que também haja mais crescimento económico *e* subida do nível de vida da população, a melhoria da competitividade deve resultar do aumento da produtividade. Se resultar da diminuição dos salários, factor de empobrecimento, o reforço da competitividade pode gerar um crescimento rico em emprego, mas pobre em rendimento *per capita*. De facto, só o aumento da produtividade, factor de enriquecimento, permite subir os salários e o nível de vida dos portugueses sem pôr em risco a competitividade, razão por que são perigosos aumentos salariais não fundamentados na correspondente subida da produtividade. Para que a subida dos salários não prejudique a competitividade, é preciso que haja o correspondente aumento da produtividade ou a redução equivalente da margem de lucro das empresas, o que estas dificilmente aceitam porque implica a diminuição do seu rendimento. Consequentemente, admitindo que não há alteração na distribuição funcional do rendimento, a convergência dos salários portugueses com os europeus requer a convergência dos respectivos níveis de produtividade e, para não perdermos competitividade, os salários em Portugal só podem subir mais do que na Zona Euro se e apenas na medida em que a produtividade em Portugal também cresça mais do que na Zona Euro*. Caso contrário, como aconteceu nos últimos anos, as empresas e a economia portuguesa perdem competitividade, o que significa que a produção portuguesa fica relativamente mais cara do que a dos nossos parceiros comerciais, é batida nos mercados doméstico (mais importações) e externo (menos exportações), e as consequências são o agravamento do

---

* Note-se que quando se defende que os salários só podem subir em linha com a produtividade raramente se explicita que a validade da afirmação pressupõe manter intocável a distribuição do rendimento entre salários e lucros. Para um tratamento mais formal e desenvolvido, ver A. Mendonça Pinto, *Política Económica: Em Portugal e na Zona Euro*, Principia, 1999, Capítulo 10.

défice externo, porque a produção nacional é substituída por produção estrangeira, e o aumento do desemprego, porque não são necessários trabalhadores para produção não vendável (por não ser competitiva). Subidas de salários desalinhadas do aumento da produtividade podem gerar uma subida artificial do nível de vida durante algum tempo, suportada pelo aumento do endividamento externo do País, mas são insustentáveis e, portanto, ilusórias. Mais tarde ou mais cedo, o ajustamento acaba por ter lugar pela diminuição do crescimento económico e pelo aumento do desemprego, até que a economia atinja o nível de rendimento compatível com o seu nível médio de produtividade. É o que tem estado a acontecer nos anos mais recentes.

Em suma, para defender o emprego e o equilíbrio externo, temos que melhorar a competitividade, e, para melhorar o nível de vida global dos portugueses, o principal objectivo da política económica, temos de aumentar a produtividade. O crescimento da produtividade da economia portuguesa acima da média da europeia é vital para evitar o empobrecimento relativo em que País se encontra e para voltar a convergir para o nível de vida dos países mais desenvolvidos da União Europeia. O défice orçamental é preocupante e o seu combate necessário, mas é preciso não nos enganarmos no "inimigo principal", e esse é, sem dúvida, o grande défice de produtividade. Com o produto avaliado em paridade do poder de compra, a produtividade do trabalho na economia portuguesa em 2005 era apenas 62% média da UE-15 e 67% do valor da Espanha. Por outro lado, embora o produto *per capita* dependa da produtividade e do peso dos empregados no conjunto população, é a primeira variável, a produtividade, que explica a maior parte da variação do produto por habitante. A produtividade não é tudo, mas é quase tudo, e, portanto, para aumentar o nível de vida dos portugueses, é indispensável elevar a produtividade e todos temos a obrigação de produzir hoje mais e melhor do que ontem.

Caixa 3.2

PORTUGAL 2010: ACELERAR O CRESCIMENTO DA PRODUTIVIDADE

De acordo com o trabalho que dá o título a esta Caixa, elaborado pela McKinsey & Company em 2003, o nível da produtividade em Portugal é 52% da média dos países europeus mais produtivos, o que quer dizer que há um défice de produtividade de 48% relativamente a esses países. Deste diferencial, cerca de três quartos são solucionáveis por actuações de política económica e só um quarto, ou seja 16%, são explicáveis por causas estruturais, como por exemplo a dimensão económica e física e a periferia do País*. O estudo analisou nove sectores de actividade, cinco nos bens e serviços não transaccionáveis (construção residencial, retalho alimentar, banca de retalho, telecomunicações e transporte rodoviário de mercadorias), três no sector dos bens transaccionáveis (automóvel, têxtil e turismo) e um no sector público administrativo (saúde)**. Cada um destes sectores tem, naturalmente, problemas específicos, mas há um conjunto de obstáculos ou barreiras transversais a todos eles e que estão na origem e explicam o referido diferencial de produtividade. O estudo identificou as seguintes barreiras e estimou o impacto ou contributo relativo de cada uma para a parte do défice de produtividade identificado como não

---

* O valor e a decomposição do défice de produtividade são estimativas e, como tal, devem ser entendidas como ordens de grandeza. Por outro lado, como o estudo é de 2003, a situação actual não é exactamente a mesma. No entanto, as alterações verificadas não parecem ter sido suficientes para pôr em causa as principais conclusões do estudo, que ainda se podem considerar relativamente válidas e úteis.

** Estes sectores representavam então (2003) quase metade do produto e do emprego, contribuíram com cerca de dois terços para o crescimento da produtividade do trabalho nos cinco anos anteriores e respondiam por cerca de um terço do diferencial de produtividade.

estrutural, no sentido de atacável pela política económica (valores entre parêntesis)*: informalidade (28%); regulamentação de mercados/produtos (13%); ordenamento do território, burocracia no licenciamento e outros processos (24%); prestação de serviços públicos (22%); e, legislação laboral (13%)**.

A principal barreira identificada foi a *informalidade*, entendida como "o conjunto de distorções ao enquadramento competitivo e empresarial da economia resultantes da evasão por parte de empresas e agentes económicos a um conjunto de obrigações", o que engloba a economia paralela e outras formas de evasão a impostos (v.g. IVA, IRC e IRS), a obrigações sociais (v.g. contribuições para a segurança social) e a normas de mercado (v.g. relativas a qualidade dos produtos, segurança, restrições ambientais, etc.). O reconhecimento da prática da informalidade, com este ou outro nome menos neutro, como obstáculo ao crescimento da produtividade, não foi novidade, embora a dimensão do seu contributo, 28%, e a identificação de algumas vias pelas quais actua, tivessem surpreendido um pouco. De facto, para além do tradicional impacto negativo nas receitas do Estado e da Segurança Social, a informalidade é factor de concorrência desleal para com as empresas cumpridoras e, por esta via, permite às empresas menos eficientes uma

---

* Não conhecemos a metodologia utilizada para identificar e estimar o impacto das principais barreiras à produtividade, mas, pela origem do estudo, admitimos que seja tecnicamente fundamentada.

** O estudo identifica ainda uma sexta barreira, que designa por herança industrial. Esta resulta das anteriores e constitui um obstáculo ao aumento da produtividade em virtude de a interacção das restantes barreiras ter gerado uma estrutura industrial bastante fragmentada e de pequena escala e uma tendência para um posicionamento das empresas em actividades com reduzido valor acrescentado ou reconhecimento pelos clientes finais. Apesar de se tratar de uma barreira relevante, nomeadamente como restrição ao investimento produtivo, o estudo não estimou o seu contributo relativo para o défice de produtividade.

presença no mercado superior à que obteriam se não tivessem as vantagens de preço e de margem de lucro possibilitadas pela evasão aos impostos e às contribuições sociais. Pelas mesmas razões, a informalidade também dificulta ou impede a entrada no mercado de novas empresas, em virtude do espaço económico estar ocupado por empresas que sobrevivem por estarem total ou parcialmente fora do mercado formal. Por outro lado, a informalidade, ao tornar o trabalho relativamente mais barato do que o capital, através da evasão a normas laborais e a obrigações para com a Segurança Social, também pode reduzir o incentivo a investimentos em equipamentos e outro capital que poderiam contribuir para aumentar a produtividade do trabalho. Outra consequência negativa da informalidade é falta de incentivo para crescer e ganhar dimensão e para realizar outras condições necessárias à inovação, uma vez que – sendo a exposição, o escrutínio e a fiscalização públicas maiores nas grandes do que nas pequenas empresas – é mais difícil uma grande empresa estar na informalidade do que uma média ou pequena empresa. Por razões semelhantes, também se compreende que a informalidade contribua para que exista algum distanciamento das melhores práticas, domésticas ou internacionais, por falta de transparência das empresas que não actuam completamente na economia formal e por receio ou incapacidade de convivência das empresas internacionais com práticas de informalidade. Pelo que fica dito, facilmente se percebe que, para aumentar a produtividade, é indispensável combater a informalidade porque falseia a concorrência, permitindo que empresas ineficientes se mantenham no mercado; porque faz com que estas empresas evitem crescer e aceder a melhores práticas, por entrada ou contacto de novos investidores, para não se exporem ao escrutínio externo; porque afasta a entrada e o investimento de empresas internacionais que não toleram ou convivem mal com a informalidade; porque diminui o custo do trabalho relativamente ao do capital e, por isso, reduz o incentivo ao investimento; e, ainda, porque agrava as cargas fiscais e sociais das empresas cumpridoras prejudicando assim a sua competitividade nacional e internacional. Por todas estas razões, não pode haver complacência para com os comportamentos de informalidade. O argumento por vezes utilizado de que a economia informal não deve ser combatida, ou deve ser tolerada, porque a ajuda a manter o emprego e a evitar o desemprego não tem fundamentação válida, nem em termos de eficiência económica, porque prejudica a produtividade, nem de equidade social, porque cria desigualdades injustificáveis.

A *inadequação da regulamentação dos mercados e produtos* contribui com 13% para o diferencial de produtividade não estrutural e tem que ver, fundamentalmente, com restrições "ao acesso ao mercado por novos operadores, na definição artificial (não em mercado) dos níveis de preço e da oferta ou na introdução de requisitos que impedem a optimização operacional e comercial da actividade das empresas". O estudo encontrou evidência relativa ao impacto desta barreira na produtividade de um conjunto de sectores e salienta o retalho alimentar e a construção residencial, o que ajuda a compreender que os preços médios das casas e dos bens alimentares sejam em Espanha (mesmo abstraindo da diferença de taxa no IVA) significativamente mais baratos do que em Portugal.

A barreira relativa ao *ordenamento do território e à burocracia no licenciamento e outros processos* representa 24% do diferencial não estrutural da produtividade e manifesta-se, por um lado, "numa deficiente coordenação e visão integrada dos múltiplos planos de ordenamento do território aplicáveis a um determinado local", e, por outro lado, "em processos de licenciamento (e outros) complexos, insuficientemente coordenados, heterogéneos e pouco transparentes". Apesar de a parte divulgada do estudo não apontar os sectores onde é maior o impacto desta barreira, não custa admitir que sejam, em primeiro lugar, a construção residencial e, depois, talvez o turismo.

A *deficiência na provisão de serviços públicos* é outra barreira ao crescimento da produtividade apontada no estudo e cujo impacto no diferencial de produtividade não estrutural foi estimado em 22%. A deficiência manifesta-se, directamente, no desempenho da administração pública pela qualidade dos serviços prestados relativamente seu custo e, indirectamente, na produtividade do sector privado. Quanto ao primeiro aspecto, o trabalho da Mckinsey salienta que o peso da administração pública em Portugal é relativamente elevado em termos de massa salarial e que isto se deve não tanto ao emprego do sector público, que ficava abaixo da média da União Europeia, mas mais aos salários da função pública, que eram superiores aos do sector privado (para características idênticas dos trabalhadores)*. Quanto ao segundo aspecto, basta pensarmos que a saúde e a educação das pessoas influenciam bastante a sua produtividade para reconhecermos que falhas na provisão destes serviços, especialmente no que respeita aos baixos níveis educacionais, são um obstáculo à melhoria da produtividade. De facto, as ineficiências dos serviços públicos reflectem-se em menor bemestar para os cidadãos e também em custos acrescidos ou em factores limitativos para a inovação e a expansão das empresas. Por outro lado, uma carga fiscal excessiva relativamente à quantidade e à qualidade dos serviços públicos prestados também pode afectar negativamente a atractividade da economia para o investimento estrangeiro, do mesmo modo que também pode servir de desculpa para tolerar ou incentivar o desenvolvimento da informalidade.

Por último, a *rigidez da legislação laboral* também é um problema para fazer progredir a produtividade, nomeadamente porque

---

* A afirmação foi feita com base em dados de 1999 para o emprego e de 2001 para os salários. Entretanto, a situação evoluiu e é possível que – por efeito do congelamento e da moderação salariais e da continuação de alguma admissão de pessoal (apesar das restrições) – actualmente (fim de 2006) o contributo do emprego já seja relativamente maior e o dos salários menor.

Promover a Produtividade e o Crescimento Económico   173

pode dificultar a capacidade das empresas adaptarem a sua força de trabalho às necessidades do ciclo produtivo, como acontece por exemplo em actividades sazonais como o turismo; porque a segurança do emprego pode reduzir o incentivo dos trabalhadores para melhorarem o seu desempenho e, portanto, a produtividade do trabalho; porque as restrições ou dificuldades nos despedimentos podem diminuir a atractividade da economia para novos investimentos, nacionais ou estrangeiros; e, ainda, porque as restrições à mobilidade laboral podem levar a desequilíbrios com excesso de mão-de-obra em sectores tradicionais pouco produtivos e falta de trabalhadores em sectores em crescimento e mais produtivos. Não obstante os vários canais pelos quais a rigidez da legislação laboral pode penalizar a produtividade, o estudo, ao estimar em apenas 13% o seu contributo para o défice de produtividade não estrutural, veio mostrar que a legislação laboral está longe se ser o maior obstáculo ao crescimento da produtividade e da economia, como até então muitos argumentavam*. De facto, é sabido que a aplicação prática é menos rígida do que a lei e acresce ainda que a flexibilidade laboral, tanto na legislação como na prática das empresas, aumentou desde a data do estudo (2003) até hoje.

---

* Numa conferência realizada em Lisboa, em Maio de 2006, o ex-presidente executivo da General Electric, Jack Welch, considerou que uma legislação laboral mais restritiva praticamente não afecta a competitividade das empresas. Para ele, "o único efeito que isso tem nas empresas é que exige maior cuidado na contratação das pessoas", "pode custar um pouco mais e demorar mais tempo, mas consegue-se fazer o mesmo" e, portanto, "não é um bloqueio importante para as empresas". Pode haver aqui algum exagero, uma vez que "custar um pouco mais e demorar mais tempo" é uma desvantagem competitiva e pode fazer alguma diferença. No entanto, o que Jack Welch disse, com a experiência e a autoridade que tem, também serve para relativizar a importância da legislação laboral como obstáculo à produtividade e à competitividade das empresas portuguesas.

Desta digressão pelas barreiras ao crescimento da produtividade, podemos concluir, como faz a Síntese das conclusões do estudo, que "o diferencial de produtividade é elevado (48 pontos percentuais), mas cerca de dois terços é "não estrutural", ou seja, pode ser eliminado por políticas económicas correctas". "Nos sectores domésticos, representativos de cerca de 50 por cento do emprego, o aumento da produtividade terá de passar pela criação de condições concorrenciais equitativas (concorrência sã). Nos sectores de bens transaccionáveis, em que as empresas a operar em Portugal têm de competir já com empresas localizadas em outros países, a resolução do problema exige a criação de condições para uma maior competitividade de Portugal". Finalmente, uma última observação para lamentar que as autoridades que encomendaram e receberam o estudo apenas tivessem divulgado a Síntese das conclusões, privando assim o público interessado de o conhecer na íntegra.

CAIXA 3.3

NOTA SOBRE O IMPACTO ECONÓMICO DA IMIGRAÇÃO

Para avaliar o impacto económico da imigração convém ter em conta a qualificação predominante dos imigrantes, dado que os efeitos da imigração diferem consoante se trata, predominantemente, de imigrantes indiferenciados, pouco ou nada qualificados, ou de imigrantes qualificados. Na perspectiva do país de acolhimento, o recurso a imigrantes especializados e qualificados pode contribuir para aumentar a produtividade da economia e também para melhorar a distribuição do rendimento se ajudar a limitar o crescimento dos salários mais elevados. Pelo contrário, a imigração pouco qualificada pode ser útil para determinadas actividades menos exigentes (v.g. construção civil e restauração), mas contribuirá pouco para melhorar a eficiência produtiva. Por outro lado, tenderá a agravar a distribuição do rendimento, na medida em que a concorrência salarial pressiona no sentido da contenção dos salários mais baixos predominantes nessas actividades. Assim sendo, por razões de eficiência e equidade, os efeitos económicos da imigração qualificada são geralmente positivos, enquanto os da imigração pouco ou nada qualificada são ambíguos, razão por que, como é óbvio, os países de acolhimento devem preferir a imigração qualificada*. É claro que uma discriminação migratória desta natureza, para além de levantar problemas éticos, não seria de fácil aplicação e até poderia não ser inteiramente adequada, uma vez que grande parte da qualificação dos imigrantes também pode ser e é adquirida nos países de acolhimento.

Para avaliar o impacto da imigração sobre o produto (PIB) podemos considerar que este é igual à multiplicação da população pelo rendimento *per capita* e que este, ou seja, o rácio entre o PIB e a população, por sua vez, é igual à multiplicação da produtividade trabalho (PIB/emprego) pela taxa de emprego (emprego/ população em idade de trabalhar) e por um factor demográfico (população em idade de trabalhar/população). O efeito da imigração sobre a população é obviamente positivo. Quanto ao impacto sobre o rendimento

---

* Para os países de origem da imigração os efeitos são simétricos e, por isso, numa perspectiva de desenvolvimento mundial equilibrado, os países desenvolvidos que recebem imigrantes qualificados de países subdesenvolvidos poderiam compensar os países de proveniência desses imigrantes, por exemplo, através de um reforço da ajuda ao desenvolvimento, nomeadamente para educação. Em contraponto, o envio de remessas e o regresso de emigrantes já mais qualificados e experientes aos seus países de origem atenuam o impacto negativo da saída dos trabalhadores mais válidos dos países menos desenvolvidos.

per capita o resultado final é menos seguro, uma vez que a imigração pode baixar (ligeiramente) a produtividade do trabalho, pelo menos a curto prazo, ao diminuir a dotação de capital (equipamento) disponível por trabalhador. No entanto, este efeito negativo deve ser mais do que compensado pelos efeitos positivos da imigração sobre a taxa de emprego e sobre o referido factor demográfico e, se assim for, como é provável, o efeito global será positivo.

Do que fica dito, nomeadamente quanto à qualificação dos imigrantes e aos efeitos sobre as principais determinantes do produto, resulta que só através do estudo concreto de cada economia é possível estimar o impacto quantitativo da imigração sobre o desempenho da economia. Assim, de acordo com um estudo da Caixa Catalunya, *Razones demográficas del crecimiento del PIB* per capita *en Espana y la UE-15*, Informe Semestral I/2006, entre 1995 e 2005 o rendimento *per capita* da UE-15 cresceu à taxa média anual de 1,79% e sem o contributo dos imigrantes para o aumento da população activa o rendimento por habitante teria diminuído em média 0,23% ao ano. Para a Espanha, os referidos valores foram, respectivamente, 2,6% e -0,64%. Para Portugal, o crescimento médio anual do rendimento *per capita* foi de 1,8% e sem o contributo dos imigrantes teria diminuído 0,63%. Estas estimativas dependem da metodologia e das hipóteses efectuadas e podem padecer de algumas limitações que sobrevalorizem o impacto económico da imigração, mas as diferenças de valores apontam para um significativo contributo dos imigrantes para o desenvolvimento da economia, que aliás é bem visível em Portugal em alguns sectores de actividade, particularmente nas obras públicas e construção civil, na restauração e no comércio.

A contribuição dos imigrantes para o crescimento da economia portuguesa resulta fundamentalmente do seu contributo para o aumento da população e foi mais acentuada no quinquénio que

Promover a Produtividade e o Crescimento Económico

mediou entre 2000 e 2005. Para além deste efeito directo favorável, também seria preciso ter em conta o impacto menos favorável no rendimento *per capita*, através dos efeitos indirectos da imigração na produtividade e no emprego. Na produtividade, porque os níveis de educação e de qualificação profissional do total dos imigrantes não são melhores do que os da população nativa. No emprego, porque a taxa de emprego dos imigrantes deve ser inferior à dos trabalhadores nacionais, embora possa haver algum emprego oculto de imigrantes. Estes aspectos e outras dificuldades, nomeadamente no que respeita à quantificação dos fluxos migratórios no seio da União Europeia depois do acordo de Schengen (abolição de fronteiras entre os Estados aderentes) em 1999, mostram que não é fácil estimar com rigor o impacto económico da imigração e que, para o efeito, seria necessário um estudo mais abrangente e aprofundado do que o acima referido.

Capítulo 4

AUMENTAR O EMPREGO
E COMBATER O DESEMPREGO

Quem sou eu se não participo?
Eu tenho necessidade, para ser, de participar.

Antoine de Saint-Exupery

Trabalho para todos é o mais importante objectivo para a social-democracia.

Manifesto eleitoral do Partido Social Democrata Sueco para as eleições legislativas de 2006

Basta pensar que o trabalho dá às pessoas uma finalidade e uma função na vida e lhes proporciona os meios de subsistência para percebermos que a sua falta involuntária, o desemprego, é um dos maiores flagelos das sociedades modernas e, como tal, deve ser eficazmente combatido. De um ponto de vista estritamente económico, o desemprego é um desequilíbrio entre a oferta e a procura de trabalho, uma parte da população activa que quer trabalhar e não consegue, o que implica uma perda de produção potencial. Porém, como escrevi noutra ocasião, "o desemprego é também a frustração e o desespero de quem procura e não encontra trabalho, mesmo que tenha minimamente assegurada a sua subsistência (v.g. através do subsídio de desemprego ou do rendimento mínimo garantido), pois quem vive, involuntariamente, à custa da sociedade não pode deixar de sentir a falta da utilidade e da dignidade que só o trabalho confere. Nesta perspectiva, estar desempregado não é apenas não ter emprego, mas também sentir-se excluído e dispensável pela sociedade"[1]. Assim sendo, por uma razão económica (ganhar a vida) e outra social (ser útil à sociedade), como diz a citação inicial, "o trabalho para todos é o mais importante objectivo para a social-democracia" e a criação de emprego, a par do crescimento económico, o mais importante objectivo de política económica. O trabalho, ou o emprego, é de tal modo indispensável e valioso para a vida das pessoas que estas também se definem pelo que fazem, a profissão que exercem, e todos procuram um bom emprego. É até frequente dizer-se que "não há nada melhor do que um bom emprego", embora este conceito varie de pessoa para pessoa consoante a(s) característica(s)

---

[1] A. Mendonça Pinto, *Política Económica: Em Portugal e na Zona Euro*, Principia, 1999, Pag. 65.

182 *Economia Portuguesa – Melhor é Possível*

mais valorizada(s) (v.g. tipo e condições de trabalho, remuneração, segurança no emprego, etc.). As economias modernas criam cada vez mais riqueza, mas, infelizmente, também deixam uma parte significativa das pessoas sem trabalho (desemprego ou inactividade forçada), ou com trabalho precário, ou com subaproveitamento das suas capacidades (subemprego), o que constitui um considerável desperdício de recursos produtivos e um lamentável drama humano e social.

O desemprego, em si mesmo, é inerente à dinâmica da economia de mercado, uma vez que é normal – e até pode ser benéfico – que as pessoas mudem de emprego e, portanto, suportem algum desemprego temporário enquanto transitam de um para outro emprego. O que é preocupante e dramático é quando as pessoas levam muito tempo nessa transição, pois não é a mesma coisa estar desempregado um mês ou um ano, passando por dificuldades financeiras, mesmo que atenuadas pelo subsídio de desemprego, e sofrendo a correspondente exclusão social. É por esta razão que o flagelo do desemprego é, em grande medida, a sua duração e que uma mesma taxa de desemprego é tanto mais grave quanto maior for a duração do desemprego a que está associada. Por exemplo, uma taxa de desemprego de 8% resultante de um fluxo mensal de entrada no (e de saída do) desemprego de 8% da população activa permanecendo em média nessa situação durante 1 mês é menos grave do que se a mesma taxa resultar de uma entrada mensal no desemprego de 1% da população activa com uma duração média de 8 meses. No primeiro caso, o desemprego reflecte mais o dinamismo e a mobilidade no mercado do trabalho, ao passo que no segundo caso o trabalhador permanece desempregado durante mais tempo e terá bastante mais dificuldade em voltar a encontrar um novo emprego, o que é pior para os desempregados e para a economia.

O DESEMPREGO É GRAVE E PREOCUPANTE

A taxa média de desemprego em Portugal subiu de 3,9% da população activa em 2000 para 7,7% em 2006, ou seja, praticamente duplicou, mas esta evolução e dimensão, ainda dá uma ideia limitada da deterioração no mercado do trabalho, uma vez que a definição de desempregado não inclui os trabalhadores inactivos, nomeadamente os reformados ainda em idade de trabalhar e os trabalhadores já desencorajados de procurar trabalho, e também tem sido beneficiada pelo recente aumento da emigração[2]. Além disto, o desemprego em Portugal também é de "má qualidade" no sentido de que está mal distribuído. Em 2006, a taxa de desemprego das mulheres (9%) era quase 50% superior à dos homens (6,5%); a dos jovens dos 15 aos 24 anos (16,3%) era mais do dobro da média do conjunto (7,7%); e, em termos geográficos, as taxas de desemprego nas Regiões Autónomas dos Açores (3,8%) e da Madeira (5,4%) eram significativamente inferiores às existentes na região Norte (8,9%) e no Alentejo (9,2%). Porém, tão ou mais grave do que estas taxas é a evolução e o nível do desemprego de longa duração, que passou de 43,8% em 2000 para 51,9% em 2006, o que significa que mais de metade dos desempregados procuram emprego há 12 ou mais meses. A duração média do desemprego em Portugal é bastante maior do que nas economias mais dinâmicas, como por exemplo a americana. Acresce ainda que a mesma taxa de desemprego é mais grave em Portugal do que noutros países desenvolvidos. Por um lado, porque, como vimos no capítulo anterior, aproximadamente 20% da população vive em situação de pobreza relativa e a distribuição do rendimento é a mais desigualitária da União Europeia, o que faz com que haja relativamente mais desempregados pobres no nosso País. Por outro lado, porque os desequilíbrios macroeconómicos nacionais também são mais acentuados do que noutros países e, portanto, são menores as possibilidades de uma rápida melhoria da situação económica e laboral. Enquanto não voltarmos a um crescimento económico superior ao aumento normal da produtividade não haverá criação líquida de emprego notória e redução significativa do desemprego, a menos que haja outras "soluções" como por exemplo o aumento da emigração, como já está a acontecer e é possível

---

[2] Segundo a imprensa, nos últimos anos, terão emigrado para o Reino Unido à volta de 200 mil portugueses. Embora não se disponha de informação quantificada, também sabemos que a economia espanhola, que continua a crescer significativamente, tem estado a absorver bastantes trabalhadores portugueses atingidos pela quebra de actividade no sector da construção civil e obras públicas e pela deslocalização de empresas de Portugal para o exterior.

184 *Economia Portuguesa – Melhor é Possível*

que continue. À primeira vista parece paradoxal que os portugueses recorram à emigração ao mesmo tempo que Portugal se tornou num país de imigração, mas a explicação está no facto de, por um lado, os imigrantes aceitarem trabalhos e salários que os portugueses consideram inaceitáveis[3] e, por outro lado, os salários mais baixos que os nossos emigrantes usufruem nos países mais desenvolvidos para onde emigram serem superiores aos que teriam em Portugal nas mesmas ou em semelhantes actividades.

Por sua vez, o aumento do desemprego de longa duração nos últimos anos pode atribuir-se a quatro causas. Uma respeita ao desajustamento entre a oferta e a procura de emprego por sectores de actividade ou profissões e por regiões[4], especialmente a discrepância entre as qualificações dos desempregados e as requeridas pelos empregos disponíveis e também por dificuldades de reconversão profissional, o que chama a necessidade de cuidar a sério dos sistemas de ensino e de formação profissional ao longo de toda a vida activa[5]. Outra razão tem

---

[3] É possível que esta situação se altere um pouco com o novo regime do subsídio de desemprego (Decreto-Lei n.º 220/2006, de 3 de Novembro). As novas regras de atribuição do subsídio de desemprego clarificam o conceito de emprego conveniente e reduzem "as situações em que são admitidas recusas a ofertas de emprego ou outras intervenções postas à disposição dos beneficiários [do subsídio de desemprego] pelos serviços públicos de emprego".

[4] Para o desajuste entre a oferta e a procura de emprego por regiões contribui a fraca mobilidade geográfica dos portugueses resultante de razões de natureza psicológica (v.g. ligação ao meio e à família), económica (v.g. disponibilidade de habitação por limitações do mercado de arrendamento, trabalho do cônjuge) ou outras (v.g. escola dos filhos).

[5] Uma boa parte do recente aumento do desemprego em pessoas com formação superior no nosso País deve-se a um desajustamento entre os perfis da oferta e da procura de emprego para o qual contribui, pelo lado da oferta, um ensino demasiado livresco e que desenvolve poucas competências técnicas e de gestão, bem como um excesso de produção de diplomados, nomeadamente, em ciências sociais e humanas, quando as necessidades da economia requerem mais diplomados com formação tecnológica; pelo lado da procura, alguma relutância das empresas na admissão de pessoal com formação superior tem que ver, não só com uma questão de custo salarial para as empresas, mas também com a falta de postos de trabalho mais sofisticados que requeiram qualificações superiores, dadas as características da nossa estrutura produtiva.

que ver com o comportamento dos sindicatos, que se preocupam mais com os trabalhadores empregados, e têm conseguido aumentos salariais que não tem tido na devida conta a evolução da produtividade e a existência do desemprego, o que prejudica os desempregados que as empresas poderiam admitir por um salário inferior aos vigentes. Ao defenderem excessivamente os interesses salariais dos empregados, os sindicatos podem dificultar o emprego dos desempregados. Uma terceira causa do desemprego de longa duração ou estrutural está no desenvolvimento do que se designa por *histeresis* e que faz com que o desemprego aumente nas fases de recessão económica e não diminua, na mesma proporção, nas fases de expansão da economia. Uma pessoa que esteja algum tempo no desemprego perde hábitos de trabalho e qualificações, nomeadamente porque não pratica as rotinas de trabalho, ou não se mantém actualizado, e, portanto, tem mais dificuldade em encontrar um novo emprego, do mesmo modo e pelas mesmas razões que potenciais empregadores também têm mais relutância em admitir pessoas desempregados há muito tempo. Assim sendo, quando o desemprego aumenta também sobe a probabilidade de ficar desempregado mais tempo e quanto maior for o número de desempregados de longa duração – porque são menos empregáveis e, portanto, levam mais tempo a empregar – mais difícil é baixar a taxa de desemprego. Para além da dificuldade em arranjar trabalho, a permanência no desemprego também pode resultar da generosidade do sistema de protecção no desemprego, o que constitui uma quarta causa do desemprego de longa duração[6]. De facto, quando as regras que determinam a

---

[6] Um estudo recente "investigou a forma como o sistema de subsídio de desemprego condicionou as decisões de oferta de trabalho dos desempregados subsidiados em Portugal durante o período de 1998 a 2004" e "os resultados sugerem uma relação negativa entre a duração dos períodos máximos de concessão e a probabilidade de saída do desemprego para diferentes classes etárias de trabalhadores", tendo a autora do estudo concluído "que a generosidade do subsídio de desemprego produz efeitos indesejados desfavorecendo as transições para o emprego. Este facto conduz inevitavelmente a questionar a adequação do actual sistema social de protecção no desemprego". *In* Ana Pereira, *Avaliação do impacto das alterações do sistema social de apoio ao desemprego*, Boletim Económico do Banco de Portugal, Primavera de 2006, Pag. 67.

atribuição, a duração e o montante do subsídio de desemprego são relativamente favoráveis, é natural que alguns desempregados se habituem ao subsídio de desemprego e deixem de procurar activamente trabalho, o que é tanto mais provável quanto mais o valor do subsídio estiver próximo do salário mínimo a que os desempregados estariam dispostos a aceitar trabalho[7]. O facto de as empresas admitirem cada vez mais numa base temporária e só passarem ao contrato permanente depois de um período experimental as convencer que o trabalhador serve, faz com que muitos empregos durem pouco tempo e, por isto, a redução do desemprego também é mais demorada.

Por tudo o que ficou dito, é pois da maior importância que os incentivos das regras em vigor, a procura activa de emprego pelos desempregados e as acções de apoio dos serviços públicos de emprego contribuam para a rápida reintegração dos desempregados no mercado do trabalho, pois a persistência na situação de desempregado, pela acção conjunta de várias causas, também faz com que desemprego de origem conjuntural ou cíclica, com a passagem do tempo, se transforme em desemprego estrutural. Comparando o desemprego em Portugal com o do resto da UE-15, conclui-se que, enquanto no passado a componente conjuntural do nosso desemprego era superior à europeia, o que explicava a resistência à baixa do desemprego europeu e a

---

[7] O novo regime do subsídio de desemprego (Decreto-Lei n.º 220/2006, de 3 de Novembro) mantém o valor do subsídio em 65% da remuneração de referência, com o limite mínimo da retribuição mínima garantida (que deverá estar próxima dos 400 euros em 2007) e o limite máximo igual ao triplo desta retribuição; fixa o prazo de garantia para atribuição do subsídio em 450 dias de trabalho por conta de outrem num período de 24 meses imediatamente anterior à data do desemprego; e, estabelece os períodos de concessão do subsídio, que passam a ter em conta a idade do beneficiário e a carreira contributiva desde a última situação de desemprego e podem variar entre 270 dias para os beneficiários com menos de 30 anos e 720 dias para os beneficiários com mais de 45 anos. Este alargamento do prazo responde às necessidades dos indivíduos com mais dificuldade de reintegração no mercado do trabalho por serem mais velhos e, provavelmente, menos qualificações, mas também pode contribuir para retardar a aceitação de ofertas de trabalho. No entanto, este efeito adverso pode ser compensado pela alteração das regras quanto à capacidade e disponibilidade para o trabalho e quanto à perda do subsídio pela recusa de ofertas de trabalho pelos desempregados que o diploma também contempla.

Aumentar o Emprego e Combater o Desemprego

regressão do português nas fases de recuperação da economia, actualmente o desemprego português já convergiu bastante para o europeu, tanto na dimensão como na natureza, o que é negativo, porque torna mais difícil o seu combate.

A adesão ao euro também implica um ónus maior para o desemprego. A depreciação cambial, a que antes Portugal recorria para recuperar competitividade face ao exterior, também tinha uma função de solidariedade, uma vez que repartia e espalhava os custos do ajustamento a choques económicos adversos, ou a progressivas perdas de competitividade, por todos os portugueses. De facto, ao encarecer as importações em moeda nacional e embaratecer as exportações em moeda estrangeira, a depreciação do valor externo do escudo também implicava uma transferência indirecta e oculta de rendimento dos consumidores (que pagavam mais caros os bens que adquiriam) para os trabalhadores do sector dos bens internacionalmente transaccionáveis (que assim recebiam como que um subsídio à produção). Com a adesão ao euro e a indisponibilidade de política monetária e cambial, Portugal entrou para uma área de estabilidade dos preços (inflação baixa) onde o referido ajustamento a choques adversos ou a perdas de competitividade (que não é realizado por outras políticas económicas) se faz agora, fundamentalmente, pelo aumento do desemprego nas empresas que não são suficientemente competitivas. A entrada para o euro diminuiu assim a solidariedade implícita que antes existia no sistema económico pelo facto de grande parte do custo do ajustamento se fazer pela diminuição do poder de compra de todos os portugueses e que, com o euro, passou a ser, fundamentalmente, suportado pelos trabalhadores que, pelos acasos e infortúnios da economia, ficam desempregados. A inexistência de moeda e política monetária e cambial próprias representou assim, não só a indisponibilidade de um instrumento de política económica, mas também a perda de um mecanismo de coesão e solidariedade social que, indirectamente, beneficiava o emprego.

A depreciação e a desadequação das qualificações e competências profissionais dos desempregados nos últimos anos também dificultam a rápida redução do desemprego. De facto, devido à alteração da estrutura produtiva da economia portuguesa, designadamente por efeito da competição global e de alterações tecnológicas, quem perder o emprego numa dada indústria tem actualmente menor probabilidade de voltar a encontrar trabalho no mesmo sector de actividade do que tinha no passado, uma vez que a recuperação da economia passa agora mais por outros sectores. Por esta razão, a aprendizagem e a formação profissional ao longo da vida é uma necessidade imperiosa, quer para aumentar a produtividade dos empregados, quer para ajudar os desempregados a regressarem ao mercado do trabalho e, portanto, para combater o desemprego. Como já dissemos, mas não é demais repetir, precisamos de melhorar a qualidade dos nossos recursos humanos, não só para criar condições para uma efectiva política de inovação (que corre o risco de fracassar se não for articulada com o desenvolvimento dos recursos humanos e com mudanças na organização e gestão das empresas), mas também para qualificar mais e melhor os trabalhadores dos nossos sectores tradicionais, uma vez que é provável uma significativa redução de emprego nessas indústrias, nomeadamente por termos uma estrutura produtiva ainda bastante vulnerável à concorrência da China e de outras economias emergentes.

Pelas razões indicadas e outras, nomeadamente as perspectivas de fraco crescimento económico e os efeitos da prevista reforma da administração pública no que respeita à possibilidade de rescisões amigáveis e de despedimentos com justa causa, é provável que o desemprego em Portugal se mantenha elevado durante um período de tempo relativamente longo. A lenta recuperação da economia ajudará à criar postos de trabalho, mas a concorrência internacional atingirá a competitividade e o emprego de bastantes empresas e a reestruturação destas e de outras empresas criará algum desemprego, pelo menos num primeiro tempo. Acresce que muitos dos empregos criados pelo crescimento económico, ou na sequência de reestruturações empresariais, serão para trabalhadores mais novos e mais qualificados e não para os que entretanto perderam o seu emprego. Por tudo isto e pela própria natureza mais estrutural do actual desemprego, não será fácil resolver rapidamente a questão do desemprego, mas dificuldade não significa fatalidade ou resignação. De facto, é inaceitável a ideia de que não podemos fazer nada contra o desemprego, pois a falta de trabalho é um drama humano, social e económico que deve ser combatido, e é sempre possível fazer alguma coisa para reduzir a gravidade da situação.

No estado actual da economia portuguesa, com défices ainda acentuados nas finanças públicas e nas contas externas, não faz sentido pensar no relançamento da procura interna para combater o desemprego, mas isto não quer dizer que o Estado não possa fazer alguma coisa, quer na criação de um ambiente propício à iniciativa e ao investimento empresariais, quer na realização (v.g. em parcerias público-privado por razões orçamentais) de infra-estruturas públicas necessárias e que podem contribuir para baixar custos de funcionamento ou aumentar a produtividade do sector privado. Sendo, no entanto, limitadas as possibilidades de actuação pelo lado da procura em Portugal, os nossos governantes deveriam bater-se em Bruxelas por uma política de relançamento da actividade económica ao nível da União Europeia, não só quanto à criação de infra-estruturas necessárias, mas também de investimentos em investigação e desenvolvimento e em novas tecnologias. Uma política de reanimação económica faz sentido e justifica-se à escala da União Europeia porque esta é um espaço económico relativamente fechado, contrariamente ao que acontece com os seus Estados--membros; porque os investimentos de hoje fazem o crescimento económico de amanhã; e, ainda, porque o baixo crescimento económico e o elevado desemprego são características comuns a muitos países europeus. Do lado da oferta, como veremos adiante, precisamos pôr em prática políticas activas de emprego para reintegrar no mercado do trabalho desempregados e inactivos que possam e queiram trabalhar; políticas de ensino e de formação profissional que qualifiquem e também orientem as pessoas para as áreas com maior procura por parte das empresas; e, também, evitar a tentação e não cometer o erro de estimular e apoiar actividades mais trabalho-intensivas e menos produtivas (v.g. construção civil, comércio e administração pública) para defender o emprego porque isso dificultaria o aumento da produtividade da economia portuguesa e o futuro está nos sectores e no trabalho com mais valor acrescentado. A criação de emprego acompanhada pela correspondente diminuição da produtividade não aumentaria a produção da economia e, portanto, é melhor incentivar e orientar a actividade empresarial e o emprego para os sectores mais produtivos. Por outras palavras, precisamos de criar emprego, mas não de qualquer maneira, especialmente emprego forçado ou artificial à custa do défice orçamental, ou da diminuição da produtividade, pois a criação de emprego para ser sólida e duradoura requer finanças públicas sãs e tem que ser sustentada na produtividade.

EMPREGO, PRODUTIVIDADE E DESINDUSTRIALIZAÇÃO

Como é sabido, a produção realizada (Y) pode ser vista como a multiplicação do emprego (E) pela a produtividade média do trabalho (o quociente entre a produção e o número de empregados), ou seja, $Y = E \times (Y/E)$. Daqui decorre que o produto pode crescer pelo aumento do emprego e/ou pela subida da produtividade. À primeira vista, poderia parecer equivalente optar pelo emprego ou pela produtividade para expandir a produção e, tendo em conta o elevado desemprego existente, a aposta no emprego até poderia parecer mais adequada e eficaz a curto prazo. Porém, a realidade é mais complexa do que parece e ilações como a anterior podem ser perigosas, não só porque a produtividade é a variável determinante da melhoria do nível de vida das pessoas, como já vimos, mas também porque há situações de alguma arbitragem ou conflitualidade entre a produtividade e o emprego. De facto, há circunstâncias (v.g. racionalização de actividades) em que, para aumentar a produtividade, as empresas têm de prescindir de níveis de emprego mais elevados, assim como também há casos (v.g. empregos pouco produtivos) em que o aumento do número de trabalhadores baixa o nível médio de produtividade da economia. A diferente decomposição do produto entre emprego e produtividade nos vários países reflecte a importância relativa que os seus responsáveis atribuem a cada um dos referidos objectivos e o modo como os mesmos foram sendo conciliados. Por exemplo, a economia portuguesa, comparativamente com a da Zona Euro, regista uma taxa de emprego relativamente elevada e um nível de produtividade manifestamente baixo porque defendeu a competitividade mais pela via dos baixos salários do que pela melhoria da produtividade e, voluntária ou involuntariamente, tolerou muitos empregos relativamente pouco produtivos, especialmente no sector dos bens não transaccionáveis, como por exemplo na construção civil ou no sector público administrativo.

A realização de um elevado nível de emprego é um importante objectivo de política económica, mas seria um erro e uma ilusão querer aumentar o emprego à custa da diminuição da produtividade, precisamente porque essa opção, mesmo que pudesse ter alguma justificação do ponto de vista social, não seria economicamente sustentável no contexto da Zona Euro e da globalização competitiva. De facto, nas empresas expostas à concorrência internacional (sector dos bens transaccionáveis) não é viável manter postos de trabalho que não gerem uma produção minimamente competitiva e – tendo em conta a concorrência dos baixos níveis salariais nas economias emergentes da Ásia e dos novos Estados-membros da União Europeia, bem como a impossibilidade de depreciação cambial no seio da Zona Euro – a indispensável competitividade deve vir, fundamentalmente, da produtividade. No sector não exposto à concorrência internacional (bens não transaccionáveis) a ligação entre a produtividade, os salários e o emprego não é tão evidente, mas existe na mesma. No sector empresarial abrigado da concorrência externa, o efeito passa pela concorrência interna feita pelas empresas mais eficientes às empresas menos produtivas e competitivas; e, na administração pública o efeito, embora mais lento e menos visível, processa-se pela repercussão na competitividade das empresas e da economia da carga fiscal necessária para financiar o emprego e os salários, ou seja, a massa salarial, que será tanto mais elevada quanto menos produtivos forem os funcionários públicos.

A produtividade média do trabalho, o rácio entre a produção e o emprego, é uma medida de eficiência da economia mas também é um indicador de exclusão dos trabalhadores menos produtivos. De facto, tal como o tempo médio de uma corrida de cem metros de todos os alunos de uma turma é pior do que se corressem apenas os 50% mais rápidos, também a produtividade média do trabalho tende a subir com a diminuição do emprego e o aumento do desemprego. Assim sendo, para avaliar o desempenho da economia não devemos olhar apenas para a produtividade mas também para a taxa de emprego, isto é, a população empregada em percentagem da população em idade de trabalhar, taxa que depende directamente da taxa de actividade (quociente ente a população activa e a população em idade de trabalhar) e inversamente da taxa de desemprego (quociente entre o número de desempregados e a população activa)[8].

As taxas de actividade e de emprego em Portugal não comparam mal com as da União Europeia, apesar de a evolução do mercado do trabalho em Portugal não ter sido positiva nos últimos anos, com a quase estagnação do emprego e a subida da taxa de desemprego. A relativa manutenção do emprego resultou de a subida do emprego nos serviços ter compensado o decréscimo verificado na indústria transformadora, facto que aconteceu em Portugal[9] e também na Europa mais desenvolvida. A diminuição do emprego industrial nos países desenvolvidos tem sido atribuída aos efeitos da globalização, particularmente à expansão da indústria transformadora na China, e considerada uma debilidade na saúde das economias mais desenvolvidas. Todavia, a história da desindustrialização é mais complexa, quer quanto às causas, quer quanto ao juízo de valor que sobre ela habitualmente se faz. De facto, o progresso tecnológico tem contribuído tanto ou mais do que a globalização para a diminuição do emprego na indústria e a desindustrialização não é, necessariamente, sintoma de declínio económico. Sem dúvida que a China está a transformar-se na grande fábrica do mundo e os seus produtos manufacturados, como os de outros países emergentes, são suficientemente competitivos para poderem invadir as economias mais desenvolvidas, como já está a aconte-

---

[8] Sendo a taxa de emprego (te) o quociente entre o emprego (N) e a população em idade de trabalhar (PIT), a taxa de actividade (ta) o rácio entre a população activa (PA) e a PIT e a taxa de desemprego (u) o quociente entre o desemprego, U, (por definição U = PA-N) e a PA, mostra-se que a taxa de emprego é igual ao produto da taxa de actividade pelo complementar da taxa de desemprego, te = ta.(1-u). De

N = PA-U, dividindo ambos os membros por PIT, vem: $\frac{N}{PIT} = \frac{PA}{PIT} - \frac{U}{PIT}$. Multiplicando e dividindo o segundo termo do segundo membro por PA resulta:

$\frac{N}{PIT} = \frac{PA}{PIT} - \frac{U}{PIT} = \frac{PA}{PIT} - \frac{U}{PA} \cdot \frac{PA}{PIT} = \frac{PA}{PIT} \left(1 - \frac{U}{PA}\right)$, ou seja, te = ta . (1-u)

[9] Segundo o Livro Verde para as Relações Laborais, Ministério do Trabalho e da Solidariedade Social, Abril de 2006, no período entre 1998 e 2005, o emprego reduziu-se "na generalidade das actividades da indústria transformadora a uma taxa média anual de 2,3%, com particular destaque para as ligadas à indústria têxtil que conheceram uma redução de 4,5%."

cer, o que constitui um benefício para os consumidores e uma ameaça para os trabalhadores destas economias que produzem o mesmo tipo de bens. No entanto, o emprego industrial nos países mais desenvolvidos já estava em desaceleração e queda antes da emergência da China na economia mundial e o seu peso no emprego total é menor do que a parte do produto industrial no produto total dos referidos países, o que evidencia que a desindustrialização não se deve apenas à substituição de produção local pela chinesa, indiana ou de outros países emergentes, mas também à evolução natural das economias mais desenvolvidas, pois, à medida que estas progridem, são necessários menos trabalhadores na indústria e mais no sector dos serviços. Em primeiro lugar, porque à medida que as pessoas vão ficando mais ricas não aumentam as suas compras de bens industriais na mesma proporção e podem gastar uma maior parte do seu rendimento, por exemplo, em saúde, educação, cultura e turismo, ou seja, despendem relativamente mais em serviços do que em produtos. Em segundo lugar, porque o progresso tecnológico permite mais facilmente substituir homens por máquinas na produção industrial do que automatizar a prestação de serviços e, portanto, a produtividade cresce mais na indústria, que assim necessita de menos trabalhadores que se podem empregar nos serviços.

Sem prejuízo do contributo da globalização, especialmente na fase mais recente, a origem e o desenvolvimento da desindustrialização encontra-se assim, predominantemente, no facto de as empresas mais desenvolvidas, ou que aspiram a sê-lo, terem recorrido à tecnologia para aumentar a produtividade, substituindo, reduzindo ou abandonando actividades mais intensivas em trabalho a favor de outras com mais incorporação tecnológica e geradoras de maior valor acrescentado. Assim sendo, também não admira que as empresas dos países mais desenvolvidos retenham na casa mãe as actividades mais valiosas, como a investigação e o desenvolvimento, a concepção e o *design*, as finanças e o *marketing* e o serviço de apoio a clientes, e deslocalizem as tarefas menos exigentes e os empregos menos qualificados para economias emergentes com baixos custos salariais. Por esta via, a globalização e a deslocalização também potenciam a desindustrialização, embora esta seja fundamentalmente causada pela modernização tecnológica para aumentar a produtividade e a competitividade. Aliás, também é por causa da produtividade que as empresas, em situações de crise, preferem ajustar-se mais pela redução de efectivos do que pela diminuição dos salários. De facto, uma parte da rigidez (à baixa) dos salários explica-se pelo facto de a sua diminuição ser sentida pelos trabalhadores como um acto hostil, que se poderia reflectir na diminuição do seu empenho e da sua produtividade, razão por que, geralmente, os empresários, para manter o moral dos trabalhadores, parecem preferir o despedimento (ou a não admissão) de algum pessoal à diminuição dos salários de todos[10], o que também se reflecte na redução do emprego industrial.

Uma das preocupações com a desindustrialização está no facto de a passagem dos trabalhadores menos qualificados para o sector dos serviços envolver custos de transição em termos de desemprego e de alguns empregos no sector dos serviços (ainda) serem vistos como inferiores aos da indústria. Quanto ao primeiro aspecto, a solução não está em obstaculizar a mudança para defender artificialmente empregos pouco qualificados no sector industrial, mas em minorar os custos da mudança, nomeadamente pela formação e requalificação profissional dos que perdem o emprego, pelo apoio na procura de novo emprego e pela ajuda social temporária aos desempregados. Quanto ao segundo aspecto, a situação depende do estatuto social de cada emprego, mas, em termos globais, não há razão para pensar que os empregos nos serviços são de menor qualidade e valor do que na indústria. Aliás, as condições de trabalho e de remuneração média em muitos serviços são tão ou mais agradáveis e seguras do que em vários empregos industriais. Por outro lado, o crescente recurso ao *outsourcing* de serviços que antes eram realizados no interior das empresas industriais, tende a esbater e a tornar menos relevante a divisão entre a indústria e os serviços. De facto, estes dois sectores de actividade são cada vez mais interdependentes e faz cada vez menos sentido considerar que um é intrinsecamente melhor ou pior do que o outro. O que é cada vez mais

---

[10] A situação muda um pouco de figura quando a necessidade de ajustamento é de tal modo que implicaria um grande número de despedimentos, caso em que os trabalhadores compreendem e aceitam melhor o congelamento e mesmo a redução geral dos salários.

relevante é a divisão entre actividades e empregos de elevada ou de baixa qualificação técnica e profissional.

Outra preocupação com a desindustrialização está no facto de os serviços, sem prejuízo de algumas excepções (v.g. turismo e transportes), praticamente não serem, ou serem menos, exportáveis do que os produtos industriais e, portanto, a desindustrialização poder gerar ou agravar um problema de desequilíbrio externo. Sendo as exportações que efectivamente pagam as importações, a preocupação é relevante e a resposta passa por, num horizonte temporal alargado, importar menos bens industriais e/ou exportar mais serviços. Aparentemente, é a segunda hipótese que está a ser mais utilizada pelos países mais desenvolvidos, nomeadamente através da incorporação de serviços que dão valor aos produtos e sem os quais estes teriam menos ou nenhuma utilidade. Por exemplo, para que serviria o *hardware* de um computador sem o seu *software*, ou um televisor sem a existência de programas de televisão? No caso da nossa economia, por nos encontrarmos ainda num estádio de desenvolvimento intermédio e por termos um sério problema de desequilíbrio externo, também temos que apostar na exportação de serviços, nomeadamente no turismo onde temos muito boas condições, mas não podemos descurar a exportação de produtos industriais, embora seja desejável que sua composição evolua para produtos com maior conteúdo tecnológico e de capital humano e, portanto, com mais valor acrescentado, como (lentamente) tem vindo a acontecer.

FLEXIBILIDADE PARA AS EMPRESAS
E SEGURANÇA PARA OS TRABALHADORES

Considerando os elevados custos directos e indirectos da perda do emprego, nomeadamente a perda do salário e a penalização social do despedimento, os sindicatos defendem que a legislação laboral deve dificultar, ou pelo menos não facilitar, o despedimento de trabalhadores para assim defenderem o emprego. Em contrapartida, as associações patronais argumentam que a existência de demasiadas restrições ao despedimento prejudica a criação de postos de trabalho e favorece o desemprego, porque as empresas, se necessitarem e sentirem demasiadas dificuldades em pôr fim a um contrato de trabalho, também passam a ter mais hesitação e relutância em criar novos empregos. Embora não seja matéria pacífica e a verdade deva estar entre as duas posições extremas, a experiência mostra que não é viável manter postos de trabalho artificialmente, sobretudo na época da globalização competitiva e no tempo do euro, e que restrições excessivas à flexibilidade laboral criam uma segurança ilusória e podem ter um efeito perverso se contribuírem para aumentar o desemprego[11]. Consequentemente, importa analisar o problema da flexibilidade laboral para as empresas e, em contrapartida, a questão da protecção social para os trabalhadores.

Tipos de flexibilidade laboral

A flexibilidade laboral é uma questão complexa e controversa, não só porque há vários tipos de flexibilidade, mas também porque é necessário estabelecer algum compromisso entre a maior ou menor facilidade com que as empresas fazem os ajustamentos de que precisam no mercado do trabalho (flexibilidade no sentido geral) e o respeito de direitos laborais para protecção de eventuais abusos ou situações desfavoráveis para os trabalhadores (protecção ou segurança no emprego). De facto, é preciso algum equilíbrio entre a necessidade de flexibilidade para as empresas e de protecção para os trabalhadores, uma vez que as empresas, para sobreviverem e prosperarem, precisam de poder ajustar o tempo de trabalho e o número de empregados, bem como o custo e as qualificações da mão-de-obra às flutuações da procura dos bens e serviços ou às mudanças de natureza tecnológica. Assim sendo, temos vários tipos de flexibilidade – temporal, numérica, financeira e funcional – com diferentes características e implicações.

A *flexibilidade temporal* respeita à possibilidade de os empregadores e os empregados estabelecerem contratos a tempo parcial, ou

---

[11] As barreiras ao despedimento, na medida em que dificultam a destruição e a criação de empregos, também podem prejudicar o crescimento da produtividade média da economia, admitindo que a maior flexibilidade e mobilidade laboral faz com que os trabalhadores passem de empresas onde eram dispensáveis, ou pouco produtivos, para empresas onde poderão ser mais úteis e eficientes.

horários de trabalho flexíveis, o que pode facilitar uma melhor adaptação do trabalho às exigências de produção das empresas e uma maior participação de certas categorias de pessoas, nomeadamente mulheres e jovens, no mercado do trabalho. Por sua vez, a *flexibilidade numérica* refere-se à possibilidade de as empresas ajustarem o número dos seus empregados às flutuações da procura dos seus produtos e, portanto, tem que ver com a maior ou menor facilidade de despedimento pelas empresas e também com as condições e a duração máxima dos contratos a termo certo ou temporários, razão por que esta flexibilidade é geralmente associada à precariedade do emprego. Por razões de eficiência económica, as empresas devem poder ajustar o número dos seus efectivos às suas necessidades de gestão e funcionamento, mas, por razões de justiça social, os trabalhadores também não devem poder ser despedidos sem motivos válidos. A legislação laboral oferece algumas possibilidades para efectuar o ajustamento dos efectivos das empresas – o despedimento colectivo, o despedimento por extinção do posto de trabalho e o despedimento por inadaptação – e, para os casos de indisciplina laboral, o despedimento por facto imputável ao trabalhador. Em princípio, não parece que a actual legislação impeça ou dificulte os ajustamentos de efectivos que as empresas precisam fazer por razões de mercado ou opções de gestão. O ponto sensível para os empresários parece estar, fundamentalmente, na necessidade de terem de justificar os despedimentos, ou seja, de apresentar(em) o(s) motivo(s) e de o(s) sujeitar(em) a controlo externo[12], o que não parece mal, atendendo aos elevados custos económicos, sociais e humanos do despedimento[13]. No entanto, os empresários e as organizações econó-

---

[12] É talvez por o despedimento colectivo ser um processo formal que implica alguma demora, que pode ser contestado em tribunal e que obriga as empresas a apresentarem as razões organizacionais, económicas e financeiras para o despedimento que a maioria dos empresários têm preferido recorrer a rescisões amigáveis (mesmo suportando alguns custos e transferindo outros para o Estado, através do subsídio de desemprego e de reformas antecipadas) em vez do despedimento colectivo.

[13] A maior dificuldade do despedimento individual em Portugal relativamente a outros países europeus talvez resulte de o nosso sistema de protecção social ser mais novo e menos desenvolvido do que o dos desses países. A maior exigência legal para o despedimento individual seria assim uma forma de prevenir ou reduzir riscos que estavam relativamente menos cobertos e protegidos no nosso País.

micas internacionais, nomeadamente a OCDE e o FMI, consideram que a nossa actual legislação laboral é demasiado restritiva e, se assim for, poderá ser conveniente baixar um pouco os custos directos (indemnizações) e indirectos (procedimentos) dos licenciamentos para tornar o mercado do trabalho um pouco mais flexível, compensando a maior facilidade de despedimento com o reforço da protecção social e da ajuda ao reemprego dos trabalhadores atingidos.

Segundo a OCDE, a legislação laboral portuguesa relativa aos despedimentos é mais rígida do que as suas congéneres europeias, especialmente no que respeita ao despedimento individual de trabalhadores com contrato sem termo[14], embora existam suspeitas de que a sua avaliação não considera bem o caso português e dá uma medida exagerada do grau da protecção legal do emprego em Portugal. É um assunto que deveria ser averiguado e, caso se confirmassem as suspeitas, corrigido para repor a verdade e dar uma ideia correcta da situação, o que é tanto mais importante e urgente quanto a imagem dada pelo indicador da OCDE pode estar a prejudicar o nosso País em termos de atracção de investimento estrangeiro. Por outro lado, a avaliação do efectivo grau de rigidez nas relações laborais não deve limitar-se à flexibilidade legal, ao texto da lei, uma vez que, na prática, as empresas contornam frequentemente a legislação e têm despedido com relativa facilidade. Uma das formas de evitar as exigências e as dificuldades legais dos despedimentos, individuais ou colectivos, tem sido o recurso a rescisões amigáveis, a que se segue o pagamento do subsídio de desemprego e, no caso de trabalhadores com mais idade, a reforma antecipada, tudo à custa da Segurança Social.

---

[14] Segundo o Livro Verde sobre as Relações Laborais, "a avaliação feita pela OCDE sugere que, quanto ao rigor da LPE [legislação de protecção do emprego], a diferença entre Portugal e a média dos membros daquela organização que integram a UE-15 é máxima para o despedimento individual dos trabalhadores com contrato sem termo, enquanto que, no despedimento colectivo, Portugal estará próximo da média, dispondo de uma legislação mais flexível que a Alemanha, a Bélgica, a Dinamarca e a Itália. Quanto aos contratos temporários, a LPE seria mais flexível em Portugal do que em França, em Espanha e na Grécia". In *Livro Verde sobre as Relações Laborais*, Ministério do Trabalho e Solidariedade Social, Abril 2006, Pag. 24.

Perante as dificuldades das finanças públicas, faz sentido questionar até que ponto é razoável ser o Estado, ou seja, todos nós, a subsidiar reduções ou refrescamento de pessoal resultantes de reestruturações para aumentar a eficiência das empresas e os seus ganhos. A resposta não é simples. Aparentemente, não é aceitável que sejam os contribuintes, genericamente todos os portugueses, a custear uma operação que aproveita, fundamentalmente, aos accionistas das empresas em causa. Podemos estar a financiar custos privados com dinheiros públicos e, portanto, a colectivizar custos a favor de benefícios individuais. Todavia, a questão é um pouco mais complexa, não só porque o subsídio de desemprego existe precisamente para apoiar os trabalhadores quando estão desempregados, o que é o caso, mas também porque a recusa desse benefício aos referidos desempregados potenciais poderia ter como consequência atrasar ou adiar reestruturações de empresas, prejudicar a sua eficiência e competitividade e, por esta via, implicar a prazo mais desemprego e menos impostos. Ponderando os vários aspectos em causa, o já referido Decreto-Lei n.º 220/2006, de 3 de Novembro, veio reduzir as possibilidades de recurso ao subsídio de desemprego e à reforma antecipada na sequência da cessação do contrato de trabalho por mútuo acordo. A nova legislação define o que são empresas em situação de recuperação e viabilização e ainda admite, para efeitos de subsídio de desemprego, reduções de efectivos fundamentadas em motivos que permitam o recurso ao despedimento colectivo ou à extinção do posto de trabalho, mas agora em termos de quotas por empresa e por período de tempo, em função da dimensão da empresa e do número de trabalhadores abrangidos[15]. Por sua vez, as reformas antecipadas na sequência de rescisões amigáveis continuam a ser possíveis, mas passam a ter lugar mais tarde e a ser penalizadas[16].

---

[15] Nas empresas que empreguem até 250 trabalhadores, são consideradas as cessações até 3 trabalhadores, inclusive, ou até 25% do quadro do pessoal em cada triénio. Nas empresas com mais de 250 trabalhadores são consideradas as cessações até 62 trabalhadores, inclusive, ou até 20% do quadro do pessoal em cada triénio.

[16] Pode reformar-se a partir de 62 anos (inclusive) quem à data do desemprego tiver pelo menos 57 anos de idade e preencha o prazo de garantia legalmente exigido (15 anos de descontos). No caso da situação de desemprego decorrer de uma rescisão por mútuo acordo com a empresa, a pensão sofre uma penalização de 3% por cada

As novas regras parecem ser um compromisso aceitável: não eliminam completamente a ajuda pública à reestruturação empresarial, mas limitam as possibilidades de as empresas contornarem a lei e reestruturarem as suas actividades à custa da Segurança Social. Admitindo, porém, que a perspectiva do subsídio de desemprego e da reforma antecipada baixava o nível de exigência compensatória dos trabalhadores nas rescisões amigáveis, as reestruturações ficam agora mais caras e mais difíceis para as empresas. Consequentemente, considerando que muitas destas reestruturações são necessárias para as empresas e positivas para a economia, talvez o aperto na regulamentação do subsídio de desemprego e das reformas antecipadas devesse ter sido acompanhado por algumas medidas de flexibilidade laboral que facilitassem a reestruturação das empresas.

Os contratos a prazo também constituem um meio de flexibilizar o mercado do trabalho, particularmente nos países onde a legislação respeitante aos despedimentos é mais restritiva, como em Portugal. Estes contratos, sem prejuízo de também poderem ser usados para ajustar o emprego às flutuações da procura, são geralmente utilizados na entrada dos jovens no mercado do trabalho, como forma de triagem dos candidatos a lugares de contratação permanente. Na sua justificação está o facto de as empresas quererem e necessitarem de experimentar, durante um certo período de tempo, os trabalhadores com os quais, supostamente, vão fazer contratos para a vida. Porém, a questão está, por um lado, na maior ou menor duração do período de tempo necessário para experimentarem e avaliarem os trabalhadores; e, por outro lado, na possibilidade de algumas empresas menos escrupulosas aproveitarem a facilidade do contrato a termo para irem experimentando e, portanto, substituindo uns contratados a prazo por outros, aumentado assim a proliferação dos contratos a prazo e, portanto, a

---

ano que medeia entre 62 e 65 anos de idade, altura em que passa a receber a pensão por inteiro. Por sua vez, pode reformar-se a partir de 57 anos (inclusive) quem à data do desemprego tiver pelo menos 52 anos de idade e pelo menos 22 anos de descontos. Nesta situação, o reformado sofre uma penalização de 6% na pensão por cada ano que lhe falte para completar 62 anos de idade e, no caso de ter ficado desempregado na sequência de uma rescisão por mútuo acordo, a pensão também sofre a penalização de 3% por cada ano que mediar entre os 62 e os 65 anos de idade.

precariedade, a instabilidade e a insegurança no emprego, havendo já quem, por analogia com o termo proletariado, fale em "precariado"[17]. Assim sendo, também aqui é preciso conciliar a necessidade de flexibilidade no mercado do trabalho e a necessidade de protecção de direitos dos trabalhadores, questão difícil e sensível como mostrou o episódio do contrato do primeiro emprego, em França, no primeiro trimestre de 2006[18].

Outra forma de flexibilidade na gestão dos recursos humanos é a *flexibilidade financeira*, mediante a qual as empresas podem ajustar os custos salariais ao desempenho de cada empregado e/ou da equipa de trabalho. O recurso a este tipo de flexibilidade traduz-se na progressiva substituição de formas de remuneração e de promoção relativamente uniformes por sistemas de remuneração e recompensa do pessoal mais variáveis e dependentes do desempenho profissional, seja directamente mediante a atribuição de prémios e bónus, seja indirectamente através da concessão de promoções e outras formas de progressão nas carreiras. A flexibilidade financeira, ao fazer depender a remuneração do desempenho da empresa e dos trabalhadores, por um lado, pode diminuir a eventual necessidade de *downsizing* das empresas e, nessa medida, pode ser uma alternativa à flexibilidade numérica; e, por outro lado, também corresponde a uma política de meritocracia que desempenha uma função muito importante na motivação dos gestores e dos trabalhadores e, portanto, na produtividade da empresa. A contrapartida destes efeitos positivos da remuneração variável em função do desempenho está na menor qualidade de vida dos empregados no trabalho, designadamente em termos de *stress* laboral, de tempo de

---

[17] Para além destes aspectos, o aumento do peso relativo dos contratos a termo certo relativamente aos contratos permanentes também tem implicações no que respeita à redução do poder dos sindicatos e à moderação dos salários.

[18] Uma das lições que podemos retirar da aprovação do contrato de primeiro emprego em França (um contrato a termo de 2 anos para jovens com menos de 26 anos de idade) e do subsequente recuo do governo francês, depois de prolongados manifestações e tumultos de rua, é que, para tomar medidas em áreas que têm a ver com a vida e os direitos das pessoas, é preciso, primeiro, explicar bem e sufragar eleitoralmente essas medidas para, depois, as poder executar com a legitimidade popular indispensável para o efeito.

trabalho e de competição entre os trabalhadores, que em alguns casos mais extremos atingem níveis preocupantes pelas suas possíveis repercussões nas vidas e nas relações das pessoas e das famílias.

Por último, as empresas também podem flexibilizar a gestão dos recursos humanos, nomeadamente para poderem responder melhor a mudanças de natureza tecnológica, mediante a selecção de trabalhadores mais qualificados e a formação da força laboral existente para poderem desempenhar mais funções ou melhor as suas competências. A finalidade desta *flexibilidade funcional* é, portanto, o alargamento e o desenvolvimento das capacidades dos empregados para poderem preencher uma maior variedade de postos de trabalho e desempenhar uma pluralidade de funções e, assim sendo, é mutuamente vantajosa para as duas partes da relação laboral. Para as empresas, porque lhes permite aumentar a produtividade e/ou reduzir custos de trabalho; para os trabalhadores, porque contribui para aumentar as suas qualificações profissionais e polivalências e, portanto, também a empregabilidade. A flexibilidade funcional é o colesterol bom do mercado do trabalho. Assim sendo, as políticas públicas e as estratégias empresariais de formação profissional e de aprendizagem ao longo da vida devem ser apoiadas e desenvolvidas porque constituem um excelente tónico para o desempenho das empresas e para a realização profissional e o desenvolvimento da empregabilidade dos trabalhadores.

Em suma, as mudanças e as incertezas que as empresas têm que enfrentar, nomeadamente as ligadas à evolução tecnológica e à globalização competitiva, fazem com que as mesmas desejem e tenham que dispor de alguma flexibilidade, particularmente ao nível da gestão dos recursos humanos para aumentar a produtividade[19] , seja para poderem corrigir erros passados, seja para poderem responder a ameaças e oportunidades futuras. Se é certo que existem diferenças significativas entre a adaptabilidade proporcionada pela flexibilidade temporal, a precariedade criada pela flexibilidade numérica, a motivação associada à flexibilidade financeira e a polivalência ligada à flexibilidade funcional, também é verdade que as referidas formas de flexibilidade não devem ser utilizadas como alternativas, mas sim em combinações

---

[19] Ver Caixa 4.1 – Flexibilidade, emprego e produtividade.

específicas consoante os tipos de problemas a que devem responder, de modo a facilitar a adaptação das empresas e a minimizar os impactos negativos na vida dos trabalhadores.

Combinar melhor flexibilidade no trabalho e segurança no emprego

Como mostrámos antes, as empresas desejam que o mercado de trabalho seja mais flexível – e utilizamos agora o termo flexibilidade no sentido restrito e mais comum de facilidade em admitir e despedir pessoal (flexibilidade numérica) – para se adaptarem melhor às transformações económicas e tecnológicas em curso, enquanto os trabalhadores pretendem preservar o rigor da legislação laboral para assegurarem a protecção e a segurança do emprego. E também defendemos que não faz sentido que os empresários possam despedir sem justificação válida e, portanto, tem de haver alguma limitação ao direito de cessar unilateralmente uma relação de trabalho. Consequentemente, a questão relevante é saber se há ou não demasiada rigidez, ou excesso de garantismo, na legislação de protecção do emprego em Portugal que possa prejudicar a capacidade de adaptação e de resposta das empresas e, por essa via, o crescimento da economia e o emprego dos trabalhadores, pois, se assim for, a referida legislação acaba por ser inconveniente e ter um efeito perverso para os trabalhadores. De facto, pouco ou nada vale – porque é insustentável – ter uma legislação laboral (aparentemente) progressista com uma economia quase estagnada e um desemprego elevado. Assim sendo, mesmo que a legislação laboral não seja a principal responsável pelo fraco crescimento da economia e do emprego verificado nos últimos anos, devemos averiguar se é possível e desejável combinar um pouco mais de flexibilidade para as empresas e de segurança ou protecção para os trabalhadores e, neste contexto, discutir se o modelo dinamarquês de "flexi-segurança"[20], actualmente

---

[20] Tradução do termo *flexisecurity*, que achamos preferível a flexigurança ou flexissegurança também usados entre nós. Apesar de o termo ser relativamente recente e se reportar ao sistema dinamarquês, a origem do modelo de flexi-segurança foi um acordo de concertação social celebrado na Holanda em 1982.

em moda por ter sido relativamente bem sucedido, pode ou não ser um caminho, ou, pelo menos, fornecer alguns ensinamentos úteis para os nossos problemas económicos e laborais.

O modelo dinamarquês caracteriza-se por uma grande flexibilidade legal e efectiva, teórica e prática, nos despedimentos, mas os trabalhadores dinamarqueses não sentem a precariedade do emprego como sentem os portugueses, precisamente porque o sistema também compreende, embora sejam menos referidas, fortes políticas activas e passivas de emprego que ajudam os desempregados a procurar emprego e lhes atribuem um bom rendimento de substituição (subsídio) enquanto estão desempregados. O modelo dinamarquês da flexi-segurança assenta assim em três pilares – um mercado de trabalho muito flexível; um subsídio de desemprego generoso; e, políticas activas em termos de formação profissional e de procura de emprego – que formam um todo coerente e eficaz. O sistema funciona com a obrigação de obter um resultado essencial para todos os que estão em idade de trabalhar: quem não tem emprego recebe uma prestação social generosa e articulada com o que os dinamarqueses chamam "ofertas de activação" que facilitam a entrada no mercado do emprego ou o regresso ao trabalho.

Os trabalhadores dinamarqueses aceitam bem a fraca protecção legal do emprego porque, em caso de desemprego, beneficiam de um subsídio elevado (que chega a representar inicialmente 90% do salário) e este não constitui um desincentivo ao trabalho porque os desempregados estão predispostos, e também são obrigados, a realizar actividades de formação profissional e a procurar activamente emprego para não perderem o subsídio. O sistema permite pois uma grande mobilidade dos trabalhadores entre empregos – cerca de 30% dos trabalhadores mudam de emprego por ano, o que faz com que a duração média do emprego na Dinamarca seja a mais baixa da OCDE – e está associado a uma taxa de destruição e de criação de empregos bastante elevada. Uma parte significativa (em alguns anos quase um quinto) da população activa é anualmente atingida pelo desemprego, mas encontra rapidamente (entre 3 a 6 meses) emprego e os que permanecem mais tempo desempregados beneficiam do apoio de programas activos para a sua reintegração no mercado do trabalho. Consequentemente, o desemprego de longa duração é baixo, à volta de 1 em 10 desempregados, enquanto em Portugal é cerca de metade, ou seja, 1 em 2 desempregados. Com o seu sistema de flexi-segurança e outros factores, a Dinamarca conseguiu reduzir a taxa de desemprego de 12% em 1993 para um valor inferior a 4% em 2006, assegurar um crescimento económico médio anual superior ao da Zona Euro (com valores previstos, respectivamente, de 3% e 2,6% em 2006) e passar de um défice para um excedente nas contas públicas (estimado em 4% do PIB em 2006).

A questão relevante para Portugal é saber se este sistema de grande flexibilidade no mercado do trabalho, subsídio de desemprego generoso e políticas activas de reintegração laboral dos desempregados é desejável e transponível para a economia portuguesa. Parafraseando o filósofo espanhol Ortega y Gasset, que dizia que o homem é ele e a sua circunstância, também as economias são elas e as suas circunstâncias e, por isso, os pressupostos do modelo dinamarquês[21] não se aplicam muito bem a Portugal. Antes de mais, o modelo e a prática dinamarquesas assentam num diálogo social bastante activo onde, por tradição, não há propriamente um direito social proveniente do Estado e são os parceiros sociais que estabelecem as normas que regulam as suas relações, o que é bem diferente da tradição e da prática portuguesas muito assentes em interesses corporativos e dependentes do paternalismo estatal. Depois, o sistema dinamarquês é bastante caro para o erário público – as políticas activas (formação profissional e ajuda à procura de emprego) e passivas (subsídio de desemprego) do mercado do trabalho envolvem uma despesa pública, em percentagem do PIB, substancialmente superior ao que para o mesmo efeito se gasta em Portugal – e o seu financiamento é assegurado por um nível de

---

[21] A ex-ministra do trabalho e da solidariedade do governo francês, Elizabeth Guigou, escreveu que "o modelo dinamarquês está aí para mostrar que se pode simultaneamente privilegiar a saída do desemprego e a saída da pobreza, mas com um certo número de condições, muitas vezes esquecidas: um diálogo social intenso, sindicatos fortes, assim como políticas públicas baseadas na formação contínua e no acompanhamento personalizado de quem procura emprego e dotadas de meios consideráveis, implicando uma taxa de tributação obrigatória muito mais elevada do que em França". *In*, Elisabeth Guigou, *Crise de l'Emploi, Malaise au Travail*, Les Notes de la Fondation Jean-Jaurès, n.º 45, Février 2005, Pag. 9.

fiscalidade dos mais elevados da OCDE, o que seria dificilmente compatível com os nossos actuais constrangimentos orçamentais, nem quadra bem com a atitude dos portugueses relativamente ao Estado em geral e aos níveis da fiscalidade e da despesa pública em particular. Na Dinamarca, e nos países nórdicos em geral, os cidadãos estão dispostos a suportar cargas fiscais elevadas porque confiam nos poderes públicos e reconhecem que o Estado, em contrapartida, lhes fornece serviços públicos de qualidade, enquanto em Portugal a credibilidade e a reputação dos agentes políticos é baixa e predomina a ideia de que o Estado é ineficiente, ou seja, gasta muito para a quantidade e a qualidade dos serviços que presta. Acresce ainda que em Portugal, e nas sociedades do sul da Europa em geral, o nível de corrupção e a propensão à fraude e ao incumprimento das normas são muito mais elevados do que na Dinamarca e nas sociedades do norte da Europa[22]. De facto, enquanto nestes países quem defrauda o sistema de protecção social, ou não cumpre deveres fiscais e regras económicas e sociais importantes, é considerado um pária da sociedade e penalizado em conformidade pela generalidade dos seus concidadãos, nos países do sul, nomeadamente em Portugal, apesar de algum progresso recente, essas pessoas ainda são consideradas "espertas" por muita gente e, frequentemente, as suas infracções ficam impunes.

---

[22] Num inquérito internacional realizado pelo World Values Survey, em resposta à questão "considera sempre, por vezes, ou nunca exigir prestações sociais a que não tem direito", numa escala entre 1 (nunca) e 0 (por vezes e sempre), a Dinamarca está acima de 0,8 e os restantes países nórdicos na vizinhança desse valor, enquanto Portugal não chega a 0,6 e abaixo de nós, entre os países europeus, apenas estão a França, a Eslováquia e a Grécia. De acordo com o referido indicador – citado no trabalho "Civic Attitudes and the Design of Labour Market Institutions: Which Countries Can Implement the Danish Flexisecurity Model?", Yarn Algan e Pierre Cahue, IZA Discussion Paper n.º 1928, January 2006 – os dinamarqueses, os suecos, os holandeses e os noruegueses eram os que apresentavam maior responsabilidade cívica, indispensável para o modelo da flexi-segurança. Consequentemente, não admira que os autores do referido estudo argumentem "ser improvável que os países europeus continentais e mediterrânicos possam implementar o modelo dinamarquês porque a falta do sentido de bem público (*public-spiritedtness*) dos seus cidadãos levanta questões de risco moral (*moral hazard*) que dificultam a implementação de um eficiente seguro público de desemprego".

O facto de o modelo dinamarquês não se aplicar bem a Portugal não significa que dele não possamos extrair algumas lições importantes. A primeira tem que ver com a necessidade de corrigirmos, tão depressa quanto possível, o nosso maior falhanço dos últimos 30 anos e passarmos a levar verdadeiramente a sério a educação e a formação dos portugueses, pois sem uma bastante melhor preparação e qualificação escolar e profissional não podemos competir com as economias, nem aspirar aos níveis de vida, dos países que as têm. A segunda lição da experiência dinamarquesa respeita à combinação da flexibilidade laboral para as empresas com a protecção ou segurança dos trabalhadores. Se não é aceitável flexibilidade sem protecção, também não é aceitável protecção sem flexibilidade, e, enquanto na Dinamarca a generosidade do subsídio de desemprego é instrumental para viabilizar a flexibilidade no mercado do trabalho, em Portugal coexiste um subsídio de desemprego relativamente generoso (para as nossas possibilidades) com uma protecção do emprego considerada relativamente elevada pelos empresários e pelas organizações internacionais, como já vimos. Assim sendo, pode fazer sentido algum ajustamento no equilíbrio entre flexibilidade e protecção. Um pouco mais de flexibilidade na legislação laboral e no mercado do trabalho também poderia atenuar o desequilíbrio relativamente injusto e ineficaz entre pessoas não qualificadas com empregos protegidos e outras qualificadas que nem sequer conseguem empregos precários, ou, de forma mais geral, entre os que estão dentro (*insiders*) e os que estão fora (*outsiders*) do mercado do trabalho. Aliás, a legislação laboral não respeita apenas ao regime de despedimentos, mas cobre muitos outros aspectos, e, como também já vimos, há vários tipos de flexibilidade e todos podem contribuir para melhorar a adaptabilidade das empresas.

A contrapartida para uma maior flexibilização laboral em Portugal não pode ser no subsídio de desemprego, que em alguns casos é desincentivador da procura de trabalho e já representa uma despesa orçamental de quase 2% do PIB, mas pode e deve ser em termos de uma ajuda mais efectiva e eficaz na aprendizagem ao longo da vida para aumentar a empregabilidade, na procura de emprego e no regresso dos desempregados ao trabalho[23]. E surge assim a terceira lição da

---

[23] Outra forma possível de aumentar a flexibilidade laboral e, ao mesmo tempo, proporcionar adequada protecção aos trabalhadores poderia consistir no pagamento

experiência dinamarquesa: devemos reestruturar o serviço público de emprego para que seja mais eficaz a promover a entrada dos jovens e a reintegração dos desempregados no mercado do trabalho. Se outros países – como a Dinamarca, mas também a Holanda e o Reino Unido – conseguiram, por que é que Portugal não há de conseguir? O novo regime do subsídio de desemprego, para que a permanência nesta situação seja a menor possível para o retorno ao mercado do trabalho, já introduziu o conceito de emprego conveniente e prevê mecanismos de activação dos beneficiários e o reforço do serviço público de emprego. Vamos pois dar o benefício da dúvida e esperar para ver o efectivo contributo da intensificação da procura activa de emprego por parte dos candidatos e da ajuda dos centros de emprego para um mercado do trabalho mais eficiente. Por último, também seria bom que fôssemos criando outras condições necessárias para a aplicação de um bom modelo de flexi-segurança laboral para a nossa economia[24], nomeadamente a condição mais difícil: a melhoria do comportamento cívico dos portugueses. É muito difícil mudar as atitudes cívicas, que assentam em heranças culturais e não são sistematicamente influenciadas pelo ambiente económico, mas é preciso ter em conta essa preocupação no desenho das políticas e de outras intervenções públicas porque a melhoria do comportamento cívico dos portugueses é fundamental, não só para um modelo laboral mais eficiente e mais justo, mas também para uma economia mais competitiva e uma sociedade mais solidária.

Em suma, perante a evolução da realidade no mundo, na Europa e em Portugal, devemos discutir o modelo de flexi-segurança que mais nos convém e, na medida do necessário, (continuar a) ajustar em conformidade a nossa legislação laboral, averiguando bem o que pode ser

---

de uma parte das contribuições patronais (relacionadas com os vencimentos) para contas individuais dos trabalhadores em fundos de pensões e destinadas a financiar eventuais indemnizações por despedimento. Procedendo deste modo, as empresas não incorreriam em custos adicionais quando despedissem, e os trabalhadores teriam assegurada a totalidade ou parte da indemnização devida, em caso de despedimento, ou uma pensão complementar quando se reformassem.

[24] Pela sua importância e actualidade, é assunto a que voltaremos na Conclusão do livro.

feito sem alteração da Constituição da República e o que implica e pode justificar a modificação de normas constitucionais, nomeadamente o artigo 53.º que "garante" aos trabalhadores a segurança no emprego e proíbe os despedimentos sem justa causa, embora não defina o que se entende por justa causa.

UMA ESTRATÉGIA PARA O EMPREGO

Se houvesse suficiente crescimento económico, a estrutura da oferta de trabalho correspondesse à da procura, o nível e a distribuição dos salários resultante do confronto entre a oferta e a procura de trabalho fosse socialmente aceitável e a transição de uns para outros empregos se efectuasse sem grande atrito, o mercado de trabalho funcionaria razoavelmente bem, a economia estaria na vizinhança do pleno emprego e não seria necessária uma estratégia para o emprego para substituir falhas da política de estabilização macroeconómica, remediar disfunções do mercado do trabalho, ou compensar carências de outras políticas a montante (v.g. formação profissional) ou a jusante (v.g. distribuição do rendimento) do emprego. Porém, as coisas não se passam assim e, portanto, são necessárias políticas para promover o emprego e combater o desemprego, que devem ser coerentes entre si e ter em conta as circunstâncias e as necessidades específicas de cada país e as preferências dos seus cidadãos, sem prejuízo de poderem beneficiar dos ensinamentos da experiência de outros países e de organizações económicas internacionais.

A OCDE – depois de em 1994 ter divulgado a sua estratégia de emprego, uma lista de dez recomendações[25] – publicou em meados de 2006 uma reavaliação da referida estratégia[26], fazendo agora vinte recomendações agrupadas em quatro pilares: formular uma política macroeconómica adequada; remover impedimentos à participação no

---

[25] Vd. A. Mendonça Pinto, *Política Económica: Em Portugal e na Zona Euro*, Ed. Principia, 1999, Pag. 329.

[26] *Boosting Jobs and Incomes. Policy Lessons from Reassessing The OECD Jobs Strategy*, integrada no *OECD Employment Outlook*, Junho 2006, disponível em www.oecd.org.

mercado do trabalho e à busca de emprego; corrigir problemas que os mercados do trabalho e dos produtos colocam à procura de trabalhadores; e, promover o desenvolvimento das qualificações e competências da força de trabalho. A duplicação da lista de recomendações doze anos depois deve-se ao facto de a estratégia inicial visar, fundamentalmente, baixar o desemprego através da liberalização do mercado do trabalho, ao passo que a estratégia agora revista, sem deixar de ter a mesma finalidade, se preocupa também com a remoção de barreiras à participação no mercado do trabalho, tornada mais urgente pelas consequências adversas do envelhecimento da população, e com a qualificação dos trabalhadores e a adaptabilidade das empresas, que passaram a ser mais prementes pelas exigências do progresso tecnológico e da globalização competitiva.

Tomando como guia da reflexão sobre o mercado de trabalho em Portugal os quatros pilares da actual estratégia da OCDE, podemos dizer que a economia portuguesa tem problemas em todos eles, mesmo onde poderia parecer que não existiriam, como seria o caso da política macroeconómica. De facto, sendo Portugal membro da Zona Euro, a estabilidade dos preços é assegurada pela política monetária única e a sustentabilidade das finanças públicas pelo cumprimento da Pacto de Estabilidade e Crescimento. Porém, como já vimos, por razões várias ligadas ao estado das finanças públicas e das contas externas, praticamente não é possível utilizar a política macroeconómica nacional, leiase fundamentalmente a política orçamental, para ajudar a estabilizar os efeitos do ciclo económico no emprego e assim reduzir o risco dos correspondentes aumentos temporários do desemprego, que podem persistir e transformar-se em desemprego estrutural. Consequentemente, as actuais limitações da política macroeconómica nacional também contribuem, por um lado, para que o ajustamento no nosso sistema laboral se faça bastante à custa do desemprego, nomeadamente dos jovens e das mulheres, e de formas de trabalho atípicas e precárias; e, por outro lado, para que tenhamos que contar mais com as políticas microeconómicas para promover o emprego e combater o desemprego.

Quanto à remoção de obstáculos para aumentar a participação no mercado de trabalho e a criação de empregos, o segundo pilar da estratégia da OCDE, a duração e o montante do subsídio de desemprego (face ao salário) são relativamente generosos em Portugal, embora menos que nos países nórdicos, mas os serviços de emprego destes países também são bastante mais eficazes do que os nossos na activação e reemprego dos desempregados. Consequentemente, foi positivo que tivessem sido aumentadas as exigências a cumprir para ter direito ao subsídio de desemprego, para assim aumentar o incentivo ou diminuir a recusa ao trabalho, bem como (por enquanto apenas na legislação) reforçados os meios dos serviços públicos de emprego no apoio à procura de trabalho e à colocação dos desempregados. Quanto à generosidade do subsídio de desemprego, o novo regime manteve o seu valor (65% do salário de referência, com limite máximo de três vezes o salário mínimo nacional[27]) e até baixou o prazo de garantia (número de dias de trabalho que dão direito ao subsídio) de 540 para 450 dias, o que, tendo em conta a actual situação das finanças públicas, apenas se pode justificar, no caso do montante do subsídio, pelo baixo valor dos salários, e, no caso do prazo de garantia, para atenuar possíveis problemas sociais resultantes da entrada no desemprego de jovens trabalhadores. São estas duas razões, especialmente o reduzido valor dos salários, que explicam que o nosso sistema seja relativamente mais generoso do que o de muitos países mais ricos da UE-15. Por outro lado, o Governo também fez bem em ter apertado os requisitos a satisfazer pelos desempregados para manterem o direito ao subsídio de desemprego, nomeadamente a realização de diligências para encontrar trabalho e a apresentação quinzenal nos centros de emprego, ou noutras entidades competentes, para darem conta do seu empenho na busca de trabalho. Pretende-se assim reduzir o desincentivo ao trabalho, aumentar o estímulo a aceitar novos empregos e combater o desemprego de longa duração. A maioria dos desempregados não se manterá nessa situação por vontade própria, mas é sabido que alguns já não estão dispostos a trabalhar e outros acumulam indevidamente o subsídio de

---

[27] A partir de 2007, o valor do Indexante de Apoios Sociais (IAS) substitui o salário mínimo nacional (SMN) como referência para os valores de diversas prestações sociais. Em 2007 1 IAS = 1 SMN, mas depois segue uma actualização diferente, como veremos no capítulo 6.

desemprego com o trabalho na economia informal. A contrapartida do direito a um rendimento de substituição sob a forma de subsídio de desemprego tem que ser o dever de procurar activamente trabalho e de não recusar toda e qualquer oferta de emprego.

Repensar a legislação de protecção do emprego

A reforma da legislação de protecção do emprego constitui o terceiro pilar das recomendações da OCDE, especialmente para os países que têm legislações mais restritivas, como é o caso de Portugal, mesmo depois da revisão do Código do Trabalho de 2003. No passado, perante as críticas e as recomendações das instituições económicas internacionais neste domínio, os responsáveis portugueses costumavam contrapor que, apesar da referida legislação, a taxa de desemprego era baixa e a flexibilidade dos salários reais elevada comparativamente com as de outros países europeus. De facto, a acentuada protecção legal do emprego em Portugal foi durante muitos anos compatível com elevado emprego e baixo desemprego devido, fundamentalmente, ao bom nível de crescimento da economia e também ao tipo de crescimento bastante trabalho-intensivo, primeiro, nos sectores exportadores tradicionais, em especial nos têxteis, vestuário e calçado, com o apoio da desvalorização cambial para preservar ou conquistar competitividade; e, depois, na construção civil, estimulada pela descida das taxas de juro na segunda metade da década de 90, e também no sector público, nomeadamente nas autarquias locais. Estes sectores, juntamente com o comércio e a restauração, absorveram a maior parte da mão-de-obra dispensada pelo sector primário e a trazida pela imigração. Acontece, porém, que o modelo de crescimento que possibilitou a criação de bastantes empregos pouco qualificados se esgotou e, portanto, agora e no futuro, são precisos trabalhadores mais qualificados para empresas mais competitivas e para serviços públicos mais eficientes. A situação de baixo desemprego e elevada flexibilidade salarial deixou de existir a partir dos primeiros anos da corrente década. Com a entrada no euro e no regime de baixa inflação, a flexibilidade dos salários reais também diminuiu, como era esperado[28], e, com a redução do crescimento económico, o desemprego subiu para valores historicamente altos.

Portugal está agora mais ou menos na mesma situação de bastante desemprego e de insegurança dos trabalhadores em que estão os países com um grau de protecção legal do emprego semelhante ao nosso, o que não significa que possamos atribuir à legislação laboral a maior responsabilidade pela subida do desemprego, ou pensar que a diminuição da sua restritividade contribuiria bastante para baixar o desemprego. De facto, os efeitos da legislação de protecção do emprego são relativamente complexos e ambíguos. Por um lado, a legislação que dificulta os despedimentos cria uma grande desigualdade de tratamento entre os trabalhadores com vínculo permanente e os que se encontram em situações de trabalho precário (v.g. contratados a prazo, pseudo independentes a "recibo verde", clandestinos, etc.) e são estes os que mais têm contribuído para a flexibilidade do mercado do trabalho. Por outro lado, é possível que os trabalhadores com contratos permanentes e emprego garantido sejam menos empenhados e eficientes do que os trabalhadores mais em risco de despedimento, embora também se possa contra-argumentar que os trabalhadores com emprego estável são mais produtivos do que os outros porque têm mais possibilidades de adquirir experiência e conhecimentos da profissão, ou porque têm mais interesse pelo futuro da empresa onde trabalham. Ponderando estes argumentos, não é pois seguro que a maior flexibilização da legislação laboral e do mercado do trabalho contribua significativamente para aumentar a produtividade e/ou para baixar o desemprego. Todavia, mesmo que os ganhos esperados não sejam substanciais, as necessidades e as exigências da economia para que se caminha são diferentes das que antes predominavam e, portanto, tal como não é possível provar o pudim sem o comer, também aqui devemos repensar e experimentar alguma simplificação na legislação de protecção do emprego, acompanhada pelo reforço da protecção social dos trabalhadores, para

---

[28] Ver A. Mendonça Pinto, *Política Económica: Em Portugal e na Zona Euro*, Ed. Principia, 1999, Pag. 79; e *O Desafio Europeu e a Economia Portuguesa – Uma discussão necessária*, Ed. Verbo, 2000, Pag. 170 e seguintes.

214   *Economia Portuguesa – Melhor é Possível*

ver até que ponto a alteração legislativa contribui para aumentar o investimento e o emprego em Portugal.

Cuidar a sério da educação escolar e da formação profissional

O quarto e último pilar da nova estratégia de emprego da OCDE respeita ao reforço das qualificações e competências dos trabalhadores através da educação e da formação profissional. E aqui é caso para mudar a expressão inglesa, *the last but not the least*, para "o último, mas o mais importante", tal é o défice de qualificação dos portugueses e a importância da mão-de-obra qualificada para o futuro da economia e do mercado do trabalho. De facto, o nível médio de qualificação dos trabalhadores portugueses continua lamentavelmente baixo. Apesar de algum progresso nos últimos quinze anos, apenas à volta de um quinto da população activa tem formação de nível secundário ou superior, enquanto a proporção é de cerca de dois terços na média dos países da OCDE; e, cerca de 40% dos jovens portugueses com idades entre os 20 e 24 anos saem do sistema de ensino sem terem completado o ensino secundário, ao passo que a correspondente taxa no conjunto da União Europeia anda à volta de 16%. Como é reconhecido por vários relatórios internacionais sobre a economia portuguesa, a nossa taxa de insucesso e abandono escolar precoce ainda é muito elevada, os resultados dos estudantes portugueses estão entre os piores da OCDE[29] e este fraco desempenho não se deve a falta de gasto na educação, mas sim a uma muito baixa eficiência do nosso sistema educativo. Precisamos de reconhecer que a política de educação falhou redondamente, de dar uma volta de cento e oitenta graus na estratégia seguida pelos sucessivos responsáveis políticos pelo sector e ver se – com a ajuda dos especialistas e a participação de todos os intervenientes no processo educativo, particularmente dos professores – é possível pôr em prática uma política e um sistema educativo capazes de satisfazer as necessidades da

---

[29] Na ordenação dos resultados do PISA (*Programme for International Students Asserssments*) de 2003, no conjunto de 29 países, os estudantes portugueses ficaram em 24.º na leitura, em 25.º na matemática e em 27.º na ciência.

sociedade e da economia portuguesas, em termos de cidadania e de qualificação das pessoas, com níveis de eficiência europeus. No século XXI, uma economia competitiva requer trabalhadores altamente qualificados e adaptáveis, e uma sociedade equilibrada pressupõe um sistema educativo que garanta igualdade de oportunidades a todos os cidadãos, e nada disto está actualmente bem assegurado em Portugal.

Não devemos cair na visão catastrofista de que tudo está mal no ensino em Portugal, porque não é verdade, mas também não podemos deixar de reconhecer que há graves problemas, tanto mais difíceis de resolver quanto resultaram de uma acumulação ao longo do tempo e de um sistema para o qual contribuíram praticamente todos os intervenientes — governantes, direcções das escolas, sindicatos, professores, alunos e encarregados de educação. Talvez devido à origem e natureza sistémica da questão, os responsáveis políticos pelo sector não se aperceberam da extensão e profundidade dos problemas, ou não tiveram a coragem e a determinação suficientes para os enfrentar, e acabaram por ficar prisioneiros da burocracia do Ministério da Educação, da pressão dos sindicatos dos professores e até de alguma incoerência ou falta de discernimento pedagógico nas sucessivas reformas curriculares. Só recentemente se percebeu a gravidade da situação e que esta resulta, entre outros aspectos, da falta de uma política de educação clara e estável, da falta de autoridade dos professores, da falta de disciplina dos alunos e da falta de exigência nos saberes. Era por aqui que o Governo deveria ter começado, e não por questões menos importantes e, sobretudo, mal preparadas (v.g. as aulas de substituição) e escaramuças evitáveis com os professores (v.g. generalizando comportamentos criticáveis de alguns a toda a classe), pois era e é nos referidos domínios que era e é preciso actuar prioritariamente.

Uma boa política de educação, para além das questões pedagógicas, também deve ter em conta o enquadramento sociológico das escolas, nomeadamente as desigualdades na origem e na vida dos estudantes, e procurar prevenir, ou pelo menos atenuar, que estes e outros problemas existentes a montante da escola se repercutam negativamente na vida escolar. De facto, muitos alunos de escolas que servem zonas habitacionais pobres e degradadas têm défices culturais e cívicos que dificultam bastante a direcção das escolas, prejudicam a condução e o aproveitamento das aulas e são uma fonte de sofrimento para os professores. Os responsáveis pela política educativa não podem ignorar estas dificuldades, ou pretender que as mesmas sejam resolvidas pelos professores, porque não devem ser, dado que são questões de natureza económica e social que transcendem o trabalho para que estão vocacionados. Nas escolas em que os referidos problemas sejam significativos, deveria existir uma pequena equipa de duas ou três pessoas (v.g. um professor da direcção da escola, um psicólogo e/ou um assistente social) para ir acompanhando e ajudando os alunos mais difíceis, para fazer a articulação entre a escola, os encarregados de educação e outras entidades relevantes, nomeadamente instituições de saúde e de segurança, e com poder suficiente para tomar as medidas apropriadas para sancionar o absentismo e a indisciplina, como por exemplo a penalização do aluno mediante trabalho cívico na escola, a responsabilização dos encarregados de educação, ou outras sanções mais drásticas nos casos recorrentes e graves. Os castigos mais severos, aplicados desgarradamente, poderiam ser criticáveis por demasiado radicais, mas tomados no contexto do trabalho da referida equipa e como medidas de último recurso seriam aceitáveis – pois não faz sentido ajudar quem não tem assiduidade e comportamento razoáveis, nem ter na escola quem perturba e prejudica gravemente a vida e a aprendizagem dos colegas – e contribuiriam certamente para reduzir a indisciplina e melhorar o aproveitamento nas escolas mais problemáticas.

A falta de exigência resultante do facilitismo da pedagogia lúdica e romântica das últimas décadas e da dificuldade em reprovar quem não atinge os níveis mínimos está bem evidente nos já referidos resultados dos estudantes portugueses no programa PISA e deve ser urgentemente corrigida pelo aumento da exigência e do rigor na avaliação, ainda que tal implique, temporariamente, o aumento das reprovações e do insucesso escolar. A indisciplina dos alunos e a falta de autoridade (e até de segurança) dos professores resultantes de um estatuto disciplinar dos alunos frouxo e do esvaziamento das competências disciplinares dos professores e das escolas pelo Ministério da Educação está á vista dos que frequentam as escolas e até já é notícia frequente nos meios de comunicação social. A situação existente tem que ser rapidamente corrigida para que possa haver sucesso escolar efectivo, pois este exige concentração e trabalho, que por sua vez requerem ordem e tranquilidade e estas não existem se não houver disciplina. E a disciplina não será assegurada se os órgãos de direcção das escolas e os professores não tiverem a necessária autoridade (e a correspondente protecção do Ministério) para penalizar e punir quem perturba a actividade escolar. A autoridade do professor advém em primeiro lugar da sua maturidade, do seu saber e da sua experiência, mas também é preciso que as normas regulamentares existentes lhe proporcionem os meios indispensáveis para fazer valer essa autoridade sempre que a mesma seja indevidamente posta em causa. Enquanto não voltar a haver mais autoridade e responsabilidade para os professores e mais disciplina e exigência para os alunos, a escola pública continuará a perder utilidade e prestígio e, em vez de factor de promoção de igualdade de oportunidades para todos, passará, ou melhor, continuará a ser um factor de discriminação negativa para os mais desfavorecidos que não têm possibilidade de aceder aos colégios privados. Como cidadãos e contribuintes não podemos aceitar que o dinheiro dos nossos impostos que vai para a educação esteja a ser mal gasto e, ainda por cima, a contribuir para uma injustiça social. Nada temos contra a escola privada, que também tem o seu lugar no sistema, mas consideramos fundamental e urgente reabilitar a escola pública para que volte a proporcionar igualdade de oportunidades e ensino de qualidade para todos.

Quanto à formação profissional também temos gasto muito dinheiro, nacional e comunitário, e não parece que os resultados sejam melhores do que na educação. As empresas devem fazer mais formação efectiva para os seus trabalhadores e o sistema de formação profissional público deve ser organizado por forma a que os períodos de desemprego dos trabalhadores sejam utilizados para fazer formações qualificantes e adequadas à previsível evolução do mercado do trabalho e não simulacros de formação, como por vezes se verifica. Uma parte significativa das ajudas atribuídas às empresas para formação profissional deve ter sido mais utilizada para reduzir os custos do trabalho do que para criar novas qualificações e competências para os trabalhadores. Precisamos de rejeitar a ideia de que "burro velho não aprende línguas novas" e aceitar que "nunca é tarde para aprender" e, portanto, convencer os trabalhadores que é possível e útil aprender em qualquer idade, bem como persuadir as empresas que a formação dos seus trabalhadores é um investimento de elevado retorno. Uma das falhas do sistema está no facto de a formação profissional ainda ser mais determinada pela oferta (por parte de empresas de formação de pessoal) de acções formativas desfasadas das verdadeiras carências de formação dos trabalhadores e do mercado do que pelas reais necessidades ou procura de formação das empresas. O próprio Instituto de Emprego e Formação Profissional parece ter a sua actividade mais orientada para o apoio ao desemprego do que para a formação e a promoção da empregabilidade. Por exemplo, nos últimos anos, fala-se muito em aprendizagem ao longo da vida para proporcionar aos trabalhadores novas habilitações e competências para que estejam melhor preparados para a economia do século XXI e possam também enfrentar melhor os riscos do desemprego, nomeadamente o resultante da deslocalização de empresas. No entanto, ainda continuamos muito no campo das aspirações e das intenções. Praticamente, ainda não desenhámos a política, nem criámos as infra-estruturas, para que tal seja possível em escala significativa.

Aprendizagem ao longo da vida não são apenas uns cursos esporádicos de formação profissional para actualizar ou aprofundar conhecimentos, ou para adquirir novas competências que facilitem a transição para outros empregos. Deve ser também e sobretudo uma prática institucionalizada de aprendizagem permanente — e neste domínio a Internet e as escolas e universidades virtuais também podem dar um valioso contributo — para que os trabalhadores, por iniciativa sua ou da sua empresa, possam ir actualizando e aumentando os seus conhecimentos e qualificações e assim melhorando a sua produtividade e a sua empregabilidade. É certo que não se pode garantir aos trabalhadores que percam os seus postos de trabalho que terão um novo emprego na economia do futuro, mas pode-se fazer mais do que se tem feito para aumentar a probabilidade de que tal aconteça. Nesta perspectiva, também é necessário fazer uma avaliação sistemática da política de formação profissional e tirar as devidas consequências para que as medidas e as práticas sejam mais regulares e abrangentes, e também mais eficientes e eficazes em termos de custos e de benefícios, particularmente para a produtividade das empresas e para a empregabilidade dos trabalhadores.

Na distribuição indicativa dos fundos comunitários prevista no Quadro de Referência Estratégico Nacional para o período 2007-2013, o Governo reforçou as verbas destinadas à qualificação dos portugueses, através da atribuição (indicativa) de aproximadamente 5900 milhões ao Programa Operacional Temático Potencial Humano (ver Caixa 2.3), o que representa um acréscimo de cerca de 26% relativamente aos 4700 milhões de euros de fundos europeus que se gastaram nas áreas da educação, da formação e ciência no Quadro Comunitário de Apoio 2000-2006. Com esta opção, Portugal passa a investir relativamente mais no *software* (conhecimento) do que no *hardware* (infra-estruturas) da sociedade e a alinhar com a média dos países mais desenvolvidos. Esta evolução é positiva e justifica-se, tanto mais que o País já está relativamente bem equipado em infra-estruturas, mas é preciso que o referido esforço financeiro também seja acompanhado pela melhoria da qualidade e pelo aumento da exigência na formação profissional, sob pena de ser "dinheiro deitado à rua", como em grande parte aconteceu no passado.

Os problemas da educação e da formação profissional em Portugal têm estado menos numa insuficiência orçamental do que na incapacidade de os respectivos sistemas produzirem as qualificações e as competências necessárias para uma nova economia mais competitiva e mais assente no conhecimento e nas tecnologias da informação, razão por que a solução dos problemas neste domínio passava, fundamentalmente, por uma organização mais eficiente dos recursos financeiros, materiais e humanos das escolas e das empresas. No entanto, perante as dificuldades orçamentais, não é seguro que assim continue a ser no que respeita ao sistema público de educação e formação. Consequentemente, sem prejuízo da necessidade de eliminar desperdícios e aproveitar o melhor possível os recursos existentes, é preciso ter a noção das prioridades e salvaguardar que a educação e a formação dos portugueses não é prejudicada por insuficiência de meios.

A defesa do emprego como prioridade da política salarial

Outro factor relevante para melhorar a evolução do emprego e do desemprego em Portugal nos próximos tempos, embora a nova estratégia de emprego da OCDE lhe dê menos importância do que a inicial, são os salários, ou, com mais rigor, os custos unitários do trabalho que, como já vimos, dependem dos salários e da produtividade do trabalho. Em termos de nível, os salários portugueses são os mais baixos da Zona Euro e o mesmo se passa também com a produtividade o trabalho. No entanto, em termos de evolução ao longo da década de 90 e primeiros anos da corrente década, os salários nominais aumentaram mais em Portugal do que na Zona Euro (ambos expressos em euros e, portanto, comparáveis) e, como o diferencial não foi compensado pela diferença entre o crescimento da produtividade do trabalho entre Portugal e a Zona Euro, o custo do trabalho por unidade produzida (ou custo unitário do trabalho) cresceu relativamente mais em Portugal[30]. Consequentemente, a economia portuguesa perdeu competitividade face à Zona Euro, o que se reflectiu, primeiro, na subida do défice externo e, depois, na diminuição do crescimento económico e no aumento do desemprego. No referido período, a subida dos salários acima da produtividade deveu-se menos à pressão dos sindicatos, excepto no que respeita ao sector público administrativo e em algumas empresas com grande poder de mercado[31], do que ao baixo nível de desemprego então existente. Consequentemente, logo que diminuiu o aperto e aumentou a folga no mercado do trabalho nos primeiros anos da presente década, e houve o sinal dado pelo congelamento dos vencimentos dos funcionários públicos superiores a mil euros em 2003, os salários do sector privado passaram a ter uma evolução mais normal e foi estancada a perda de competitividade das empresas. Simplesmente, ficou e ainda continua por recuperar alguma perda de competitividade anteriormente acumulada e, como sem moeda própria não é possível recorrer à depreciação cambial, restam apenas os salários e a produtividade para absorver o défice de competitividade.

A boa solução para baixar os custos unitários do trabalho e diminuir o défice de competitividade é o aumento forte e sustentado da produtividade, o que não é impossível atendendo a que o nível de produto por trabalhador, ou hora trabalhada, em Portugal ainda é baixo com-

---

[30] Ver Caixa 3.2 – A norma de evolução salarial na Zona Euro.

[31] O que lhe permite facilmente repercutir a subida dos salários nos preços pagos pelos consumidores.

parativamente com o da UE-15. Todavia, como vimos no capítulo 3, trata-se de um processo difícil e demorado e, portanto, não é possível colmatar o défice de competitividade da economia portuguesa pela via da produtividade em relativamente pouco tempo. Consequentemente, resta a via dos salários nominais e já houve quem defendesse a sua diminuição, como sucedâneo da desvalorização cambial, para recuperar a competitividade perdida, com o argumento de que os custos, em termos de desemprego, de uma decisão política de baixar os salários seriam menores do que, em alternativa, a descida dos salários resultar de uma prolongada estagnação da economia e de uma acentuada subida do desemprego[32]. A diminuição dos salários nominais seria, no entanto, uma medida perigosa e pouco realista. Perigosa, quer porque a diminuição dos salários, especialmente no sector dos bens não expostos à concorrência internacional, também poderia ser aproveitada para subir a margem comercial e, portanto, não seria integralmente repercutida na baixa dos preços e no aumento da competitividade; quer porque, mesmo que a competitividade melhorasse, uma tal diminuição dos salários levaria à redução da procura de bens e serviços e, por esta via, à diminuição do produto e ao aumento do desemprego, pelo menos a curto prazo[33]. Acresce, e não é de somenos importância, que a descida dos salários e a subida do desemprego, no contexto de elevado endividamento das famílias, também seria bastante negativa para os bancos e poderia mesmo criar sérias dificuldades à satisfação das suas responsabilidades internacionais. A diminuição dos salários também seria pouco realista, quer porque teria a oposição generalizada dos trabalhadores, quer porque, com a globalização e o alargamento da União Europeia, a competitividade e a competição da economia portuguesa relativamente às economias emergentes da Ásia e do leste europeu não

---

[32] A diminuição dos salários nominais dos portugueses, como equivalente a uma desvalorização cambial, foi primeiro sugerida pelo presidente do BPI, Fernando Ulrich, e depois defendida pelo Prof. Olivier Blanchard do MIT na comunicação, *"Adjustment within the euro. The difficult case of Portugal"*, que apresentou na 3.ª Conferência do Banco de Portugal, em Fevereiro de 2006, disponível em www.bportugal.pt.

[33] Para evitar este risco, o Prof. Blanchard admite o recurso ao apoio da política orçamental "como parte de um pacote de compromissos salariais e orçamentais".

deve assentar em baixos salários, uma vez que as referidas economias têm vantagens evidentes e substanciais nesse domínio.

O problema actual da economia portuguesa já não é fundamentalmente uma simples questão de ajustamento de preços, mas mais de diversidade da oferta de bens e serviços e de criação de valor para os consumidores e, portanto, mais um problema de ajustamento real que modifique o padrão de especialização produtiva da nossa economia. Este facto não impede, porém, o reconhecimento de que o processo de ajustamento real é necessariamente lento e há sectores e empresas onde a competição não se faz com a China, a Índia e outras economias emergentes, mas sim com países europeus desenvolvidos, como por exemplo a concorrência com a Espanha e a Grécia no turismo, onde os custos salariais ainda podem fazer alguma diferença. De facto, embora haja empresas onde nem uma grande baixa dos salários as salvaria, também há outras, e não são poucas, onde a moderação salarial pode atenuar as suas dificuldades competitivas e assim evitar ou retardar o desemprego dos seus trabalhadores. Assim sendo, embora faça pouco ou nenhum sentido propor a diminuição geral dos salários nominais como medida de política económica, ao nível individual de algumas empresas em dificuldades, o congelamento ou mesmo a baixa dos custos salariais – directamente ou, preferencialmente, através de formas equivalentes como por exemplo o aumento do número de horas trabalhadas e não pagas, ou a redução dos subsídios de férias e de Natal – pode ser uma saída (ainda que excepcional e temporária) aceitável pelos trabalhadores, como um mal menor, para defenderem as empresas e os seus empregos, como já aconteceu em alguns casos[34]. A discordância de uma redução *geral* dos salários nominais como medida de política económica (sublinho geral porque só assim é que seria equivalente a uma desvalorização cambial) não impede o reconhecimento, por um lado, de que há uma arbitragem ou compromisso entre salários e emprego que o Governo, empresas e trabalhadores devem gerir com critério e cuidado; e, por outro lado, de que os trabalhadores de uma

---

[34] Mesmo não sendo exactamente o caso, o acordo salarial na Autoeuropa em 2005 mostrou que os salários ainda têm uma grande influência na defesa dos postos de trabalho.

Aumentar o Emprego e Combater o Desemprego 223

empresa em dificuldades podem aceitar trabalhar o mesmo tempo por menos salário, ou, mais facilmente, trabalhar mais tempo pelo mesmo salário, se isso for condição indispensável para defender a competitividade da empresa e os seus empregos.

Em suma, para preservar a competitividade e o emprego, a subida dos salários nominais em Portugal não deve ser superior ao aumento médio da Zona Euro corrigido pela diferença de produtividade entre Portugal e a Zona Euro[35]. Como é óbvio, esta recomendação ou norma geral de política de rendimentos não é susceptível de aplicação directa pelo Governo (excepto nos funcionários públicos, mas aqui e agora prevalecem outras normas por razões de saneamento das finanças públicas) e, portanto, a sua maior ou menor concretização depende do jogo de forças na negociação salarial que, por sua vez, é função das necessidades e possibilidades das empresas e do risco ou da ameaça de desemprego para os trabalhadores. Nestas circunstâncias, seria desejável que a política salarial fosse convenientemente discutida na concertação social e que todos os parceiros compreendessem as dificuldades e as exigências dos tempos actuais, particularmente a necessidade de os salários e os lucros, mas não só, não prejudicarem a competitividade das empresas e o emprego dos trabalhadores. Os sindicatos devem compreender que a legislação laboral não pode ser imutável; que é preciso alguma flexibilidade laboral para que as empresas disponham de melhores condições de competitividade, o que indirectamente também beneficia os trabalhadores; e, que devem conduzir a sua acção reivindicativa mais (ou totalmente) na perspectiva laboral de defesa dos interesses dos trabalhadores do que do ponto de vista político e partidário, pois, para este efeito existem os partidos políticos. Por sua vez, as associações empresariais devem bater-se para que os empresários que representam, para além de deverem desempenhar bem a sua função produtiva de criação de riqueza, tenham princípios socialmente irrepreensíveis, ponderem os aspectos éticos e sociais nas suas decisões empresariais e se preocupem com as aspirações de segurança, de carreira profissional, de justa remuneração e de valorização pessoal dos seus trabalhadores, ou, de forma mais sintética e abrangente, que assu-

---

[35] Ver Caixa 4.2 – A norma de evolução salarial na Zona Euro.

mam e pratiquem efectivamente a responsabilidade social das empresas. Por último, o Governo, como mediador e dinamizador da concertação social, para diminuir resistências e compensar custos suportados pelas empresas, por exemplo em formação profissional, e pelos trabalhadores, por exemplo em perda de poder de compra dos salários, também pode tomar algumas medidas – por exemplo de protecção social, de desagravamento fiscal, de defesa da concorrência e de apoio à formação profissional – que ajudem e facilitem os acordos entre as confederações patronais e sindicais.

Caixa 4.1

FLEXIBILIDADE, EMPREGO E PRODUTIVIDADE

Embora haja uma ligação lógica entre a diminuição dos custos directos e indirectos do despedimento para as empresas e a sua maior predisposição para admitirem mais pessoal, a evidência empírica não permite concluir que o aumento da flexibilidade induz, necessariamente, a expansão do emprego. A maior facilidade de despedimento e de admissão de pessoal faz com umas empresas despeçam mais e outras admitam mais pessoal, mas o efeito global é ambíguo e, portanto, não é seguro que haja sempre criação líquida de emprego. Todavia, o aumento dos fluxos brutos de destruição e de criação de empregos também tem implicações noutros domínios. Por um lado, faz com que haja mais entradas no e mais saídas do desemprego e, portanto, a duração média do desemprego deve diminuir, ou seja, passam mais pessoas pelo desemprego mas permanecem menos tempo nessa situação, à semelhança do que se observa nos Estados Unidos da América ou na Dinamarca por contraste com o que se verifica na maioria dos países da Europa e particularmente em Portugal. Por outro lado, também faz com que haja uma maior reafectação dos trabalhadores entre empresas, o que beneficia as empresas mais produtivas e, em princípio, também implica que o crescimento da produtividade se faça relativamente mais pela criação de novas empresas, como se verifica nos Estados Unidos da América onde há mais flexibilidade laboral do que na Europa. Por último, a maior flexibilidade laboral também facilita a criação e o desenvolvimento de empresas e sectores onde a sensibilidade sazonal ou cíclica é maior, ou o risco mais elevado, como acontece nas actividades inovadoras, uma vez que, quanto maior for a flexibilidade, mais fácil é ajustar o volume de efectivos à evolução da conjuntura, ou ao grau de sucesso dos projectos. Por estas razões, o aumento da flexibilidade laboral também pode ser tão ou mais importante para a produtividade e a inovação do que é para o emprego.

Caixa 4.2

A NORMA DE EVOLUÇÃO SALARIAL NA ZONA EURO

Em princípio, a subida do salário de um trabalhador deve corresponder ao aumento do valor da sua produção – o que depende do acréscimo da produção física (produtividade) e do preço a que é transaccionada – e, como o referido valor se mede em unidades monetárias e o salário também é pago em moeda, faz sentido que a subida do salário incorpore não só o aumento da produtividade, mas também a compensação pela depreciação do poder de compra da moeda medida pela subida dos preços (inflação). Assim sendo, a norma salarial tradicional consiste numa taxa de crescimento para os salários (w) igual à soma das taxas previstas para a produtividade média do trabalho (z) e para o crescimento dos preços (p), ou seja, $w=z+p$. Esta expressão é equivalente a:

i) $w-p=z$, o que quer dizer que o crescimento do poder de compra dos salários, ou seja, do salário real $(w-p)$ é igual ao crescimento da produtividade (z); ou a,

ii) $w-z=p$, o que significa que o crescimento do custo unitário do trabalho ou do custo do trabalho por unidade produzida $(w-z)$ é igual à inflação (p).

Devemos ainda acrescentar que estas relações pressupõem que não se altera a distribuição funcional do rendimento, ou seja, que se mantêm as partes dos salários e dos lucros no rendimento nacional.

A existência de moeda própria permitia corrigir eventuais perdas de competitividade-preço (taxas de inflação ou crescimento dos custos unitários do trabalho superiores às dos principais parceiros comerciais) através da desvalorização cambial da moeda, razão por que era possível viver em Portugal com taxas de inflação e de crescimento dos salários nominais bastante superiores às dos nossos parceiros comerciais. Porém, com a integração na Zona Euro e a adopção da moeda única europeia, os Estados-membros deixaram de ter moeda própria e, portanto, de poder recorrer à desvalorização cambial, razão por que, para não se perder competitividade-preço, o crescimento dos custos unitários do trabalho num dado Estado--membro deve ser, no máximo, igual ao dos seus parceiros comerciais, ou seja, no caso de Portugal (P) relativamente à Zona Euro (E): $w^P - z^P = w^E - z^E$. Esta expressão é equivalente a $w^P = w^E + (z^P - z^E)$, o que quer dizer que, para não haver perda de competitividade-preço relativamente à Zona Euro, o crescimento dos salários em Portugal (w^P) deve ser, no máximo, igual à soma do crescimento esperado para a subida média dos salários na Zona Euro (w^E) e do diferencial (positivo ou negativo) entre os crescimentos previstos para as produtividades em Portugal e na Zona Euro ($z^P - z^E$). Só assim se assegura que os custos unitários do trabalho em Portugal, $w^P - z^P$, não excedem os da Zona Euro, $w^E - z^E$. Se assim não fosse, a menos que houvesse compensação com a diminuição dos lucros ou a baixa de impostos, as empresas portuguesas perderiam competitividade e, mais cedo ou mais tarde, o resultado seria o aumento do desemprego*.

Para uma análise mais detalhada da norma de evolução dos salários no contexto da união monetária ver A. Mendonça Pinto, *Política Económica: Em Portugal e na Zona Euro*, Ed. Principia, 1999, Pag. 285 e seguintes.

CAPÍTULO 5

REDUZIR O DÉFICE EXTERNO E LIMITAR A DEPENDÊNCIA DO EXTERIOR

Deixar tudo para amanhã é como usar um cartão de crédito: muito divertido ... até que chegue o momento de receber a conta.

Autor desconhecido

O elevado défice da balança corrente e de capital com o exterior, cerca de 8% do PIB em 2006, é o desequilíbrio que melhor retrata a actual e difícil situação da economia portuguesa, precisamente porque reflecte a sua falta de competitividade, um nível de despesa interna superior à produção, uma grande dependência energética e ainda um elevado montante (de juros) de dívida externa. De facto, temos falado muito no défice orçamental, que sem dúvida é preciso reduzir, inclusive porque a sua diminuição também é instrumental para baixar o desequilíbrio externo, mas o défice mais preocupante, por resultar de problemas estruturais sérios, é o défice externo, cuja redução não é menos prioritária, nem mais fácil, do que a do défice orçamental. Não é menos prioritária, porque a acumulação de défices na balança corrente e de capital provoca o aumento do endividamento externo e/ou a alienação de activos nacionais a não residentes, o que faz aumentar a dependência do País para com o exterior e constitui uma restrição activa ao normal desenvolvimento da nossa economia. O facto de a participação na união monetária europeia nos proteger ou dispensar de crise cambiais, como as que tivemos no passado, não torna menos necessário a redução do défice externo para evitar as possíveis consequências negativas da sua permanência a nível elevado, nomeadamente em termos de custo e de disponibilidade de financiamento externo. E também não é mais fácil reduzir o desequilíbrio externo do que baixar o défice público, porque para fazê-lo é preciso expandir a capacidade produtiva em termos competitivos e/ou contrair a capacidade aquisitiva das famílias, das empresas e do Estado, tarefas tão ou mais difíceis e demoradas do que aumentar a receita fiscal e/ou baixar a despesa pública.

O desequilíbrio das contas com o exterior tem subjacente a fraqueza estrutural da economia portuguesa e reaparece periodicamente

232 *Economia Portuguesa – Melhor é Possível*

com maior gravidade sempre que a tendência para o excesso de despesa não é convenientemente controlada pela política económica. Foi o que aconteceu nos anos imediatamente anteriores a 1978-79, a 1983-85, depois no final dos anos 90 e, de novo e como excepção à regra[1], entre 2003 e 2006. O desequilíbrio externo dos últimos anos, embora a sua correcção seja menos urgente por causa da integração de Portugal na Zona Euro, não é menos grave do que os anteriores, uma vez que continua a ser o resultado e a revelação da incapacidade da economia portuguesa gerar o rendimento suficiente para financiar o nosso nível de vida. Um défice externo persistente entre os 4% e os 10% do PIB, como se verifica desde 1996, fez com que Portugal tivesse passado de uma "posição líquida de investimento internacional" negativa (grosso modo, a dívida externa líquida) de cerca de 8% do PIB em 1996 para um valor à volta de 70% do PIB no final de 2006. Os valores do défice e da dívida externa líquida[2], muito acima dos verificados nos nossos parceiros comunitários, são reveladores de que, globalmente, estamos a viver bastante acima das nossas possibilidades, são financeiramente insustentáveis a médio e longo prazo e, por isso, também são uma restrição às possibilidades de crescimento económico a curto prazo. O montante da dívida externa e a sua concentração no sistema bancário, bem com a dificuldade e a demora na redução do défice externo, e, portanto, a necessidade de termos de continuar a recorrer avultadamente ao crédito internacional nos próximos anos, são ameaças para a estabilidade do sector bancário nacional e obrigam os responsáveis políticos do País a ter bastante cuidado com o que dizem e fazem, nomeadamente pelas implicações que as suas palavras e actos podem ter na apurada sensibilidade dos mercados financeiros internacionais de quem dependemos.

Para avaliarmos melhor o que significa e implica um défice de cerca de 8% do PIB, basta pensarmos que este valor, à volta de 12 mil milhões de euros em 2006, corresponde às necessidades líquidas de financiamento externo da economia portuguesa, ou seja, fundamentalmente aos recursos que foi preciso obter no exterior para colmatar a

---

[1] Porque, neste caso, o agravamento do défice externo ocorreu apesar da contenção da despesa interna.

[2] A dívida externa bruta deve situar-se à volta de 170% do PIB no final de 2006.

insuficiência da poupança interna relativamente ao investimento e assim poder financiar a actividade económica. Noutra perspectiva e de forma aproximada, o défice externo corresponde à diferença entre o que produzimos e o que gastámos no ano, o que quer dizer que não podemos continuar a consumir e a gastar como temos vindo a fazer até agora se não produzirmos e vendermos mais ao exterior, pois não podemos continuar a viver indefinidamente a crédito, ou a vender activos nacionais aos estrangeiros, sob pena de deixarmos de ser um País independente.

CORRIGIR O DESEQUILÍBRIO EXTERNO PARA GANHAR AUTONOMIA

No essencial, as grandes causas do défice externo dos últimos anos – a insuficiente competitividade da economia portuguesa e o excessivo crescimento da despesa interna relativamente à produção – são as mesmas das crises anteriores, mas o seu desenvolvimento, gravidade e terapêutica são diferentes, devido à integração monetária de Portugal na Zona Euro e ao consequente desaparecimento da política monetária e cambial nacional. O agravamento das contas externas a partir de 1996, com uma interrupção em 2002 e 2003, resultou fundamentalmente da perda de competitividade – causada pela intensificação da concorrência de economias emergentes e também devida a um crescimento dos salários acima da produtividade – e do excesso de despesa associada aos défices do Estado e também do sector privado (insuficiência de poupança para financiar o investimento), para o qual contribuiu o aumento das despesas das famílias e das empresas resultante da baixa da taxa de juro iniciada com o processo de convergência nominal para a entrada no euro em 1999 e depois continuada pela política monetária única. O crescimento da despesa interna originou uma acentuada expansão das importações e foi muito financiado pelo recurso ao crédito junto do sistema bancário nacional que, por sua vez, se foi endividando no estrangeiro para poder satisfazer a procura de crédito doméstica. De facto, perante a insuficiência da poupança nacional e dos depósitos bancários, os bancos portugueses, para poderem

234 *Economia Portuguesa – Melhor é Possível*

responder à enorme procura de crédito (que também estimularam livremente para aumentarem o volume de negócios e tentarem ganhar quota de mercado uns aos outros), foram recorrendo ao financiamento junto de bancos estrangeiros (alguns seus accionistas) e acumulando um endividamento externo crescente e já bastante volumoso.

O aumento da procura e da despesa privada, na segunda metade dos anos 90, quando a actividade económica estava em expansão, poderia ter sido um pouco travado pela política monetária enquanto Portugal teve moeda própria e deveria ter sido contrariado e compensado por uma política orçamental restritiva, mas não aconteceu nem uma coisa nem outra. Em parte devido à convergência das taxas de juro nacionais para as europeias e depois da adesão ao euro por inexistência de política monetária própria[3], as condições monetárias da economia

---

[3] A inexistência de política monetária própria não significa que a autoridade monetária sendo também a autoridade de supervisão bancária não pudesse fazer alguma coisa para atenuar o desequilíbrio externo na parte causada pela expansão do crédito bancário. Podia ter recorrido à persuasão moral (*moral suasion*) para convencer os bancos a serem menos agressivos na oferta de crédito, mostrando-lhe que também era do seu interesse a médio e longo prazo ter uma economia menos desequilibrada e menos endividada no exterior. E, se esta orientação não produzisse os efeitos esperados, podia endurecer a sua acção recorrendo a medidas de supervisão bancária – por exemplo, maior exigência de provisões para riscos de crédito, ou subindo o valor do rácio de solvabilidade, o que exigiria mais capital e, indirectamente, faria subir o custo e o preço do crédito bancário e assim travava a sua expansão – mesmo tratando-se de uma política controversa. De facto, não é muito correcto utilizar poderes e medidas de supervisão bancária para fins de política monetária, quer porque isso cria uma desvantagem competitiva para os bancos portugueses relativamente aos estrangeiros que operam em Portugal e estão sujeitos à supervisão do seu país de origem, quer porque as referidas medidas têm uma eficácia limitada num contexto de livre circulação de capitais. Porém, perante a gravidade do agravamento do desequilíbrio externo e a manifesta inexistência ou insuficiência de outras medidas, uma tomada de posição desta natureza pela autoridade monetária e de supervisão bancária com os instrumentos que dispunha e como medida de última instância poderia não ser mais criticável do que a complacência e a passividade perante a deterioração da situação externa por falta dos meios adequados para agir. Nesta mesma perspectiva, já no livro *Política Económica – Em Portugal e na Zona Euro*, Principia, 1999, Pags 190 e seguintes, sugerimos uma solução deste tipo para, em determinadas ocasiões e como último recurso, ajustar a política monetária de "tamanho único" às necessidades específicas do País.

portuguesa foram bastante acomodatícias e o ritmo de crescimento da despesa pública só abrandou a partir de 2002 e, mesmo assim, foi sempre superior ao do produto nominal até 2005 (inclusive).

Os responsáveis pela política económica foram demasiado benevolentes para com o aumento do défice e do endividamento externos, talvez por não terem compreendido atempada e inteiramente a novidade, a gravidade e as implicações do défice externo no contexto da união monetária, ou por não terem tido a coragem para tomar as medidas que se impunham por serem impopulares e, portanto, difíceis. De facto, contrariamente ao que então afirmaram publicamente alguns economistas fazedores de opinião, continua a fazer sentido apurar a balança de pagamentos nos Estados-membros da Zona Euro e a dar a devida atenção ao défice externo porque os problemas que o mesmo revela não desapareceram, nem desaparecem, por efeito da moeda única. O que mudou foi o tempo disponível para fazer a sua correcção – que aumentou consideravelmente pelo facto de a quase totalidade dos pagamentos ao exterior se fazer agora na moeda nacional – e o tipo de ajustamento necessário para corrigir o défice externo. Continuamos a precisar das políticas microeconómicas ou estruturais, para melhorar a produtividade, e das políticas macroeconómicas, para aumentar a competitividade e conter a despesa interna, mas, dada a inexistência de política monetária e cambial nacional, o ajustamento macroeconómico tem de ser feito apenas pelas políticas orçamental, especialmente para controlar a despesa interna, e de rendimentos, que passou a ser mais vocacionada para defender a competitividade e o emprego da economia do que para combater a inflação, agora mais a cargo da política monetária única.

O défice da balança corrente e de capital implica, por definição, uma entrada líquida de capitais externos para equilibrar a balança global, mas a acumulação de défices e o correspondente aumento da dívida externa no contexto da Zona Euro não causa crises cambiais e roturas bruscas no financiamento externo análogas às que tivemos no passado (e às que podem ocorrer nos países com moeda própria, especialmente nas economias emergentes deficitárias). Os problemas que antes eram de natureza cambial e se colocavam de forma agregada ao nível do Banco de Portugal, como autoridade cambial, com a moeda única europeia passaram para problemas de desequilíbrio financeiro dos agentes económicos e colocam-se, primeiro, ao nível individual e descentralizado das empresas e dos particulares com mais dívidas e dificuldades de pagamento e, depois, ao nível dos bancos que intermediaram a maior parte do financiamento externo. Assim sendo, a sustentabilidade do défice externo depende crucialmente da capacidade dos bancos portugueses satisfazerem pontualmente os seus compromissos internacionais, ou seja, da sua robustez financeira, em termos de liquidez imediata e de solvabilidade a médio e longo prazo, que, por sua vez, depende da capacidade de pagamento dos empréstimos contraídos pelos seus clientes. Consequentemente, as empresas e os particulares devem avaliar prudentemente a sua capacidade económica e financeira para suportarem os encargos e as amortizações dos empréstimos, considerando também a possibilidade de efeitos adversos resultantes, por exemplo, da subida da taxa de juro ou do risco de desemprego; por sua vez, os bancos também devem ser rigorosos e cuidadosos na avaliação do risco do crédito que concedem, nas garantias que obtêm e na forma como financiam os empréstimos; e, por último, o Banco de Portugal, como autoridade de supervisão, deve monitorar continuamente os sistema bancário e tomar as medidas que considere necessárias, nomeadamente quanto a cobertura de passivos por activos e ao provisionamento dos riscos de crédito, para assegurar permanentemente a liquidez e a solvabilidade dos bancos, de modo a que estes possam cumprir pontualmente todos os seus compromissos.

À luz da experiência passada, se Portugal não tivesse aderido ao euro e continuasse a ter moeda própria, défices externos da magnitude verificada nos últimos anos já teriam provocado a desvalorização do escudo e a tomada de outras medidas de política monetária, orçamental e de rendimentos necessárias para a sua correcção, como aconteceu nas crises de 1978-79 e 1983-85 no âmbito de acordos de estabilização macroeconómica com o Fundo Monetário Internacional (FMI). Com o euro como moeda nacional, a sustentabilidade do défice externo é bastante maior e, por este facto, apesar de não diminuir a necessidade da sua correcção, dispomos de mais tempo para reduzir o défice e evoluir para o equilíbrio externo, o que, do ponto de vista económico, não significa necessariamente equilíbrio aritmético, saldo nulo, mas sim a

Reduzir o Défice Externo e limitar a Dependência do Exterior 237

manutenção do desequilíbrio dentro de limites aceitáveis, tendo em conta a necessidade e a capacidade de financiamento do País. Na prática, porém, não é fácil avaliar os referidos limites, que, entre outros aspectos, também dependem da situação financeira dos credores internacionais e da sua confiança na economia e nos bancos portugueses. A imagem de solidez do sistema bancário nacional em comparações e análises internacionais, nomeadamente do FMI, e a abundância de liquidez no mercado financeiro internacional, dão-nos alguma segurança e tranquilidade[4]. No entanto, convém não esquecer que o nosso défice externo não resulta de um excesso de investimento em bens transaccionáveis, o que ajudaria a aumentar as exportações e/ou a substituir importações e assim facilitaria o seu financiamento (défice virtuoso); e, que a persistência de défices elevados gera uma acumulação de dívida externa cuja maior ou menor facilidade de pagamento vai depender do maior ou menor crescimento da economia portuguesa nos próximos anos, cujas previsões não são muito optimistas. Nesta perspectiva, a dúvida está apenas no prazo da sustentabilidade da dívida externa – quantos anos mais seria possível continuar a acumular défices externos tão elevados – e na modalidade da sua inevitável correcção – em crise, com mais ou menos perturbações ("aterragem forçada"), ou, mais provável e desejável, de forma controlada e mais ou menos

---

[4] Na Nota de Informação ao Público n.º 06/124 do FMI, de 24 de Outubro de 2006, relativa à analise da economia portuguesa e do sistema financeiro nacional, os Directores Executivos do FMI "saudaram as conclusões do Programa de Avaliação do Sector Financeiro [FSAP – Financial Sector Assessement Program], de que o sistema financeiro português é sólido, bem gerido, competitivo e bem supervisionado. Encorajaram as autoridades a implementar as recomendações da missão FSAP e apelaram às autoridades para continuarem a acompanhar de perto os riscos. É importante uma vigilância contínua num contexto de níveis relativamente elevados da dívida das famílias e das empresas, de concentração dos empréstimos bancários no sector imobiliário e num número limitado de grandes empresas, e de exposição dos planos de pensões dos empregados bancários ao mercado bolsista. Embora a rentabilidade do sistema financeiro e os amortecedores de solvabilidade pareçam ter capacidade para absorver mesmo perturbações graves na conjuntura macroeconómica, os Directores Executivos alertaram para o facto de que a capacidade de resposta a choques por parte do sistema deve ser reavaliada periodicamente". Disponível em www.bportugal.pt e também em www.imf.org.

238   *Economia Portuguesa – Melhor é Possível*

tranquila ("aterragem suave"). De uma coisa, porém, podemos estar certos: quanto mais tarde se fizer a correcção, maior é a probabilidade de dificuldades e problemas na economia real e no sistema bancário.

A experiência entre 1995 e 2005 mostrou que o processo de correcção espontânea do défice externo que alguns responsáveis invocavam, porventura também para justificar a sua inacção, não funcionou, ou foi muito menos potente do que esperavam, mas poderá ser diferente no futuro próximo. Perante o agravamento do défice e do endividamento externo, havia quem pensasse que aumentaria o custo dos recursos bancários – quer os domésticos, por causa da competição pelos depósitos bancários, quer os externos, devido à subida do prémio de risco resultante da descida do *rating* provocada pelo endividamento dos bancos e da economia – e esse aumento seria repercutido na subida da taxa de juro do crédito bancário que, por sua vez, faria diminuir a procura e o crédito concedido, o que contribuiria para a contenção da despesa privada e, por esta via, para a diminuição das importações e do défice externo. A realidade, porém, foi diferente. Os bancos têm competido bastante entre si na oferta de crédito para ganharem quotas de mercado, especialmente no crédito à habitação e ao consumo, mas quase não o têm feito na procura de depósitos, que remuneram mal, obtendo os recursos adicionais que necessitam no mercado monetário interbancário da Zona Euro. Procedendo assim, o que se compreende na óptica da gestão empresarial, os bancos estimularam a despesa e desincentivaram a poupança, precisamente o contrário do que seria preciso para reduzir o défice externo.

A partir de 2006 (inclusive) o processo de correcção espontânea do desequilíbrio externo já funciona de forma mais eficaz, quer porque o ponto de partida agora é diferente, uma vez que a economia e o sistema bancário estão bastante mais endividados; quer porque foi posto em marcha um efectivo programa de contenção da despesa pública[5]; quer ainda e sobretudo porque o Banco Central Europeu[6] iniciou em Dezembro de 2005 uma progressiva subida das taxas de

---

[5] Em 2006, pela primeira vez desde 1974, a despesa pública já cresceu menos do que o produto e, portanto, diminuiu o seu peso no PIB.

[6] Desde 1999, é o Banco Central Europeu que, ao fixar a sua taxa de refinanciamento, influencia as taxas de juro de curto prazo do mercado monetário interbancário,

Reduzir o Défice Externo e limitar a Dependência do Exterior

juro, que, num contexto de elevado endividamento bancário a taxa variável como se verifica em Portugal, tem um forte efeito restritivo sobre a procura e a despesa privadas[7]. O efeito restritivo do conjunto da política monetária única e da política orçamental nacional já está a contribuir para a contenção das despesas privada e pública e esta repercutir-se-á num menor crescimento das importações e na correspondente redução do desequilíbrio externo. Nestas circunstâncias, seria muito desejável que esta redução fosse potenciada pela continuação de um bom aumento das exportações de bens e serviços, como aconteceu em 2006, graças aos aumentos da competitividade nacional e da procura internacional, não só para acelerar a diminuição do défice externo, mas também para que as referidas políticas não prejudiquem demasiado o crescimento da economia e do emprego. Para o efeito, é preciso – é mesmo vital – continuar a aumentar a produtividade e a competitividade da economia portuguesa, pois é pelo aumento das exportações – juntamente com o relançamento do investimento produtivo – que passa a solução para o crescimento sustentado da economia e para a diminuição sólida do défice externo.

EXPORTAR MAIS PARA TER MENOS DÉFICE EXTERNO

Aumentar e diversificar as exportações

Para podermos exportar mais, precisamos recuperar competitividade para as produções nacionais e alterar convenientemente a estrutura produ-

---

a *euribor*, em função das necessidades do conjunto da Zona Euro, que nem sempre coincidem com as necessidades específicas da economia portuguesa.

[7] Este efeito só não é mais acentuado porque os bancos, também no seu próprio interesse, tem aceite diferir a amortização de uma parte significativa (até 30%) de crédito à habitação para o final dos empréstimos e também aumentar o prazo de amortização de muitos empréstimos à habitação, em alguns casos até 50 anos, para assim compensar, na totalidade ou em parte, o efeito da subida da taxa de juro no valor das prestações de amortização e tornar mais suportável o reembolso (do capital e juros) da dívida de muitas famílias.

240   *Economia Portuguesa – Melhor é Possível*

tiva do sector exportador, pois, como é sabido, as exportações dependem da procura externa dirigida à economia portuguesa e da capacidade da produção nacional de bens e serviços transaccionáveis satisfazer a referida procura, tendo em conta a concorrência internacional.

Destinando-se cerca de quatro quintos das exportações portuguesas a outros Estados-membros da UE-15, a nossa procura externa mais natural é, em princípio, a originada nesse espaço económico e, particularmente, no mercado espanhol, que pode e deve ser mais explorado pelos exportadores nacionais. No entanto e sem prejuízo desta evidência, os empresários portugueses devem considerar que a procura externa relevante é a mundial, não só porque vivemos na era global, mas também porque as economias de muitos países fora da UE-15, nomeadamente da América e da Ásia, estão a crescer mais do que as dos nossos parceiros comerciais tradicionais. Para além do alargamento geográfico dos mercados para as exportações, os empresários portugueses também devem procurar aumentar a gama dos produtos exportáveis, particularmente em bens e serviços com mais intensidade tecnológica e mais valor acrescentado, uma vez que esta diversificação permite aumentar as exportações e reduzir a nossa exposição a possíveis crises económicas, ou mudanças tecnológicas em determinados sectores, o que também é muito importante. Apesar de alguns esforços e resultados na diversificação das exportações nos últimos anos, em alguns casos por efeito de investimentos estrangeiros, a vocação exportadora da economia portuguesa ainda está demasiado concentrada em poucos sectores, nomeadamente nos têxteis, no vestuário e no calçado, e é desejável que os empresários com vontade e capacidade de penetração nos mercados externos também se orientem para outros mercados e para outras produções com procuras mais dinâmicas. Do mesmo modo, os poderes públicos também devem dirigir os apoios, nacionais e/ou comunitários, para novos produtos e serviços no sector dos bens transaccionáveis, como aconteceu no passado – e bem – com o desenvolvimento dos sectores do turismo[8] e do automóvel[9], onde o

---

[8] A construção do aeroporto de Faro, na primeira metade da década de 60, foi decisiva para o desenvolvimento do turismo em Portugal.

[9] A experiência com a Autoeuropa foi melhor sucedida do que com a General Motors, designadamente porque no primeiro caso há bastante incorporação de

Estado teve um importante papel. A orientação e a ajuda das políticas e dos dinheiros públicos devem ser mais dirigidas para o sector dos bens transaccionáveis e para as empresas que realmente exportam bens e serviços, particularmente as pequenas e médias empresas.

Como é sabido, o esforço de exportação, vital para a saída da crise e para o futuro da economia portuguesa, tem vindo a ser feito fundamentalmente por pequenas e médias empresas, com uma ou outra excepção como por exemplo na pasta de papel, pois os grupos económicos nacionais – reconhecendo a dificuldade da competição externa, percebendo a fraqueza da concorrência doméstica e aproveitando o crescimento da despesa interna estimulado pelo expansionismo das políticas monetária e orçamental, especialmente na segunda metade da década de 90 – posicionaram-se fundamentalmente em sectores de bens não transaccionáveis, como por exemplo o imobiliário, a distribuição e a banca, onde têm conseguido níveis de rentabilidade mais altos. Embora não seja fácil alterar esta situação, a política económica deve contribuir, na medida do possível, para aumentar a atractividade do sector dos bens transaccionáveis relativamente ao dos bens não transaccionáveis, pela promoção da concorrência interna neste último sector, abrigado da competição internacional, e por um maior apoio às empresas exportadoras, nomeadamente através de informação sobre mercados e formação relativa à gestão internacional das empresas, de divulgação e promoção das exportações portuguesas no exterior e até de assistência nas políticas de produção e de distribuição de bens e serviços exportáveis. Com é óbvio, estas e outras acções de apoio às exportações destinam-se a todas as empresas, mas devem visar especialmente as médias e as pequenas empresas porque estas, se não forem ajudadas, em princípio, têm menos capacidade de entrada e de manutenção nos mercados externos do que as empresas de maior dimensão.

Para além da necessidade de diversificar mais as empresas, os produtos e os mercados de exportação, também é indispensável melho-

---

produção nacional no produto final, ao passo que no segundo predominava a montagem de componentes importadas e, portanto, menos valor acrescentado nacional e mais custos logísticos para a empresa. Esta terá sido uma das razões que contribuíram para a deslocalização da fábrica da Azambuja para Saragoça, apesar dos custos do trabalho em Espanha serem superiores aos verificados em Portugal.

rar significativamente a competitividade internacional das produções portuguesas para, pelo menos, recuperar as perdas de quota de mercado, tanto no planos interno como externo[10]. Para estas perdas contribuiu a deterioração da posição competitiva da economia portuguesa face aos seus principais concorrentes e, na perda de quota de mercado no exterior, também, embora em menor escala, o facto de na estrutura das exportações portuguesas predominarem produtos cuja procura cresceu abaixo da média do conjunto dos produtos transaccionados.

Ganhar competitividade pela produtividade

Sendo a competitividade um conceito relativo, a posição competitiva da economia portuguesa pode melhorar por mérito próprio ou por demérito alheio, como poderia ser um choque de competitividade favorável a Portugal resultante de alguma perturbação grave nas economias e nas exportações dos nossos concorrentes (v.g. nos países do Leste Europeu, na China ou noutros países emergentes). Simplesmente, para além de tal não ser expectável, para resolver o nosso problema de competitividade, devemos contar com a nossa capacidade e não com a desgraça alheia.

No passado, a economia portuguesa foi absorvendo choques concorrenciais e perdas de competitividade pelo recurso a desvalorizações discretas e graduais da moeda nacional, mas, como sempre se soube, eram medidas de efeito temporário que serviam para ganhar tempo e não para conquistar competitividade de forma duradoura. Infelizmente, não aproveitámos a folga e o tempo proporcionados pelas desvalorizações cambiais para fazer as transformações necessárias na estrutura e no funcionamento da economia para ganhar competitividade pelo aumento da produtividade e da inovação empresariais e, portanto, o problema estrutural permaneceu. A desvalorização do escudo teve os

---

[10] Nos últimos dez anos, a procura total (despesa interna e exportações) em Portugal cresceu menos do que as importações portuguesas, o que significa perda de quota no mercado doméstico, e o crescimento das exportações portuguesas foi inferior ao crescimento das importações da UE-15, o que quer dizer perda de quota no mercado externo da UE-15.

seus efeitos, mas, no fundo, não passava de *dopping* cambial para evitar os ajustamentos mais difíceis e assim adiar as verdadeiras soluções. No novo contexto da moeda única europeia, para que os custos unitários do trabalho em Portugal não cresçam mais e, quando necessário, até devam crescer menos do que na UE-15, é preciso aumentar sustentadamente a produtividade e assegurar que a sua subida não é integralmente reflectida na subida dos salários nominais até recuperarmos a perda de competitividade, ou até que os nossos principais problemas económicos na frente externa estejam praticamente resolvidos. A produtividade média em Portugal é muito baixa, cerca de dois terços da média da UE-15, e é pelo seu substancial aumento que a economia portuguesa pode voltar a crescer bem, a convergir pelo menos para o nível médio de rendimento da UE-15 e a criar postos de trabalho suficientes para baixar o desemprego. Porém, aumentar a produtividade significa produzir melhor e mais com os mesmos factores produtivos, o que, como vimos no capítulo 3, implica mudanças na organização e funcionamento da sociedade – as apregoadas e sempre adiadas reformas na administração pública, na justiça, na educação, etc. – e nas empresas – onde é necessário inovar mais, qualificar e utilizar melhor os recursos humanos, explorar mais as novas tecnologias e procurar constantemente descobrir e ganhar novas vantagens competitivas. Tudo isto e muito mais é um processo difícil e demorado, mas é indispensável para o crescimento da economia e a melhoria do nosso nível de vida.

Melhorar a competitividade pela produtividade é a boa solução e deve ser seguida com todo o vigor e empenho, mas não é uma via rápida, razão por que há quem defenda e sugira, como vimos no capítulo anterior, a diminuição substancial dos salários nominais para aumentar rapidamente a competitividade e assim acabar ou encurtar a agonia prolongada que vem afligindo a economia portuguesa, como se a redução drástica dos salários não provocasse outros sofrimentos. Uma diminuição dos salários nominais é tecnicamente equivalente a uma desvalorização cambial nos seus efeitos económicos, mas é substancialmente diferente na possibilidade de concretização e nos seus efeitos sociais e políticos, razão por que é uma possibilidade pouco ou nada realista, como vimos antes. E também poderia ser menos eficaz do

244 *Economia Portuguesa – Melhor é Possível*

que parece, uma vez que a competitividade é um conceito multidimensional, depende de muitos factores, e o preço nem sempre é o factor decisivo, ou pode ser compensado por outros factores também importantes, como por exemplo a qualidade e a imagem do produto, o prazo de entrega, a garantia e a assistência pós-venda. É verdade que a competitividade das exportações portuguesas tem um problema de custos relativos, mas também tem problemas de qualidade e de imagem dos bens e serviços exportáveis e de especialização da estrutura produtiva da economia. A diminuição geral dos salários nominais aumentaria a competitividade-preço das exportações, mas a sua solução em bases sólidas passa fundamentalmente pelo aumento geral da produtividade por diversas vias, nomeadamente pela inovação em processos de fabrico com menos custos e pela inovação em produtos com mais qualidade e valor acrescentado. Reconhecer este facto não significa, porém, que em muitos casos não seja útil alguma flexibilidade salarial para preservar a competitividade e o emprego, mesmo que, à semelhança do que antes sucedia com a desvalorização cambial, seja basicamente para ganhar tempo enquanto se tomam outras medidas mais adequadas e se aguardam os seus resultados. Em alguns casos mais difíceis, o aumento do horário de trabalho poderia constituir uma via equivalente e mais aceitável para reduzir os custos salariais por hora trabalhada do que a diminuição directa dos salários nominais. É óbvio que não é agradável admitir a diminuição directa ou indirecta dos salários, mas, num contexto de forte concorrência internacional, em nome do realismo, devemos perceber que as empresas que trabalham em Portugal, nacionais ou estrangeiras, ou conseguem ter custos de produção competitivos no nosso País, ou, mais cedo ou mais tarde, tornam-se inviáveis e, portanto, encerram ou deslocalizam para países onde tenham as condições necessárias para subsistir e prosperar.

O capital não tem alma nem pátria e, como também vimos no capítulo anterior, não há muito que os poderes públicos possam fazer a curto prazo para evitar os encerramentos ou as deslocalizações de empresas. Numa perspectiva realista, a possibilidade de deslocalizações é um risco sério, embora também possa ter algo de oportunidade se for aproveitada por algumas empresas nacionais para deslocalizarem

Reduzir o Défice Externo e limitar a Dependência do Exterior 245

algumas produções para onde sejam mais baratas e assim evitarem perder negócios que de outro modo não conseguiriam manter. É certo que o investimento e a produção realizada no exterior não contribui para o crescimento económico e o emprego em Portugal, mas pode ajudar a viabilizar a parte da produção e do emprego realizado no nosso País. Esta possibilidade – já utilizada por empresas portuguesas que realizam parte da sua produção em países com menores custos laborais para assim aumentarem a sua competitividade total – chama a atenção para o facto de, por um lado, a concorrência entre as empresas já não ser apenas comercial e poder ter também uma componente de investimento e produção no exterior para ajudar a manter ou a fazer crescer o comércio externo e interno; e, por outro lado e consequentemente, de haver uma tendência crescente para empresas locais ou nacionais irem passando para empresas internacionais ou globais, o que põe problemas novos e requer respostas mais exigentes, nomeadamente em termos de antecipação das tendências tecnológicas, comerciais e da própria gestão das empresas para serem bem sucedidas.

Aproveitar bem as oportunidades dos mercados espanhol e angolano

Uma das vias mais fáceis para a internacionalização das empresas nacionais para venderem mais no exterior está na interiorização consequente pelos empresários portugueses de que o mercado espanhol – por razões de facilidade de comunicação e de proximidade geográfica encurtada por uma boa rede rodoviária – é a continuação natural do mercado doméstico e que podemos e devemos aproveitar mais e melhor as oportunidades e as potencialidades desse mercado. A Espanha está mesmo aqui ao lado, tem quatro vezes mais população do que Portugal, com um poder de compra cerca de 30% superior ao português e (por enquanto) tem perspectivas de crescimento económico melhores do que as portuguesas. Para entrar e conquistar o mercado espanhol, as empresas portuguesas têm que apostar em bens e serviços, incluindo o turismo, de boa qualidade, com valor e capazes de satisfazer clientes exigentes – e às vezes até um pouco preconceituosos relativamente à qualidade dos nossos produtos – como são os espanhóis. Assim sendo e tendo em conta a importância vital das exportações para a economia portuguesa, os poderes públicos também devem procurar formas de, respeitando as normas comunitárias, incentivar as exportações nacionais e apoiar a internacionalização das empresas portuguesas, nomeadamente os investimentos que as mesmas façam no exterior para potenciar o aumento das exportações portuguesas. Não é fácil avançar no mercado espanhol, mas é possível e a prova está nas muitas empresas portuguesas que já conseguiram impor-se como fornecedores de referência em Espanha, através da oferta de produtos de qualidade e competitivos. Se muitos mais empresários portugueses tentarem e conseguirem entrar no difícil mas atractivo e interessante mercado espanhol, e reproduzir as experiências de sucesso que já temos, as exportações portuguesas para Espanha poderão aumentar substancialmente e constituir um importante factor de redução do défice externo e de expansão da actividade económica em Portugal.

Outro mercado também com grande potencial e atractividade para exportações portuguesas é o angolano. Embora bastante diferente do espanhol, nomeadamente no que respeita ao tipo de produtos e às exigências dos consumidores, o mercado angolano tem interesse para Portugal, quer pelos laços históricos e culturais que nos ligam a Angola, quer pelas relações comerciais que mantemos com esse país, onde continuamos a ser o principal exportador, com cerca de 14% do total das importações angolanas, quer ainda pela rápida expansão da economia angolana, com um crescimento médio anual superior a 10% nos últimos anos. Embora grande parte deste crescimento se deva à produção do sector petrolífero, estabilizada a situação política, também se vem assistindo ao relançamento da actividade económica nos restantes sectores da economia, nomeadamente na agricultura, na pesca, na indústria transformadora e na construção civil. Por outro lado, mercê do aumento da produção e da subida do preço do petróleo, a balança de transacções correntes de Angola é agora largamente excedentária (cerca de 13% do PIB em 2005), o que confere ao país capacidade de importação e de pagamento dos bens e serviços que precisa. E as empresas portuguesas podem fornecer os bens de consumo e de equipamento que Angola necessita para satisfazer as necessidades da sua população e para promover o desenvolvimento da sua economia. Nos últimos anos, nas exportações de Portugal para Angola tem aumentado o peso relativo dos bens de equipamento e diminuído a proporção dos bens de consumo, o que pode querer dizer que muitos destes bens já começaram a ser substituídos por produção angolana, enquanto a exportação de bens de equipamento está a responder às necessidades de investimento da economia angolana, que também podem e devem ser aproveitadas pelas empresas portuguesas, nomeadamente em parcerias com empresas angolanas.

COMPETIR PARA ATRAIR E RETER
BOM INVESTIMENTO ESTRANGEIRO

A par do aumento das exportações, a atracção e a retenção de bom investimento produtivo, nacional ou estrangeiro, é a outra via principal para a saída da crise da economia portuguesa e, no caso de o investimento ser estrangeiro, também contribui para financiar o desequilíbrio externo[11]. O investimento directo do exterior em Portugal pode dar um contributo decisivo para a recuperação e a modernização da economia portuguesa e para o financiamento saudável do défice da balança de transacções correntes com o exterior, como aconteceu no passado, especialmente entre 1985 e 1995. Entre as vantagens do investimento estrangeiro salientam-se as transferências internacionais de capital e de tecnologia e o acesso a redes globais de distribuição e de *marketing*; o estímulo à concorrência e à liberalização da economia local, o que ajuda a aumentar a sua eficiência; e, ainda, o contributo para a difusão de boas práticas na gestão de empresas e de instituições económicas nacionais. Assim sendo, o investimento estrangeiro ajuda a organizar, a disciplinar e a dinamizar o funcionamento da economia nacional e dá

---

[11] Referimo-nos aos fluxos de entrada na balança financeira. Posteriormente, os investimentos estrangeiros também originam fluxos de saída sob a forma de repatriação de lucros (dividendos), que, tal como os juros da dívida externa, agravam a conta de rendimentos da balança de transacções correntes.

248   *Economia Portuguesa – Melhor é Possível*

um valioso contributo para o seu desenvolvimento[12], razão por que temos que nos empenhar a fundo para voltar a pôr Portugal na sua rota.

A economia portuguesa precisa de mais investimento produtivo de boa qualidade, em especial de bons investimentos estrangeiros que possam ter um efeito estruturante e gerar externalidades positivas. Um bom exemplo deste tipo de investimentos foi a Autoeuropa que contribuiu bastante para o desenvolvimento da indústria de componentes para automóveis e para o crescimento da economia local e nacional. A imposição de exigências de qualidade aos fornecedores locais obrigou a que estes se modernizassem, designadamente adoptando novas tecnologias e novas técnicas de gestão, e assim tivessem atingido níveis de qualidade e de produtividade que lhes permitiram depois competir com sucesso em novos mercados. Por estes efeitos e para desenvolver outras actividades e regiões, é evidente que Portugal necessita bastante de mais investimentos estrangeiros significativos e uma das razões principais porque precisa tanto, apesar de pouco ou nada referida, é a falta de empresários nacionais com vontade e capacidade suficientes para investirem e trabalharem para a exportação.

Pontos fracos e fortes na atracção de investimento estrangeiro

Há quem pense que basta uma política de incentivo ao investimento em geral, mas não chega. Precisamos de uma política para o investimento estrangeiro, quer porque este tem especificidades próprias que a justificam, quer porque há uma forte competição internacional pela sua atracção e Portugal também tem de ter uma atitude mais próactiva neste domínio. Para atrair e reter bons investimentos estran-

---

[12] O sucesso económico irlandês, de que tanto se fala, deveu-se essencialmente ao investimento directo estrangeiro, em particular o americano, e para a sua atracção foi muito importante um bom sistema educativo e um elevado nível de educação, uma fiscalidade competitiva e uma grande simplificação burocrática. A língua inglesa, que também costuma ser invocada a este propósito, é uma importante condição facilitadora, mas não foi a condição decisiva, como mostra o facto de os irlandeses falarem inglês desde sempre e o desenvolvimento potenciado pelo investimento estrangeiro ter ocorrido fundamentalmente a partir do princípio da década de 90.

Reduzir o Défice Externo e limitar a Dependência do Exterior 249

geiros precisamos de ter uma estratégia que, por um lado, elimine ou reduza os factores negativos e valorize e potencie os factores positivos, e, por outro lado, aplique de forma rigorosa e persistente uma política de captação selectiva desses investimentos. Precisamos de identificar e corrigir os factores que contribuem para um ambiente empresarial menos favorável ao investimento estrangeiro em Portugal, nomeadamente o excesso de burocracia[13], a lentidão da justiça, a incerteza fiscal, alguma rigidez na legislação laboral e, porventura, também ainda alguma falta de confiança na política económica nacional. Consequentemente, precisamos de desburocratizar e simplificar a administração pública para que seja mais fácil instalar novas actividades produtivas; melhorar o funcionamento do sistema judicial para que a justiça seja eficaz e se faça em tempo economicamente útil para a fluidez dos negócios e para a confiança dos agentes económicos; aumentar a estabilidade fiscal para reduzir a incerteza dos contribuintes; simplificar e flexibilizar alguns aspectos do mercado do trabalho para facilitar a adaptação das empresas, por exemplo no que respeita a rigidez de horários de trabalho com horas extraordinárias pagas a dobrar; e, praticar uma política económica eficaz para a solução dos nossos problemas, contribuindo assim também para melhorar a sua credibilidade e para recuperar a confiança dos investidores.

A par dos pontos fracos que precisa eliminar, Portugal também tem pontos fortes para os investidores estrangeiros e não devemos subestimar as vantagens e as potencialidades da economia portuguesa, nomeadamente em relação aos novos Estados-membros da União Europeia como nossos concorrentes na atracção de investimento estrangeiro. Antes de mais, a estabilidade macroeconómica está assegurada pela partilha da moeda e da política monetária e cambial da Zona Euro e pelo respeito da disciplina e do rigor orçamental impostos pelo Pacto de Estabilidade e Crescimento. A qualidade e a flexibilidade do nosso capital humano são outro trunfo importante. Esta afirmação

---

[13] A possibilidade da criação da "empresa na hora" facilitou o processo de constituição de empresas, mas é preciso ter em conta que a instalação e funcionamento de novas empresas requer licenciamentos e autorizações, nomeadamente nos domínios do ambiente e do ordenamento do território, onde talvez fosse conveniente rever a legislação e simplificar procedimentos para facilitar o investimento.

250 *Economia Portuguesa – Melhor é Possível*

pode parecer contraditória com a necessidade de aumentar a qualificação e a formação profissional dos trabalhadores portugueses referida no capítulo anterior, mas não é, porque uma coisa é o nível médio existente, que é relativamente baixo, e outra é a qualidade do trabalhador português e a sua capacidade para aprender e se adaptar rapidamente e bem quando convenientemente treinado e preparado. De facto, é possível atingir em Portugal elevados níveis de produtividade da mão-de-obra desde que haja a formação profissional adequada e a organização empresarial eficiente, como se prova comparando a produtividade das sucursais de empresas estrangeiras em Portugal e noutros países[14]. A qualidade das infra-estruturas de apoio ao desenvolvimento económico é outra importante vantagem da economia portuguesa e pode ser testemunhada, por exemplo, pela boa rede de comunicações rodoviárias, pela qualidade da rede de telecomunicações e pela eficiência do sistema financeiro. Para além destas vantagens gerais, Portugal também dispõe de algumas vantagens sectoriais, por exemplo no turismo, na energia solar, no *software* aplicado às telecomunicações e aos transportes, nas tecnologias dos meios e serviços de pagamentos, etc., que podem e devem ser valorizadas e divulgadas.

Atrair mais investimento estrangeiro

Na última década, não obstante as referidas vantagens, os investidores estrangeiros deixaram de procurar Portugal como destino para os seus investimentos – ou os responsáveis pela política económica nacional também deixaram de o oferecer – com a mesma intensidade que o fizeram antes. Embora não haja total consenso quanto aos motivos que levam os investidores estrangeiros a preferir uma ou outra localização para os seus investimentos, é possível apontar algumas razões para a menor atractividade da economia portuguesa desde meados da década de 90. A perspectiva e depois a concretização do alargamento da UE-15 a países da Europa central e oriental aumentou as vantagens relativas destes países devido ao efeito conjunto da sua proximidade física

---

[14] A fábrica da Wolkswagen em Palmela é das mais competitivas a nível mundial.

dos grandes mercados do centro da Europa, da existência de uma mão-
-de-obra relativamente qualificada e mais barata do que a portuguesa[15],
do acesso a ajudas comunitárias ainda antes da adesão e talvez também
da vontade e da determinação de vencer dos novos Estados-membros,
como Portugal também teve na primeira década após a adesão à UE e
que depois esmoreceu um pouco. Independentemente das causas e a
julgar pelos resultados, a verdade é que os empresários nacionais e os
responsáveis governamentais, por culpa própria ou mérito alheio, não
têm sido capazes de atrair investimentos estrangeiros na medida do
desejável e do necessário para um bom crescimento da economia
portuguesa e precisamos urgentemente que o voltem a conseguir, pois
o investimento estrangeiro é essencial para o desenvolvimento da economia portuguesa. Temos de voltar a ser capazes de promover as
vantagens, gerais e específicas, que podemos oferecer aos investidores
estrangeiros e reforçar a argumentação com os exemplos de sucesso
que também temos em matéria de investimento estrangeiro. Aliás, é
possível que a "maré" já esteja a mudar. De facto, ultimamente, seja
porque a Agência Portuguesa para o Investimento (API) convenceu os
investidores estrangeiros, ou porque estes reconheceram que, em
alguns domínios, Portugal tem vantagens que outros países não têm,
seja porque os investidores estrangeiros perceberam que passou a haver
uma política económica mais favorável ao investimento, ou ainda por
qualquer outra razão, a percepção da atractividade e da imagem de
Portugal por parte dos investidores internacionais tem vindo a melhorar[16]. Os números anunciados pelo ministro da economia relativamente
a investimentos já contratualizados ou em vias de contratualização –
mesmo dando algum desconto ao optimismo ministerial por alguns

---

[15] O preço da mão-de-obra está intimamente ligado à sua produtividade e, por
isso, também devemos dizer que a produtividade da mão-de-obra dos países do Leste
Europeu é menor do que a portuguesa. Todavia, com a formação profissional, as
tecnologias e os equipamentos adequados e a capacidade de organização e gestão proporcionadas pelos investidores estrangeiros, os referidos países têm conseguido
rápidos e substanciais ganhos de produtividade, razão adicional para que tenhamos
que fazer esforços redobrados neste domínio para não perdermos a nossa vantagem.

[16] Ver *Portugal: Cause for optimism*, Ernst Young Portuguese Attractiveness
Survey 2006.

projectos não serem muito significativos e outros já não serem novos – também apontam para mais investimento estrangeiro nos próximos anos. Todavia, convém não "embandeirar em arco" e reconhecer, não só que os esforços da API para atrair investimento estrangeiro (ainda) não proporcionaram os resultados que se desejavam e esperavam, mas também que a competitividade de Portugal para atrair investimento estrangeiro significativo no contexto da globalização precisa ser reforçada. Assim sendo, continua a ser conveniente diagnosticar bem as razões por que não temos sido capazes de atrair e reter mais investimento estrangeiro para as procurar corrigir, superar ou compensar e, consequentemente, praticar uma política de atracção de investimento estrangeiro mais activa e voluntarista, nomeadamente no domínio do *marketing* e dos incentivos.

Relativamente ao *marketing* e à promoção de Portugal como localização de investimento estrangeiro, devemos privilegiar as actividades com procura mundial dinâmica e compatíveis com os factores de competitividade da economia portuguesa[17], identificar bons projectos-alvo e, depois, desenvolver acções "por medida" para conquistar alguns desses investimentos. Em vez de políticas de atracção de largo espectro, caras e geralmente pouco eficazes por serem demasiado genéricas, é preferível adoptar políticas específicas, selectivamente orientadas e bem focadas nos projectos-alvo mais interessantes, particularmente projectos que produzam em Portugal bens e serviços exportáveis, para assim darem um maior contributo para a melhoria da balança de pagamentos, e também projectos relacionados com a economia do conhecimento, para que a economia portuguesa possa também avançar mais num domínio onde está atrasada e é muito importante para o futuro[18]. Por sua vez, os

---

[17] Por exemplo, a indústria de componentes e montagem de aeronaves satisfaz estas condições e, portanto, o sector aeronáutico poderia ser uma opção para as dificuldades que a indústria de componentes e montagem de automóveis já está a sofrer em Portugal. Porém, não basta esperar pelos investidores estrangeiros para que tal aconteça. É preciso uma atitude voluntarista e competir activamente com os países que também estejam interessados no mesmo tipo de investimento.

[18] O acordo entre Portugal e o Massachussets Institute of Tecnhology (MIT), celebrado em Outubro de 2006, para o estabelecimento de parcerias internacionais em ciência, tecnologia e ensino superior também pode contribuir para a atracção de investimento estrangeiro em segmentos tecnológicos mais avançados.

benefícios ao investimento estrangeiro, tal como ao investimento nacional, devem ser concedidos em função da qualidade e do interesse dos projectos para a economia portuguesa, devem ser negociados caso a caso para projectos superiores a determinado montante[19] e também devem ser convenientemente acauteladas, do ponto de vista contratual, as obrigações a que os investidores estrangeiros ficam obrigados em contrapartida dos benefícios que recebem.

Por último, para além de atrair mais e melhor investimento estrangeiro, também é muito importante criar ou manter as condições necessárias para os investidores já instalados em Portugal continuarem a investir no nosso País e, sobretudo, para não deslocalizarem as suas empresas e actividades para outros países.

O investimento estrangeiro e as deslocalizações de empresas

O investimento estrangeiro pode dar um bom contributo para criar empregos, fazer avançar a economia e regredir o défice externo, mas não tem só vantagens. Para se instalar no país receptor exige quase sempre avultados benefícios fiscais, financeiros ou outros, que são custos para o país de acolhimento; repatria lucros, o que é legítimo e

---

[19] Tem sido frequentemente defendido um choque fiscal, por diminuição generalizada do IRC, para melhorar a competitividade fiscal e a atractividade da economia portuguesa. Não é, no entanto, a melhor solução, quer porque o actual contexto orçamental não a aconselha, quer porque há outras vias menos dispendiosas para estimular o investimento e melhorar a competitividade das empresas, como por exemplo o crédito fiscal por investimento (abatimento à colecta do IRC de uma parte do investimento realizado), a reserva fiscal para investimento (abatimento do investimento realizado até uma dada percentagem da matéria colectável), ou a concessão de benefícios numa base casuística, como é frequente na negociação para captar investimentos estrangeiros relevantes. Por outro lado, o peso da nossa carga fiscal está longe de ser a principal dificuldade para a atracção de investimento estrangeiro. Embora o nosso nível de fiscalidade seja mais elevado do que o de alguns países concorrentes, também é mais baixo do que o de muitos outros que conseguem atrair relativamente mais investimento estrangeiro do que Portugal, como por exemplo a Alemanha e a França, o que mostra que o problema não está fundamentalmente na fiscalidade e, quando for esse o caso, a negociação de um regime fiscal específico implica menos perda de receita do que uma diminuição generalizada da taxa do IRC.

normal, embora os países de acolhimento preferissem o seu reinvestimento; e, quando encontra melhores condições noutros países, não hesita em deslocalizar para essas paragens, por vezes violando mesmo compromissos de permanência assumidos em troca dos benefícios recebidos. Nos últimos anos, a economia portuguesa, não só não tem atraído muito investimento estrangeiro, como também não tem conseguido evitar a deslocalização de algumas empresas internacionais, o que é preocupante, quer pelo transtorno e sofrimento que causa aos trabalhadores que assim perdem os seus empregos, quer pelas consequências negativas para a economia, particularmente para as regiões em que se situavam. A deslocalização de empresas e o consequente efeito no desemprego ainda tem uma dimensão relativamente limitada ao nível nacional, mas o seu impacto sobre a economia regional e sectorial e, sobretudo, as suas consequências humanas não podem ser menosprezadas. Um pouco por toda a Europa e também em Portugal, a deslocalização de empresas para países menos desenvolvidos afecta regiões e sectores de actividade e acaba por deixar no desemprego bastantes trabalhadores, especialmente os menos qualificados, e não é fácil reafectá-los a outras actividades, sobretudo quando as acções de reconversão e formação profissional são fracas e quando a economia cresce pouco.

Fazendo a recomposição espacial de actividades parte da lógica da globalização competitiva em que estamos inseridos, é provável que continuem as deslocalizações de actividades e de empresas, sem que os poderes públicos tenham grandes possibilidades de as combater. Com efeito, salvaguardando um ou outro caso excepcional de mau comportamento empresarial, a deslocalização de actividades e de empresas é um acto de gestão legítimo e racional no contexto da competição internacional. A deslocalização de investimentos corresponde a uma procura de vantagens competitivas para os accionistas (aumento de lucros) e para os consumidores (preços mais baixos ou mais valor para o dinheiro dos consumidores) e, nesta perspectiva, não é condenável. Por outro lado, o investimento que deslocaliza destrói empregos no país de onde sai, mas cria empregos no país onde entra, razão por que o mesmo fenómeno é encarado como negativo ou positivo consoante se toma o ponto de vista do país prejudicado ou do país beneficiado. É compreensível que os poderes públicos se preocupem com a manutenção dos postos de trabalho e procurem defender a permanência no território nacional das empresas que tencionam ou ameaçam deslocalizar, mas não é fácil. Oferecer mais benefícios, ou ceder às exigências das referidas empresas para que não deslocalizem, se não for convenientemente justificado e integrado na estratégia de desenvolvimento do País, pode levar apenas ao adiamento do problema e a custos para os contribuintes que os benefícios para os trabalhadores assim protegidos podem não compensar. Noutros casos não se põe sequer a hipótese de negociações, ou estas não chegam a bom termo, e a deslocalização da empresa aparece com um facto consumado que praticamente não é possível combater, salvo quando o investidor estrangeiro não respeita o compromisso de permanência que assumiu por contrapartida de ajudas nacionais ou comunitárias que recebeu[20]. Nestes casos, mesmo não conseguindo evitar a deslocalização e os seus efeitos no desemprego, as autoridades nacionais e as instâncias comunitárias devem proceder contra a empresa e accionar todos os instrumentos legais para a sancionarem e exigirem as devidas indemnizações. Porém, exceptuando os casos de claro incumprimento contratual, os poderes públicos praticamente não têm meios legais para agir contra as empresas em vias de deslocalização, e não o devem fazer por outros meios porque, se o fizessem sem a justificação e a base legal adequadas, isso afectaria negativamente a imagem do País e, portanto, prejudicaria a atracção de novo investimento estrangeiro, o melhor meio para compensar o que sai do País.

Há, no entanto, algumas respostas inteligentes às deslocalizações de empresas que devem ser ponderadas e tentadas a vários níveis. Ao nível internacional mais amplo, através das instituições adequadas como por exemplo a Organização Internacional do Trabalho, a resposta deveria passar por alguma regulação e disciplina da globalização para que, sem fechar as portas do progresso aos países menos desenvolvidos e emergentes, se evitem situações de manifesta concorrência desleal devidas a vantagens competitivas injustas e inaceitáveis, como por exemplo o trabalho sem o respeito dos direitos do homem ou em

---

[20] De acordo com a imprensa, parece ter sido o caso da deslocalização da fábrica da General Motors de Azambuja para Saragoça.

condições sem um mínimo de dignidade humana. Ao nível da União Europeia, a resposta poderia passar pela proibição de uma empresa que deslocaliza de um para outro Estado-membro receber no país de entrada ajudas nacionais e comunitárias *excessivas* relativamente às que recebia no país de saída para não desvirtuar a concorrência saudável entre os Estados-membros, embora não seja fácil graduar e gerir as referidas ajudas. Por sua vez, ao nível nacional, no plano microeconómico, a resposta passa pela dinamização dos fornecedores locais dos investidores estrangeiros, de modo a criar *clusters* (conjuntos de actividades afins) que, acrescentando valor nacional à indústria, contribuam também para a rentabilidade e o conforto do investimento estrangeiro[21]; e, ao nível macroeconómico, pelo aumento da competitividade pela produtividade através da qualificação dos recursos humanos, da inovação e do desenvolvimento tecnológico e da boa infra-estruturação do território nacional; por outras palavras, por uma estratégia de transição de uma economia baseada na competitividade pelo custo para uma nova economia cada vez mais assente na competitividade pelo valor. Simplesmente, quando ocorre uma deslocalização, são precisas respostas mais imediatas para os trabalhadores que, de um momento para o outro e sem qualquer culpa, perdem os seus empregos. Embora não haja soluções padronizadas para estas situações, as respostas possíveis poderão contemplar, por exemplo, medidas de apoio à reconversão da empresa ou à intervenção de outra empresa, ajuda activa aos desempregados na procura e obtenção de novos empregos, apoio ao lançamento de iniciativas empresariais pelos trabalhadores desempregados, nomeadamente através do recurso ao microcrédito, e protecção social para os desempregados.

As administrações públicas central e/ou local também podem apoiar o funcionamento e/ou a reconversão das empresas que pretendem ou ameaçam deslocalizar promovendo a intervenção de outras empresas e desempenhando assim um papel incentivador e facilitador de soluções viáveis. No entanto, também há que ter a consciência de que é impossível – e, nos casos de inviabilidade, indesejável – impedir

---

[21] Esta terá sido a diferença principal que explica a permanência da Autoeuropa em Setúbal e a deslocalização da General Motors da Azambuja para Saragoça.

a deslocalização e/ou o desaparecimento de empresas e, portanto, evitar o consequente agravamento do desemprego. Assim sendo, os poderes públicos nacionais e locais têm a obrigação de antecipar alguns destes problemas e de ir procurando, por um lado, reconverter a actividade económica das regiões potencialmente mais atingíveis, e, por outro lado, fomentar e apoiar a requalificação e a reconversão profissional dos trabalhadores, nomeadamente dos menos qualificados, para que seja mais fácil a transição dos empregos perdidos para novos empregos[22]. Numa altura em que o País já está razoavelmente coberto por infra-estruturas físicas, as Autarquias Locais também devem reorientar as suas prioridades para detecção de oportunidades de investimento para as suas regiões e para a qualificação dos recursos humanos e a promoção da empregabilidade dos trabalhadores dos seus concelhos.

MANTER O CONTROLO NACIONAL DE EMPRESAS ESTRATÉGICAS

À primeira vista pode parecer estranho, e até contraditório, querer atrair investimento estrangeiro e defender o controlo nacional de algumas empresas para limitar a dependência do exterior — mas não é, nomeadamente porque o interesse nacional não é apenas económico. Do ponto de vista estritamente económico não faz sentido defender

---

[22] A este propósito, Manuel Castells (in Público de 10/3/2004) diz que "é preciso criar um plano impulsionado pelo Estado que não seja estatista. Que liberte a capacidade de inovação da sociedade e das empresas" e acrescenta a seguir que, "no caso da Catalunha, acabo[u] de terminar um trabalho produzido por uma comissão de peritos sobre um acordo estratégico de competitividade e internacionalização da economia catalã, que visa responder à deslocalização das multinacionais". E noutra passagem da sua entrevista diz que "as PME são as empresas mais flexíveis e as que criam mais empregos. Qual é o seu problema? Massa crítica. Podem concentrar-se, mas ao fazê-lo perdem flexibilidade. A resposta pode ser a cooperação, a construção de redes de empresas. Não é fácil fazê-lo numa cultura de desconfiança, mas se houver incentivos fiscais à cooperação, por exemplo, isso é um estímulo importante. Também se pode fornecer assessoria gratuita via Internet a estas empresas. Não é o Estado a produzir nem a mandar. O Estado pode criar condições tecnológicas e organizativas que permitem o desenvolvimento da rede".

centros de decisão nacionais, pois o relevante não é que as empresas sejam possuídas e controladas por portugueses, mas sim que as empresas residentes em Portugal sejam bem geridas e eficientes, independentemente de quem as detém e controla. Defender o proteccionismo empresarial implicaria proporcionar às empresas protegidas rendas de situação para os seus accionistas que, em última instância, seriam suportadas pelos consumidores e pelos contribuintes que somos todos nós. Consequentemente, não se trata de advogar o proteccionismo, mas sim de defender uma forma de protecção do interesse nacional. A defesa do controlo nacional de algumas empresas relevantes para limitar a dependência externa é uma questão económica e também uma questão política, pois, na era global e no contexto da globalização competitiva, a economia também é vital para a importância e para a independência ou autonomia políticas do País. De facto, se Portugal não conseguisse manter no território nacional e em mãos portuguesas uma significativa capacidade de decisão em sectores estratégicos da economia, como por exemplo o financeiro, o energético, a água e as comunicações, a sua influência e autonomia políticas estariam mais limitadas e seria mais difícil controlar o nosso destino como nação independente.

Por força da globalização e da integração europeia, da tendência para a concentração empresarial, da relativa fraqueza das empresas portuguesas e do elevado endividamento do sistema bancário nacional, a progressiva passagem para controlo estrangeiro, nomeadamente espanhol, de algumas importantes empresas nacionais[23] não é apenas uma hipótese teórica mas também uma possibilidade prática já em marcha. Esta possível mudança de controlo accionista em termos significativos poderia não ser uma desgraça, mas representaria a perda de um instrumento de controlo do nosso próprio destino enquanto

---

[23] A possível tomada de controlo por parte de espanhóis é mais provável do que por outras nacionalidades, por razões de proximidade geográfica e de afinidade cultural, e também é politicamente mais sensível para os portugueses, por razões de passado histórico. Por exemplo, a eventual compra do BCP ou de outro banco português por um grande banco espanhol, ou da PT ou da EDP pelas suas homólogas espanholas, daria uma percepção de derrocada da economia portuguesa, mesmo que não fosse, e abalaria a auto-estima e a confiança dos portugueses.

Reduzir o Défice Externo e limitar a Dependência do Exterior 259

comunidade nacional e, consequentemente, perda de soberania e de poder económico[24]. Para evitar ou atenuar estes possíveis inconvenientes e também porque é bom que a economia portuguesa tenha grupos empresariais fortes e desejável que estes sejam portugueses, faz sentido alguma concertação estratégica entre as principais forças políticas, económicas e sociais, com vista à defesa do interesse nacional, e que as políticas públicas, particularmente as relativas ao sistema financeiro, às privatizações e à fiscalidade, também tenham em conta a necessidade de preservar os centros de decisão económica mais importantes em mãos nacionais, sem prejuízo de essa defesa caber em primeira linha aos accionistas, aos empresários e aos gestores portugueses.

Há algumas (poucas) empresas ou sectores que pela sua relevância estratégica para a economia nacional, nomeadamente pela importância pública dos bens e serviços que produzem (v.g. água, energia e telecomunicações), ou pelo papel que têm na afectação dos recursos através da captação da poupança e do financiamento da economia (v.g. banca), não devem estar total ou predominantemente em mãos estrangeiras e, portanto, a maneira mais segura de o conseguir é mantê-las como empresas públicas[25]. Há muito tempo que o Estado (através do Governo e da Assembleia da República) devia ter definido as empresas que deviam permanecer totalmente no sector público, aquelas em que podia haver coabitação entre ambos os sectores (distinguindo aqui ainda entre as que bastaria uma minoria de bloqueio e aquelas em que seria conveniente uma posição maioritária) e as que não justificariam qualquer participação pública e, portanto, deviam ser exclusivamente privadas. O Estado não devia, nem deve, ter vergonha de possuir a totalidade da propriedade e do poder de decisão nas empresas em que

---

[24] Outra consequência também desfavorável poderia ser a perda de algumas das melhores oportunidades de emprego (de topo) para os técnicos, os quadros e os gestores portugueses mais qualificados que, com maior probabilidade, seriam atribuídos a estrangeiros.

[25] O recurso a acções douradas (*golden shares*), conferindo ao Estado poderes especiais de intervenção na gestão de "empresas públicas privatizadas", é considerado um obstáculo à livre circulação de capitais e uma distorção às regras da economia de mercado e, portanto, inaceitável pelas instâncias comunitárias. Por esta razão, os Estados-membros que as têm (v.g. Espanha e França) já as começaram a abandonar e o Estado português está intimado a prescindir da acção dourada que possui na PT.

tal se justifique e, contrariamente ao que alguns pensam, a legislação comunitária não impede que haja empresas públicas em qualquer sector de actividade. O que releva para a União Europeia é o respeito pelo direito da concorrência e não a natureza pública ou privada da propriedade das empresas, e os seus Estados-membros têm seguido diferentes opções relativamente a algumas empresas ou sectores económicos importantes. Uns têm optado pela sua manutenção no sector público, podendo ser acusados de que assim as referidas empresas são menos eficientes do que seriam se estivessem no sector privado, enquanto outros têm prescindido do seu controlo accionista e privatizaram-nas, podendo ser acusados de que assim deixaram ou deixam que empresas com relevância estratégica para o país, mais cedo ou mais tarde, tivessem passado ou possam passar para mãos estrangeiras. Em Portugal, os sucessivos governos nunca tiveram uma ideia clara e uma política consistente sobre a fronteira entre os sectores público e privado, o que prejudicou económica e financeiramente as privatizações e descurou a defesa dos centros de decisão nacionais. O que se passou, por exemplo, com a privatização do sector energético, nomeadamente quanto a falta de transparência e a confusão no controlo accionista, foi lamentável e, como o tempo não volta para trás, perdemos a oportunidade de manter maioritariamente no sector público um sector estratégico fundamental para a economia portuguesa. Outro sector estratégico vital é o sistema financeiro, quer porque é ele que faz a captação dos recursos e o financiamento da economia, quer porque quem tiver o seu controlo também tem o poder económico e financeiro efectivo. O actual Governo já garantiu que não privatizaria a Caixa Geral de Depósitos, o que é positivo, mas, se continuar a considerar a instituição *apenas* um banco como outro qualquer, pode não tirar partido da sua integral permanência no sector público[26]. Quanto a futuros governos,

---

[26] Por exemplo, muitos dos lamentáveis problemas de relacionamento dos bancos com os seus clientes, nomeadamente quanto ao arredondamento da *euribor* como indexante do crédito à habitação, penalizações de amortizações antecipadas, data-valor e número de dias do ano para apuramento de juros de créditos e de depósitos, poderiam ter sido resolvidos pela simples adopção e publicitação das boas práticas pela Caixa Geral de Depósitos, dado o seu peso e poder de arrastamento no sector, em vez do recurso a legislação específica para o efeito. E o mesmo se poderia

esperemos que as necessidades de financiamento do Estado, ou qualquer outra razão, não leve algum governo menos escrupuloso a iniciar a privatização da Caixa Geral de Depósitos que, pela importância estratégico do sector financeiro, é fundamental manter integralmente sob o controlo do Estado.

A defesa da manutenção do capital e da gestão das empresas não estratégicas mais importantes em mãos portuguesas, para evitar o seu possível controlo por estrangeiros, deve ser feita, primordialmente, pelos seus accionistas e gestores pelos meios económicos e financeiros normais, particularmente através de alianças estratégicas, de preferência entre empresas nacionais[27] e também com empresas estrangeiras em condições aceitáveis, nomeadamente de diversificação de dependências. Todavia, sem prejuízo desta orientação geral, a defesa inteligente dos centros de decisão nacionais pelo poder político pode fazer sentido e ser um ajuda não despicienda, pois no mundo real as regras do jogo da economia de mercado não são apenas estritamente económicas e, em alguns casos, poderia ser ingenuidade política ou negligência não entrar nesse jogo quando outros países o fazem, com mais ou menos discrição, a favor das suas empresas[28]. Mas, neste jogo, os governos têm de distinguir bem entre o interesse nacional, que lhes cabe

---

dizer de outras práticas lesivas dos interesses dos consumidores de serviços financeiros, como por exemplo as elevadas comissões de guarda (obrigatória) de valores mobiliários cobrados pelos bancos. Noutra perspectiva, a Caixa Geral de Depósitos, através da gestão das suas participações accionistas noutras empresas, também poderia ajudar a defender empresas estratégicas nacionais de eventuais ataques hostis de empresas estrangeiras.

[27] Por exemplo, no início de 2003 falou-se na possibilidade de concentrar as participações não financeiras dos três principais bancos privados – BCP, BES e BPI – e da CGD numa *holding* estruturante, que teria como accionistas os referidos bancos e poderia ajudar a manter centros de decisão empresarial importantes em Portugal.

[28] Por exemplo, é reconhecido que os bancos espanhóis e as caixas de aforro do país vizinho têm entrado mais facilmente em Portugal do que os bancos portugueses (v.g. a Caixa Geral de Depósitos) em Espanha. Do mesmo modo, as empresas portuguesas têm tido mais dificuldade em ganhar concursos em Espanha do que as espanholas em Portugal e a todos estes factos não é estranha a acção do poder político espanhol na esfera económica, manifestamente mais discreto e eficaz do que o português.

defender, e os simples interesses particulares, onde não se devem envolver, o que nem sempre tem acontecido. De facto, aos governos cabe a definição e a execução de políticas públicas visando o bem comum, o que é melhor para todos os portugueses, e não a defesa de alguma forma de proteccionismo empresarial, contrário ao interesse nacional e inviável no quadro da economia aberta em que Portugal se insere e deve manter. Porém, sob a capa do interesse nacional, invocam-se por vezes interesses que, na realidade, têm muito de particular e pouco ou nada de nacional. A história das privatizações em Portugal regista alguns exemplos de accionistas e empresários portugueses de vulto que invocaram o interesse nacional para a aquisição de acções e, perante a mais-valia proporcionada pela venda das mesmas a estrangeiros, não hesitaram em dar prioridade aos seus interesses particulares relativamente ao interesse nacional, e o mesmo acontecerá no futuro quando voltar a surgir uma boa oportunidade. Aliás, e de uma forma mais geral, quando se critica a invasão e a conquista da economia portuguesa por empresas espanholas, convém recordar que, para alguém comprar, é preciso que alguém esteja disposto a vender, o que é uma afirmação banal, mas não deixa de ser verdade.

Para além da referida confusão entre interesse privado e interesse nacional e a invocação deste para obter benefícios particulares, há outras razões que aconselham muita prudência e cautela na ajuda, mesmo inteligente e discreta, dos governos com vista à manutenção das empresas mais importantes em mãos portuguesas. Em primeiro lugar, porque nem sempre é fácil identificar o interesse nacional e os gestores portugueses, como os de outras nacionalidades, gerem actualmente as empresas visando, fundamentalmente, criar o máximo valor para os accionistas e para eles próprios e é (muito) duvidoso que este tipo gestão favoreça (sempre) o interesse nacional. Em segundo lugar, porque a defesa do controlo nacional não deve ser feita sacrificando a concorrência no mercado, ou a eficiência da empresa, porque isso prejudicaria os consumidores – que não beneficiariam, ou beneficiariam menos, da concorrência e da possibilidade de produtos mais baratos ou melhores – e os trabalhadores – que poderiam não beneficiar de salários mais elevados se a defesa do controlo nacional prejudicasse o aumento da produtividade. Por último, porque a defesa dos centros de decisão económica nacionais não é fácil, quer porque não é possível discriminar contra os investidores da União Europeia, quer porque, mesmo legítima e realizada dentro da legalidade, tem que ser feita de forma discreta e cuidada para não prejudicar a atracção de investimento estrangeiro.

Perante estes riscos e dificuldades, será que não vale a pena defender a continuação dos centros de decisão económica mais importantes sob controlo português? De modo nenhum. O que podemos concluir é que – salvo os (poucos) casos em que o Estado deve possuir o controlo estratégico das empresas e aqueles em que pode e deve ajudar indirecta e inteligentemente os accionistas e empresários nacionais – a principal e mais eficaz defesa da manutenção dos centros de decisão em Portugal cabe aos grupos empresariais portugueses. De facto, se estes não forem economicamente competitivos e financeiramente sólidos e não tiverem vontade e visão estratégica para permanecerem portugueses, designadamente para cooperarem e unirem esforços entre si, não poderá ser o Estado a evitar a sua eventual aquisição por estrangeiros e, consequentemente, o aumento da dependência externa de Portugal.

CAPÍTULO 6

REDUZIR O DÉFICE ORÇAMENTAL
E SANEAR AS FINANÇAS PÚBLICAS

Nós todos sabemos o que é preciso fazer, apenas não sabemos como ganhar a eleição a seguir.

JEAN CLAUDE-JUNCKER,
Primeiro-ministro do Luxemburgo

O saneamento das finanças públicas impõe-se, primeiro, porque a continuação de défices orçamentais elevados é financeiramente insustentável, constitui uma pesada acumulação de dívida pública para as gerações vindouras e a sua redução também contribui para baixar o ainda mais elevado e preocupante défice externo[1]; depois, porque o desequilíbrio das finanças públicas já está a ser potenciado pelo inevitável crescimento das despesas com a segurança social e a saúde decorrente do envelhecimento da população e da sofisticação tecnológica dos meios de diagnóstico e de tratamento das doenças; e ainda, porque é necessário para respeitarmos compromissos comunitários no domínio das finanças públicas[2], para preservarmos a credibilidade de Portugal nos mercados monetário e financeiro internacionais e para ganharmos margem de manobra para podermos voltar a utilizar a

---

[1] Contabilisticamente, o défice externo é igual à soma do défice público e do défice privado (investimento – poupança).

[2] Relativamente ao défice orçamental, o Tratado da União Europeia estabelece que "os Estados-Membros devem evitar défices excessivos" e um défice é excessivo "se a relação entre o défice orçamental programado e o produto interno bruto excede um valor de referência", o qual foi fixado em 3% do PIB no Protocolo sobre o Procedimento relativo aos Défices Excessivos. Quanto à dívida pública, o Tratado estabelece que "a relação entre a dívida pública e o produto interno bruto não deve exceder um valor de referência, excepto se essa relação se encontrar em diminuição significativa e se estiver a aproximar, de forma satisfatória do valor de referência, o qual foi fixado em 60% do PIB no referido Protocolo. Posteriormente, no Conselho Europeu de Junho de 1997, os Estados-membros subscreveram o Pacto de Estabilidade e Crescimento precisando e desenvolvendo as noções, as regras e as sanções relativas à disciplina orçamental prevista no Tratado para a entrada na união económica e monetária e assegurando que as mesmas se mantêm e devem ser respeitadas posteriormente.

268 Economia Portuguesa – Melhor é Possível

política orçamental de forma anti-cíclica, especialmente poder reduzir impostos e/ou aumentar despesas nas fases de abrandamento da actividade económica.

Desde há muito tempo que a redução do défice público é uma necessidade para não comprometermos o desenvolvimento da economia, mas uns governantes não lhe dedicaram a devida atenção e outros não perceberam que a mesma tinha de ser feita com verdade e critério e no contexto de uma política económica global, caso contrário penalizaria o crescimento económico e tornaria mais difícil a sua própria redução. O saneamento das finanças públicas não se faz com medidas não recorrentes, como o congelamento de vencimentos, a venda de património ou a antecipação de receitas futuras, nem pela manipulação de variáveis ou indicadores para conseguir resultados orçamentais circunstanciais e efeitos políticos efémeros. Faz-se sim por reformas difíceis na administração pública, no serviço nacional de saúde e na segurança social, enquadradas por uma reforma do processo orçamental e por uma estratégia de desenvolvimento económico e social capaz de preparar o futuro e de preservar valores e princípios básicos do nosso modelo social, sem prejuízo das adaptações indispensáveis para salvaguardar os seus aspectos essenciais.

REDUZIR O DÉFICE PELAS RECEITAS E PELAS DESPESAS

Sendo o défice orçamental a diferença entre as receitas e as despesas públicas, é óbvio que a sua redução passa pela subida das receitas e/ou pela descida das despesas.

O combate à fraude e evasão fiscais como principal contributo para as receitas

O aumento das receitas pelos impostos pode ser conseguido pelo alargamento da base de incidência, pela subida das taxas de tributação e pelo aumento da eficiência fiscal. As possíveis bases de incidência tributária estão relativamente bem cobertas pelos actuais impostos e,

Reduzir o Défice Orçamental e sanear as Finanças Públicas 269

portanto, sem prejuízo de um ou outro ajustamento pontual, não há grande margem de manobra na primeira alternativa. A subida das taxas de tributação também não deve ser utilizada atendendo a que as mesmas já estão relativamente elevadas e é conveniente preservar a equidade e a competitividade fiscais. Em 2005, contrariamente à tendência da maioria dos países, o Governo subiu de 40% para 42% a taxa do IRS aplicável a rendimentos anuais superiores a 60 mil euros, um limiar que é atingido por bastantes famílias que vivem do trabalho e não são consideradas ricas pela generalidade das pessoas. Fê-lo para aumentar a receita fiscal e para mostrar algum equilíbrio na repartição de sacrifícios, mas não teve em conta que o referido aumento da progressividade do IRS afecta negativamente a disponibilidade e a vontade para trabalhos de maior responsabilidade e remuneração, diminui a equidade na tributação das pessoas relativamente à tributação das empresas[3] e agrava a concorrência fiscal entre Portugal e outros países com menor tributação. Este aspecto tem uma relevância limitada para os particulares[4], mas é importante na tributação das empresas e a actual taxa de 25% no IRC não compara bem com taxas praticadas noutros países, por exemplo na Irlanda e nos novos Estados-membros da União Europeia. No contexto da globalização, a competitividade fiscal é relevante, não só para atrair investimento estrangeiro, mas também para evitar que empresas nacionais mudem a sua sede fiscal para países onde a tributação dos seus ganhos é menor. Assim sendo, a evolução desejável para a taxa do IRC não é no sentido da subida, mas sim da sua descida logo que a situação orçamental o permita. Quanto ao IVA,

---

[3] Recordamos que na altura da criação do IRS e do IRC em 1989, a ultima taxa marginal do IRS (40%) era praticamente igual à taxa do IRC com a derrama (39,6%). Presentemente, a diferença entre as duas taxas é de 14,5 (= 42%-27,5%) pontos percentuais. Com este diferencial, não nos devemos admirar se, no futuro, houver mais profissionais a optar pela constituição de sociedades comerciais, onde podem imputar custos que pouco ou nada tem a ver com a sua actividade profissional, para serem tributados a uma taxa efectiva mais baixa.

[4] Devido à menor mobilidade das pessoas do que o capital (empresas). Conta fundamentalmente para os gestores, os quadros e os técnicos mais qualificados, bem remunerados e com mobilidade no mercado internacional, nomeadamente os que trabalham para empresas multinacionais, que podem passar a ter o seu domicílio fiscal noutro país com menor tributação sobre o rendimento.

tanto a subida da taxa normal de 17% para 19%, em 2002, como a de 19% para 21%, em 2005, foram politicamente lamentáveis – por terem sido tomadas ao arrepio de promessas eleitorais e, portanto, terem prejudicado a credibilidade política dos governos que as tomaram – e também economicamente inadequadas – por terem um efeito recessivo sobre a economia, como a subida de qualquer imposto, incentivarem o desenvolvimento da economia paralela e da evasão tributária e prejudicarem a competitividade fiscal no comércio transfronteiriço com Espanha, onde a taxa equivalente é apenas 16%.

Podemos pois concluir que, praticamente, não há margem para subir os principais impostos, o IRS, o IRC e o IVA, por razões, respectivamente, de equidade tributária, de competitividade fiscal e de concorrência no comércio transfronteiriço com Espanha e que o desejável seria reduzir as suas taxas logo que possível[5]. Assim sendo, o principal contributo das receitas para a consolidação orçamental só pode vir do aumento da eficiência no combate à fraude e evasão fiscais. Esta luta é indispensável, não só para aumentar as receitas fiscais e parafiscais do Estado, mas também por razões de equidade fiscal e de competitividade empresarial. Por cada euro que o Estado não recebe devido a fraude e evasão aos impostos e à segurança social, com tudo o resto constante, ou há alguém que vai pagar mais do que devia, ou receber

---

[5] Em Dezembro de 2006, numa conferência em Lisboa, o Prof. Richard Eckaus do MIT defendeu um aumento da progressividade do IRS para reduzir a desigualdade na distribuição do rendimento e para poder baixar a tributação sobre as empresas e assim aumentar a sua competitividade. Sem prejuízo de algum ajustamento na estrutura das taxas do IRS, apenas por razões de equidade e portanto neutro em termos da receita arrecadada, não faz sentido subir o IRS para com a receita adicional baixar o IRC. Com o devido respeito, talvez o Prof. Eckaus ignore, primeiro, que em Portugal a taxa marginal máxima do IRS (42%) se aplica rendimentos relativamente baixos (famílias com rendimento mensal de cinco mil euros) comparativamente com o que acontece nos países mais riscos e, depois, que a substituição da contribuição autárquica pelo Imposto Municipal sobre Imóveis representou um enorme aumento da carga fiscal sobre a maioria das famílias que em Portugal têm casa própria. Nestas circunstâncias, a via correcta para poder baixar o IRC (e depois os impostos sobre as famílias) é a diminuição de despesas públicas pouco ou nada eficientes e não a subida do IRS. Esta só iria atrasar a entrada no caminho mais adequado – a racionalização das despesas e a eliminação das dispensáveis.

menos bens e serviços públicos do que podia dispor, o que é injusto. Por outro lado, as empresas que não cumprem as suas obrigações fiscais e parafiscais para com a sociedade ganham uma vantagem competitiva face às restantes que distorce a concorrência e penaliza as empresas cumpridoras. A luta contra a fuga ao fisco e à segurança social é pois uma obrigação de que a administração pública tem de prosseguir com tenacidade para promover a equidade e a competitividade fiscais e para aumentar a receita fiscal. Os cidadãos e as empresas têm que sentir que há eficácia e justiça na cobrança dos impostos e das contribuições sociais, para mais facilmente interiorizarem e aceitarem que o pagamento de impostos e contribuições é um dever cívico que têm que cumprir para terem o direito de exigir bens e serviços públicos em quantidade e qualidade adequadas. A luta contra a fraude e a evasão fiscais, que nos últimos anos tem registado resultados muito positivos, é pois um combate que, pela natureza do inimigo, tem de prosseguir contínua e afincadamente e as receitas assim obtidas devem ser utilizadas, primeiro, para reduzir o défice orçamental e, depois, para baixar a carga fiscal sobre os contribuintes e não para substituir a necessária e possível contenção da despesa pública corrente.

A indispensabilidade de uma criteriosa e efectiva contenção das despesas

Para além de um eficaz combate à fraude e à evasão aos impostos, a redução do défice orçamental tem de passar uma criteriosa contenção da despesa pública, particularmente da corrente, justificável para evitar o consumo de recursos que podem ser melhor aplicados noutras finalidades e para sacrificar o menos possível o investimento público indispensável para o desenvolvimento do País.

Para o acentuado crescimento da despesa pública desde 1974 contribuíram inúmeros factores. Um primeiro grupo teve que ver com o regresso de funcionários públicos das ex-colónias, o efeito da desmobilização das forças armadas e a integração na administração pública de trabalhadores de vários organismos de coordenação económica então existentes, bem como a entrada para os quadros da função pública de muitos amigos e apoiantes de governantes e agentes políticos de todas as cores e também a admissão de bastantes pessoas que, perante a desorganização e a insuficiência do sistema produtivo, teriam ficado desempregadas se não tivessem ingressado no sector público administrativo (e também no empresarial). Um segundo grupo de razões esteve no facto de o Estado ter passado a assumir – e bem, dadas as carências do País – novas responsabilidades na área social, particularmente na educação e na saúde, o que não teria sido possível sem um substancial aumento de efectivos na função pública. O juízo de valor positivo sobre o alargamento das funções sociais do Estado não significa que o processo não pudesse ter sido gerido de forma mais eficiente. De facto, houve aumentos de efectivos e de despesas por imposição das circunstâncias (v.g. o envelhecimento da população obriga a mais pessoal e despesas na saúde e na segurança social), mas também houve os que resultaram de cedências da administração central do Estado a grupos de pressão, especialmente sindicatos e associações patronais no exercício e defesa dos seus interesses, bem como da utilização dos governos regionais e das câmaras municipais para atenuar os problemas de emprego a nível regional e local. Uma terceira ordem de razões para o crescimento da despesa pública teve que ver com o facto de as decisões relativas a novas actividades e despesas serem, frequentemente, mais determinadas por razões políticas e sociais do que económicas e financeiras, bem como o facto de a realização de novas despesas também se colocar mais em termos de acréscimo do que de alternativa a outras despesas já efectuadas. Com efeito, raramente se questiona a continuação de serviços e despesas iniciadas no passado e que podem já não se justificar no presente, assim como também poucos têm sido os governantes com coragem política suficiente para enfrentar os beneficiários dos referidos serviços e despesas e para trocar o correspondente custo político imediato por um ganho orçamental a prazo.

Pelas razões indicadas, a despesa pública cresceu desmesuradamente e atingiu quase metade do produto interno bruto, valor que a torna num problema sério e de solução difícil e demorada. A dimensão da despesa pública não seria tão preocupante se à mesma corres-

Reduzir o Défice Orçamental e sanear as Finanças Públicas

pondesse uma qualidade dos bens e serviços públicos e uma eficiência da administração pública equivalentes que pudessem justificar e viabilizar o correspondente nível de tributação, como acontece nos países nórdicos. Muitos portugueses não se importariam de pagar os impostos que pagam se sentissem que os serviços de saúde, de educação, de justiça, de segurança e outros correspondiam às suas expectativas, o que, sem prejuízo dos progressos realizados e de algumas excepções, não é inteiramente o caso para a generalidade dos serviços públicos. Acresce que a satisfação de necessidades públicas (supostamente) indispensáveis tem vindo a implicar montantes de receita e de défice superiores ao que é económica e fiscalmente viável. Consequentemente, para diminuir duradouramente o défice público, sem prejuízo da ajuda do combate à fraude e evasão fiscais, é indispensável melhorar a eficiência da despesa pública – conseguir os mesmos resultados com menos recursos, ou conseguir mais serviços com os mesmos meios – e também reduzir o seu nível relativo, isto é, a seu peso no PIB. Porém, como na origem do crescimento da despesa pública esteve uma longa e colectiva conivência sobre a sua necessidade, qualquer intenção ou tentativa de contenção dos gastos públicos depara com forte oposição dos interesses atingidos, que tem inibido sucessivos governos de atacarem o problema como deviam.

O Governo Cavaco Silva, por exemplo, não avaliou bem as consequências do novo sistema remunerativo da função pública para a sustentabilidade das finanças públicas e perdeu uma boa oportunidade de fazer uma reforma da administração pública que, aumentando a sua eficiência, compensasse o aumento de despesa resultante das novas remunerações.

O Governo António Guterres, ajudado pela expansão da actividade económica na segunda metade da década de 90, cumpriu com relativa facilidade o critério de entrada na moeda única, mas não realizou o ajustamento orçamental necessário para uma vida mais tranquila no seio da união monetária europeia. Talvez por não estar pressionado pela força das circunstâncias e não ter a maioria política indispensável para realizar reformas difíceis na administração pública, perdeu uma boa ocasião para conter a despesa e reduzir mais o défice público. Como atenuante da sua responsabilidade, para além da referida falta de maioria política, também devemos referir que nem o Banco de Portugal nem a Comissão Europeia alertaram suficientemente o Governo sobre a inadequação da política orçamental na fase ascendente do ciclo económico e algumas vozes isoladas que então o fizeram não foram ouvidas. Tivessem o Banco de Portugal e, sobretudo, a Comissão Europeia feito esse alerta com suficiente veemência e talvez a política económica portuguesa não estivesse agora tão condicionada pelo mau estado das finanças públicas[6].

O Governo Durão Barroso – que dispunha das condições políticas (maioria parlamentar) que o anterior não teve – começou obcecado com o combate ao défice público, mas fez apenas o mais fácil: aumentou dois pontos percentuais a taxa normal do IVA, contrariamente ao que tinha prometido na campanha eleitoral; acabou com as bonificações de juros no crédito à habitação, medida que só pecou pelo atraso; e, congelou os salários da função pública superiores a mil euros mensais. Apesar de manter a retórica do discurso, na realidade, o ímpeto reformista para sanear as finanças públicas desapareceu passado muito pouco tempo quando o Governo decidiu adiar ou pôr de lado as reformas necessárias e mais difíceis e optou por recorrer a receitas extraordinárias provenientes da venda de património e da antecipação de receitas futuras para, aparente e formalmente, cumprir o Pacto de Estabilidade e Crescimento. O recurso a receitas extraordinárias aceitáveis ainda poderia justificar-se para tornar a política orçamental menos apertada numa conjuntura económica difícil enquanto as verdadeiras medidas de consolidação orçamental não produzissem resultados. Nunca deveria ter servido como serviu para escamotear os problemas e adiar a sua solução e para transferir as dificuldades para a frente, prejudicando assim os orçamentos futuros, quer porque lhes diminuiu as receitas, como no caso da venda de créditos fiscais, quer porque lhe aumentou as despesas, como no caso da transferência de responsabilidades de vários fundos de pensões para a Caixa Geral de Aposentações. Estas e outras receitas não recorrentes não contribuíam para a sustentabilidade das finanças públicas e os governantes que a elas recorreram

---

[6] Os países que estão agora na situação orçamental mais confortável são os que então realizaram a política anti-cíclica que o Pacto de Estabilidade e Crescimento e a Comissão Europeia não impuseram, no caso a redução de despesas e/ou o aumento de impostos na fase de expansão económica.

sabiam-no bem, mas utilizaram-nas para baixar défices orçamentais superiores a 5% do PIB para valores marginalmente inferiores ao valor limite de 3% do PIB e assim iludirem uma Comissão Europeia também mais preocupada com a aparência do que com a realidade e que não se importava de ser enganada. Simplesmente, com o artifício ou expediente das receitas extraordinárias também nos enganávamos a nós próprios, porque assim subestimávamos a dimensão das dificuldades orçamentais e criávamos a ilusão de que o problema, se não estava resolvido, se resolveria facilmente com a ajuda do tempo, pela prometida e sempre adiada recuperação da economia, sem necessidade de recorrer às verdadeiras e difíceis reformas de saneamento das finanças públicas, para as quais faltou ao Governo de então, mais do que o saber técnico, a indispensável coragem política. Não admira pois que Portugal tivesse chegado ao fim de 2004 com uma situação orçamental análoga ou pior que a de 2001.

O Governo José Sócrates[7], que iniciou funções em Março de 2005, fez bem em ter assumido a verdadeira dimensão do défice público e afastado o recurso a receitas extraordinárias para o reduzir de forma artificial e aparente[8]. A mudança de Governo e de orientação

---

[7] A omissão de uma referência específica ao Governo Santana Lopes deve-se ao facto de ter durado pouco tempo para definir e executar uma política própria. No entanto, acentuou as piores práticas orçamentais do Governo Durão Barroso, nomeadamente quanto a suborçamentação das despesas e a utilização de receitas extraordinárias para iludir a dimensão do défice público.

[8] Na discussão do Programa do Governo, o Primeiro-ministro afirmou que "o Governo não recorrerá a receitas extraordinárias que prejudiquem a economia, ou que sejam maus negócios para o Estado ou ainda que comprometam exercícios orçamentais futuros", o que praticamente exclui quase por completo o recurso a receitas extraordinárias avultadas, o que é positivo, por razões de transparência orçamental e de boa gestão do património do Estado e das finanças públicas. A oposição ao recurso a receitas extraordinárias para malabarismos orçamentais não significa, porém, que não se possam utilizar receitas não recorrentes justificáveis, como por exemplo as resultantes da venda de património desaproveitado e sem utilidade, que o Estado pode e deve rentabilizar; ou a utilizar receitas extraordinárias para financiar despesas também extraordinárias, como por exemplo o custo da introdução do plafonamento obrigatório no regime geral da segurança social para transitar de um sistema puro de repartição para um sistema misto de repartição e capitalização, como referiremos mais adiante neste capítulo.

quanto ao saneamento das finanças públicas, juntamente com a revisão do Pacto de Estabilidade e Crescimento entretanto verificada, criaram uma boa oportunidade para elaborar e negociar com a Comissão Europeia um Programa de Estabilidade que, apesar de colocar Portugal na situação de défice excessivo, como não podia deixar de ser, permite a redução escalonada do défice orçamental até ao final da legislatura. O Governo tem mostrado determinação suficiente para enfrentar interesses instalados e tomar medidas que, provavelmente, não tomaria se não tivesse vontade de atacar a sério o problema da sustentabilidade das finanças públicas e a força da restrição orçamental não fosse tão grande. De facto, o Governo já tomou e tem em preparação medidas, nomeadamente nas áreas da educação, saúde, segurança social e administração pública, que contribuem – e já contribuíram em 2006 – para a contenção das despesas, mas ainda é cedo para sabermos até onde irá o Governo no seu propósito reformista, nomeadamente na concretização de reformas que implicam redefinição da dimensão do Estado e do modo como desempenha as suas funções[9] e, portanto, podem afectar a qualidade de vida a que os portugueses se habituaram, mas sem as quais seria difícil corrigir duradouramente o desequilíbrio orçamental e assegurar a sério a sustentabilidade das finanças públicas.

Até agora o esforço de ajustamento orçamental tem recaído muito mais na administração central do que na administração regional e local e, portanto, é preciso reforçar a solidariedade institucional e orçamental entre os referidos subsectores públicos para que a contenção da despesa e do défice público se faça de forma equilibrada entre todos eles, como aliás está previsto na Lei de Enquadramento Orçamental, e acabar com a ideia ainda existente em alguns responsáveis pela gestão das regiões

---

[9] Embora se fale muito em redefinição das funções do Estado, sem prejuízo de alguma ligeira recomposição naquilo que ao Estado compete, mais importante do que repensar o que deve ou não fazer, acrescentando ou subtraindo alguma função, é discutir o modo como melhor deve desempenhar as suas funções. Naturalmente, o modo depende da natureza da função, mas também de uma opção política, podendo identificar-se três modalidades para providenciar os bens e serviços públicos: fornecimento directo do Estado; contratação da sua prestação junto de outras entidades, nomeadamente privadas; e, ainda, distribuição dos recursos aos beneficiários e estes escolhem os prestadores dos serviços.

Reduzir o Défice Orçamental e sanear as Finanças Públicas 277

autónomas e das autarquias locais de que a disciplina e a contenção orçamental são necessárias, mas não lhes diz respeito. Nesta perspectiva, as novas leis das finanças regionais e das finanças locais vão contribuir, não só para melhorar o relacionamento da administração regional e local com o Governo da República, mas também para aumentar a disciplina orçamental por parte dos governos regionais e das câmaras municipais.

REFORMAR O PROCESSO ORÇAMENTAL
PARA MELHOR CONTER A DESPESA PÚBLICA

Vista a necessidade de conter ou reduzir as despesas públicas[10], mostramos a seguir como uma reforma do processo orçamental assente, ao nível macroeconómico, na fixação de uma norma para a evolução da despesa pública, e, ao nível microeconómico, na introdução ou na generalização de uma lógica contratual para a sua gestão, poderia contribuir para uma boa programação e um eficaz controlo das despesas públicas. Relativamente ao primeiro aspecto, o Governo deveria fixar metas para o crescimento da despesa pública ao longo da legislatura, com revisão anual, em função da situação e dos objectivos económicos e financeiros, e esforçar-se por cumprir e fazer cumprir as referidas metas. O Governo e a Assembleia da República já fazem algo semelhante quando aprovam o Programa de Estabilidade e Crescimento, mas este programa baseia-se mais no défice do que na despesa pública e tem-se mostrado demasiado flexível no que respeita às alterações anuais dos valores programados para a despesa. Acresce que, para o efectivo controlo da despesa pública, é necessário desagregar a referida norma por subsectores públicos e tipos de despesa e tornar imperativo o seu cumprimento, sem prejuízo de uma ligeira margem de flexibilidade para poder acomodar imprevistos. Consequentemente, para programar e controlar a despesa pública nestes ter-

---

[10] Quando aqui se fala em diminuição da despesa pública não é termos nominais ou absolutos, mas sim em termos relativos, em percentagem do PIB, o que é possível mesmo com aumento da despesa nominal desde que inferior ao crescimento nominal do produto.

mos, o Orçamento do Estado deveria ser elaborado numa base plurianual deslizante de um mais dois anos e discutido e aprovado em duas
fases, uma na Primavera e outra no Outono. Na Primavera, o ponto de
partida e base do trabalho seria um cenário macroeconómico realista a
três anos e os objectivos e os instrumentos da política fiscal para o
mesmo período. As projecções macroeconómicas e a política fiscal do
Governo determinariam o montante dos receitas disponíveis e estas,
juntamente com o valor programado para o saldo orçamental global
compatível com a disciplina do Pacto de Estabilidade e Crescimento e
com a evolução previsível dos compromissos e responsabilidades do
Estado[11], determinariam o montante máximo de despesa pública
admissível para cada ano do programa. Este valor seria depois desa-
gregado e distribuído pelos vários subsectores públicos e pelas grandes
categorias de despesa (apenas para a administração central e para a
segurança social[12]) em função das prioridades da política económica e
financeira do Governo. Esta programação, que constituiria o Orçamento da Primavera, seria discutida no debate parlamentar de política
geral e de orientação da política orçamental previsto para Maio de cada
ano na Lei de Enquadramento Orçamental. Por sua vez, na segunda
fase do processo orçamental seria elaborado o Orçamento do Outono,
isto é, o orçamento anual detalhado, em conformidade com as linhas
gerais aprovadas no Orçamento da Primavera. Comparativamente com
o actual, este novo Orçamento do Estado deveria ser mais leve e
flexível nos detalhes, mas também mais rigoroso e exigente no cumprimento dos objectivos.

A metodologia orçamental sumariamente descrita permitiria
dispor de um quadro mais informativo e coerente de política económica

---

[11] Entre os compromissos e responsabilidades do Estado a médio e longo prazo
que oneram exercícios futuros e é preciso ter em conta salientam-se, por um lado, os
que resultam de projectos de investimento público, designadamente em regime de
parcerias entre os sectores público e privado, e daí a importância de o orçamento ser
organizado por programas com a respectiva programação financeira plurianual, como
de resto exige a Lei do Enquadramento Orçamental; e, por outro lado, as responsabilidades relativas às pensões, e daí a importância de o orçamento também incluir as
projecções relativas à sustentabilidade da segurança social de forma regular e
actualizada.

[12] Para respeitar a autonomia da administração regional e local.

Reduzir o Défice Orçamental e sanear as Finanças Públicas

e orçamental a médio e longo prazos, asseguraria melhor a compatibilidade das despesas públicas e das receitas fiscais com os recursos e as necessidades da economia, dificultaria a gestão orçamental pró-cíclica (v.g. medidas expansionistas em conjunturas económicas favoráveis) para fins eleitorais e também proporcionaria mais e melhor a informação para a tomada de decisões por parte dos agentes económicos. Não obstante as vantagens desta nova forma de programação orçamental e da sua aplicação bem sucedida em países nórdicos, os dois principais partidos políticos portugueses, que entretanto já estiveram em funções governativas, não foram receptivos às sugestões para a sua introdução no nosso País[13]. É verdade que a nova metodologia é mais exigente, nomeadamente porque implica a definição de prioridades para as despesas públicas e a sujeição do seu montante a uma restrição efectiva, bem como a responsabilização das administrações públicas pelo cumprimento dos objectivos estabelecidos. No entanto, também é verdade que serve melhor o País do que a lógica incremental na elaboração, e a política de cortes mais ou menos cegos na execução, que ainda hoje predominam no orçamento das despesas.

Igualmente importante seria também a efectiva aplicação do Plano Oficial de Contabilidade Pública (POCP) em toda a administração pública. É lamentável que, decorrido cerca de 10 anos desde a sua aprovação, ainda haja bastantes serviços da administração central do Estado que o não aplicam, privando assim o Estado de poder organizar a sua contabilidade em termos semelhantes aos do sector privado. O sistema do POCP permitiria reduzir ou eliminar limitações e insuficiências da tradicional contabilidade de caixa, proporcionaria mais informação para a avaliação da situação orçamental, permitiria responder melhor às exigências de Bruxelas, que são em termos de contabilidade nacional, e ainda esvaziaria parte dos factos que, todos os anos, o Tribunal de Contas, quando aprecia a Conta do Estado, considera anomalias ou incumprimentos da lei, sem que depois nada

---

[13] Tanto o Relatório da Estrutura de Coordenação para a Reforma da Despesa Pública, apresentado ao Governo em 2001, como a Mensagem sobre Economia e Finanças Públicas enviada pelo Presidente da República à Assembleia, em Janeiro de 2004, aconselhavam a referida programação orçamental e não tiveram o acolhimento que deveriam ter tido parte dos governos em exercício.

280 *Economia Portuguesa – Melhor é Possível*

aconteça. Nestas circunstâncias e na medida do possível, tanto o Orçamento como a Conta do Estado deveriam ser elaborados na base de caixa, ou óptica da contabilidade pública, e na base de compromissos, ou óptica da contabilidade nacional[14].

No âmbito da nova formatação orçamental também seria conveniente reforçar o papel da Assembleia da República na aprovação e controlo do Orçamento do Estado. Os deputados deveriam dispor da informação e dos meios técnicos necessários e suficientes para, por um lado, poderem acompanhar o controlo da execução orçamental e avaliar os resultados das correspondentes políticas ao longo do ano, e não apenas, ou sobretudo, na altura da aprovação do Orçamento e da Conta do Estado; e, por outro lado, poderem fazer a discussão e a fiscalização políticas que lhes compete em bases tecnicamente mais informadas e fundamentadas do que até agora. Nesta perspectiva, foi positiva a criação, em Novembro de 2006, de uma pequena Unidade Técnica de Apoio Orçamental (UTAO) para assessorar os deputados em matéria de finanças públicas. Também seria desejável que uma norma para a evolução da despesa pública fosse aprovada por uma maioria parlamentar alargada, uma vez que assim o reconhecimento da sua necessidade seria maior e, portanto, seria mais fácil tomar medidas menos desejáveis, mas necessárias para o cumprimento da norma. Aliás, numa perspectiva mais ambiciosa, a correcção do desequilíbrio estrutural das finanças públicas é tão necessária e difícil que seria muito útil algum entendimento entre os dois principais partidos políticos relativamente a medidas de fundo em matérias de maior sensibilidade social e/ou com mais implicações financeiras a prazo. Embora um tal entendimento não prejudicasse e deixasse margem suficiente para luta democrática entre os partidos do governo e da oposição que subscrevessem o eventual acordo, a verdade é que várias propostas nesse sentido por parte de diversas entidades e em diferentes ocasiões, e até uma tentativa

---

[14] Na "óptica da contabilidade pública", ou seja, na base de caixa, apenas são registados os pagamentos e os recebimentos efectuados durante o exercício, o ano civil, enquanto na "óptica da contabilidade nacional", ou seja, na base de compromissos, registam-se todos os créditos (receitas) e os débitos (despesas) originados no exercício, independentemente da realização dos correspondentes recebimentos e pagamentos nesse exercício.

efectuada na Assembleia da República em Janeiro de 2003[15], por falta de vontade política e intransigências partidárias recíprocas, acabaram por não levar a nada de concreto. Foi pena que assim tivesse sido porque algum entendimento político-partidário poderia ajudar a resolver melhor questões de regime como são por exemplo as reformas da segurança social, do financiamento do sistema nacional de saúde, da administração pública, do sistema fiscal e das finanças regionais e locais, tudo matérias com um alcance que ultrapassa a duração da legislatura e onde seria desejável que houvesse estabilidade e continuidade de políticas, para garantir a confiança indispensável à vida das pessoas e ao desenvolvimento das empresas.

Quanto ao segundo pilar do novo processo orçamental, a gestão microeconómica dos serviços e da despesa pública, a orientação geral deveria ser, sempre que possível, passar da gestão tradicional, assente em regras e procedimentos administrativos e na lógica do tradicional despacho, para uma gestão moderna, baseada numa lógica contratual em que o Governo define determinados objectivos de política e contrata com a administração pública e outras entidades, nomeadamente privadas, a sua realização. O contrato deve especificar a quantidade, a qualidade e o preço dos serviços a oferecer, os quais devem ter como referência preços de idênticos serviços prestados pelo sector privado sempre que haja essa possibilidade. O cumprimento dos contratos deve ser acompanhado e verificado por auditorias internas da administração pública e do Tribunal de Contas e também por auditorias externas independentes. Igualmente importante é o recurso a análises custo/benefício das despesas, especialmente das plurianuais, antes da decisão e depois da implementação dos projectos que as originam. Por um lado, porque a administração pública não está habituada a avaliar os impactos a médio e longo prazo e as estimativas dos encargos que faz são geralmente para o primeiro ano; e, por outro lado, porque as auditorias servem essencialmente para verificar a legalidade das despesas e, apesar da conformidade com a lei, há (muitas) despesas legais que são

---

[15] Nesta ocasião o PS e o PSD aprovaram uma Resolução da Assembleia da República sobre a Revisão do Programa de Estabilidade e Crescimento 2003-2006 que seria o primeiro passo para um possível acordo de cooperação político-partidária no domínio das finanças públicas.

282 *Economia Portuguesa – Melhor é Possível*

desperdícios e, portanto, não têm razão de ser. Após a realização das auditorias e das análises custo/benefício, em princípio, deve seguir-se a divulgação dos resultados da actividade dos serviços públicos ou da avaliação dos projectos em causa, para assim se garantir a transparência dos processos e das contas e permitir a avaliação da qualidade da gestão dos serviços prestados. Esta lógica, no fundo, corresponde à extensão, com as devidas adaptações, de alguns princípios da gestão empresarial já aplicados nos Hospitais – Entidades Públicas Empresariais a outros domínios da administração pública, como por exemplo as universidades, tendo em vista aumentar a eficiência da despesa pública, sem reduzir a qualidade dos serviços prestados.

REORGANIZAR A ADMINISTRAÇÃO PÚBLICA E CONTER AS DESPESAS COM PESSOAL

A contenção das despesas com pessoal

A expansão das despesas com pessoal teve causas ligadas à subida das remunerações, ao aumento dos efectivos e a outros factores. Relativamente às primeiras, a origem do problema pode situar-se no novo sistema retributivo introduzido em 1991, que aumentou significativamente os vencimentos da função pública, depois reforçados pela concessão de vários subsídios, pela progressão automática das carreiras, nomeadamente na área da educação, pelo recurso e pagamento de horas extraordinárias, particularmente na área da saúde, e outras vias que também contribuíram para a expansão da massa salarial. Por sua vez, esta também cresceu por efeito do aumento do número de funcionários públicos, especialmente na segunda metade da década de 90 e em grande parte através de contratos precários que depois foram transformados em definitivos e o pessoal integrado nos quadros da administração pública. No conjunto de outros factores, podemos referir, por exemplo, a transformação de serviços públicos integrados em institutos públicos autónomos, que pagam vencimentos

Reduzir o Défice Orçamental e sanear as Finanças Públicas 283

ao nível das empresas públicas, superiores aos da função pública propriamente dita, e, nos últimos anos, também o acentuado acréscimo de pensões, nomeadamente com reformas antecipadas.

A crise das finanças públicas veio pôr a descoberto o problema da dimensão e da despesa com o pessoal das administrações públicas. De cerca de 200 mil funcionários públicos no fim dos anos 60, passámos para mais de 700 mil em 2006, representando as despesas com pessoal 14,5% do PIB em 2005 e aproximadamente 14% do PIB em 2006. O valor de 2005 compara com números, para o mesmo ano, mais baixos, por exemplo, em Espanha (10,3%), Holanda (10,8%), Áustria (9,1%) e Irlanda (8,6%) e na média da UE-15 (11,6%), o que indicia que Portugal tem funcionários públicos a mais e/ou lhes paga relativamente melhor do que os referidos países e o mais provável é que se verifiquem ambos os factores, uma vez que o crescimento das despesas com pessoal se deveu ao aumento de efectivos e ao crescimento médio das remunerações[16]. Tendo em conta os números atrás referidos e que Portugal está numa situação de défice excessivo, é evidente a necessidade de reduzir o peso da despesa com pessoal, em percentagem do produto, e seria difícil conseguir este resultado sem reduzir o número de efectivos. Convém, no entanto, ter presente, por um lado, que a dimensão do Estado também depende do modelo de sociedade em que vivemos e desejamos continuar a viver, especialmente no que respeita à divisão de trabalho entre os sectores público e privado[17]; e, por outro

---

[16] Quanto ao nível dos salários na função pública comparativamente aos do sector privado, há opiniões diferentes, mas a que parece mais correcta é que, para idênticas profissões, os salários no sector público são superiores aos do sector privado, excepto para as funções e os cargos mais elevados, onde se verifica o contrário. Assim sendo, salvo nos casos de funções mais qualificadas ou de cargos de maior responsabilidade, os salários no Estado são maiores do que seria necessário para atrair pessoal para a função pública.

[17] Por exemplo, nos Estados Unidos da América – onde grande parte dos serviços de saúde são pres-tados por entidades privadas e financiadas por empresas e particulares através de companhias de seguros –, ou no Reino Unido – onde o desenvolvimento de parcerias entre os sectores público e privado levou a que muitos cuidados de saúde sejam providos pelo Estado mas prestados pelo sector privado – o peso relativo das despesas públicas com pessoal, pelas razões apontadas, é necessariamente menor do que em Portugal, onde a maior parte dos serviços de saúde são

284 *Economia Portuguesa – Melhor é Possível*

lado, que avaliar a situação relativa aos efectivos da função pública apenas por um indicador quantitativo global também é redutor, uma vez que não atende à sua distribuição territorial e sectorial, nem à sua composição por níveis de qualificação. De facto, para uma avaliação e actuação correctas, é preciso ter em conta que há serviços com carência de funcionários e outros com pessoal a mais para as funções que desempenham, assim como também há um défice de qualificação em muitos funcionários que não estão adequadamente preparados para desempenhar bem as funções que se exigem a uma administração pública moderna. Estes e outros aspectos são suficientes para percebermos que a contenção das despesas de pessoal da administração pública não se resolve com medidas pouco inteligentes, como por exemplo a (completa) proibição de admissões e o (total) congelamento dos vencimentos e das progressões. Estas pseudo soluções, não só não resolvem a questão, como criam ou agravam outros problemas, nomeadamente porque contribuem para desmotivar o pessoal e privar a administração pública dos seus melhores elementos. A contenção correcta e consistente das despesas com pessoal tem de resultar de uma criteriosa reforma da administração pública entendida como um exercício gradual e persistente para aumentar a qualidade e a eficiência dos serviços, racionalizar meios e evitar desperdícios, actuando de forma diferenciada e firme e contando também com a participação e o apoio dos funcionários públicos, ou, pelo menos, sem a sua aberta oposição.

A reforma da administração pública

Há tantos anos que se fala na reforma da administração pública que é difícil encontrar uma reforma cuja necessidade reúna tanto

---

providos e prestados directamente pelo Estado. Aliás, a empresarialização de hospitais públicos em Portugal já contribuiu para a travagem das despesas com pessoal nos últimos anos, uma vez que as despesas com os cuidados de saúde prestados por esses hospitais localizados fora do sector público administrativo passaram a ser consideradas aquisição de serviços a terceiros e registadas como transferências em espécie para as famílias nas contas públicas, embora não seja este tipo de redução de despesa (por simples mudança de registo contabilístico) que interessa e releva para a consolidação orçamental.

consenso e também quem ainda verdadeiramente acredite nela. Os anos têm passado e os governos sucedem-se sem que se vejam grandes resultados práticos. Para este estado de coisas tem contribuído o facto de se ter encarado a referida reforma como um grande alteração legislativa criando um modelo ideal, em vez de se ter seguido uma estratégia de pequenos passos, racionalizando e melhorando a eficiência e a eficácia dos serviços públicos, sem necessidade de muitos estudos técnicos e diplomas legais. O importante teria sido ir tomando medidas que, por um lado, diminuíssem a intervenção burocrática do Estado em actos desnecessários ou dispensáveis e, por outro lado, melhorassem a eficiência dos serviços públicos, através da definição das suas missões e objectivos e da correspondente avaliação do desempenho de cada organismo e dos seus funcionários.

Os sucessivos governos têm sido os principais responsáveis pelo estado em que se encontra a administração pública, quer pelo que fizeram e não deviam ter feito, quer pelo que se abstiveram de fazer e deviam ter realizado. No primeiro caso, podemos apontar a partidarização e clientelização de serviços públicos. Em vez de irem criando uma administração pública competente e responsável, muitos governantes preferiram ter serviços públicos dóceis e subjugados e, quando os mesmos não correspondiam às suas expectativas ou necessidades, substituíam indevidamente as chefias, ou criavam serviços paralelos. Regra geral e sem prejuízo de algumas excepções, o processo consistiu, por um lado, na indigitação de amigos e simpatizantes políticos para os mais altos cargos e pelo reforço de critérios de confiança política na nomeação das restantes chefias; e, por outro lado, pelo esvaziamento de funções e tarefas de alguns serviços que passavam para os gabinetes dos ministros ou dos secretários de estado, eram adjudicados a empresas externas, ou entregues a órgãos criados de novo, contribuindo assim para a desmotivação do pessoal e para a duplicação de serviços. No segundo caso, o que não fizeram e deviam ter feito, podemos referir a pouca preocupação com a qualidade da administração pública. É sabido que a generalidade dos ministros e secretários de estado se preocupam com a política e negligenciam relativamente a administração dos ministérios, mas, em alguns casos, é quase impensável como puderam assistir, passiva e resignadamente, a tamanha deterioração dos

286   *Economia Portuguesa – Melhor é Possível*

serviços pelos quais eram (ou deviam ser) politicamente responsáveis. Naturalmente, houve e há excepções e até talvez se possa dizer que temos uma administração pública dual, onde coexistem sectores relativamente modernos e eficientes, como por exemplo na área da ciência, com serviços arcaicos e obsoletos, como por exemplo na área da justiça. Todavia, a qualidade geral é baixa, fez-se pouco e, portanto, é preciso fazer agora bastante mais e melhor para recuperar o tempo perdido e melhorar a situação existente, designadamente no que respeita à nomeação das chefias, com base em critérios de competência profissional, e à reestruturação e modernização dos serviços existentes, com base em critérios de eficiência e de eficácia, para melhorar a capacidade e a qualidade de resposta da administração pública.

A administração pública tem de passar a ser vista e a funcionar de outro modo. Para o efeito, é necessário, em primeiro lugar, que os governantes em exercício reconheçam e a assumam a responsabilidade política pelo actual estado da administração pública e pela sua reforma, mesmo que a culpa maior pertença aos seus antecessores. Em segundo lugar, é preciso despolitizar a administração pública e voltar a uma relação de confiança recíproca entre esta e os governos, quaisquer que sejam. Esta relação tem de assentar na competência e na deontologia profissional dos dirigentes e funcionários públicos, não se compadecendo com qualquer deslealdade para com os governantes, mas estes, como responsáveis últimos pela administração pública, também têm que assumir a melhoria dos serviços e a defesa da imagem da administração pública. Em terceiro lugar, esta tem de deixar de ser vista como um fardo para a sociedade, uma burocracia desagradável para as pessoas, e passar a ser olhada como uma organização que existe para prestar serviços necessários e de qualidade aos cidadãos e às empresas. Todos nós temos o direito de exigir em contrapartida dos impostos que pagamos bons serviços públicos, e a administração pública, desde o mais humilde funcionário até ao mais alto responsável, tem o dever de os prestar. Infelizmente, os serviços prestados pela administração pública portuguesa, apesar dos progressos verificados e que é justo reconhecer, ainda estão longe do que deviam ser por razões de eficiência económica e de respeito pela dignidade e bem-estar dos cidadãos. É também por estas razões, e não só por uma questão de economia de despesas, que é indispensável ir reorganizando e modernizando a administração pública e criando as condições para uma gestão mais eficiente dos funcionários públicos, para assim aumentar a sua produtividade e melhorar a qualidade dos serviços que prestam. Entre condições necessárias para o efeito estão a reorganização e a racionalização dos serviços públicos, a mobilidade do pessoal e as condições de remuneração e de progressão na carreira com base numa correcta e efectiva avaliação do desempenho. Este aspecto é muito importante porque, sem premiar o esforço e o mérito e penalizar a preguiça e o desleixo, não é possível haver justiça nas remunerações, incentivar a produtividade, melhorar a qualidade e baixar o custo da administração pública. A reforma da adminis-tração pública deve pois ser um processo que se vai realizando em várias frentes, orientada por um princípio de eficiência de mais e melhores serviços (resultados) com os mesmos ou menos recursos e por uma lógica de gestão por objectivos e de avaliação dos resultados, sem prejuízo de algumas intervenções mais concentradas para ajustar a estrutura administrativa às funções e aos recursos do Estado, como é agora o caso.

O processo reformador do actual Governo começou pelo Programa de Reforma da Administração Central do Estado (PRACE) que, como o nome indica, desenha uma reestruturação de serviços que será executada por novas leis orgânicas para os ministérios e, depois e mais importante, pela efectiva redução e racionalização dos serviços e dos correspondentes efectivos. Ainda é pois muito cedo para avaliar o alcance da reforma e o modo como está e vai continuar a ser realizada, razão por que fazemos apenas dois breves comentários. O primeiro respeita ao facto de o Governo ter deixado decorrer muito tempo entre o anúncio do programa e o início da sua concretização, o que não foi o melhor para o normal funcionamento da administração pública. O anúncio da extinção ou redução de serviços leva naturalmente os seus dirigentes e funcionários a pensarem mais no seu futuro do que nas suas missões e, portanto, contribui para alguma desmotivação do pessoal potencialmente atingível e para a consequente diminuição da eficiência e da qualidade dos referidos serviços públicos. O Governo José Sócrates cometeu aqui um erro semelhante ao que antes fora cometido pelo Governo Durão Barroso quando, pouco tempo depois de iniciar funções, anunciou a extinção de vários serviços, muitas das quais não se verificaram. O segundo comentário tem que ver com a reestruturação dos ministérios. Esta passa pela extinção de vários serviços e cargos de direcção superior na administração directa e indirecta (institutos públicos com autonomia administrativa e financeira e outros) do Estado e pela reorganização (fusão, reestruturação e racionalização de efectivos) de outros, e ainda pela criação de uma entidade gestora de serviços partilhados para prestar serviços à administração pública nos domínios da gestão financeira, dos recursos humanos, das compras e da frota automóvel. Em princípio, a redução da dimensão estrutural da administração pública e a racionalização das suas funções é positiva e pode contribuir para a melhoria da qualidade dos serviços e para a economia de despesas. No entanto, o desenho de toda esta transformação estrutural e funcional da administração central deveria ter sido precedido e enquadrado pela revisão das funções do Estado e do modo como podem e devem ser desempenhadas, o que, aparentemente, não foi efectuado e, portanto, temos que esperar para ver e avaliar melhor o que vai ser alterado.

Por sua vez, o reforço da mobilidade dos recursos humanos dentro da administração pública e entre esta e o sector privado é fundamental para assegurar o êxito do PRACE e também para racionalizar a utilização de efectivos na administração pública e na economia nacional. Também aqui precisamos esperar para ver se as orientações e as condições para a mobilidade geral (entre os serviços da administração pública) e para a mobilidade especial (um eufemismo para os trabalhadores que forem considerados excedentários por extinção, fusão ou reestruturação de serviços, ou por simples racionalização de efectivos) são as adequadas e se transformam efectivamente em acções de racionalização dos serviços e de contenção das despesas com pessoal. Por esta razão, fazemos apenas três observações. A primeira, para lembrar que as economias de despesa resultantes do regime de mobilidade especial (saídas para fora da administração pública) têm como contrapartida sacrifícios para os funcionários públicos atingidos, quer em termos de menor vencimento, quer de procura de emprego, numa altura em que o fraco dinamismo da economia não facilita a transição para o sector privado. A segunda, para referir que a remuneração atribuída a

Reduzir o Défice Orçamental e sanear as Finanças Públicas

quem está na situação de mobilidade especial com licença extraordinária configura um caso de subsídio permanente acumulável com qualquer actividade remunerada fora das administrações públicas que parece ser um incentivo bastante generoso e dificilmente justificável[18]. Só não constituirá um ónus financeiro demasiado pesado para o Estado porque é possível que o excesso de funcionários não seja muito grande e a situação actual e previsível do mercado do trabalho, infelizmente, também não deve permitir grande absorção de efectivos da função pública pelo sector empresarial. A terceira observação é para expressar que a mobilidade geral (transferência entre os serviços públicos que têm excesso e os que têm falta de pessoal), desde que conjugada com uma regra de limitação às entradas, apesar de não parecer, contribui para a contenção das despesas com pessoal. Há quem argumente que, com a regra de uma entrada por cada duas saídas, ficam três, um como funcionário e dois como aposentados, o que é verdade no imediato, uma vez que o Estado continua a pagar a três pessoas, mas não é correcto numa visão mais alargada, quer porque se não fosse a mobilidade seria necessário admitir e pagar a mais pessoal, quer porque os referidos reformados, pela ordem natural da vida, vão falecendo. O problema não está portanto na suposta falácia da regra de uma admissão por cada duas saídas, mas no facto do contributo da mobilidade geral poder não ser suficiente para cumprir a referida regra.

---

[18] De acordo com a Lei n.º 53/2006, de 7 de Dezembro, na situação de mobilidade especial há uma fase de transição de 2 meses, em que o funcionário mantém a remuneração do serviço de origem, a que se segue uma fase de requalificação durante 10 meses, em que aufere cinco sextos da remuneração de base, entrando depois numa fase de compensação por tempo indeterminado, com o vencimento de quatro sextos da referida remuneração. Porém, nas fases de requalificação ou de compensação o funcionário pode pedir uma licença extraordinária, com duração fixada caso a caso, no decurso da qual a remuneração auferida é acumulável com qualquer actividade remunerada fora das administrações públicas e corresponde às seguinte percentagens da que auferiria se não tivesse requerido a licença: 70% durante os primeiros cinco anos; 60% do 6.º ao 10.º ano; e 50% a partir do 11.º ano. Por exemplo, um funcionário que tivesse pedido a licença na fase de compensação em que ganhava 66,6% (quatro sextos) do vencimento de origem pode ter um subsídio permanente acumulável com a actividade privada de 46,7% (70% de 4/6) do 1.º ao 5.º ano, de 40% (60% de 4/6) do 6.º ao 10.º ano, e de 33,3 (50% de 4/6) a partir do 11.º ano. Estes valores resultam da conjugação dos artigos 25.º e 32.º da lei acima referida.

Quanto à revisão do sistema de carreiras e remunerações, a comissão que estudou o assunto propõe uma significativa alteração na natureza, modalidades e condições de emprego na administração pública, o que passa pelo redimensionamento do pessoal, a diversificação dos tipos de contrato, a alteração ou eliminação do sistema de carreiras e o recurso a sistemas de avaliação do desempenho. São orientações politicamente difíceis de aplicar e, portanto, também é preciso esperar para ver até onde e como serão acolhidas na já anunciada Lei de Reforma dos Regimes de Vinculação, de Carreiras e de Remunerações na Administração Pública. A referida comissão, para além de admitir que há funcionários públicos a mais, considera que a eficiência da administração pública é prejudicada pelo carácter vitalício dos vínculos de nomeação (que abrange a maior parte do pessoal), pela natureza estatutária e tendencialmente fechada das inúmeras carreiras profissionais e sua evolução e pelas limitações e automatismos do sistema remuneratório, pouco ou nada sensível ao desempenho dos funcionários.

Para suprir estas falhas, a comissão propõe, entre outros aspectos, que o modelo estatutário do emprego público se aplique apenas a um número reduzido de funções e que as restantes adoptem modelos iguais ou próximos do regime laboral comum, ou seja, o contrato individual de trabalho para a maioria dos actuais (e não apenas dos novos) funcionários públicos; que o número de carreiras seja reduzido e o modelo das carreiras substituído pela lógica do emprego prevalecente no sector privado, em que as pessoas são contratadas para um posto de trabalho com funções definidas de forma descentralizada e de acordo com as necessidades; que o leque salarial de algumas funções seja alargado para permitir uma política salarial mais competitiva ao nível dos trabalhadores mais qualificados; e, que a avaliação do desempenho individual e/ou do serviço tenha consequências na remuneração dos funcionários, sob a forma de prémios anuais ou de aumentos salariais diferenciados, sem qualquer aumento para os casos de avaliação individual negativa. Estas propostas, no seu conjunto, configuram uma autêntica revolução na administração pública e, portanto, mudanças tão radicais e com tantas implicações precisam ser bem pensadas e preparadas para não serem realizadas de forma precipitada. Todavia, ponderação e cuidado não devem ser sinónimos de adiamento e de desistência porque

Reduzir o Défice Orçamental e sanear as Finanças Públicas   291

uma boa reforma da administração pública é indispensável, não só para a contenção consistente das despesas com o pessoal, mas também para servir melhor os cidadãos e as empresas e contribuir mais para a competitividade e o desenvolvimento da economia.

Relativamente a este último aspecto, o Governo já lançou um conjunto de medidas, agrupadas no Programa Simplex, que melhoram o relacionamento entre os serviços públicos e os cidadãos e as empresas, nomeadamente através da administração electrónica, evitando ou reduzindo burocracias e facilitando o acesso aos serviços. Trata-se, sem dúvida, de medidas positivas, que facilitam a vida aos cidadãos e reduzem custos de contexto para as empresas, e que devem ser continuadas por outras com o mesmo propósito, nomeadamente no que respeita à melhoria da qualidade do atendimento nos serviços públicos onde ainda há muito a fazer.

AUMENTAR A EFICIÊNCIA DAS DESPESAS COM A SAÚDE E REPENSAR O SEU FINANCIAMENTO

A saúde é dos sectores onde a despesa mais tem crescido, onde é mais difícil realizar a sua contenção e onde mais era e é preciso reforçar o rigor e a disciplina orçamental. Os gastos totais com a saúde em Portugal passaram de 6,2% do PIB em 1990 para 10% do PIB em 2004 (7,2% em despesa pública e 2,8% em despesa privada) e com esta evolução, em meados da década de 90, Portugal ultrapassou as média da OCDE e da UE-15, que eram nesse mesmo ano de 2004 (últimos dados disponíveis), respectivamente 8,9% do PIB e 9% do PIB. No contexto da UE-15, os valores portugueses só eram ultrapassados pelos da Alemanha, França e Bélgica para a despesa total, e apenas pela Suécia e França no caso das despesas públicas. Não obstante a elevada absorção de recursos financeiros, o nosso Serviço Nacional de Saúde (SNS) continua a revelar alguma incapacidade para prestar aos cidadãos bons cuidados de saúde em tempo útil, como resulta da existência de listas de espera para consultas e cirurgias. O acentuado crescimento das despesas com a saúde, que não é apenas um problema português, explica-se, por um lado, pelo aumento da procura de serviços de saúde

292 *Economia Portuguesa – Melhor é Possível*

resultante da melhoria das condições de vida e do progressivo envelhecimento da população, e, por outro lado, pela crescente utilização de novas e caras tecnologias para melhorar a qualidade e a segurança dos diagnósticos e para aumentar a eficácia das terapêuticas. Porém, no caso de Portugal, a estes factores gerais inerentes à natureza das despesas e comuns à generalidade dos países, acresceram factores específicos associados à instabilidade e indisciplina orçamentais a que o Governo quer agora, e bem, pôr fim.

Até ao Orçamento do Estado para 2006, os orçamentos aprovados para o SNS eram mais ou menos virtuais, com um equilíbrio aparente resultante de uma deliberada e artificial sobrestimação das receitas[19] e subestimação das despesas. Depois, durante a execução orçamental, os serviços gastavam o que era e o que não era preciso e o resultado final eram défices orçamentais e acumulação de dívidas a fornecedores, posteriormente pagas por reforço de verbas, regularização de dívidas ou orçamentos rectificativos. Nos doze anos que mediaram entre 1995 e 2006 só em três (2000, 2003 e 2006) é que a dotação inicial do SNS não teve de ser acrescida para pagar despesas do exercício corrente ou de anteriores, o que surpreende menos se considerarmos que, na maior parte dos anos, a dotação inicial era inferior à dotação final do ano anterior, como aconteceu pela última vez no Orçamento do Estado para 2005. Ora, sem um orçamento inicial credível era infrutífero pedir aos responsáveis pelos serviços o seu empenho e esforço para cumprirem o orçamento, ou responsabilizá-los pelo seu incumprimento, constituindo esta desresponsabilização também uma razão importante para o crescimento das despesas com a saúde. Outra razão esteve/está no facto de os fornecedores de bens e serviços de saúde, perante o sistemático e inexplicável atraso do Estado no pagamento das suas dívidas, sobrecarregarem os preços dos fornecimentos, porventura mais do que o necessário para ter em conta o atraso nos pagamentos, tornando assim as despesas de saúde mais elevadas do que seriam se tudo se processasse dentro da normalidade. Criou-se assim um círculo vicioso de descontrolo das despesas de saúde alimentado pela instabilidade orçamental, pela desresponsabilização dos serviços e pelo aproveitamento dos

---

[19] Especialmente as receitas próprias que representam cerca de 5% do total.

fornecedores e tolerado pela complacência de sucessivos ministros das finanças e da saúde. O sistema vigente até 2005 teve pois enormes custos em termos de gestão e de disciplina orçamentais e permitiu criar ineficiências e "rendas de situação" para grupos de interesses com poder de negociação suficiente para o efeito[20], as quais estão bem enraizadas e não são fáceis de eliminar.

O Governo fez, portanto, bem em introduzir um orçamento de verdade e em procurar gerir com mais disciplina e rigor o SNS para assim, progressivamente, ir normalizando o sector e contendo o crescimento das suas despesas. A ligeira diminuição do peso da despesa estimada do SNS no PIB, de 2005 para 2006, é animadora[21], mas um ano é insuficiente para qualquer conclusão segura, nomeadamente a de que 2006 terá marcado uma ruptura com a tendência crescente e o início de uma trajectória "adequada" para as despesas de saúde. Não é fácil espe-cificar qual é a evolução aceitável ou adequada em termos operacionais, uma vez que a mesma depende de muitos factores, não só das necessidades de cuidados de saúde, mas também da evolução das receitas fiscais e das restantes despesas públicas, para que seja possível respeitar os compromissos orçamentais assumidos. Nesta perspectiva, embora a despesa com a saúde seja um investimento no capital humano e todo o cidadão tenha, e deva continuar a ter, direito aos cuidados de saúde independentemente da sua condição económica, também é preciso que este direito e aquela despesa caibam dentro das possibilidades financeiras do Estado. A dificuldade e o desafio está pois em conciliar a prestação universal de cuidados de saúde de qualidade com a força da restrição orçamental, o que passa, prioritariamente, pelo aumento da eficiência das despesas de saúde e, na sua insuficiência, porventura, também por algum acréscimo de recursos para o sector.

---

[20] É o caso, por exemplo, dos médicos e das farmácias que, tirando partido das falhas do sistema e do seu elevado poder negocial, conseguem rendimentos superiores aos que obteriam numa situação de eficiência normal.

[21] Significa que, em 2006, o aumento da despesa do SNS foi menor que o crescimento nominal do produto.

Aumentar a eficiência das despesas de saúde

Os que trabalham no sector e são entendidos na matéria consid=ram que é possível fazer mais e melhor com os mesmos recursos humanos, materiais e financeiros, ou o mesmo com menos recursos. Por outras palavras, é possível eliminar muitas ineficiências e desper= dícios e assim aumentar a produtividade do sector, produzindo mais e melhor sem gastar mais. Esta é uma batalha prioritária que deve ser travada com determinação e persistência por todos os responsáveis e trabalhadores do sector para utilizarmos melhor os sempre escassos recursos que dispomos. Uma das vias para melhorar a eficiência das despesas de saúde e ajudar a conter os custos foi e é a empresa= rialização de hospitais, já concretizada em mais de um terço dos hospi= tais públicos[22].

A empresarialização de hospitais públicos foi encarada com des= confiança e objecto de polémica, nomeadamente porque era vista como uma forma de desorçamentação, como um primeiro passo para a priva= tização do SNS e também como um risco para o acesso universal aos cuidados de saúde, admitindo que esses hospitais, para obterem melho= res resultados (numa lógica empresarial), poderiam rejeitar os casos clínicos de maior dificuldade e maior custo (selecção adversa)[23]. A desorçamentação pode acontecer e tem acontecido, embora em pequena escala, quando os serviços prestados pelos referidos hospitais são facturados ao SNS a preços inferiores aos custos, dado que os

---

[22] A empresarialização da gestão hospitalar começou em 1995, com a conces= são da gestão do Hospital Amadora/Sintra a uma entidade privada (Grupo Mello) e continuou, paulatinamente, noutros hospitais até que, no início de 2003, o Governo Durão Barroso rompeu com a lógica gradualista do Governo António Guterres e transformou, de uma só vez, 34 hospitais em sociedades anónimas (SA) de capitais exclusivamente públicos. Com o Governo José Sócrates, os Hospitais SA passaram para entidades públicas empresariais (EPE), o que pode oferecer maior garantia de permanência no sector público, mas a filosofia de gestão é a mesma das sociedades anónimas de capitais exclusivamente públicos.

[23] Esta foi uma das razões que fez com que a empresarialização dos hospitais tivesse sido acompanhada pela criação da Entidade Reguladora da Saúde para supervisionar o sector e prevenir este e outros riscos.

prejuízos resultantes não são contabilizados nas contas do sector público administrativo[24]. Por sua vez, a ligação da ideia de privatização à atribuição de estatuto e gestão empresariais a algumas entidades públicas não é correcta, cria confusão e não ajuda a encontrar soluções para os problemas, uma vez que há serviços públicos cujas funções podem ser tão bem ou melhor desempenhadas por uma gestão empresarial do que pela administração pública tradicional, como no caso dos referidos hospitais (e também poderiam ser as universidades). A introdução de critérios de gestão empresarial e, portanto, de racionalidade e de flexibilidade na gestão hospitalar pode contribuir para aumentar a produtividade e conter os custos dos hospitais-empresa e estes, se os seus resultados forem positivos, podem servir de referência exemplar para os restantes hospitais integrados nos sector público administrativo. Ainda há pouca experiência para fazer um balanço seguro da empresarialização dos hospitais, havendo quem a veja como uma mudança bem sucedida, quem olhe para os seus resultados como normais e ainda quem a considere uma experiência negativa, ou invoque a referida selecção adversa para justificar alguns dos seus resulta-dos mais animadores. Nem todos os hospitais-empresa têm uma gestão eficiente e alguns têm acumulado prejuízos significativos[25], mas a maioria tem

---

[24] Pode, no entanto, acontecer que a acumulação de prejuízos tenha que levar o Estado a fazer dotações de capital nos hospitais deficitários. Estas participações no capital não são despesas, mas, se forem injectadas em empresas cronicamente deficitárias, o instituto de estatística da União Europeia, o Eurostat, considera-as como despesas para efeito de apuramento do défice público.

[25] Segundo a imprensa, o Ministro da Saúde admitiu a possibilidade de alguns hospitais-empresa perderem este estatuto e voltarem a integrar o sector público administrativo. Uma das razões para essa eventual decisão seria a posição do Eurostat relativamente às contas dos referidos hospitais e às dotações de capital para os mesmos, embora não pareça ser razão suficiente. É verdade que, para efeito de apuramento dos défices excessivos, o Eurostat considera as dotações de capital para empresas públicas cronicamente deficitárias como despesa pública, mas o regresso dos referidos hospitais à esfera do sector público administrativo também não contribuiria para melhorar as contas públicas. Consequentemente, seria melhor que o Estado (através dos ministros da saúde e das finanças) assumisse o seu papel de accionista, averiguasse as causas dos casos de insucesso e tomasse as providências necessárias para as superar.

296   *Economia Portuguesa – Melhor é Possível*

registado um desempenho melhor do que antes e não compara mal com os restantes hospitais em termos de eficiência e de qualidade. As auditorias do Tribunal de Contas também não têm encontrado evidência de diminuição da equidade no acesso aos cuidados de saúde devida à passagem para o modelo de gestão empresarial, como se chegou a recear ao admitir a hipótese de selecção adversa. Independentemente das razões para bons ou maus resultados dos hospitais-empresa[26], o modelo de gestão empresarial tem virtualidades, sobretudo se existirem, ou forem introduzidos, os incentivos e as penalizações adequadas, que podem contribuir para aumentar a qualidade e a eficiência da despesa pública no sector da saúde. Premiando e responsabilizando os administradores e os directores hospitalares pelo correcto e integral aproveitamento dos recursos materiais e, sobretudo, humanos existentes nos hospitais, é possível melhorar e aumentar a produção sem a correspondente subida de custos[27].

---

[26] Os resultados do conjunto dos hospitais-empresa também dependem bastante dos níveis a que são fixados os preços dos actos médicos e, não se tratando de um verdadeiro mercado, não é fácil estabelecer um nível correcto para todos os hospitais, uma vez que há uma certa arbitragem entre os resultados e o incentivos à qualidade da gestão. Um nível de preços relativamente elevado melhoria os resultados, mas não seria um estímulo para uma boa gestão, ao passo que um nível relativamente baixo constituiria um incentivo para melhorar a gestão mas teria como consequência piores resultados globais.

[27] Também relevante para aumentar a eficiência na saúde seria a proibição da acumulação de funções nos sectores público e privado da saúde para quem exerce funções directivas, sem prejuízo de alguma excepção devidamente justificada, bem como o melhor controlo e a progressiva redução das acumulações para o restante pessoal médico, para evitar possíveis conflitos de interesses resultantes de os médicos em acumulação poderem influenciar a oferta e a procura de serviços de saúde simultaneamente nos dois sectores. A evolução para um regime de maior exclusividade do pessoal médico nos hospitais públicos – naturalmente com o vencimento ajustado por esse efeito – também poderia contribuir para melhorar a pontualidade e a qualidade do atendimento e assim aumentar a produtividade nos hospitais públicos. No entanto, como o sector privado da saúde (embora pequeno) está em rápido crescimento e continua a haver escassez de médicos, para evitar a possível saída do sector público dos médicos mais competentes e mais dificilmente substituíveis, a redução das acumulações deve resultar menos de imposições legais e mais de uma prática de aproximação das condições de trabalho e de remuneração nos dois sectores, o que pode ser facilitado pela crescente empresarialização dos hospitais públicos.

A realização (em curso) de parcerias público-privado para a construção e gestão de novos hospitais também pode introduzir (mais) competição no sector e, assim, proporcionar mais escolha aos cidadãos e melhorar o desempenho global do SNS. Para evitar possíveis confusões, impõe-se desde já clarificar que os referidos hospitais não implicam a privatização da saúde e que, através deles, o SNS continua a garantir o acesso universal aos cuidados de saúde, como acontece nos restantes hospitais. O Estado, no desempenho das suas funções sociais, pode assegurar a provisão de serviços de saúde directamente, mas também o pode fazer entregando e pagando a sua produção ao sector privado, em condições devidamente reguladas e regulamentadas, e não há inconveniente que o faça quando tal possa melhorar a eficiência sem prejudicar a equidade e o acesso universal aos cuidados de saúde. Se o Estado pagar o mesmo preço aos hospitais públicos e aos privados pelos mesmos actos ou serviços clínicos e os cidadãos que necessitam e procuram serviços de saúde tiverem possibilidade de recorrer tanto a uns como a outros hospitais em igualdade de circunstâncias, não só não haveria inconveniente para os cidadãos, como também se criariam as condições e os incentivos para um bom desempenho no sector público da saúde, numa base continuada. A possibilidade de os cidadãos poderem escolher o hospital em função da qualidade do serviço e de o Estado pagar em função dos serviços efectivamente prestados obriga os hospitais a competirem entre si e, consequentemente, a procurarem melhorar a qualidade e a eficiência dos serviços.

Há quem critique que a concorrência entre os sectores público e privado na prestação de um serviço público como é a saúde – e o mesmo se poderia aplicar à educação – desvirtuaria a natureza de serviço público, mas a crítica não tem fundamento. Uma coisa é serviço público e outra é sector público e o primeiro tanto pode ser prestado por uma entidade do sector público como do sector privado com quem o Estado tenha contratado a prestação do serviço, sobretudo se a mesma estiver regulada e for supervisionada por uma entidade de regulação independente. Nem um nem outro sector tem o monopólio da virtude ou do vício, do bem ou do mal, e há pessoas altruístas e egoístas tanto no sector público como no privado. Defender a concorrência entre entidades dos sectores públicos e privado na prestação de serviços públicos também não significa que as primeiras sejam intrinsecamente ineficientes e que não se possam organizar e funcionar de modo a atingir o mesmo nível de eficiência ou de produtividade que é reconhecido às segundas. De facto, o sector público pode ser tão eficiente como o sector privado desde que tenha os estímulos adequados – e a gestão empresarial e o financiamento por acto ou serviço clínico, a possibilidade de escolha pelos cidadãos e a concorrência do sector privado são os incentivos necessários para o efeito[28].

Repensar o financiamento das despesas de saúde

O facto de as despesas públicas com a saúde, em percentagem do PIB, estar em Portugal ao nível ou acima de muitos países desenvolvidos mostra que o nosso problema com a saúde não é tanto de escassez de recursos, mas mais da eficiência com que os mesmos são utilizados. A gestão empresarial e a concorrência leal com entidades privadas prestadoras de serviços públicos de saúde podem ajudar bastante a combater o desperdício e a aproveitar melhor os recursos disponíveis no sector da saúde e assim aumentar a eficiência das despesas públicas de saúde. Esta tem de ser a linha de actuação prioritária e a principal via para melhor a sustentabilidade financeira do SNS. No entanto, perante as perspectivas de crescimento das despesas de saúde pelas razões já apontadas e as dificuldades de controlo e contenção das mesmas, é possível que o

---

[28] A este propósito, a Dr.ª Teodora Cardoso escreveu o seguinte: "O sector público tem um gravíssimo problema de gestão, não por fatalidade, mas porque nunca dispôs de mecanismos de estímulo à eficiência. Mas o sector privado também só se gere bem quando sujeito a esses mecanismos. A concorrência, a contratualização com definição e acompanhamentos claros e transparentes de objectivos e meios, a flexibilidade com respeito à gestão de recursos humanos e financeiros, subordinada ao cumprimento de princípios legais adequados e a um controlo orçamental plurianual efectivo, são parte essencial desses mecanismos. A sua definição não é fácil, nem política nem tecnicamente, embora a experiência acumulada noutros países possa ajudar muito no plano teórico. Importaria, porém, que os políticos orientassem para aí o seu debate, por forma a darem ao governo – qualquer governo – os meios para administrar convenientemente o país, em vez de se limitar a gerir conflitos, distribuir "incentivos" e, quando mais nada resta, aumentar os impostos." *In* Jornal de Negócios, de 30 de Agosto de 2006.

reforço da eficiência das despesas se revele insuficiente. Consequentemente, para não sacrificarmos a quantidade e a qualidade dos serviços de saúde, pode ser necessário recorrer a mais financiamento, seja ele proveniente de impostos ou de pagamentos directos dos utilizadores. Em condições normais, esta segunda alternativa não se poria, uma vez que o financiamento por impostos é a forma mais correcta de financiar as despesas de saúde. De facto, por uma questão de solidariedade entre quem tem saúde e quem precisa de ser tratado, e também pela incerteza e risco da doença, o custo dos cuidados de saúde não deve sobrecarregar quem os recebe no momento em que são necessários. Por estas razões, o sistema de saúde deve ser financiado fundamentalmente pelos impostos pagos pelos contribuintes, que, para o efeito, são uma espécie de prémio de seguro de saúde colectivo, com a diferença de que, nos seguros privados, o prémio a pagar depende da probabilidade de ocorrência do sinistro e, no seguro colectivo e obrigatório que é o SNS, o prémio é função do rendimento dos contribuintes-segurados. Porém, quando as despesas públicas com a saúde já ultrapassaram as receitas do IRS e continuam a subir, e as receitas fiscais não podem crescer muito mais porque a carga fiscal sobre os particulares já atingiu um nível crítico e a que pesa sobre as empresas ameaça a sua competitividade global, temos que pensar em alternativas complementares.

Uma via possível para conseguir mais recursos para a saúde, sem aumentar os impostos, poderia ser o desvio de recursos orçamentais de outros sectores (v.g. educação, segurança social, segurança e defesa, etc.), mas isso implicaria sacrifícios nos sectores atingidos e, portanto, teria de ser explicado e justificado em termos de prioridades e escolhas da sociedade numa lógica de custo de oportunidade, isto é, o custo do que seria sacrificado por se aumentar as dotações orçamentais para a saúde à custa da redução de outras despesas públicas. A reafectação dos recursos a diferentes categorias de despesas faz-se sempre, uma vez que as necessidades e as prioridades se alteram, mas é provável que a margem de manobra proporcionada pela recomposição razoável da despesa pública não seja suficiente para satisfazer as necessidades crescentes do sector da saúde. Neste caso, se não quisermos aumentar mais os impostos, nomeadamente por compreensíveis razões de sensibilidade e reacção política dos contribuintes, pouco mais resta do que recorrer a comparticipações dos utentes dos serviços de saúde e, para o efeito, há praticamente duas possibilidades: as taxas moderadoras e os co-pagamentos dos cuidados de saúde, as primeiras já relativamente pacíficas e os segundos bastante controversos.

As taxas moderadoras, como o nome indica, visam fundamentalmente moderar o consumo e disciplinar a procura de serviços de saúde, e o seu contributo, apesar de marginal em termos de financiamento do SNS, não é despiciendo. De facto, as taxas moderadoras, na medida em que evitam ou reduzem consumos de saúde desnecessários e inúteis, mas que seriam realizados se elas não existissem, ajudam a reduzir as despesas e as necessidades de financiamento do SNS e, por esta via, dão um contributo para a sua sustentabilidade financeira maior do que o revelado pela pequenez das suas receitas. Acresce que as suas receitas poderiam ser maiores do que as actuais, quer pelo alargamento da sua base de incidência, quer pelo aumento do preço, mesmo considerando que o seu propósito principal não é o financiamento do SNS e, obviamente, respeitando a tendencial gratuitidade estabelecida na Constituição da República. Com efeito, sendo a finalidade principal das taxas moderadoras desencorajar a utilização desnecessária de serviços de saúde e sendo o seu valor muito baixo, só deveriam estar dispensados do seu pagamento as pessoas realmente pobres e, por isso, não se compreende que havendo cerca de 20% de portugueses nessa situação, a proporção das pessoas isentas de taxas moderadoras seja bastante superior, mais de metade da população. Para além da redução das isenções, também se poderia aumentar um pouco as taxas moderadoras, que são relativamente baixas, para que pudessem ser mais efectivas a disciplinar o consumo de serviços de saúde e, ao mesmo tempo, proporcionassem mais receitas. Para o efeito, as taxas moderadoras deveriam isentar apenas as pessoas pobres, cerca de um quinto da população, que teriam o mesmo acesso aos serviços de saúde que os restantes cidadãos, e, de acordo com uma interpretação restrita da Constituição da República[29], deveriam ser diferenciadas segundo a situação económica dos cidadãos (v.g. em

---

[29] A alínea a) do n.º 2 do Art.º 64.º da Constituição da República estabelece que o "o direito à protecção na saúde é realizado através de um serviço nacional de saúde universal e geral e, tendo em conta as condições económicas e sociais dos cidadãos, tendencialmente gratuito".

função dos escalões de rendimento do IRS). Todavia, por razões de facilidade operacional e atendendo ao baixo valor das referidas taxas, mesmo depois de aumentadas, é aceitável e não ofende a interpretação razoável da Constituição que as taxas moderadoras sejam uniformes, reservando-se a diferenciação para eventuais taxas financiadores, que poderiam resultar da integração das actuais taxas moderadoras com futuros co-pagamentos, e que seriam mais elevadas.

Com os co-pagamentos dos cuidados de saúde, pretende-se que os utentes suportem uma pequena parte do custo dos seus tratamentos de saúde, com vista a proporcionar receitas para o sector, maior co-respon-sabilização pelos serviços recebidos e, indirectamente, também alguma moderação e racionalização na procura e consumo de serviços de saúde. A finalidade principal dos co-pagamentos é, pois, co-financiar despesas de saúde, embora também contribuam para consciencializar os cidadãos sobre custos da saúde e sobre os seus deveres e direitos como utentes, e, pela maior exigência de quem paga, para melhorar a organização e fun-cionamento dos serviços de saúde. A Lei do Orçamento do Estado para 2007, Lei n.º 53-A/2006, de 29 de Dezembro, no seu Art.º 148.º, criou uma taxa de 5 euros por dia de internamento até ao limite de 10 dias e outra de 10 euros por cada acto cirúrgico realizado em ambulatório que, embora tivessem sido apresentadas e designadas como taxas modera-doras, configuram dois casos de co-pagamento. A sua finalidade não é moderar consumos, até porque os serviços a que se aplicam não são decididos pelos utentes, mas sim co-financiar uma pequena parte dos custos dos cuidados de saúde. Embora os pagamentos directos não sejam a forma mais correcta de financiar despesas de saúde, como já vimos, perante a tendência crescente destas despesas, a insuficiência das receitas fiscais e a aversão dos contribuintes cumpridores a mais aumentos de impostos, pode vir a ser necessário e tolerável como medida de último recurso que os utilizadores paguem directamente uma pequena parte dos custo de alguns serviços de saúde, com total isenção para quem realmente não possa pagar, para assim garantir o mesmo acesso a todos os cidadãos.

As taxas moderadoras e os co-pagamentos, embora tenham finali-dade e alcance diferentes, têm em comum o facto de assentarem no princípio do utilizador-pagador e de serem taxas financiadoras do SNS que podem contribuir para melhorar (um pouco) a sua sustentabilidade financeira, sem pôr em causa o acesso universal e tendencialmente gratuito à saúde, desde que sejam pequenas relativamente ao custo dos serviços, diferenciadas de acordo com a condição económica dos utentes e dispensáveis para as pessoas que as não possam pagar. Assim sendo, faz sentido unificar as duas modalidades sob a designação de taxas de utilização ou taxas financiadoras dos serviços de saúde. A necessidade de uma pequena comparticipação directa dos cidadãos que tenham possibilidade de o fazer, para complementar a maior parte do financiamento da saúde a cargo do Estado através de impostos, parece cada vez mais inevitável e também deveria ser relativamente pacífica.

A questão mais controversa é saber se as eventuais novas taxas devem ser uniformes ou diferenciadas. A diferenciação das taxas financiadoras em função da situação económica do utente é defensável por uma questão de solidariedade social – quem pode mais deve pagar mais. No entanto, a ideia não é consensual e merece ser discutida. Do ponto de vista da justiça social, pode não ser justo que quem mais ganha deva pagar taxas maiores porque já paga mais em impostos, que constituem a quase totalidade do financiamento, e é em sede fiscal que deve ser feita a discriminação positiva entre as pessoas. Nesta perspectiva, é defensável uma taxa única. Porém, do ponto de vista da eficiência, para moderar e conseguir uma restrição ao consumo de serviços de saúde equivalente em pessoas com diferentes rendimentos, quem tiver mais rendimento deve pagar mais. Na óptica da arrecadação de receita, o efeito pode ser ambíguo. Em princípio, a diferenciação das taxas deve proporcionar mais receita, mas, se for excessiva, pode levar as pessoas que ganham mais a preferirem os serviços privados e, portanto, por efeito quantidade, a receita para o Estado poderia aumentar menos do que com uma taxa única. Em contrapartida, a menor procura dos serviços públicos de saúde por parte dos mais ricos levaria a uma maior disponibilidade da oferta desses serviços e, portanto, em princípio, à diminuição das listas de espera no SNS, o que beneficiaria o acesso dos mais pobres aos serviços de saúde[30]. Por último, do ponto de vista da

---

[30] Nesta perspectiva, a redução das filas de espera, por desvio de doentes para o sector privado, também poderia justificar a subida das taxas financiadoras, desde que, pelo seu valor, continuassem a ser "tendencialmente gratuitas" para os rendimentos mais elevados.

igualdade dos cidadãos, é difícil justificar "preços de venda" diferentes para o mesmo produto ou serviço e, portanto, a diferenciação das taxas poderia levar a uma medicina de primeira e de segunda por exigência ou pressão de quem paga mais, o que seria discriminatório para cidadãos que tem e devem continuar a ter direito aos mesmos cuidados de saúde por parte do Estado. Como se vê, a questão não é simples e há, naturalmente, posições diferentes e igualmente respeitáveis. Porém, ponderados os argumentos num e noutro sentido, por razões de justiça social e de ordem financeira, taxas diferenciadas em função do rendimento dos utentes parecem ser mais defensáveis e também mais conformes com o estabelecido na Constituição da República.

Em suma, a maior parte, a quase totalidade, das despesas de saúde deve continuar a ser financiada pelo Orçamento do Estado, através de impostos, mas, na actual e difícil situação das nossas finanças públicas e como recurso de última instância, é aceitável o recurso a taxas financiadoras para quem pode pagar, mais abrangentes e elevadas do que as actuais, embora relativamente moderadas e diferenciadas e, portanto, compatíveis com o principio da gratuidade tendencial previsto na Constituição da República. Nestas condições, tratando-se apenas de uma pequena comparticipação complementar, a aplicação do princípio do utilizador-pagador nos serviços de saúde não teria qualquer problema de ordem constitucional. Seria, no entanto, uma decisão política controversa e levantaria duas dificuldades, ou exigiria dois cuidados prévios. Por um lado, para que o princípio do utilizador-pagador na saúde fosse (mais) bem aceite pela população seria conveniente que antes fosse efectivamente aplicado nas auto-estradas SCUT, pois, considerando a necessidade e a importância dos serviços públicos de transporte e de saúde, seria/é dificilmente compreensível que a utilização dos primeiros fosse/seja gratuita e houvesse/haja taxas financiadoras nos segundos. Por outro lado, sendo o SNS essencial para a sociedade e o seu financiamento directo, mesmo que apenas numa muito pequena parte, um ónus para os utentes, uma aplicação mais extensa e intensa do referido princípio do utilizador-pagador no sector da saúde deveria ser precedida de debate público e validada por sufrágio universal, pois só assim uma medida tão importante e controversa teria legitimidade democrática substancial.

REFORMAR A SEGURANÇA SOCIAL
E ASSEGURAR A SUA SUSTENTABILIDADE FINANCEIRA

As despesas com a segurança social, em particular com as pensões de reforma, a par das despesas com a saúde, são as que mais têm crescido e ameaçado a sustentabilidade das finanças públicas nos últimos anos. Consequentemente, era preciso reformar o sistema de pensões fazendo alguns ajustamentos no sistema actual[31], ou alterando mesmo a sua natureza, o que teria outras implicações.

A necessidade de reforma do sistema de pensões

O nosso sistema público de pensões assenta num regime de repartição contemporâneo em que as contribuições obrigatórias dos trabalhadores e dos empregadores financiam directamente as pensões pagas pela segurança social no mesmo período em que são recebidas, razão por que este tipo de financiamento também é conhecido por "pagando e andando" (*pay as you go*). Trata-se, pois, de um contrato intergeracional implícito em que as actuais gerações activas pagam as pensões das gerações reformadas que as antecederam, na esperança de que as suas sejam pagas pelas gerações que lhes sucedem. Em termos mais simples e figurados, nós pagamos as reformas dos nossos avós e pais na expectativa de que os nossos filhos e netos paguem as nossas, o que logo deixa antever dificuldades financeiras à medida que a população activa diminui e a reformada usufrui de pensões mais elevadas e vive mais tempo. A sustentabilidade financeira do actual sistema de pensões, ou seja, a existência de receitas pelo menos iguais ou superiores às despesas, fica assim ameaçada, quer pelo aumento do

---

[31] O sistema de segurança social compreende os subsistemas previdencial, de solidariedade e de protecção familiar e é, sem dúvida, desejável e possível melhorar alguns aspectos destes subsistemas, nomeadamente para corrigir eventuais iniquidades, insuficiências e deficiências na gestão. Porém, o mais relevante para a sustentabilidade das finanças públicas é a reforma do subsistema previdencial assente nas contribuições dos trabalhadores e dos empregadores, razão por que é a reforma das pensões de reforma que aqui abordamos.

Reduzir o Défice Orçamental e sanear as Finanças Públicas

número de pensionistas por activo, quer pela subida do valor médio das pensões.

Relativamente ao primeiro aspecto, a subida do número de pensionistas por activo, para além da crescente cobertura da segurança social, a diminuição da natalidade e o aumento da esperança média de vida tem vindo e vão continuar a fazer subir o índice de dependência dos idosos e reformados. Os cenários demográficos para Portugal indicam que a população com mais de 65 anos, em percentagem da população com idades entre 15 e 64 anos deve passar de 25,4% em 2005 para 40% em 2030, o que quer dizer que podemos baixar de 4 para 2,5 activos por idoso no espaço de 25 anos. Esta diminuição do rácio entre a população activa e a população reformada por razões demográficas é uma ameaça estrutural para a sustentabilidade financeira da segurança social e, só por si, razão suficiente para incentivar a natalidade e proteger a família para que, no futuro, a sociedade seja menos envelhecida e haja mais jovens e activos para sustentar a oferta de trabalho e a segurança social. Pela própria natureza do que está em causa é, naturalmente, um caminho longo e difícil, nomeadamente porque as famílias portuguesas já se habituaram a ter poucos filhos, mas deve ser urgentemente seguido, pois há já uns 20 anos que o número médio de filhos por mulher em idade de procriar em Portugal anda há volta de 1,4 e seriam precisos 2,1 para assegurar a renovação das gerações e evitar o envelhecimento da população[32]. Há quem argu-mente que o recurso à imigração é uma alternativa eficaz e mais rápida, mas é óbvio que não é a mesma coisa e basta pensar nos problemas de integração dos imigrantes, de convivência social e de gestão de uma sociedade com uma razoável densidade multicultural para percebermos que são alternativas bem distintas[33].

Quanto ao segundo aspecto antes referido, a subida do valor médio das pensões, a conjugação do aumento progressivo da carreira contributiva e da subida do nível de rendimentos declarados tem vindo a aumentar o montante médio das pensões. De facto, à medida que o

---

[32] O número 2 seria o que parecia lógico, mas basta pensar que há pessoas estéreis para se compreender o valor de 2,1 apontado pelos demógrafos.

[33] O sociólogo inglês Anthony Giddens já afirmou que, no passado, o problema social foi a divisão de classes e o conflito social e hoje é a pluralidade de culturas dentro de uma mesma sociedade.

tempo vai passando, por razões de amadurecimento do sistema, os pensionistas que vão entrando no conjunto dos reformados descontaram durante mais tempo e com base em remunerações mais elevadas do que os pensionistas que (por morte) vão saindo do sistema e, para um mesmo número de pensionistas, este efeito de (mudança na) composição do conjunto ainda é um importante factor de agravamento dos encargos com as pensões.

Pelas razões apontadas, é inquestionável que há um problema de sustentabilidade financeira da segurança social que já devia ter sido tratado há alguns anos. As pessoas vivem agora mais tempo e recebem as reformas durante mais anos – e ainda bem que assim é – e também há relativamente menos pessoas a trabalhar para suportarem as pensões. Há pois uma diferente evolução das contribuições e das prestações que faz com que as receitas previstas não sejam suficientes para fazer face às despesas esperadas, o que depende, como é óbvio, do horizonte temporal considerado. Embora não houvesse um risco de rotura financeira imediato ou a curto prazo, devido à existência de um fundo de estabilização financeira e à ajuda de algumas medidas entretanto tomadas sem as quais o sistema contributivo já não seria auto-suficiente, as projecções efectuadas, naturalmente dependentes das hipóteses quanto ao comportamento da demografia e da economia, apontavam/apontam para dificuldades daqui a alguns anos. Estas dependerão do efeito das medidas já tomadas e a tomar e serão menores ou maiores consoante a produtividade da economia compense mais ou menos a esperada deterioração do índice de dependência dos reformados. Porém, mesmo considerando que a economia pode e vai voltar a taxas de crescimento bem mais elevadas do que as dos últimos anos, e que o rácio entre activos e reformados também pode melhorar um pouco pela ajuda da imigração, foi sensato e prudente melhorar desde já a sustentabilidade financeira da segurança social. O Governo poderia ter feito uma reforma mais profunda do actual sistema de repartição, por exemplo iniciando uma transição para um sistema misto de repartição e capitalização, mas decidiu manter o sistema existente introduzindo-lhe algumas alterações (nos seus parâmetros) aconselhadas pela evolução da demografia e da economia, ou seja, optou apenas por uma reforma paramétrica do sistema actual.

Financiamento das pensões: apenas repartição ou repartição e capitalização?

Apesar de o Governo (parecer) ter excluído a introdução de uma componente de contribuições definidas[34] ou de capitalização no actual sistema de pensões[35], vale a pena discutir um pouco as vantagens e os inconvenientes de possíveis mudanças na natureza do actual sistema de repartição pura e de benefícios definidos, nomeadamente pela introdução de uma pequena parte de contribuições definidas, através de contas individuais, efectivas ou virtuais, em regime de capitalização efectiva ou virtual[36], como a seguir se explica. Num regime de bene-

---

[34] Num sistema de *contribuições definidas*, também designadas por contas individuais, as contribuições cada trabalhador vão para a sua conta e são aplicadas em activos que, juntamente com os rendimentos gerados se vão acumulando nessa conta, e o valor da sua pensão depende do montante acumulado, razão por que a contribuição é definida (certa) e o benefício (a pensão) é indefinido, incerto ou variável. Por sua vez, num sistema de *benefícios definidos*, a pensão do trabalhador não depende de qualquer acumulação dos seus descontos, mas sim da sua história salarial, nomeadamente da remuneração de referência e do número de anos de serviço. Neste caso, o benefício é definido ou certo, não dependente das contribuições efectuadas, o que torna o seu custo para o sistema de pensões indefinido ou incerto.

[35] Dizemos parecer porque foi a impressão geral que ficou e também porque a hipótese não está explícita no Acordo sobre a Reforma da Segurança Social celebrado com os parceiros sociais. Este estabelece, com carácter provisório, uma limitação às pensões mais altas, mas não introduz qualquer princípio de limitação às contribuições. No entanto, a Lei n.º 4/2007, de 16 de Janeiro, que aprovou as bases gerais do sistema de segurança social, admite no seu Art.º 58.º que "a lei pode ainda prever, protegendo os direitos adquiridos e em formação e garantindo a sustentabilidade financeira da componente pública do sistema de repartição e das contas públicas nacionais e o respeito pelo princípio da solidariedade, a aplicação de limites superiores aos valores considerados como base de incidência contributiva ou a redução das taxas contributivas dos regimes gerais, tendo em vista nomeadamente o reforço das poupanças do trabalhadores geridas em regime financeiro de capitalização."

[36] As *contas individuais virtuais* são uma inovação recente que permitem ter num sistema de repartição uma componente de capitalização embora simulada. A diferença entre as contas individuais virtuais, ou não financeiras, e as *contas individuais efectivas*, ou financeiras, está no facto de as primeiras não serem aplicadas em activos e de as pensões serem pagas a partir das receitas correntes como no sistema de repartição. Na prática o esquema funciona do seguinte modo: a contribuição do

fício definido, como é o nosso actual sistema de repartição pura, as pensões são geradas a partir do mercado do trabalho e das taxas contributivas fixadas e, de acordo com os parâmetros da fórmula de cálculo, asseguram taxas de substituição dos salários pelas pensões definidas (exogenamente) pelo poder político. Na teoria, o sistema garante benefício definido por efeito da solidariedade intergeracional, mas, na prática, o mesmo fica dependente da demografia e da economia e também da discricionariedade do poder político. Este, umas vezes, promete ou dá o que não pode dar e, outras vezes, altera as regras de apuramento e baixa as pensões o que, mesmo invocando que as alterações são para corrigir injustiças ou para compensar a maior longevidade das pessoas, não deixa de ser uma violação de direitos adquiridos ou, pelo menos, uma frustração das expectativas dos pensionistas, como já aconteceu várias vezes desde 1984, a última das quais foi em 2006. Num regime de contribuições definidas (capitalização), as pensões, ou seja os benefícios, resultam da capitalização das contribuições e, portanto, dependem das taxas de rentabilidade determinadas pelos mercados financeiros. Neste caso, vigora a lógica de "a cada um segundo os seus descontos" e, portanto, não há um problema de sustentabilidade financeira, mas há os riscos e a volatilidade dos mercados financeiros, que se reflectem na incerteza quanto ao valor das pensões. Feita esta clarificação de conceitos, podemos agora discutir duas possíveis alternativas de mudança do actual sistema.

Uma alternativa poderia ser a introdução de um sistema complementar obrigatório em regime de capitalização, também chamado plafonamento, precisamente porque fixa um limite ou tecto (*plafond*) para as contribuições e as pensões no regime de repartição[37]. A finali-

---

trabalhador é creditada numa conta individual virtual onde o Estado simula uma acumulação de activos financeiros através de uma taxa de juro também virtual ou aparente, determinada administrativamente, e, na altura da reforma, o valor assim acumulado é convertido numa anuidade ou mensalidade de acordo com os princípios actuariais normais, de modo a que o valor actual das pensões futuras iguale o valor virtual acumulado. No fundo, trata-se de uma capitalização conceptual ou virtual.

[37] Esta possibilidade foi prevista no Livro Branco da Segurança Social publicado em 1997, abandonada na Lei de Bases da Segurança Social, a Lei n.º 17/2000, de 8 de Agosto, e depois admitida na Lei n.º 32/2002, de 20 de Dezembro. Na discussão da recente reforma da reforma da segurança social, o Governo deixou a ideia

dade do plafonamento é reduzir a responsabilidade do sistema de repartição, dito primeiro pilar, e complementá-lo com uma pensão obrigatória, em regime capitalização, chamado segundo pilar, financiada por uma parte das actuais contribuições, podendo aqui haver duas possibilidades. Ou, hipótese A, uma parte, x pontos percentuais, do total dos descontos de todos os trabalhadores; ou, hipótese B, o excesso das contribuições dos empregadores e dos trabalhadores acima de um limite fixado para os descontos do primeiro pilar, por exemplo y vezes o salário mínimo nacional (SMN), ou agora, o valor do indexante de apoios sociais (IAS)[38]. Em qualquer destas duas hipóteses previstas na nova lei de bases – redução das taxas contributivas para os regimes gerais ou limite à base de incidência contributiva –, uma parte das contribuições seria para financiar o actual sistema público de pensões, em regime de repartição e benefício definido, e outra parte iria para fundos de pensões, públicos ou privados, que a aplicaria em diversos activos (v.g. financeiros e imobiliários), sendo o capital assim gerado utilizado para pagar as pensões devidas a cada beneficiário. No hipótese B, o segundo pilar poderia ser ou não limitado, e, caso fosse, por exemplo z vezes o SMN ou o IAS, não haveria mais descontos obrigatórios acima desse limite, cabendo então apenas ao cidadão decidir se quer ou não poupar mais para a sua reforma, podendo, em caso afirmativo, recorrer aos já existentes planos de poupança-reforma (PPR), que constituem o chamado terceiro pilar, facultativo, em regime de capitalização.

A introdução do plafonamento permitiria transitar do actual sistema puro de repartição para um sistema misto de repartição/capitalização onde as pensões teriam duas componentes: uma bem definida ou

---

de que não aceitava o plafonamento, mas a nova lei de bases, a Lei n.º 4/2007, de 16 de Janeiro, no seu Art.º 58.º, admite a possibilidade de limites contributivos, como vimos pela sua transcrição em anterior nota de pé de página.

[38] IAS é a abreviatura do novo Indexante de Apoios Sociais, que será tomado como referencial para a actualização das pensões e outras prestações sociais em substituição do salário mínimo nacional (SMN). À data da entrada em vigor é igual ao SMN, mas depois será actualizado por uma regra predefinida, equivalente à estabelecida para a actualização das pensões inferiores a 1,5 IAS, independente da actualização do SMN.

310 Economia Portuguesa – Melhor é Possível

fixa e paga pelo sistema de repartição, e outra variável em função dos descontos de cada um para as contas individuais e da rentabilidade das aplicações. A vantagem relativa de cada um dos sistemas depende, fundamentalmente, do efeito da evolução da economia e do mercado de trabalho no crescimento da massa salarial, no sistema de repartição, e do reflexo do comportamento dos mercados de capitais na valorização dos activos dos fundos de pensões, no sistema de capitalização. Assim sendo, pode haver circunstâncias e períodos em que a taxa de crescimento real da massa salarial (salários e emprego), que determina as receitas que financiam as pensões no sistema de repartição, é maior ou menor do que a taxa real efectiva de capitalização das poupanças investidas, que determina a poupança acumulada no sistema de capitalização. Consequentemente, em abstracto e em rigor, não é possível dizer, *a priori*, qual dos regimes de repartição ou de capitalização pode proporcionar maior benefício financeiro para os pensionistas[39].

Numa perspectiva global e de longo prazo, como o rendimento das aplicações dos fundos de pensões deve estar mais ou menos alinhado com o crescimento da economia, a diferença entre os benefícios proporcionados por um e outro sistema não deveria ser muito acentuada. Em termos de risco, para além do económico comum a ambos os sistemas, o regime de repartição está sujeito ao risco político dos ajustamentos governamentais para assegurar a sua sustentabilidade, e o regime de capitalização está sujeito ao risco financeiro dos mercados de capitais. De facto, mesmo que os sistemas de capitalização estejam e estão sujeitos a regras de aplicação dos fundos por diferentes categorias de activos para assegurar uma boa diversificação de aplicações e de riscos e a mecanismos de supervisão prudencial por entidades independentes e supostamente competentes, é impossível evitar a sua dependência da flutuação das taxas de juro e da instabilidade natural dos mercados de capitais. O risco associado a esta

---

[39] Há quem argumente que a vantagem do sistema de capitalização, em termos de rendimento, está precisamente na possibilidade de investir em economias mais dinâmicas do que a nossa, nomeadamente nas economias emergentes da Índia e da China com crescimentos anuais da ordem ou superiores a 10%, esquecendo ou omitindo o elevado nível de risco de tais aplicações, que aumenta à medida que vão escasseando as melhores opções de investimento para os capitais disponíveis.

Reduzir o Défice Orçamental e sanear as Finanças Públicas

dependência não justifica que se ponha completamente de parte o sistema de capitalização efectiva, mas, em nossa opinião, é suficiente para que a sua parte no sistema público de pensões, em regime de repartição, deva ser bastante pequena (v.g. inferior a 5% do total) e introduzida de forma gradual, pelas razões a seguir apresentadas.

Na perspectiva da sustentabilidade das finanças públicas, a introdução de um segundo pilar obrigatório em regime de capitalização tem o inconveniente de fazer perder receitas a curto e médio prazo, devido à redução da taxa ou da base contributiva para o sistema de repartição, e, em contrapartida, os efeitos positivos só aparecem a prazo mais longo, quando as pessoas abrangidas passarem à reforma, pela via da libertação do pagamento da parte das suas pensões que passou para a alçada dos fundos de pensões. A referida perda de receitas provocaria um aumento do défice orçamental que não poderia ser suportado apenas pela geração de transição, porque se fosse esta teria de pagar as contribuições para a anterior (repartição), e, ao mesmo tempo, contribuir para a sua própria reforma (capitalização). Uma solução poderia ser financiar o dito défice pela emissão de dívida pública, ou pela afectação de receitas de privatizações, o que se poderia justificar por o aumento do passivo do Estado, no primeiro caso, ou a diminuição do activo, no segundo caso, serem compensados pela diminuição das suas responsabilidades futuras com pensões (dívida pública implícita). Porém, estas alternativas deparam com dificuldades e levantam problemas que teriam de ser devidamente ponderados. O recurso a receitas de privatizações está limitado por já haver pouco para privatizar entre o que (por razões estratégicas, como vimos no capítulo anterior) não seria inconveniente alienar e também porque os governos têm preferido utilizar as referidas receitas para financiar empresas públicas deficitárias e a maior parte para amortizar dívida pública e assim, indirectamente, pela via da diminuição dos encargos com juros, baixarem o défice orçamental. Por sua vez, o recurso à emissão de dívida pública para financiar a transição, mesmo sendo apenas o reconhecimento explícito de responsabilidades implícitas do Estado para com os futuros pensionistas, causaria um aumento do défice orçamental, porque se trata da substituição de uma responsabilidade potencial (que não vence juros) por dívida efectiva (que vence juros); e, também

312   *Economia Portuguesa – Melhor é Possível*

porque, provavelmente, levaria as agências internacionais de *rating* a baixar a notação de risco da dívida pública portuguesa[40], agravando assim também por esta via os encargos com juros e o défice orçamental.

Para além das referidas dificuldades, acresce que a Comissão Europeia incita os Estados-membros a reforçarem a sustentabilidade das finanças públicas em geral e a da segurança social em particular, mas não aceita que o impacto negativo da introdução do segundo pilar no défice orçamental não conte para efeitos de défice excessivo. De facto, o Eurostat considera que os sistemas de pensões capitalizados com contribuições definidas não fazem parte das administrações públicas, mesmo que sejam fundos públicos ou que uma entidade pública garanta o risco de incumprimento do pagamento de pensões. Consequentemente, os descontos para os fundos de pensões não seriam considerados receitas, o que quer dizer que os custos da transição para um sistema misto com uma componente de capitalização agravaria o défice público com qualquer outro encargo[41]. Esta posição do Eurostat, se não inviabiliza, dificulta bastante que um Estado-membro com sérias dificuldades orçamentais, como é presentemente o caso de Portugal, possa tomar uma medida que poderia aliviar um pouco a grande depen-dência das finanças públicas do sistema de pensões. Assim sendo, a passagem para um sistema misto, com uma pequena componente de capitalização obrigatória, realizada de forma gradual e cautelosa para não incorrer num grande custo de transição e em demasiado risco financeiro, não é oportuna enquanto Portugal estiver na situação de défice excessivo. Todavia, não deveria ser pelas nossas dificuldades orçamentais e pela miopia de Bruxelas que deveríamos

---

[40] O risco de uma simples responsabilidade potencial que o Estado pode reduzir por alteração das regras do sistema de pensões, como já tem feito, é menor do que o risco de uma efectiva responsabilidade titulada.

[41] A revisão do Pacto de Estabilidade, na vertente correctiva, estabeleceu que os custos das referidas transições seriam considerados de forma linear regressiva ao longo dos cinco anos seguintes à sua implementação para os países que já tivessem realizado essas reformas; e, na vertente preventiva, limitou-se a considerar que a transição para um sistema misto poderia justificar um desvio temporário na convergência para o objectivo orçamental de médio prazo, o que é manifestamente pouco e vago.

Reduzir o Défice Orçamental e sanear as Finanças Públicas 313

deixar de discutir e, eventualmente, transitar para um novo sistema de partilha de responsabilidades e de riscos na reforma entre o Estado (a sociedade) e o cidadão, como o descrito, se, e quando, considerássemos necessário ou conveniente.

Outra alternativa para reforçar a sustentabilidade da segurança social, porventura melhor do que a anterior em termos de justiça inter-geracional e de adaptação à evolução da demografia, respeita à intro-dução de contas individuais virtuais, à semelhança do que fez a Suécia em 2000. No essencial, o actual sistema sueco de pensões inclui, no pilar público e obrigatório que aqui nos interessa, um primeiro patamar que assegura a todos os cidadãos com mais de 40 anos de residência e 65 de idade uma pensão mínima financiada por impostos; um segundo e terceiro patamares financiados a partir das contribuições iguais dos trabalhadores e dos empregadores, 18,5 % dos salários, das quais 16% vão para um sistema de repartição assente em contas individuais vir-tuais, a base do sistema, e 2,5% vão para um sistema de capitalização de contas individuais efectivas em fundos de pensões à escolha dos pensionistas ou, se o não fizerem, para um fundo público. No sistema de repartição com capitalização virtual, a pensão resulta dos direitos acumulados na conta individual virtual, através de uma taxa de juro convencionada, e da conversão do valor acumulado numa anuidade que tem em conta a esperança de vida da geração à qual pertence o pen-sionista e a idade que escolheu para passar à reforma, no caso da Suécia entre 61 e 70 anos de idade. No sistema de capitalização efectiva, a pensão é apurada do mesmo modo, com a diferença que a capitalização é real, de acordo com as taxas do mercado, e não simulada, com base em taxas de juro convencionadas.

A vantagem do sistema de repartição com capitalização virtual para a sustentabilidade da segurança social está no facto de ser um sistema de contribuições definidas em que, como nome indica e já vimos antes, o valor da pensão depende das contribuições efectuadas e não da história salarial do pensionista. Porém, como se trata de capitalização virtual e continuamos no sistema de repartição "pagando e andando" (*pay as you go*), as pensões são pagas a partir das receitas correntes, mas o seu valor está associado ao esforço contributivo de cada um; por sua vez, as contribuições são apenas registadas e capitali-

314 *Economia Portuguesa – Melhor é Possível*

zadas de forma simulada, mas não são transferidas para fundos de pensões, razão por que, na transição para um sistema deste tipo, não há perda de receitas e, portanto, não se põe a questão do agravamento do défice público que discutimos na alternativa anterior, que existe apenas para a pequena parte das contribuições, 2,5% dos salários para trabalhadores e empregadores, para o regime de capitalização efectiva. O facto de o sistema de pensões sueco funcionar e de a reforma ter sido bem aceite, leva a pensar que também poderia-mos encarar a passagem do nosso actual sistema de repartição pura para um sistema de repartição com capitalização virtual, ao longo de um período de transição razoável, por exemplo 15 anos como na Suécia, com ou sem uma pequena parte em regime de capitalização efectiva. O novo sistema não eliminaria completamente o risco político de alteração do valor da reforma, mas reduziria bastante a margem de manipulação governamental, uma vez que, em princípio, a taxa de capitalização convencionada deve reflectir a taxa de mercado; tornaria o valor da pensão de cada pessoa mais dependente das suas contribuições, o que poderia ser um incentivo ao trabalho e à verdade nos descontos; e, flexibilizaria mais facilmente a idade de reforma.

Finalmente, uma última observação para chamar a atenção de que os sistemas de repartição e de capitalização diferem no que respeita ao modo como é feita e sentida a divisão do rendimento entre os trabalhadores no activo e os reformados, mas, em qualquer deles, embora menos visível na capitalização, as pensões de um determinado período têm que ser suportadas pela produção de bens e serviços efectuada pelos trabalhadores activos nesse mesmo período. No caso da repartição, as pensões chegam aos reformados por transferência directa dos trabalha-dores no activo, e, no caso de capitalização, por rentabilização e venda de activos acumulados nos fundos de pensões, mas, em qualquer caso, as pensões apenas conferem um direito de saque, um poder de compra, sobre a produção corrente, nacional ou estrangeira, e é aquisição e o consumo desses bens e serviços que satisfaz as necessidades dos reformados. De facto, é possível acumular e utilizar mais tarde direitos de saque sobre a produção, mas é impossível transferir bens e serviços de consumo corrente do presente para o futuro. Os bens consumidos pelos reformados têm pois que ser produzidos pelos activos, no mesmo período, e a distribuição dessa produção entre activos e reformados faz-se pela competição entre salários e pensões, sendo as variáveis de ajustamento, no sistema de repartição, as contribuições e os impostos (carga fiscal), e, no sistema de capitalização, os preços dos bens e serviços (inflação). Os modos de financiamento e de apuramento das pensões são diferentes e têm implicações económicas e até políticas diversas, mas é evidente que é a situação da economia (a maior ou menor abundância de bens e serviços) e o estado da demografia (a maior ou menor dependência dos reformados relativamente aos activos) que mais importam para a boa coabitação entre trabalhadores e reformados. Também por isto se percebe que os verdadeiros remédios para o problema da sustentabilidade financeira da segurança social passam, fundamentalmente, por mais crescimento económico e por menos reformados relativamente aos activos; o resto, embora seja importante para a adaptação do sistema às evoluções da demografia e da economia e para a justiça entre as gerações, são, basicamente, formas de gerir a partilha entre os encargos e os benefícios entre os activos e os reformados.

A reforma paramétrica do sistema actual

A melhoria da sustentabilidade da segurança social, cuja necessidade está suficientemente diagnosticada e reconhecida desde a segunda metade dos anos 90, pode fazer-se pela receita e/ou pela despesa.

Pelo lado da receita, para além do combate à fraude e evasão contributiva, que deve continuar, embora a sua produtividade diminua com a passagem do tempo, o que foi feito foi, fundamentalmente, aumentar as transferências do Estado para a Segurança Social e consignar-lhe parte da receita do IVA, primeiro a correspondente um ponto percentual, quando a taxa do imposto subiu de 16% para 17%, o chamado IVA Social, e depois a receita resultante de outro ponto percentual, quando a taxa aumentou de 19% para 21%. Porém, como facilmente se percebe, tanto esta via como o reforço de outras transferências orçamentais são ilusórias, porque apenas deslocam a dificuldade da Segurança Social para o Estado, e não resolvem o problema da sustentabilidade das finanças públicas de que a sustentabilidade da segurança social é parte[42]. E também são limitadas, porque a margem de manobra para aumentar impostos e contribuições sociais está praticamente esgotada, como vimos antes. Subir as contribuições dos empregadores e dos trabalhadores que incidem sobre os salários é possível, mas não é desejável, quer por razões de equidade intergeracional, porque sobrecarregaria mais as novas gerações de activos, quer por razões de eficiência económica, porque aumentaria o custo da mão-de-obra, diminuiria a competitividade e o emprego e fomentaria a economia paralela e a evasão contributiva. Uma medida possível do lado das receitas poderia ser a mudança da base das contribuições patronais dos salários para o valor acrescentado das empresas, que poderia aumentar a receita ou apenas redistribuir a sua proveniência. É uma hipótese defensável, mas não se afigura possível avançar para uma tal medida sem o estudo aprofundado da questão e mesmo alguma coordenação no seio da União Europeia e, portanto, também não parece realista ou viável a curto prazo[43].

Limitadas as possibilidades de melhorar a sustentabilidade da segurança social pelo lado das receitas, o Governo optou por um conjunto de ajustamentos para travar o crescimento das despesas com as pensões, entre os quais se salientam a antecipação da entrada em vigor da nova fórmula de cálculo da pensão, a introdução da esperança de vida no apuramento da pensão, a penalização das reforma antecipadas e a promoção do envelhecimento activo, a indexação da actualização da pensão à inflação e ao PIB, e a introdução de um limite para as pensões mais altas[44].

---

[42] Questão de natureza semelhante resulta de a inscrição dos novos funcionários públicos na Segurança Social melhorar as suas receitas, sem ter impacto significativo nas suas despesas nos tempos mais próximos, o que, naturalmente melhora as contas da Segurança Social, mas à custa das contas do Estado, onde se integra a Caixa Geral de Aposentações, que entretanto deixa de receber as contribuições dos novos funcionários públicos.

[43] Ver Caixa 6.1 – Contribuições patronais para a segurança social com base no valor acrescentado das empresas.

[44] Para informação mais detalhada do que a seguir apresentamos e comentamos, consultar o Acordo sobre a Reforma da Segurança Social, disponível no portal do Governo em www.portugal.gov.pt/.

A nova fórmula de cálculo das pensões foi aprovada em 2002[45] (Decreto-Lei n.º 35/2002, de 19 de Fevereiro) e a sua entrada em vigor estava prevista para 2017, o que conferia um período de transição de 15 anos, mas o Governo, para melhorar a sustentabilidade financeira da segurança social, decidiu antecipar a sua aplicação para 2008. Porém, como a nova fórmula implica para muitas pensões uma diminuição do seu valor, a sua aplicação até 2016 será feita de forma gradual ponderando a pensão calculada à moda antiga (com base nas remunerações dos melhores 10 dos últimos 15 anos) para a carreira contributiva até 2007 (P_1) pelo número de anos de desconto até esse ano (C_1) e a pensão calculada pela nova fórmula para o número de anos de carreira contributiva entre 2008 e o ano da reforma (P_2) pelo número de anos de carreira subsequente a 2007 (C_2)[46].

---

[45] A fórmula de cálculo das pensões é $P = RR \times T \times N$, onde:

P – Valor da pensão de reforma (sem considerar o efeito do factor de sustentabilidade);

RR – Remuneração de referência. Antes, média dos melhores 10 salários dos últimos 15 anos, actualizados pela taxa de inflação. Na nova fórmula, média dos salários de todos os anos de trabalho, actualizados pela taxa de inflação para as remunerações até 31/12/2001 e por uma média ponderada da taxa de inflação (75%) e dos ganhos subjacentes às contribuições para a Segurança Social (25%) para as remunerações registadas a partir de 1/1/2002.

T – Taxa de formação anual da pensão. Antes, 2%. Na nova fórmula, a taxa varia em função da RR e do salário mínimo nacional (SMN, que em 2006 era 385,9 euros por mês) do seguinte modo:

1.ª Parcela da RR – até 1,1 × SMN – Taxa anual: 2,30%
2.ª Parcela da RR – de 1,1 × SMN até 2 × SMN – Taxa anual: 2,25%
3.ª Parcela da RR – de 2 × SMN até 4 × SMN – Taxa anual: 2,20%
4.ª Parcela da RR – de 4 × SMN até 8 × SMN – Taxa anual: 2,10%
5.ª Parcela da RR – a partir de 8xSMN – Taxa anual: 2,00%

N – Número de anos de descontos (40 anos para uma carreira contributiva completa)

Para informação mais desenvolvida, consultar o Decreto-Lei n.º 35/2002, de 19 de Fevereiro.

[46] O valor da pensão para quem se reformar até 2016 resulta de uma média aritmética calculada pela fórmula:

$$Pensão = \frac{P_1 \times C_1 + P_2 \times C_2}{C}$$

com os significados dos símbolos definidos no texto e $C = C_1 + C_2$.

318 *Economia Portuguesa – Melhor é Possível*

Sem dúvida que é mais correcto e justo considerar a totalidade da carreira contributiva, uma vez que assim se evita a possibilidade de alguma manipulação, ou "gestão" das remunerações nos últimos anos, para gerar uma remuneração de referência mais elevada para a pensão de reforma. Todavia, a antecipação da sua entrada em vigor não deixa de ser uma "alteração das regras durante o jogo", como já tinha acontecido em 2002, embora então tivesse havido um prazo de transição razoável. Mesmo considerando que, para compensar o menor valor da remuneração de referência, a taxa de formação da pensão deixa de ser 2% e passa a variar entre 2% e 2,3% em função da relação entre a remuneração de referência e o salário mínimo, a nova fórmula de cálculo conduz a uma diminuição da taxa de substituição do salário pela pensão para a maioria das pensões, excepto talvez para quem tiver salários mais próximos do salário mínimo nacional. Assim sendo, a antecipação da entrada em vigor da nova fórmula de cálculo das pensões causa naturalmente descontentamento nas pessoas atingidas, mas é possível que o mesmo seja mitigado pelo gradualismo na aplicação da fórmula, o que é positivo, e também pela dificuldade de cada pensionista estimar a sua pensão e ter uma ideia de quanto vai receber a menos do que esperava, o que é negativo. Com os meios informáticos hoje disponíveis é possível e seria desejável que todos os beneficiários da segurança social recebessem uma vez por ano, ou de dois em dois anos, informação sobre a sua situação relativa à formação da pensão, nomeadamente no que respeita aos tempos de serviço contado e previsto para a reforma e à proporção do benefício correspondente ao tempo de serviço decorrido.

Relativamente ao ajustamento resultante da idade de reforma e da esperança média de vida, para baixar as despesas com pensões o Governo decidiu, primeiro, no caso dos funcionários públicos, subir a idade legal de reforma dos 60 para os 65 anos, fazendo-a assim convergir para a idade legal do regime geral ao longo de um período de 10 anos[47]; e, depois, para os trabalhadores do regime geral, ligar o valor da

---

[47] Este prazo parece razoável. No entanto, tendo em conta o impacto de uma medida desta natureza na expectativa e na vida das pessoas, o Governo deveria ter proporcionado um período de transição maior (v.g. a Alemanha vai subir 2 anos na idade legal de reforma ao longo de 24 anos, ou seja, ao ritmo de um mês por ano), ou

Reduzir o Défice Orçamental e sanear as Finanças Públicas

pensão à evolução à esperança média de vida e promover o envelhecimento activo, nomeadamente pela penalização das reformas antecipadas. A consideração da esperança média de vida faz-se através de um factor de sustentabilidade definido como o rácio entre a esperança média de vida em 2006 (EMV_{2006}) e a esperança média de vida no ano anterior à reforma ($EMV_{ano\ i-1}$). O valor deste quociente, inferior à unidade (porque a esperança média de vida vai aumentando), multiplicado pelo valor teórico da pensão resultante da nova fórmula de cálculo dará o valor efectivo (menor) da pensão inicial[48]. Perante a redução da pensão provocada pelo factor de sustentabilidade, o pensionista pode aceitar uma pensão mais baixa, ou procurar compensá-la, seja descontando voluntária e atempadamente para um sistema complementar (público ou privado) de contas individuais em regime de capitalização, seja prolongando o trabalho após a idade legal da reforma e beneficiando de uma bonificação em função da idade e do número de anos de carreira contributiva. Por sua vez, para promover o envelhecimento activo pela negativa, a pensão de quem se reformar antes dos

---

uma modalidade diferente, ou alguma alternativa equivalente ao aumento do tempo de serviço, para acautelar melhor as expectativas, se não mesmo os direitos adquiridos, de quem já estava próximo das anteriores condições para a reforma completa (36 anos de serviço e 60 de idade). A necessidade e a justificação da medida, nomeadamente por uma questão de igualdade entre os trabalhadores dos sectores público e privado, é inquestionável e pecou por tardia, mas a medida foi introduzida de forma precipitada e cria grandes injustiças entre os funcionários que se reformaram poucos anos antes e poucos anos depois da sua entrada em vigor, injustiças que poderiam ter sido atenuadas se o Governo tivesse conciliado melhor a necessidade de reduzir despesas com a obrigação de aumentar o menos possível as desigualdades entre os reformados do Estado.

[48] Valor efectivo da pensão = Valor teórico da pensão $\times \dfrac{EMV_{2006}}{EMV_{ano\ i-1}}$. Considerando por exemplo que, em 2006, a EMV aos 65 anos é cerca de 18 anos e que, em 2030, será aproximadamente 21 anos, o facto de sustentabilidade passaria de 1 em 2006 para 0,857 (=18/21) em 2030 anos, ou seja, uma diminuição de 14,3% em 30 anos, o que praticamente equivale, em termos simples, a uma redução de 0,5% por ano. Por uma questão de rigor técnico e de credibilidade política, o Governo deve providenciar para que o cálculo das esperanças médias de vidas relevantes para o apuramento do factor de sustentabilidade seja efectuado e divulgado por uma entidade idónea e independente.

65 anos é penalizada em 0,5% por mês, 6% por ano[49], e é proibida durante três anos a acumulação da pensão antecipada com a prestação de trabalho na mesma empresa ou grupo empresarial onde trabalhava antes de obter a reforma.

A promoção do envelhecimento activo faz sentido numa altura em que a esperança de vida saudável tem vindo a aumentar e em que, por erros manifestos de política económica na atribuição de reformas antecipadas, a idade média de reforma em Portugal está bastante abaixo da idade legal dos 65 anos. De facto, era e é preciso controlar melhor e impedir a passagem à reforma por falsa invalidez, assim como também foi positivo, como vimos no capítulo 4, disciplinar e reduzir as reformas antecipadas para fazer reestruturações de empresas à custa da Segurança Social, como aconteceu em larga escala até há pouco tempo. Pelo contrário, é justo que as pessoas que trabalham para além da idade a que têm direito à reforma tenham uma bonificação, nomeadamente para compensar o efeito redutor do referido factor de sustentabilidade. Foi preferível ter optado por este factor, com possibilidade de compensação voluntária por mais descontos ou mais tempo de trabalho, do que subir a idade legal de reforma, quer porque esta poderia implicar mais desemprego e, portanto, mais despesas com o subsídio de desemprego (e menos receitas em contribuições e impostos), o que reduziria o impacto orçamental da medida, quer porque a obrigatoriedade de as pessoas trabalharem mais anos também poderia prejudicar o rejuvenescimento, a modernização e a produtividade das empresas. Assim sendo, enquanto é positivo incentivar o envelhecimento activo voluntário, premiando quem queira e possa continuar a trabalhar para além dos 65 anos, a obrigatoriedade de trabalhar depois dessa idade para ter

---

[49] Não se sabe ainda se esta penalização, para vigorar no regime geral desde o início de 2008, se aplica também nas reformas antecipadas dos funcionários públicos a partir dessa data ou apenas a partir do fim do período de transição em 2015. Em Outubro de 2006 passou a ideia de que se manteria a taxa de 4,5% por ano durante o período de transição do regime de aposentação na função pública; em seguida ficou a impressão de que em matéria de penalização de reformas antecipadas a convergência dos dois regimes seria imediata, ou seja 6% por ano para todos; e, ultimamente (Janeiro de 2007) voltou a haver a ideia de que o agravamento da penalização das reformas antecipadas dos funcionários públicos apenas terá lugar depois de 2015.

direito à reforma integral seria indesejável para os idosos e inconveniente para a economia, nomeadamente para o mercado de trabalho e para a vida das empresas. Na prática, porém, é possível que o envelhecimento activo encontre resistências por parte das empresas, em princípio, mais interessadas no rejuvenescimento e na requalificação dos recursos humanos do que na permanência de trabalhadores idosos. Reconhecendo e contemplando este facto, o acordo sobre a reforma da segurança social celebrado com os parceiros sociais prevê a "possibilidade de redução substancial da taxa contributiva a suportar por empresas e trabalhadores com mais de 65 anos e 40 anos de carreira contributiva".

Por sua vez, a actualização anual das pensões deixa de estar indexada à actualização do salário mínimo nacional, para que este possa desempenhar melhor a função de regulação das relações laborais, e passa a depender da inflação, medida pelo crescimento do índice de preços no consumidor (observado em Novembro do ano anterior) e do crescimento económico (o do ano anterior em 2008 e a média dos dois anos anteriores a partir de 2009). Os valores de actualização variam conforme o valor da pensão seja inferior a 1,5 IAS; esteja entre 1,5 e 6 IAS; ou esteja entre 6 IAS a 12 IAS[50], e consoante o crescimento económico de referência seja inferior a 2%, esteja entre 2% e 3%, ou seja superior a 3%. A actualização anual das pensões está fundamentalmente indexada ao valor da inflação (IPC), mas este pode ser acrescido de uma parte do crescimento económico (PIB) para as pensões mais baixas quando a economia cresce bem, ou diminuído de alguns pontos percentuais para as pensões mais elevadas quando o crescimento económico é fraco, como se vê no seguinte quadro:

---

[50] Por decisão do Governo, a actualização das pensões superiores a 12 IAS fica congelada e sujeita a reavaliação quinquenal.

		Taxa de crescimento real do PIB (tcrPIB)		
		Inferior a 2%	De 2% a 3%	Igual ou superior a 3%
Valor das pensões	Inferiores a 1,5 IAS	IPC	IPC + 20% da tcrPIB (limite mínimo de 0,5 pp acima da inflação)	IPC + 20% da tcrPIB
	De 1,5 IAS a 6 IAS	IPC – 0,5 pp	IPC	IPC + 12,5% da tcrPIB
	De 6 IAS a 12 IAS	IPC – 0,75 pp	IPC – 0,25 pp	IPC

Fonte: Acordo sobre a Reforma da Segurança Social

É positivo que se tenha definida uma regra para a actualização das pensões, designadamente para evitar que a mesma ficasse sujeita às conveniências eleitorais do poder político, mas já não podemos dizer o mesmo do modo com a mesma foi estabelecida. Um coeficiente de actualização simultaneamente dependente do valor da pensão relativamente ao IAS e da média do crescimento económico nos dois anos anteriores não é suficientemente simples e claro para ser bem entendido pelos interessados. O que porventura ganhamos em justiça perdemos em complexidade e transparência e assim, praticamente, impedimos os pensionistas de conhecerem o valor de actualização da sua pensão.

As medidas que acabámos de descrever mantêm a natureza de repartição pura (*pay as you go*) do actual sistema de pensões e ajustam os parâmetros da fórmula de cálculo e de actualização das pensões para assim melhorar a estabilidade financeira do sistema. Por quanto tempo conseguirão assegurar a sustentabilidade e evitar o risco de rotura da segurança social é uma questão em aberto que depende de muitos factores, nomeadamente do andamento da economia, da evolução da demografia e da qualidade do estado social que desejamos, domínios onde não é possível fazer previsões razoavelmente seguras e, portanto, só o futuro o dirá[51]. Nestas condições e sendo inaceitável qualquer rotura financeira, é preciso continuar a acompanhar a evolução do sistema de

---

[51] Por exemplo, uma projecção relativa à sustentabilidade da segurança social efectuada há meia dúzia de anos revelou-se claramente inadequada e para o efeito contribuiu, entre outros aspectos, a deterioração da situação económica.

pensões e a fazer, gradual e atempadamente, os ajustamentos ou as mudanças necessárias ou convenientes para que seja possível continuar a pagar as pensões sem qualquer problema. De facto, pela importância e impacto que a segurança social tem na vida das pessoas e pelo tempo necessário para que algumas medidas produzam efeitos substanciais, é conveniente que as mesmas sejam tomadas em tempo oportuno e com períodos de transição razoáveis sempre que a sua natureza o justifique. Se tivesse sido esta a orientação seguida desde que o problema foi diagnosticado, em meados da década de 90, a situação seria hoje bem melhor do que é. Nesta perspectiva, se agora tivéssemos ido um pouco mais longe e encarado já o início de uma suave transição para um sistema misto de financiamento por repartição com capitalização virtual, com ou sem uma pequena componente de capitalização efectiva, como antes descrevemos, poderíamos ter já começado a construir um sistema financeiramente mais robusto e diminuiríamos a probabilidade de uma lamentação semelhante daqui a alguns anos.

Finalmente, uma última observação para salientar que qualquer reforma da segurança social, seja ela de mudança de sistema, ou de simples alteração de parâmetros, como foi agora o caso, devia ser objecto de um consenso social e político alargado, porque são medidas com grande impacto na vida de todas as pessoas, inclusive dos que ainda não têm representação política, e com uma vigência e alcance que ultrapassa largamente o período normal da legislatura e dos ciclos político-eleitorais. A reforma foi discutida e houve acordo em sede de concertação social, o que foi importante porque o assunto interessa directamente aos trabalhadores e aos empregadores, mas esse acordo não substitui o que deveria ter havido em sede política, isto é, na Assembleia da República, porque são os deputados eleitos, e não os representantes dos parceiros sociais, que representam todos os cidadãos e estão mandatados para aprovar as leis. Como dissemos no capítulo 1, matérias desta natureza deveriam ser aprovadas por maioria qualificada na Assembleia da República, precisamente para obrigar a acordo. Não havendo (ainda) esta exigência legal, um consenso político alargado teria sido útil para, pelo menos e em princípio, proporcionar maior aceitação e estabilidade da reforma. A política deve ser e, frequentemente, é a arte de tornar o necessário ou o conveniente possível, mas, desta vez, ficou apenas pela arte do possível.

Caixa 6.1

CONTRIBUIÇÕES PATRONAIS PARA A SEGURANÇA SOCIAL COM BASE NO VALOR ACRESCENTADO DAS EMPRESAS

Em alternativa às contribuições patronais assentes apenas no salário, é defensável que as mesmas pudessem ser baseadas no valor acrescentado pela empresa, isto é, a diferença entre o valor das vendas e o valor dos consumos intermédios comprados a outras empresas, o que é equivalente à soma da massa salarial e do "excedente bruto de produção", que, para simplificar, se pode assimilar a um lucro bruto. Mesmo que não houvesse aumento do montante global das contribuições para não sobrecarregar o conjunto das empresas, seria lógico e justo alargar a tributação a todos os factores de produção, o que implicaria substituir as contribuições assentes nos salários por outras baseadas no valor acrescentado das empresas e, portanto, passar a ter contribuições sobre os lucros e desagravar as que incidem sobre os salários. Seria uma forma de baixar o custo relativo do trabalho e de aumentar o do capital. Ganhariam as empresas que, relativamente a média, são mais intensivas em trabalho e perderiam as que são mais intensivas em capital. Num contexto de competição global e sem o estudo concreto da situação, não é porém seguro qual seria o efeito líquido sobre a competitividade e o emprego, embora, com a diminuição do custo relativo do trabalho para todas as empresas, o efeito global sobre o emprego devesse ser positivo, podendo mesmo constituir um incentivo à atracção, e um desincentivo à deslocalização, de empresas com mais mão-de-obra.

A referida mudança de base de incidência para as contribuições patronais para a segurança social também se justificaria por uma razão de justiça social, uma vez que há empresas capital intensivas (v.g. no sector da energia), com relativamente poucos trabalhadores, que ganham bastante mais do que outras com muitos trabalhadores e, portanto, seria justo que contribuíssem mais para o financiamento das reformas*. Contribuições patronais baseadas no valor acrescentado são pois defensáveis e mereciam ser discutidas entre nós – e talvez já o tivessem sido se não fossem patrocinadas pelo Bloco de Esquerda e pelo Partido Comunista, como se estes partidos não pudessem ter ideias aproveitáveis. No entanto, não é provável que sejam consideradas nos tempos mais próximos, uma vez que não é previsível que qualquer Estado-membro de União Europeia se atreva a avançar para uma tal substituição da base de incidência das contribuições para a segurança social sem ser de forma coordenada com os restantes. Em todo o caso, é uma questão que se pode e deve pôr no quadro da discussão sobre a sustenta-bilidade do estado social ao nível da União Europeia.

---

* A eventual introdução de contribuições sobre o valor acrescentado poderia incidir directamente sobre o conjunto dos salários e do excedente bruto de exploração, à semelhança do IRC, ou indirectamente sobre o valor acrescentado, à semelhança do IVA. Tanto num caso como noutro, a incidência final das contribuições seria repercutida em parte sobre os preços aos consumidores e em parte sobre os rendimentos dos factores de produção, os salários e os lucros. Porém, a modalidade IRC tributaria as empresas portuguesas que vendem no exterior, enquanto a modalidade IVA tributaria as empresas estrangeiras que vendem em Portugal. Tendo em conta estes e outros aspectos, haveria que estudar a modalidade mais adequada.

CONCLUSÃO

Quanto mais aumenta o nosso conhecimento mais evidente fica a nossa ignorância.

JOHN F. KENNEDY[1]

O que traz problemas não é o que não sabemos, mas o que sabemos que não é assim.

MARK TWAIN[2]

---

[1] Discurso na Rice University, em 12 de Setembro de 1962.
[2] Citado por Al Gore no filme *Uma Verdade Inconveniente*, 2006.

A citação do presidente John Kennedy recorda-nos que o conhecimento é relativo e a do escritor Mark Twain, referida por Al Gore a propósito da questão do aquecimento global, também se aplica ao que sabemos, ou julgamos saber, sobre os problemas da economia portuguesa e de que demos conta nos capítulos anteriores. De facto, já há muito tempo sabíamos – e eu, como outros, disse-o até em alguns escritos públicos[3] – que a nossa economia estava em rota de colisão e que a trajectória que vinha seguindo não era sustentável. Lamentavelmente, as instituições que deviam ter alertado para os problemas que se estavam a criar e a avolumar não o fizeram e os responsáveis pela nossa política económica também levaram bastante tempo a perceber a gravidade da situação – e mais ainda a iniciar a sua correcção. Foi preciso termos chegado ao estado de necessidade e à generalização do sentimento de crise para iniciarmos reformas há muito necessárias.

Em meados de 2005, o Governo iniciou uma mudança de rumo em algumas políticas públicas que – com mais ou menos tempo e dificuldades – *pode* levar a economia portuguesa a bom porto, tanto mais depressa e com tanto menos custo, quanto mais eficaz e equilibrado for o seu desempenho reformista e mais rápida e melhor for também a resposta da iniciativa privada, que tarda em responder na medida do necessário e do possível. Sabemos que podemos vencer a crise e voltar a ter esperança e confiança no futuro, um futuro melhor do que o presente, mas também sabemos que a solução será difícil e

---

[3] *União Monetária Europeia – Portugal e o Euro*, Universidade Católica Editora, 1995; *Política Económica – Em Portugal e na Zona Euro*, Principia, 1999; *O Desafio Europeu e a Economia Portuguesa – Uma discussão necessária*, Verbo, 2000; *A economia portuguesa em rota de colisão*, Diário Económico de 19, 20, e 23 de Outubro de 2000.

demorada, o que justifica que o optimismo seja moderado. É esta mensagem realista e de esperança que gostaria de deixar neste livro.

Este último capítulo não é uma conclusão no sentido habitual de resumo, ou de aspectos resultantes dos capítulos anteriores, mas sim uma última reflexão para sublinhar questões e suprir insuficiências ou omissões no que antes foi escrito, e também para deixar claro que os problemas da economia portuguesa estão longe de estarem resolvidos e merecem ser discutidos, designadamente porque é o nosso futuro que está em causa. De facto, todos temos interesse em que a economia portuguesa melhore e todos podemos ser prejudicados pela sua degradação. Embora algumas pessoas estejam mais protegidas dos efeitos da crise económica do que outras, ninguém está totalmente imune, quer das consequências para si, ou para os seus familiares, por exemplo em termos de emprego, impostos, serviços públicos, segurança, etc., quer das repercussões que as consequências em terceiros podem ter para si próprio, sobretudo se tiver preocupações de solidariedade social e considerar que o seu bem-estar também depende do bem-estar dos outros. Nesta perspectiva, os problemas da economia e da sociedade portuguesa são questões que dizem respeito a todos os portugueses e todos devem contribuir para a sua solução, naturalmente e em primeiro lugar os governantes a quem cabe organizar e transformar a nossa vida colectiva. No entanto, os nossos problemas económicos, que são de fundo, não se resolvam apenas com medidas governamentais. Também requerem mudanças nas estruturas económicas e sociais e alterações nas mentalidades e nos comportamentos de toda a sociedade civil, particularmente dos empresários, o que leva tempo e é bastante mais difícil.

PRIORIDADE À ECONOMIA
PARA SAIR DE UMA CRISE COMPLEXA E DEMORADA

Que a crise actual da economia portuguesa é diferente, mais difícil e demorada do que as anteriores, como vimos no capítulo 1, não há qualquer dúvida. A questão está em saber como melhor poderemos vencê-la. O Governo tem mostrado determinação para enfrentar interesses instalados e resolver problemas, o que é positivo, embora a acção governativa devesse e pudesse ser menos casuística e mais estruturada. A estratégia e as políticas públicas seguidas poderiam responder melhor à necessidade de alterar a estrutura produtiva e transitar para um novo modelo de desenvolvimento, assim como também poderiam assegurar uma mais justa repartição dos custos das reformas, se a estratégia fosse mais clara e motivadora e as políticas públicas mais orientadas para os objectivos essenciais. Temos planos e programas a mais e estratégia a menos, políticas demasiado dispersas e genéricas quando deviam ser mais articuladas e focadas nas prioridades principais.

O saneamento das finanças públicas é uma necessidade importante e urgente para a economia portuguesa porque temos uma dívida pública directa já relativamente elevada (próxima dos 70% do PIB) e porque défices orçamentais excessivos são inconvenientes: absorvem recursos que poderiam ser aplicados em finalidades mais produtivas; impedem a redução da dívida pública e da carga fiscal que é pesada para os contribuintes cumpridores; e criam incerteza quanto à política orçamental futura e, por esta via, também desencorajam o investimento empresarial, indispensável para o crescimento da economia portuguesa. Todavia, não devemos confundir objectivos com restrições, nem esquecer que a finalidade principal da política económica, aquilo para que o Governo deve preparar e motivar os portugueses, tem de ser o desenvolvimento *equilibrado* da economia, a criação de mais rendimento e riqueza para todos, no contexto da competição global. Consequentemente, o Governo não deve dar menos atenção e prioridade às reformas que contribuem para aumentar a produtividade e o crescimento da economia do que à redução do défice orçamental.

Um crescimento económico mais forte e bem repartido é indispensável para melhorar o nosso nível de vida e também contribui para baixar o défice orçamental e melhorar a sustentabilidade das finanças públicas. É na complementaridade de reformas que melhorem a produtividade da economia e que contenham a despesa pública, e na criação de um círculo virtuoso entre políticas que aumentem a capacidade produtiva e competitiva do País e que realizem o necessário saneamento das finanças públicas, que é possível combinar crescimento económico e consolidação orçamental. No entanto, o Governo *parece* gastar mais tempo e estar mais preocupado com a questão orçamental – sempre o malfadado défice! – do que com a discussão e a preparação de políticas destinadas a aumentar a produção e o emprego e a diminuir as desigualdades sociais. Se assim é ou for, no mínimo, confunde o urgente com o fundamental, e no máximo, não cria uma perspectiva credível de um futuro melhor, indispensável para a mobilização dos portugueses e para vencer a crise. O Governo José Sócrates não padece da mesma obsessão do Governo Durão Barroso relativamente às finanças públicas, mas também está um pouco apanhado pela questão do défice orçamental e até agora (fim de 2006) ainda não conseguiu grandes resultados no crescimento da economia, que continua a níveis preocupantemente baixos. Depois de mais de 5 anos de massacre, quase diário, na luta política e partidária e nos meios de comunicação social com o défice das contas públicas, o País está cansado com a obsessão excessiva do défice, apreensivo com a magreza dos resultados na economia e descrente nas promessas de melhoria das suas condições de vida.

Precisamos de um projecto de desenvolvimento mobilizador e de reconstruir a ideia e a confiança de que *melhor é possível*. Para o efeito, o crescimento da economia tem de ser a prioridade de topo da política económica. Sem abandonar o combate ao défice orçamental, o Governo deve substituir, ao nível do discurso e da prática, a política depressiva do défice pela política animadora do crescimento económico, mesmo que não se saiba ainda muito bem o que realmente o determina e como o influenciar eficazmente[4]. É sabido que o crescimento económico não se decreta, mas podem e devem ser criadas as condições e os incentivos para que o mesmo ocorra e, se os resultados não aparecerem, é preciso rever a estratégia seguida e corrigi-la onde e como for necessário, por exemplo na competência e na credibilidade

---

[4] A história e a economia ensinaram-nos, primeiro, que o investimento em capital físico era importante para o crescimento da economia; depois, que o mesmo não chegava e era preciso investir também no capital humano, e daí a importância da educação e da formação profissional; e, por último, nos tempos mais recentes, que também se impõe incentivar a inovação e reformar as instituições e, consequentemente, apostar nas políticas de apoio à qualidade e à inovação, nomeadamente tecnológica, de defesa da concorrência, de melhoria da eficiência da administração pública e do sistema de justiça, etc. Aparentemente, a nossa actual política económica segue a mais recente orientação da teoria do crescimento económico, mas ainda mais no discurso do que na prática, e talvez por isso os resultados tardem a aparecer.

Conclusão

dos responsáveis pela política económica e sua empatia com os empresários, na atracção de investimentos produtivos, na legislação de protecção do emprego, etc. A julgar pelos resultados, não tem havido suficiente capacidade de motivação e de mobilização dos empresários e sem a iniciativa empresarial a economia não se desenvolve. Precisamos e podemos estimular mais o empreendedorismo, para haver mais ambição e dinamismo empresariais, para criar novas empresas e para fazer crescer as existentes. Também precisamos e podemos fazer mais pelo ensino, para aumentar os níveis de educação e de qualificação dos portugueses e para criar uma mentalidade empreendedora e uma cultura de aceitação calculada de risco; pelo trabalho conjunto das universidades e das empresas, para desenvolver e articular melhor formação superior, investigação científica e inovação empresarial; pelo financiamento empresarial, para que haja mais oferta de capital de risco por parte do sistema financeiro e do Estado; e, pela reforma administrativa, para melhorar a qualidade e conter o custo dos serviços públicos, reduzir a burocracia e facilitar a criação e o arranque de novas empresas. O dirigismo estatal está fora de questão, mas também não devemos ficar apenas pela "espontaneismo" do mercado, uma vez que a sua "mão invisível" não assegura necessariamente e sempre o melhor desenvolvimento da economia[5]. Precisamos, pois, também, de uma "mão visível" capaz de, por um lado, ir fazendo as reformas necessárias e, por outro lado, estimular e orientar a economia, as pessoas e as empresas, sobretudo quando há escassez de iniciativa e de capacidade empresariais, a economia está debilitada e a demorar muito tempo a arrancar.

---

[5] O ex-presidente do Brasil, Fernando Henrique Cardoso, vai mais longe quando diz que "não existe, tampouco na política, como na visão terra-à-terra sobre os mercados, a mão oculta que conduz a acção em favor do bem comum". *In*, Fernando Henrique Cardoso, *A Arte da Política – A história que vivi*, Edição Civilização Brasileira, Rio de Janeiro, 2006, Pags. 43 e 44.

PARTICIPAR ACTIVAMENTE
NA GLOBALIZAÇÃO E NA INTEGRAÇÃO EUROPEIA

Uma parte dos problemas da economia portuguesa resulta de esta se encontrar num estádio de desenvolvimento intermédio em que já não concorre com as economias de baixos salários e ainda não compete com as de tecnologia mais elevada, e também da necessidade de se adaptar bem às exigências da globalização competitiva e da integração europeia. De facto, algumas das nossas dificuldades económicas resultaram de uma relativa falta de atenção e discussão sobre o que ia ocorrendo fora de Portugal e de não termos sido capazes de avaliar bem e antecipar atempadamente as implicações, por exemplo, da queda do muro de Berlim, do desenvolvimento de novas tecnologias e da emergência das economias asiáticas para o comércio internacional e para a economia portuguesa. Para nosso benefício, temos que passar a estar mais atentos às transformações que vão ocorrendo na Europa e no mundo e às suas possíveis incidências na nossa economia, procurando responder o melhor possível às respectivas ameaças e oportunidades.

Para além das dificuldades próprias da globalização tradicional, que vimos no capítulo 2, o desafio ainda se torna mais difícil porque está a emergir um novo paradigma de globalização. A facilidade e a diminuição dos custos de comunicações e de transporte nos últimos 30 anos permitiu que as diferentes fases dos processos produtivos na indústria transformadora pudessem ser separadas e realizadas onde eram mais económicas e, portanto, as empresas multinacionais, nuns casos, fabricavam e juntavam as diferentes partes – e, noutros casos, a totalidade – do produto final em diversos locais do globo. Entretanto, mais recentemente, potenciada pelo desenvolvimento das telecomunicações e da electrónica, começaram a desenvolver-se novas formas de deslocalização de actividades no sector dos serviços (v.g. *call centers*, contabilidade, análise financeira e outras actividades), que fazem com que trabalhadores com empregos antes protegidos da concorrência internacional também passem a estar expostos à competição de trabalhadores de outros países que fazem o mesmo trabalho por salários mais baixos. Enquanto no paradigma tradicional, a globalização afecta fundamentalmente as diferentes indústrias e as suas empresas, no novo

Conclusão 335

paradigma, a desagregação de actividades faz-se a um nível mais fino e atinge tarefas/empregos da economia dos serviços e do conhecimento que antes se considerariam (internacionalmente) não-transaccionáveis. A competição global passa assim a ocorrer, não só entre sectores de actividade e empresas, mas também ao nível de empregos individuais e, portanto, mais imprevisível. Este processo está agora numa fase incipiente e, portanto, ainda é pouco expressivo, mas tem bastante potencial e pode ter implicações significativas, embora ainda difíceis de prever, por exemplo na Estratégia de Lisboa (na medida em que esta assenta na transição da economia industrial para a economia dos serviços e do conhecimento), na flexibilidade da produção e do trabalho e até no sistema de protecção social. Precisamos, pois, de consciencializar bem que a globalização, embora globalmente positiva, passe a redundância, comporta vencedores e vencidos e nós portugueses, pela acção do Governo com as políticas públicas e dos empresários com as estratégias empresariais, temos de nos posicionar e actuar para que Portugal esteja no grupo dos ganhadores, sem prejuízo de também termos o dever de cuidar bem dos que já foram e dos que, inevitavelmente, continuarão a ser negativamente atingidos pela globalização.

A globalização deu-nos o acesso a novos mercados e a novos produtos, mas também nos trouxe o medo da falência e da deslocalização de empresas, com a consequente perda de empregos e de bem-estar, e a dúvida sobre a capacidade dos governos para resolver os problemas. A resposta ao desafio da globalização competitiva – que veio e está aí para ficar, simultaneamente, como oportunidade e como ameaça – não é a procura de proteccionismos para a concorrência das economias emergentes, mas sim uma estratégia de desenvolvimento económico que aposte na educação e na qualificação dos portugueses, na inovação e na concorrência, no bom investimento produtivo, nacional e estrangeiro, e na promoção das exportações de bens e serviços para ganhar quotas de mercado, quer nos tradicionais parceiros comerciais da UE-15, quer noutros países desenvolvidos (v.g. os Estados Unidos da América), quer ainda em países emergentes (v.g. os novos Estados-membros da União Europeia e os países asiáticos). Pensar que a resposta ao problema da globalização em geral e da deslocalização de empresas em particular estaria no proteccionismo comercial seria acreditar que a economia portuguesa poderia prosperar mantendo as suas indústrias tradicionais sem se modernizar e, portanto, retardar as verdadeiras respostas: a expansão do investimento, o aumento da competitividade e a conquista de novos mercados, nomeadamente nas zonas de crescimento económico mais dinâmico.

O desafio da integração europeia também é incontornável e a resposta adequada passa, na frente interna, pela boa aplicação da Estratégia de Lisboa e pelo bom aproveitamento do novo ciclo de fundos comunitários, para evoluirmos para uma economia do conhecimento e da inovação, capaz de proporcionar um crescimento forte e sustentável; e, na frente externa, pela defesa nas instâncias comunitárias de uma boa coordenação das políticas económicas, particularmente no seio da Zona Euro, para que a moeda única europeia possa ser um instrumento capaz, não só de proteger as economias dos Estados-membros, nomeadamente da instabilidade dos mercados monetários e financeiros, o que foi alcançado, mas também de dinamizar o seu crescimento, o que ainda não foi inteiramente conseguido. A política económica, aos níveis nacional e comunitário, deve ser bastante mais do que a aplicação do Pacto de Estabilidade e Crescimento, cuja revisão só corrigiu ou atenuou uma parte dos seus defeitos e, por isso, continua a enfermar de deficiências importantes, nomeadamente quando obriga os países a restringirem ou a compensarem o funcionamento dos estabilizadores automáticos em período de estagnação ou de fraco crescimento económico para poderem cumprir o objectivo fixado para o défice orçamental.

Apesar da agenda para a presidência da União Europeia durante os 18 meses iniciados em 2007 ter sido estabelecida e ser executada pela Alemanha, Portugal e Eslovénia, o nosso País deveria bater-se para que a aplicação da disciplina orçamental exigida pela Comissão Europeia tivesse mais em conta as necessidades de cada país (v.g. no investimento público e na reforma da segurança social) e o seu ajustamento em função do ciclo económico, de modo a evitar que a política orçamental fosse pró-cíclica; e, também, para que houvesse uma melhor coordenação das políticas económicas comunitárias e nacionais (v.g. no diálogo com o Banco Central Europeu, ou na convergência fiscal e social para atenuar problemas de concorrência fiscal e de *dumping* social, especialmente dos novos Estados-membros) para que a Zona Euro melhorasse o seu desempenho económico e respondesse melhor aos problemas da globalização. A presidência portuguesa da União Europeia, no segundo semestre de 2007, é uma oportunidade que devemos aproveitar bem, não só para colocar na agenda e discutir estas e outras questões relevantes para a União Europeia e interessantes para Portugal, mas também para promover o melhor possível a nossa economia. O facto de Portugal estar durante seis meses no centro da política europeia também deve ser aproveitado para darmos a conhecer e realçarmos as potencialidades da nossa economia, especialmente nas áreas mais avançadas onde já estamos e para onde pretendemos evoluir. Seria uma omissão grave não utilizar inteligentemente a presidência da União Europeia para mostrar o que a economia portuguesa tem de melhor, nomeadamente em matéria de inovação e conhecimento, e assim contribuir para melhorar a imagem internacional de Portugal. Boas políticas comunitárias, e boa coordenação entre estas e as políticas nacionais, contribuem para melhorar o desempenho económico de todos e de cada um dos seus Estados-membros, mas, como é óbvio, têm de ser estes a resolver os seus problemas e a cuidar do seu desenvolvimento económico e social.

AUMENTAR A COMPETITIVIDADE PELA PRODUTIVIDADE

O maior problema da economia portuguesa está na falta de produtividade e de competitividade e esta, sem menosprezar a evolução desfavorável dos custos unitários do trabalho no passado, tem muito que ver com uma especialização produtiva (ainda) demasiado assente em actividades de mão-de-obra intensiva e pouco qualificada, entretanto vulnerabilizadas pela intensificação da concorrência internacional; com uma falta de capacidade empresarial, não só para criar novas empresas, mas também para organizar e gerir eficientemente e fazer crescer as já existentes; com uma falta de concorrência, especialmente no sector dos bens não transaccionáveis, onde algumas empresas (v.g. de electricidade, de gás e de telecomunicações fixas) beneficiam de rendas de situação e praticam preços que penalizam os custos e a competitividade das restantes empresas, nomeadamente as do sector exposto à concorrência internacional; e, ainda, com uma falta de capacidade de sucessivos governos para anteciparem e resolverem os problemas económicos com a eficácia e a urgência requeridas para que os mesmos não se acumulem e degenerem em crises. Para além destes problemas estruturais, a recuperação da economia portuguesa também tem estado limitada por desequilíbrios acumulados ao longo do tempo, tanto no sector público, bem visível na dimensão do défice e da dívida pública, como no sector privado, bem patente na magnitude do endividamento das famílias e das empresas nos bancos e destes no exterior. Corrigir estes desequilíbrios e robustecer a estrutura e o funcionamento da economia leva tempo porque os problemas são complexos e resistentes e não se resolvem com soluções de curto prazo, como poderia ser um estímulo orçamental, se o problema fosse de insuficiência da procura interna, ou mesmo a diminuição geral e significativa dos salários proposta pelo Prof. Olivier Blanchard para substituir a impossível desvalorização cambial, se a falta de competitividade fosse apenas uma questão de preço e não estivesse também muito ligada a factores estruturais.

O crescimento forte e sustentado de uma pequena economia aberta como a portuguesa tem de assentar bastante no crescimento das exportações, onde existe, de facto, um problema de competitividade geral há já alguns anos, como se vê pela dificuldade que há em fazer descolar o peso das exportações da vizinhança dos 30% do PIB, pela perda de quotas de mercado (com excepção de 2006) e até pela solução desesperada que um economista do calibre do Prof. Blanchard propõe para aumentar a competitividade da economia portuguesa: a diminuição de 20% nos salários nominais. Como vimos antes, a recomendação é irrealista, por questões de legalidade e de viabilidade política, e também imprudente, pelos custos sociais que implicaria para as famílias e pela ameaça que representaria para a estabilidade do sistema bancário numa situação de elevado endividamento dos particulares. Todavia, a recomendação em causa serve para nos consciencializarmos que temos um sério problema de competitividade, que se foi agravando a partir do início dos anos 90; que não é fácil resolvê-lo depressa e bem, porque não é expectável um grande crescimento da produtividade a curto prazo e também porque nos faltam de instrumentos de política económica; e, ainda, que não é indiferente para a economia e para a sociedade o modo de resolver o problema da falta de competitividade.

Conquistar competitividade-preço pela diminuição geral e significativa dos salários, como sucedâneo de uma desvalorização cambial, não é aceitável, mas chama a atenção, para a importância que os custos salariais ainda têm na competitividade e para a necessidade de procurar e implementar soluções melhores. Quanto ao primeiro aspecto, como vimos antes, é possível encontrar soluções que, sem implicarem diminuição dos salários contratuais, podem baixar os custos salariais, como por exemplo o aumento do número de horas de trabalho sem acréscimo de remuneração, a eliminação ou a diminuição do custo adicional das horas extraordinárias ou do trabalho por turnos ou ainda a redução dos subsídios de férias e/ou de Natal. Não se trata, obviamente, de defender estas medidas, mas tão só de reconhecer que podem existir circunstâncias extraordinárias em que, excepcional e temporariamente, algumas das referidas medidas ou outras podem ajudar a defender a competitividade das empresas e os empregos dos trabalhadores, como aliás já aconteceu (v.g. na AutoEuropa ou na TAP) e pode voltar a acontecer. Independentemente das formas de diminuição indirecta das remunerações, em situações de sério risco de perda de emprego, pode ser menos mau aceitar uma redução temporária e marginal do salário contratual para salvar o emprego do que passar a desempregado[6]. Relativamente ao segundo aspecto, a boa solução, mesmo que seja um processo mais difícil e demorado, consiste em melhorar a competitividade pelo aumento da produtividade, como vimos no capítulo 3, e ir mudando para um novo modelo de desenvolvimento e para um novo padrão cultural, com novas atitudes e actuações especialmente por parte dos governantes e dos empresários. Nesta perspectiva, para a expansão das exportações, é importante que a estrutura produtiva da economia evolua para um padrão mais consentâneo com o dinamismo da procura mundial, o que implica um aumento de qualidade e uma maior diversificação sectorial e geográfica das nossas exportações.

---

[6] Nas circunstâncias recentes da economia portuguesa tem havido desempregados que para voltarem a ter outro emprego têm aceite, frequentemente, reduções de salário superiores a 10% do salário anterior.

340 *Economia Portuguesa – Melhor é Possível*

Quanto ao eventual impacto no emprego das possíveis vias para recuperar competitividade, é evidente que não podemos gerir a economia a régua e esquadro, nem prever rigorosamente resultados das diversas actuações, mas podemos apontar as mais prováveis trajectórias da economia resultantes de diferentes escolhas de política económica. Teoricamente, poderíamos optar por um rápido aumento da competitividade – seja pela descida dos salários nominais à Blanchard e a consequente diminuição do poder de compra das famílias, seja pela subida da produtividade via desemprego dos trabalhadores menos eficientes – ou, alternativamente, por uma melhoria mais lenta da competitividade, através de aumentos de produtividade que não afectem demasiado os salários e o emprego. No primeiro caso, a trajectória mais provável seria uma queda brusca da actividade económica a curto prazo, seguida de forte e rápida reanimação da economia (recuperação em V), enquanto no segundo caso continuaríamos com o crescimento mole por mais tempo (recuperação em U mais aberto). O ajustamento seria mais curto e doloroso na primeira alternativa e mais longo e suave na segunda. A escolha entre uma e outra opção é menos um problema técnico e mais uma questão de preferência política resultante da diferente avaliação dos custos e dos benefícios de cada opção. A nossa escolha vai para a segunda alternativa, fundamentalmente, porque consideramos muito elevados os custos associados à primeira opção – em termos de custos sociais e humanos para os desempregados, de risco de recessão para a economia e de ameaça à estabilidade do sistema bancário – e também porque a permanência na Zona Euro nos permite fazer um ajustamento mais gradual e menos brutal. Os mercados financeiros têm mostrado – nomeadamente pela estreiteza do diferencial da taxa de juro das nossas obrigações do tesouro (e também das de outros Estados-membros com problemas semelhantes, como a Itália) relativamente à taxa das obrigações de referência da Zona Euro (as alemãs) – que o limite ao endividamento externo e o tempo disponível para corrigir o desequilíbrio das contas com o exterior são bastante mais alargados para os países de uma união monetária, como vimos no capítulo 5. Isto não significa que a correcção não tenha que ser feita, mas apenas que pode ser realizada com o tempo e a prudência necessários para não criar outros problemas tão ou mais graves do que aqueles que pretendemos solucionar. Por outras palavras, não podemos, nem devemos, evitar os ajustamentos necessários para transformar a estrutura produtiva e exportadora da economia portuguesa e para corrigir os nossos desequilíbrios macroeconómicos, mas podemos evitar as medidas precipitadas e brutais a que seríamos obrigados se não estivéssemos na Zona Euro.

Felizmente, já começaram a aparecer alguns sinais de que a economia portuguesa está a evoluir no bom sentido. Empresas dos sectores tradicionais, como o têxtil, o vestuário e o calçado, parecem estar a melhorar a sua eficiência produtiva e a apostar mais em novos factores de competitividade, como a inovação, a qualidade e o *design*, do que na mão-de-obra barata. E também está a aparecer uma nova geração de empresários que não temem os desafios e têm vindo a aproveitar as oportunidades proporcionadas pela globalização, criando empresas inovadoras, tecnologicamente evoluídas e com vocação exportadora. É verdade que estas ocorrências e transformações ainda são um arquipélago no mar das empresas e que "uma andorinha não faz a Primavera", mas permitem acalentar a esperança de que a estrutura produtiva e exportadora da nossa economia está a evoluir para bens e serviços tecnologicamente mais sofisticados e com mais valor acrescentado e que poderemos esperar um maior contributo das exportações para o crescimento económico, como já aconteceu em 2006.

PROMOVER AS EXPORTAÇÕES
E INCENTIVAR O INVESTIMENTO PRODUTIVO

A contenção da procura interna a partir dos primeiros anos da presente década levou os empresários portugueses, nomeadamente os das tradicionais indústrias exportadoras, a um maior esforço de inovação e de penetração nos mercados externos para escoarem produções que passaram a ter menos procura no mercado doméstico. De facto, perante a concorrência agressiva e, em alguns casos, até desleal de várias economias emergentes[7], os exportadores das indústrias tradicio-

---

[7] Para ver que assim é, basta pensar que em alguns países emergentes, como por exemplo a China, o número de dias e os horários de trabalho, as férias, as contribuições para a segurança social e os custos com a protecção ambiental não tem nada

342   *Economia Portuguesa – Melhor é Possível*

nais, para serem bem sucedidos, têm de inovar e apostar na diferenciação e na qualidade dos produtos e fazer um esforço forte e continuado para se manterem nos actuais e para conquistarem novos mercados. De facto, as empresas exportadoras, para serem consideradas fornecedores fiáveis, não podem negligenciar a permanência e a conquista dos mercados externos quando a procura interna lhes oferece oportunidades mais fáceis, como aconteceu na segunda metade da década de 90. A exportação não pode ser uma actividade que se intensifica apenas quando há dificuldades internas; tem de ser uma prioridade permanente e consistente das empresas exportadoras. Simultaneamente com o esforço das indústrias tradicionais, começaram também a desenvolver-se no sector exportador empresas nacionais inovadoras, por exemplo nas tecnologias da informação e da comunicação, na electrónica, nas indústrias químicas e farmacêuticas. Outro contributo relevante para o crescimento das exportações portuguesas tem vindo das multinacionais já instaladas na economia portuguesa, como por exemplo a AutoEuropa e a Quimonda Portugal (dispositivos digitais), que têm investido e, em princípio, tencionam continuar a investir no nosso País. As evoluções descritas e outras (v.g. as exportações de combustíveis da GalpEnergia) contribuíram para melhorar o desempenho das exportações portuguesas em 2006 e permitem esperar – mas ainda é cedo para uma conclusão segura – que a nossa economia possa estar a iniciar uma transição para uma estrutura produtiva e exportadora mais moderna e robusta. Porém, para que esta mudança se concretize e consolide é preciso que haja mais e bons investimentos, nacionais e estrangeiros. Estes últimos foram fundamentais para a transformação da economia portuguesa nos últimos 20 anos e também

---

que ver com as condições normais que prevalecem nas economias desenvolvidas. Acresce que, em alguns casos, e a China pode continuar a servir de exemplo, também há importantes ajudas ao investimento, inclusive pelo não reembolso de empréstimos bancários, e a moeda está subavaliada. Por estas e outras razões, ainda resta ver se a União Europeia terá avaliado bem as consequências da concorrência chinesa e não terá sido um pouco ingénua no modo e na rapidez com que abriu o seu mercado à China. Um dos grandes problemas de longo prazo da União Europeia está em saber como será a confrontação da economia europeia com as economias asiáticas quando estas, dentro de 20 ou 30 anos, dominarem a produção e o comércio mundiais.

Conclusão 343

serão decisivos para o seu desenvolvimento futuro. Basta pensarmos na natureza e dimensão dos desafios trazidos pela globalização competitiva e na situação e constrangimentos actuais da nossa economia, particularmente o défice de produtividade, a estreiteza do mercado doméstico, a insuficiência de bons empresários e a falta de instrumentos de política económica, para percebermos que o investimento estrangeiro é vital para a prosperidade da economia portuguesa. Consequentemente, o Governo e a Agência Portuguesa para o Investimento, sem prejuízo da sua actividade normal, deveriam constituir uma equipa de talentos vocacionados e preparados para detectarem oportunidades e negociarem projectos de investimento estrangeiro, e para persuadirem e atraírem potenciais investidores estrangeiros para Portugal[8].

A queda do investimento produtivo, que nos últimos cinco anos atingiu quase 20%, é uma situação que Governo não pode aceitar passivamente porque prejudica o crescimento da produtividade, enfraquece o potencial de crescimento da economia e compromete o futuro do País. A diminuição do investimento tem um efeito negativo sobre a actividade económica nos anos em que ocorre, e também tem um impacto desfavorável sobre a capacidade produtiva da economia no futuro. Se a contracção do investimento dos particulares em habitação, explicada pelo crescimento e saturação do mercado na segunda metade dos anos 90, afecta relativamente pouco o potencial produtivo do País, já o mesmo não se pode dizer da redução do investimento das administrações públicas, diminuído para reduzir o défice orçamental, e menos ainda da queda do investimento das empresas, limitado pelas incertezas quanto à evolução da economia, pelos custos de contexto da actividade económica e também pelo conservadorismo, excesso de pre-

---

[8] Na competição global pelo investimento estrangeiro, para o conseguir é, frequentemente, preciso pagar um preço e este deve ser conhecido e avaliado pelos portugueses. O argumento de que a sua divulgação poderia prejudicar outras negociações é compreensível e pode aconselhar alguns cuidados, nomeadamente em termos temporais, mas não pode justificar que o Governo não preste contas dos benefícios concedidos aos investidores estrangeiros (e também aos nacionais) e suportados pelos portugueses. É uma questão de transparência e responsabilidade democráticas a que o Governo não deve eximir-se.

caução ou falta de audácia, de muitos empresários. O bom investimento público, para além de criar infra-estruturas necessárias ao desenvolvimento económico e social, tem um efeito de indução e arrastamento sobre o investimento empresarial fundamental para o crescimento económico. Para que a economia portuguesa cresça mais e melhor, é preciso investir mais e melhor para ir substituindo actividades pouco eficientes por outras mais produtivas, de preferência sem ou com a menor perda líquida de emprego, e também melhorando composição do investimento, no sentido de mais investimento em inovação e tecnologias da informação relativamente ao investimento convencional, nomeadamente em habitação e obras públicas.

Face à queda continuada do investimento produtivo, o Governo não pode continuar a política de contemplação seguida pelos Governos anteriores e tem, urgentemente, que fazer alguma coisa para desbloquear a situação. Para além dos já referidos esforços para a captação de mais investimento estrangeiro, o Estado pode e deve investir mais fora do sector público administrativo, nomeadamente através de parcerias entre os sectores público e privado, para fazer investimentos úteis que de outro modo não seriam possíveis por força de compromissos orçamentais comunitários, e, assim, ajudar a suprir a insuficiência do investimento privado. E talvez seja também tempo de o Governo confrontar os representantes das confederações patronais e os grandes empresários nacionais com as suas responsabilidades perante o País, perguntando-lhes por que razão não investem mais em Portugal e o que precisariam para o fazer. O Governo deveria identificar melhor os factores que podem estar a bloquear os investimentos das empresas (v.g. excesso de burocracia, morosidade da justiça, peso da carga fiscal, rigidez da legislação laboral, etc.) e desafiar os empresários a realizarem um ambicioso programa de investimentos, assumindo, em contrapartida, depois de ouvir e negociar com os restantes parceiros sociais, o compromisso firme e calendarizado de, na medida do possível e razoável, reduzir os custos de contexto para as empresas e satisfazer outras condições necessárias para a efectiva realização de investimentos empresariais. Uma tal atitude poderia parecer ingenuidade política e dela nada de concreto resultar na prática, mas, mesmo assim, teria a vantagem de explicitar as dificuldades e as limitações das empresas e

Conclusão

dos poderes públicos e de mostrar melhor as responsabilidade de uns e de outros pela falta de investimento empresarial.

DISCUTIR AS POTENCIALIDADES
DA FLEXI-SEGURANÇA PARA PORTUGAL

Admitindo que a protecção legal do emprego é relativamente elevada e pode ser um factor de inibição do investimento e da criação de emprego, vale a pena discutir a possibilidade de alguma flexibilização da legislação laboral, nomeadamente para facilitar o despedimento de pessoal às empresas, mediante disposições mais flexíveis nos contratos de trabalho, e, em contrapartida, oferecer aos trabalhadores mais protecção no desemprego, através do respectivo subsídio e de políticas activas de emprego, nomeadamente formação profissional e ajuda à procura de novo emprego pelos desempregados, como vimos no capítulo 4. É a chamada flexi-segurança, combinação de flexibilidade e segurança[9], que agora é recomendada, com as devidas adaptações nacionais, para a generalidade dos Estados-membros da União Europeia, uma vez que a experiência de alguns países (v.g. Dinamarca, Holanda, Finlândia, Áustria e Espanha) mostra que há, ou parece haver, uma interacção positiva entre a flexibilidade para as empresas e a protecção para os trabalhadores, e que esta combinação pode contribuir para criar mais e melhores empregos. A flexi-segurança, que começou por ser uma prática holandesa e depois dinamarquesa bem sucedida, é hoje uma designação para as possíveis combinações (não há apenas uma) de flexibilidade para as empresas e de segurança ou protecção para os trabalhadores que vêm sendo praticadas por um número

---

[9] O termo flexi-segurança não é muito feliz (e ainda seria menos se *flexicurity* fosse traduzida por flexigurança, como também se vê), não só por uma questão ortográfica, mas também por uma razão de clareza do conceito, pois a flexibilidade do mercado de trabalho, no sentido de facilidade de despedimento, implica necessariamente menos segurança no emprego. Pode e deve é ser compensada com mais protecção no desemprego. Consequentemente, em vez de segurança no emprego, deveria falar-se de protecção no desemprego, mas é o termo flexi-segurança, e não flexi-protecção, que está consagrado.

crescente de países[10]. Na competição global em que vivemos, Portugal também deve acompanhar este movimento de uma forma mais institucionalizada e estruturada[11], tanto mais que a nossa legislação de protecção do emprego é relativamente rígida, especialmente no despedimento individual (ainda que na prática seja menos restritiva); estamos bastante carentes de investimento produtivo; e, temos uma taxa de desemprego já próxima da média da UE-15.

A questão não é simples e é natural que o Governo tenha alguma dúvida e hesitação em criar um modelo de flexi-segurança para o nosso mercado do trabalho. Primeiro, porque a legislação laboral foi revista há pouco tempo[12], a sua flexibilização torna mais precário o vínculo laboral e, possivelmente, exige a revisão do Art.º 53º da Constituição da República[13]. Depois, porque o reforço da protecção dos trabalhadores requer serviços públicos de emprego eficazes para efectivar políticas activas de emprego e, provavelmente, também implica aumentar a despesa pública com estas políticas e/ou com o subsídio de desemprego. No entanto, flexibilidade não significa sempre precariedade e a protecção legal do emprego também não é equivalente a segurança no emprego. Como vimos no capítulo 4, há formas de flexibilidade que visam a estabilidade do emprego, por uma melhor adaptação das empresas às exigências do ambiente económico, e a maior facilidade de despedimento de acordo com um modelo flexi-segurança não significa, nem pode significar, liberdade irrestrita para despedir, sobre-

---

[10] Por exemplo, a Agenda 2010 lançada pelo ex-chanceler alemão, Gerard Schroeder, é fundamentalmente uma adaptação dos princípios e práticas da flexi-segurança às necessidades e às circunstâncias da economia alemã.

[11] Os acordos realizados no passado entre os trabalhadores e as administrações da TAP e da Autoeuropa configuram casos de flexi-segurança que conseguiram conciliar as necessidades de flexibilidade das empresas com a protecção laboral e social dos trabalhadores.

[12] A revisão do Código do Trabalho em 2003 teve custos políticos e económicos importantes, inclusive uma greve geral, mas, na realidade, não alterou significativamente a rigidez da legislação laboral.

[13] O Art.º 53º estabelece que "é garantida aos trabalhadores a segurança no emprego, sendo proibidos os despedimentos sem justa causa ou por motivos políticos ou ideológicos".

tudo se não houver justa causa, e pode contribuir para reduzir o medo de criar novos empregos por parte das empresas. De facto, a impossibilidade ou a dificuldade de uma empresa despedir na altura em que apenas precisa de um determinado número de trabalhadores não impede que, mais tarde, por força das circunstâncias, a empresa não tenha que despedir mais, alguns dos quais poderiam ser evitados se uma legislação de protecção do emprego mais flexível tivesse permitido ajustar antes o número de trabalhadores às necessidades da empresa.

Uma legislação desfasada ou incompatível com a realidade tem como consequência natural a sua irrelevância ou o seu incumprimento. A segurança efectiva do emprego resulta muito menos da lei do que da saúde e do dinamismo da economia e do mercado de trabalho, nomeadamente de a criação (em quantidade e qualidade) de novos empregos ser superior aos que no mesmo período são destruídos. É por esta razão que, apesar da protecção legal do emprego ser maior em Portugal do que na Dinamarca, o sentimento de segurança e de satisfação no emprego dos trabalhadores portugueses é inferior ao dos dinamarqueses. Esta correlação negativa entre a protecção legal e a percepção e a efectiva segurança no emprego, bem como a necessidade de ajustar as normas legais às exigências da realidade, leva a que as referidas e compreensíveis razões de relutância política e de dificuldade orçamental do Governo não o devam impedir de discutir a questão da flexi-segurança com os parceiros sociais e de, em conjunto com eles, procurar encontrar a melhor combinação de flexibilidade e de protecção para a economia portuguesa.

Os parceiros sociais reagiram com alguma apreensão e relutância à ideia da flexi-segurança. Os trabalhadores porque temem que a mesma sirva mais para despedir do que para proteger, e os patrões, que em princípio a deveriam considerar bem-vinda, levantaram algumas dúvidas, nomeadamente quanto à capacidade do Estado gerir bem o processo e quanto ao custo do novo regime para o erário público. O Governo deve, no entanto, reconhecer que a flexi-segurança não é sinónimo de desregulação neoliberal, como defendem os seus críticos, que a ideia é compatível com a moderna social-democracia[14], que faz

---

[14] Aliás, nos tempos que correm, um Governo ousado até devia ir mais além, uma vez que a flexi-segurança apenas actua no momento em que o trabalhador perde

348   *Economia Portuguesa – Melhor é Possível*

sentido do ponto de vista económico e social e, portanto, deve persuadir os parceiros sociais que um regime laboral mais flexível, acompanhado e compensado pelo correspondente reforço da protecção social dos desempregados, ou seja, uma modalidade flexi-segurança adequada às nossas características e possibilidades, pode facilitar a adaptação da economia portuguesa à mudança, incentivar o investimento e ajudar a criar emprego[15]. De facto, por causa das dificuldades de despedimento, especialmente a nível individual, as empresas quando a sua actividade se expande admitem menos trabalhadores do que admitiriam (v.g. recorrendo mais a horas extraordinárias) se não fosse o receio de dificuldades futuras, ou admitem com contratos temporários, os conhecidos "recibos verdes". São assim protegidos os que estão empregados, mas à custa do desemprego e da precariedade dos que procuram trabalho, particularmente os jovens. A legislação de protecção do emprego contribui efectivamente para a desigualdade existente entre os trabalhadores com contratos permanentes e os trabalhadores desempregados, ou com contratos a prazo e outras formas de trabalho precárias, e, porventura, também para um mercado do trabalho relativamente ineficiente, embora a evidência empírica não seja suficientemente conclusiva. Pode argumentar-se que os trabalhadores com contratos permanentes são menos diligentes e eficientes, porque não receiam perder o emprego, mas também se pode contrapor que os referidos trabalhadores são mais produtivos do que aqueles que estão em situações precárias, porque têm mais possibilidade de adquirir experiência e também mais interesse pela empresa onde trabalham. Porém, em termos de equidade, não há dúvida que os desempregados e os traba-

---

o emprego e, em alguns casos, faz sentido a antecipação do problema para o evitar ou atenuar, por exemplo através de esquemas de reemprego preventivos, mediante os quais os trabalhadores ameaçados pelo desemprego podem antecipada e preventivamente candidatar-se a acções de formação, ou serem incentivados à procura precoce de emprego, utilizando por exemplo facilidades que podem ser proporcionadas pela Internet para a formação profissional e para a procura de emprego em casa.

[15] A propósito de coragem governamental, vale a pena lembrar que, poucos anos depois do 25 de Abril de 1974, perante uma situação de dificuldade e impasse laboral, um governo PS foi capaz de acabar com a proibição de despedimentos e de introduzir os contratos a prazo quando percebeu que tal era necessário para desbloquear a economia e reactivar o mercado do trabalho.

lhadores em situações precárias (v.g. contratos a prazo, "recibos verdes", trabalho clandestino), que têm contribuído bastante para a flexibilidade ao nosso mercado de trabalho, estão desfavorecidos relativamente aos restantes e merecem que o Governo olhe com mais atenção para a sua situação, por exemplo combatendo mais eficazmente o trabalho clandestino, aumentando a responsabilidade dos empregadores e, na medida do possível, melhorando a sua protecção legal e social.

Pelas razões apontadas, particularmente pelo facto de disposições legais aparentemente protectoras poderem ser dissuasoras do emprego e também de potenciais investimentos, vale a pena discutir as potencialidades da flexi-segurança e a melhor forma socialmente aceitável de as aproveitar. De facto, num contexto de elevado desemprego, pode ser preferível criar algum emprego com risco e alguma protecção do que, pura e simplesmente, perder oportunidades de criar postos de trabalho. Não se trata, como é óbvio, de fazer um transplante do modelo da Dinamarca para Portugal, pois, como vimos antes, as características do dador são incompatíveis com as do receptor, nomeadamente no que respeita à mentalidade e ao comportamento cívico dos dinamarqueses e dos portugueses. Com efeito, o modelo dinamarquês assenta em características muito particulares, inclusive religiosas ligadas à natureza dos comportamentos favorecidos pelo protestantismo, que impedem a sua reprodução integral em Portugal, mas isso não deve impedir que o devamos estudar e possamos encontrar nele alguma inspiração e alguns ensinamentos para o nosso caso. Do que se trata, efectivamente, é de procurar e combinar formas de flexibilidade no despedimento (v.g. pela simplificação da legislação de protecção do emprego), prevenindo situações abusivas, e de protecção no desemprego (v.g. através da intensificação de medidas activas de emprego e pela alteração de algumas regras do subsídio de desemprego) ajustadas e compatíveis com as nossas características, necessidades e possibilidades[16].

---

[16] Uma solução mitigada poderia consistir em experimentar um novo regime de flexi-segurança apenas para novos contratos, para respeitar os direitos adquiridos. Esta hipótese, que não poria em causa os regimes laboral e de protecção social já existentes, teria de ser estudada no que respeita à possibilidade de aplicação e implicações. Se fosse viável, para além de poder ser tomada sem grande dificuldade por se aplicar apenas a novos contratos, poderia contribuir para atrair mais investimentos,

REDUZIR AS DESIGUALDADES PESSOAIS
E AS ASSIMETRIAS REGIONAIS

Outros dos problemas preocupantes da economia e da sociedade portuguesa, que os dados agregados não mostram bem, diz respeito ao seu carácter dual. Na realidade, há muito que Portugal é um país dualista na sua situação económica e social e assim continua também no seu processo de desenvolvimento. De facto, há uma parte da economia portuguesa que está a aproveitar o dinamismo e as oportunidades proporcionadas pela globalização e pelo desenvolvimento tecnológico e vai investindo e modernizando-se, criando novos empregos e mais rendimento e, portanto, contribuindo positivamente para o crescimento do conjunto; mas há outra parte que não se preparou atempadamente para os desafios do século XXI, que luta contra a falta de mercados para os seus produtos e contra o peso do endividamento bancário, que está relativamente estagnada e, em alguns casos, em regressão e com a subsistência ameaçada. Como seria de esperar, esta disparidade de situações e evoluções económicas repercute-se na desigualdade entre as pessoas e na assimetria entre as regiões.

Como vimos no capítulo 3, a desigualdade na distribuição do rendimento em Portugal é a mais elevada da União Europeia e o mesmo se verifica também com a pobreza relativa, o que é lamentável pelas consequências humanas e sociais para as pessoas atingidas e também, embora seja aspecto menos referido, porque limita as possibilidades de melhoria da produtividade. Relativamente ao primeiro aspecto, sem menosprezar a necessidade de atenuar a desigualdade na distribuição do rendimento e outras desigualdades[17], salientaríamos agora a questão

---

nacionais e estrangeiros, e para criar mais empregos. A flexi-segurança não serve apenas para facilitar despedimentos, o que pode prejudicar relativamente mais os trabalhadores mais velhos; também serve para baixar o custo económico do emprego e assim facilitar as admissões, o que pode beneficiar relativamente mais os trabalhadores mais novos.

[17] Como por exemplo as desigualdades e discriminações em função do género no mercado do trabalho e na conciliação da vida profissional e familiar; ou entre trabalhadores com empregos seguros (e bem pagos) e outros com vínculos laborais precários (e mal pagos); ou entre reformados aos 50 ou 55 anos com boas pensões

do excesso de pobreza por ser um problema grave e que a todos deve envergonhar. Como podemos aceitar que haja à volta de dois milhões de portugueses pobres? É intolerável que um em cada cinco dos nossos concidadãos seja pobre. Um Governo que foi capaz de acabar com privilégios injustos e insustentáveis, por razões de contenção orçamental, também tem de ter a coragem de combater eficazmente a pobreza, por razões de justiça social. O Governo já fez alguma coisa (v.g. suplementos de rendimento para os pensionistas mais pobres e outras formas de protecção social que beneficiam especialmente os mais desfavorecidos), mas um governo social-democrata tem a obrigação fazer mais e melhor. Sem prejuízo da atribuição de subsídios e outras ajudas necessárias para satisfazer as carências dos pobres, é preciso combater activamente a pobreza e a exclusão social através de acções que promovam a qualificação das pessoas (v.g. articulando o direito ao rendimento mínimo e a obrigação de frequentar programas de formação profissional), ou que ajudem à criação dos próprios empregos, como no caso do microcrédito (v.g. através de parcerias entre instituições sociais e financeiras, nomeadamente a Caixa Geral de Depósitos, como organismo de crédito do Estado). De facto, como dissemos no capítulo 3, mais importante do que dar o peixe é dar a cana de pesca e ensinar a pescar. É através de medidas de inclusão social que proporcionem igualdade de oportunidades e que permitam aos pobres ganhar a vida, tornando-se auto-suficientes, que se combate e reduz a sério a pobreza e, no início do século XXI, o Governo não pode aceitar resignadamente que um em cada cinco portugueses ainda seja pobre.

Sem prejuízo de algum recurso à via assistencial, a melhor forma de combater a pobreza, atenuar as desigualdades e, simultaneamente, contribuir para aumentar o potencial de crescimento da economia é através do investimento na qualificação escolar e profissional dos portugueses, nomeadamente para dar as mesmas oportunidades a quem nasceu pobre, domínio onde ainda há muito para fazer. Comparativa-

---

pagas por quem tem que trabalhar até aos 65 anos para conseguir a sua pensão já minguada pelas novas regras de cálculo das pensões; ou ainda entre senhorios que há décadas subsidiam inquilinos, nuns casos sem qualquer necessidade, e noutros desempenhando uma função de protecção social que cabe ao Estado, numa situação de gritante injustiça que a nova e burocrática lei das rendas nem tão cedo corrigirá.

mente com outros países, Portugal chegou tarde à generalização da educação de base e, por isso, não admira que (ainda) seja baixo o nível médio de instrução da população. Nas últimas décadas, o País fez um grande esforço (pelo menos financeiro) na escolarização das gerações jovens, mas os resultados têm sido inferiores ao que era desejável e possível, como se vê, por exemplo, pelos elevados níveis de insucesso e de abandono escolar precoce dos alunos. Para que o sistema educativo possa educar e formar as pessoas para poderem satisfazer bem as necessidades da economia e da sociedade, é preciso ter programas adaptados aos tempos e às realidades actuais, um ensino de qualidade e um elevado nível de exigência. Para o efeito, é prioritário e indispensável restabelecer a autoridade das direcções das escolas e dos professores, acabar com a indisciplina que grassa nas escolas, especialmente no ensino básico, responsabilizando também os pais e os encarregados de educação, e acabar com a cultura de facilitismo e de falta de rigor instalada em muitos alunos (e também em alguns professores) e potenciada pelo desejo de "sucesso estatístico" do Ministério da Educação. A situação é de tal modo preocupante e grave que, se não acudirmos depressa e a sério à educação, corremos o risco de não vencermos os desafios da nova economia do conhecimento, da globalização competitiva e da integração europeia e, se assim for, continuaremos na triste trajectória do empobrecimento relativo.

Outra faceta do dualismo do País são as assimetrias de desenvolvimento do território nacional, tradicionalmente assente na dicotomia entre o litoral e o interior e que hoje assume formas mais complexas. Genericamente falando, o litoral continua claramente mais desenvolvido e é mais confortável do que o interior, mas o desequilíbrio de desenvolvimento económico e social entre as duas áreas foi bastante atenuado, nas últimas décadas, pelo desenvolvimento de várias cidades médias no interior geográfico do País com boas condições de vida. Para o efeito contribuíram o poder central, nomeadamente pela criação de Universidades e de Institutos Politécnicos em várias dessas cidades, e o poder local que, apesar de alguns gastos criticáveis, investiu e criou um conjunto de equipamentos económicos e sociais capazes de fixarem e de atraírem as populações, embora tal tivesse implicado a rarefacção demográfica e económica de vastas áreas circundantes. Por sua vez, no litoral geográfico do País, mercê da dinâmica do processo de desenvolvimento, que também pode gerar desigualdade e exclusão social, formaram-se algumas bolsas de "interioridade" económica e social, com fracas condições de vida e poucas perspectivas de desenvolvimento. Assim sendo, as actuais assimetrias regionais são mais complexas do que a simples divisão litoral/interior, uma vez que no interior do território existem alguns pólos de desenvolvimento em torno de cidades médias de boa qualidade, e dentro do litoral geográfico mais desenvolvido também existem áreas de preocupante atraso económico e social. Não é fácil, mas é preciso combater os novos desequilíbrios regionais onde quer que se localizem. Não é fácil, porque essas zonas estão num círculo vicioso de subdesenvolvimento em que, tendo populações pobres, mais idosas e menos qualificadas, geralmente não conseguem atrair a iniciativa empresarial e sem a criação de empresas e novos investimentos o desenvolvimento da economia não acontece e o atraso económico e social permanece. No entanto, é preciso cuidar das referidas regiões, não só por uma questão de valorização e desenvolvimento equilibrado de todo o território nacional, mas também e sobretudo por uma exigência da democracia, uma vez que as pessoas que lá vivem também são portugueses. Consequentemente, o Estado tem a obrigação de promover um desenvolvimento territorial equilibrado e combater as referidas desigualdades regionais, um combate que tem de ser partilhado pela administração central e pelas autarquias locais e que poderia ser facilitado por uma política de descentralização administrativa mais ousada e eficaz. Contributo igualmente importante para o efeito será também o bom aproveitamento dos fundos comunitários do Quadro de Referência Estratégico Nacional para o período 2007-2013, não só na vertente de valorização territorial, mas também no desenvolvimento de factores de competitividade como condição indispensável para a atractividade dos territórios para potenciais investimentos.

REFORMAR CRITERIOSAMENTE A ADMINISTRAÇÃO E AS FINANÇAS PÚBLICAS

O défice orçamental, e o consequente aumento da dívida pública, é uma realidade que nos acompanha desde 1974, de tal modo que poderíamos pôr a questão de saber se o equilíbrio das contas públicas é ou não compatível com a democracia. Sem dúvida que é mais difícil equilibrar as contas públicas em democracia do que em ditadura, mas é óbvio que a democracia e o equilíbrio orçamental são compatíveis, o que não significa defender o equilíbrio orçamental independentemente do estado da economia. Acontece, porém, que nem sempre é fácil avaliar qual a melhor política orçamental, e nem sempre é possível segui-la, como se tem verificado em Portugal. Em princípio, a conjuntura económica depressiva dos últimos anos recomendaria uma política expansionista, mas, tendo em conta que o nosso actual problema económico é mais falta de competitividade externa do que insuficiência de procura interna e que o estímulo orçamental agravaria o défice das contas com o exterior, é preferível uma política de neutralidade orçamental. No entanto, porque não reduzimos suficientemente o défice público na fase ascendente do ciclo económico e depois quase só utilizámos paliativos até 2005, temos agora o compromisso internacional de o reduzir para menos de 3% do PIB até 2008. E devemos fazê-lo, fundamentalmente, pela contenção da despesa, não só porque a consolidação orçamental por esta via é mais segura, mas também porque o combate à fraude e evasão fiscal, que deve continuar com a mesma ou reforçada eficácia, é insuficiente para resolver o problema e a subida de impostos está limitada pela necessidade de não aumentar a carga tributária sobre os cidadãos e de não diminuir a competitividade fiscal das empresas.

Uma boa contenção das despesas públicas aconselha a que a mesma se faça no quadro de um novo processo de elaboração e de execução do Orçamento do Estado, como foi apresentado no capítulo 6, porque assim seria mais fácil, por um lado, sacrificar o menos possível o investimento público necessário para aumentar o potencial de crescimento da economia, e, por outro lado, acompanhar a reorientação das restantes despesas para onde sejam mais produtivas, tanto em termos de rentabilidade como de coesão social. Relativamente ao investimento público, mesmo considerando que a sua qualidade é tão ou mais importante do que a quantidade, a redução das despesas de investimento tem sido tão recorrente nos últimos anos que, provavelmente, já têm vindo a ser sacrificados investimentos de qualidade e necessários para apoiar o desenvolvimento económico e social do País. Quanto às restantes despesas, fundamentalmente com pessoal, a sua redução é mais difícil, mas é indispensável porque é aí que se localiza a maior parte da despesa pública, e tem de ser realizada com cuidado, através de uma criteriosa reforma da administração pública, para que esta compare bem com as suas congéneres europeias em eficiência e qualidade, e também no montante da despesa em percentagem do PIB.

Sendo as despesas com pessoal o produto dos efectivos pelos salários, a sua contenção pode resultar do emprego e/ou dos vencimentos, mas, por dificuldades legais e também por falta de vontade política para actuar sobre o emprego na função pública, a alternativa privilegiada tem sido o congelamento e a actualização limitada dos vencimentos. Esta via tem sido tão utilizada nos últimos anos e os vencimentos dos funcionários públicos têm perdido tanto poder de compra que, para além da injustiça relativa que a mesma implica, não é possível continuar a utilizá-la por muito mais tempo sem sérias consequências para a qualidade da administração pública. Consequentemente, seria conveniente reduzir o número de efectivos, de preferência pelo reforço da mobilidade do pessoal no seio das administrações públicas para se poder cumprir, o melhor possível e em média, a regra de uma admissão por cada suas saídas, sem sacrificar (demasiado) a qualidade da administração pública. Para além desta via e no âmbito da reforma da administração pública, o Estado também poderia aceitar rescisões por mútuo acordo e com as devidas indemnizações para os trabalhadores cujos serviços fossem extintos ou reduzidos e não fosse possível reafectá-los a outras funções ou serviços.

Uma outra nota respeita ao modo como o Governo tem conduzido e deve conduzir as reformas. Havendo que reduzir a despesa do Estado, é natural que tivessem sido e sejam os funcionários públicos e os reformados os principais atingidos, embora pudessem ter sido e devam ser melhor tratados do que foram. O modo como as coisas são feitas também é importante, sobretudo quando se trata de pessoas. O Governo deveria ter mostrado melhor que a inevitabilidade da redução da despesa pública teria, necessariamente, consequências no estatuto e nos vencimentos dos funcionários públicos e nas pensões dos reformados e pedir-lhe alguns sacrifícios com a promessa de que os reduziria ao indispensável e os repartiria com justiça. Na prática, porém, a teoria foi ou pareceu ser outra. O Governo, se não considerou, deixou a impressão de que os funcionários públicos são uma classe profissional preguiçosa, que ganha demasiado e que tem mais regalias e privilégios do que restantes trabalhadores. Alguns governantes não se coibiram mesmo de fazer generalizações abusivas e injustas sobre o trabalho e as regalias dos funcionários públicos, nomeadamente dos professores e, de forma mais velada, também de outras classes profissionais, esquecendo que, na parte em que assim seja, a entidade patronal, o Estado que os governantes representam, é tão ou mais responsável do que o empregado, o funcionário público.

Igualmente passível de crítica foi a tomada de algumas medidas pesadas, como por exemplo o aumento da idade legal de reforma dos funcionários públicos, ou o encerramento de alguns estabelecimentos de saúde, sem que o Governo tivesse obtido eleitoralmente, se não a necessária, pelo menos, a conveniente legitimidade política para o efeito[18]. A subida da idade de reforma dos funcionários públicos de 60 para 65 anos fez sentido, por razões de igualdade de tratamento entre as pessoas, e era necessária, por razões de sustentabilidade das finanças

---

[18] A propósito de legitimidade para governar, vale a pena lembrar aos nossos governantes o que diz o ex-presidente do Brasil, Fernando Henrique Cardoso, nas suas memórias, *A Arte da Política – A História que Vivi*, Ed. Civilização Brasileira, Rio de Janeiro, 2006. "É preciso explicar e convencer a opinião pública sobre a justeza de cada decisão, em uma busca incessante de consentimento genérico, de legitimidade difusa, em um processo contínuo de interacção entre os poderosos e a população". Um pouco mais adiante acrescenta: "Nos dias de hoje a democracia é um processo do qual os cidadãos querem participar, não somente no ato de votar ou mesmo de aprovar (como, por exemplo, em um plebiscito), mas de *deliberar*" (pags. 62 e 63). E noutra passagem remata assim: "É em nome da validade intrínseca dos valores propostos e do caminho arquitectado que o poder renova no dia-a-dia sua legitimidade, mesmo quando esta, em uma democracia, tenha no voto e na Constituição sua base fundamental" (pag. 71).

públicas, mas a transição da antiga para a nova idade deveria ter sido discutida e efectuada de maneira a evitar disparidades tão acentuadas e injustas entre os que se reformaram poucos anos antes e os que o fizeram a seguir à entrada em funcionamento da medida. O Governo também deveria ter explicado melhor e convencido mais que o encerramento de estabelecimentos de saúde, nomeadamente maternidades e serviços de atendimento permanente, tal como o fecho de escolas, foi fundamentalmente ditado por razões técnicas de qualidade dos serviços prestados e por motivo de alterações demográficas verificadas nas últimas décadas e, ao mesmo tempo, mostrar que as alternativas oferecidas às populações que ficaram privadas dos serviços prestados pelos referidos estabelecimentos são válidas, estão disponíveis e não põem em causa o acesso à saúde e ao ensino em condições de qualidade e tempo aceitáveis. Na ausência ou insuficiência dos necessários esclarecimentos, os portugueses ficaram com a impressão de que as medidas em causa foram tomadas, basicamente, por preocupações de ordem orçamental e as populações directamente atingidas sentem-se, no mínimo, desagradadas e, no máximo, injustiçadas pela atitude do Governo.

O Governo tem no seu activo a determinação política e a realização de reformas necessárias que os anteriores não ousaram fazer, mas também tem no passivo a insatisfação de muitos grupos profissionais. É óbvio que não é possível fazer verdadeiras reformas sem desagradar a alguém, mas é preciso gerir o processo reformista de modo a limitar o descontentamento ao mínimo indispensável e não atingir mais pessoas do que as estritamente inevitáveis para a realização das reformas. Nesta perspectiva, o Governo deve explicar bem a necessidade das reformas e dos sacrifícios que as mesmas implicam, e a população deve sentir que os mesmos são repartidos com equidade, o que nem sempre tem acontecido. A necessária preocupação com as contas públicas não pode fazer esquecer a indispensável preocupação com as pessoas. Por exemplo, compreende-se mal que se tenha de pagar taxas "moderadoras" pelo internamento hospitalar até 10 dias e pelos actos cirúrgicos realizados em ambulatório quando há auto-estradas isentas de portagens, ou que as taxas de tributação efectiva dos bancos em IRC sejam bastantes mais baixas do que a taxa legal. Todos nós compreenderíamos e aceitaríamos melhor o pagamento de taxas financiadoras moderadas para a saúde se o Governo explicasse bem a sua inevitabilidade para não pôr em causa o acesso da população a cuidados de saúde adequados em tempo e em qualidade e, antes da sua entrada em vigor, tivesse introduzido portagens em todas as auto-estradas SCUT, ou legislado no sentido de aproximar a matéria colectável dos lucros declarados pelos bancos. Os portugueses, mesmo que não gostem das medidas de saneamento das finanças públicas, sobretudo quanto são atingidos, já perceberam que as mesmas são necessárias e aceitam-nas (melhor) se também reconhecerem que há justiça na repartição dos sacrifícios. O Governo deve pois prestar a devida atenção a este aspecto, para não perder demasiado apoio popular e ser de tal modo criticado que pudesse perder o ímpeto reformista, optar por ajustamentos superficiais e acabar por desistir de reformas importantes para o nosso desenvolvimento económico e social, nomeadamente a reforma da administração pública sem a qual pode haver correcção transitória do défice mas não há verdadeira consolidação orçamental.

Sem prejuízo dos progressos já conseguidos na reforma da administração pública, nomeadamente no seu relacionamento com os cidadãos e as empresas, a maior parte ainda está por fazer. De facto, como vimos antes, é preciso fazer mais na organização dos serviços e na gestão dos funcionários públicos, nomeadamente no incentivo ao mérito e à formação; na racionalização do sistema de contratação de pessoal e de compras de bens e serviços; na adaptação dos sistemas de informação às necessidades dos serviços públicos; na revisão dos processos de elaboração e gestão do Orçamento do Estado para uma melhor afectação dos recursos disponíveis às finalidades mais importantes, etc. A reforma da administração pública é importante para assegurar um bom saneamento das finanças públicas, mas ainda o é mais para poder servir melhor as necessidades da economia e da sociedade portugueses, e o mesmo se pode dizer de outras reformas igualmente necessárias e importantes, como por exemplo as da educação, da saúde e da justiça. Seria pena que o Governo perdesse o seu entusiasmo reformador porque isso atrasaria a recuperação e o desenvolvimento do País e também porque o seu conteúdo social-democrata, apesar de não ser muito visível, é, em todo o caso, bem maior do que o do Governo alternativo que o pode substituir.

*

*   *

É tempo de concluir e devemos fazê-lo com uma nota realista sobre a situação actual da economia portuguesa e uma mensagem de esperança e confiança no seu futuro. De facto, mercê de erros, negligências e complacências cometidos por vários governos ao longo de vários anos, e também de alguma falta de ousadia dos empresários portugueses, a nossa economia tem vindo a atravessar uma crise profunda e prolongada, que se manifesta há já algum tempo por um ritmo de crescimento bastante inferior ao possível, ao necessário e ao que outros países com quem nos devemos comparar têm conseguido; por um elevado nível de desemprego, especialmente para a tradição da economia portuguesa; e, por défices excessivos nas contas externas e nas contas públicas que ameaçam a estabilidade financeira do País e dificultam a recuperação da economia. Felizmente, já há alguns sinais de que a situação económica global está a mudar para melhor e é provável que vá melhorando no futuro próximo. Talvez daqui a 2 ou 3 anos a economia portuguesa volte a um crescimento aceitável e retome a convergência real com a Zona Euro, mas não é possível apontar com razoável segurança uma data para o fim do crescimento mole dos últimos anos. Estamos perante uma crise ainda sem fim à vista, no sentido em que, por razões externas e internas, não é possível antecipar quando estarão, total ou substancialmente, ultrapassados os factores de bloqueio e os aspectos mais negativos da actual situação económica e financeira. Razões externas, relativas às incertezas e aos riscos da globalização e da integração europeia, do preço das matérias primas, particularmente do petróleo, e até aos efeitos na economia e no sistema financeiro internacional do modo como for solucionado o problema do défice externo americano; e razões internas, relacionadas com a natureza e a profundidade dos nossos desequilíbrios económicos, com a insuficiência e as limitações dos nossos instrumentos de política económica, com o maior ou menor dinamismo e cooperação dos parceiros sociais e também com a manutenção ou não do ímpeto reformista do Governo. Porém, como vimos ao longo dos capítulos anteriores, a economia portuguesa tem potencialidades e capacidades para corrigir os seus desequilíbrios macroeconómicos, voltar a crescer acima da média da Zona Euro e retomar uma boa trajectória de desenvolvimento económico e social. O retorno a esta normalidade não está assegurado, mas é possível e será tanto mais rápido e fácil quanto mais depressa, por um lado, for definida e aplicada pelas elites dirigentes, políticas e empresariais, uma boa estratégia de desenvolvimento económico e social; e, por outro lado, se generalizar e reforçar em todos nós uma atitude de exigência e de procura de excelência, uma cultura de responsabilidade e cumprimento das obrigações e um espírito de competição e de solidariedade.

Tal como acontece com os casos de sucesso de que os portugueses se orgulham em várias áreas, também na actividade económica, com liderança, organização, disciplina e esforço de todos, é possível aumentar substancialmente a eficiência da economia portuguesa e aproximá-la das melhores da Europa e do mundo. Como vimos, o aumento da produtividade e da competitividade é uma responsabilidade de todos portugueses, ainda que mais de uns do que outros, e exige um combate em várias frentes que todos – agentes políticos, empresários, trabalhadores e consumidores – temos a obrigação de travar o melhor que soubermos e pudermos. Se todos dermos e fizermos o nosso melhor, na vida e no trabalho, poderemos relançar duradouramente a economia portuguesa, retomar à trajectória de convergência sustentável com a Europa desenvolvida e subir na classificação económica dos países para uma posição bem mais próxima da que a nossa da selecção nacional conquistou no *ranking* do futebol europeu e mundial. A crise é séria e profunda, não vale a pena disfarçar, mas já passámos por dificuldades igualmente graves e conseguimos superá-las. Também agora, com algum sacrifício e paciência, recusando a resignação e o pessimismo, recuperando a confiança e a auto-estima, e, sobretudo, estudando e trabalhando mais e melhor seremos capazes de vencer as dificuldades e os desafios que temos pela frente. E tudo será mais fácil e rápido se todos e cada um de nós, nas suas diversas funções e actividades, procurar sempre agir com o sentido do dever e fizer sempre o melhor que souber e puder. Nesta perspectiva e na linha da citação do Presidente John Kennedy no início do capítulo 3, devemos perguntar-

-nos o que já fizemos, o que estamos fazendo e o que poderemos fazer para ajudar e melhorar o nosso País. O desenvolvimento de uma ética de serviço e de responsabilidade e de uma cultura de exigência e de excelência ajuda, decidida e decisivamente, a uma recuperação mais rápida e a um desenvolvimento novo da economia portuguesa. Sem qualquer dúvida: *melhor é possível.*